兵家修炼

三困 著

上海古籍出版社

图书在版编目(CIP)数据

兵家修炼/三困著. —上海：上海古籍出版社，2015.11(2023.4重印)
ISBN 978-7-5325-7828-3

Ⅰ.①兵… Ⅱ.①三… Ⅲ.①兵法－中国－古代－通俗读物 Ⅳ.①E892.2-49

中国版本图书馆CIP数据核字(2015)第243714号

兵家修炼

三 困 著

上海古籍出版社出版发行

(上海市闵行区号景路159弄1－5号A座5F　邮政编码201101)

(1)网址：www.guji.com.cn
(2)E-mail: guji1@guji.com.cn
(3)易文网网址：www.ewen.co

上海新艺印刷有限公司印刷

开本787×1092　1/16　印张25.25　插页2　字数364,000

2015年11月第1版　2023年4月第3次印刷

ISBN 978-7-5325-7828-3

E・19　定价：118.00元

如有质量问题，请与承印公司联系

前　言

在我很小的时候,有一回姑妈带着我去逛街,路上她问我:"想要买点什么东西呀?"我指着前面的书摊说,想买本书。姑妈欣然同意。或许是被古城绍兴的师爷文化所熏陶,骨子里有一种对策略的崇拜,我千挑万选,选了一本叫做《孙子兵法与三十六计》的书。选择这本书是因为题目中有"兵法"和"计"这两个词。姑妈看着年幼的我和厚厚的书,疑惑地问道:"要买这本吗?"我点了点头,姑妈帮我买了下来。这是我与《孙子兵法》、《三十六计》的第一次接触。

遗憾的是,那个时候我不懂古文,而且理解能力也还不够,翻前翻后就是看不大懂。于是年幼的我总是幻想:有一天,我在一座高山的山谷中遇到一位世外高人,拜他为师,潜心学习兵法。再次遗憾的是这并没有发生。然而,或许是这个假想的场景在我脑海里太过根深蒂固,在自我修炼的过程中,我总是不断地去完善心中的这位师父,没想到日积月累之后,这位师父已经变得越来越形象了,也变得越来越厉害了。这位师父虽然是虚拟的,但他却指导着我,约束着我,鼓励着我。本书每一篇开头引言(师父启诫部分,启诫是启示、告诫之意)中的"师父"指的就是我心中自己塑造的这位师父。书中的修炼圣地——兵圣谷,指的就是我幻想遇到师父的那个山谷。之所以给它取这个名字是为了纪念兵圣孙武。

在我人生的道路上,身边总会有关于《孙子兵法》和《三十六计》的书,它们一直形影不离地陪伴着我。在与妻子刚刚认识的时候,有一次约会,她看到我包中的书后笑着问我:"怎么约会还带着《孙子兵法》啊?"我笑着回答道:"一日不读会被师父打手心的。"

这么多年的潜心研读,让我对兵家的智慧愈加钦佩。写这本书的目的,一是分享我这么多年来对《孙子兵法》和《三十六计》的理解;二是希望能够通过这本书引起大家对中国古典文化的重视。作为一个中国人,你不一定是"官二代",也不一定是"富二代",但你一定是"文二代",因为每个中国人都继承了一笔丰厚的文化遗产。每读《孙子兵法》惊叹之余,我总希望能够把中国的古典文化发扬光大。

本书总共四章。第一章介绍兵家基本思想,这些思想都是我从《孙子兵法》和《三十六计》中提炼出来的,用作修炼的入门内容,为后续三章的修炼作铺垫。第二章从结构和内容两大方面对《孙子兵法》进行了全面地解读。历来解读《孙子兵法》的书大都缺少对其整体结构的分析,有些书甚至只对其中的一些语句进行解读,颇有只顾树叶不顾枝干的意味。然而只有通过《孙子兵法》中所蕴含的兵法大结构,我们才能建立兵法大格局,才能真正掌握兵法大智慧。第三章是对《三十六计》的解读。我以为:古今最冤的人是窦娥,而古今最冤的书当属《三十六计》了。一本好端端的策略书,硬是被误读成了雕虫小技之书。在这部分我会为其正名,让大家看到真正精妙的《三十六计》。第四章是对兵法实践中会遇到的一些问题的深入阐述,一方面用以加深对兵法的理解,另一方面给兵家一些实践指引。

我在阅读一些关于《孙子兵法》或者《三十六计》的书时,总会发现各篇后面所举的某些例子与前面所讲的内容风马牛不相及,造成了不少阅读困惑。因此我自己在写这本书的时候,对例子做了精选,务必做到例子能够真正体现所阐述的兵法思想;并且尽量选择那些大家熟悉的例子,比如《三国演义》中的例子,或者贴近我们现代生活的例子。

目　录

前言 / 1

第一章　上山入门

一　兵家智慧 / 3

二　拜师入门 / 7

三　人情事理 / 12

四　撒豆成兵 / 15

五　进退自如 / 19

六　兵家品质 / 22

七　兵家基本功 / 26

八　兵家绝招 / 29

九　兵法三家 / 32

十　兵家四修 / 36

第二章　《孙子兵法》修炼

修炼指引 / 41

一　始计篇 / 44

二　作战篇 / 52

三　谋攻篇 / 60

四　军形篇 / 69

五　兵势篇 / 77

六　虚实篇 / 87

七　军争篇 / 101

八　九变篇 / 112

九　行军篇 / 121

十　地形篇 / 132

十一　九地篇 / 142

十二　火攻篇 / 159

十三　用间篇 / 168

《孙子兵法》大结构 / 179

兵家做事 / 183

兵家做人 / 185

第三章　《三十六计》修炼

修炼指引 / 193

总说 / 195

第一套　胜战计 / 198

　第一计　瞒天过海 / 198

　第二计　围魏救赵 / 202

　第三计　借刀杀人 / 205

　第四计　以逸待劳 / 210

　第五计　趁火打劫 / 215

　第六计　声东击西 / 218

第二套　敌战计 / 222

　第七计　无中生有 / 222

　第八计　暗度陈仓 / 226

　第九计　隔岸观火 / 230

　第十计　笑里藏刀 / 235

　第十一计　李代桃僵 / 239

　第十二计　顺手牵羊 / 243

第三套 攻战计 / 246

第十三计 打草惊蛇 / 246

第十四计 借尸还魂 / 250

第十五计 调虎离山 / 254

第十六计 欲擒故纵 / 259

第十七计 抛砖引玉 / 264

第十八计 擒贼擒王 / 268

第四套 混战计 / 273

第十九计 釜底抽薪 / 273

第二十计 混水摸鱼 / 278

第二十一计 金蝉脱壳 / 282

第二十二计 关门捉贼 / 287

第二十三计 远交近攻 / 291

第二十四计 假道伐虢 / 295

第五套 并战计 / 299

第二十五计 偷梁换柱 / 299

第二十六计 指桑骂槐 / 303

第二十七计 假痴不癫 / 307

第二十八计 上屋抽梯 / 312

第二十九计 树上开花 / 316

第三十计 反客为主 / 320

第六套 败战计 / 325

第三十一计 美人计 / 325

第三十二计 空城计 / 330

第三十三计 反间计 / 335

第三十四计 苦肉计 / 340

第三十五计 连环计 / 345

第三十六计 走为上 / 350

跋语 / 355

三十六计总述 / 357

第四章　下山实践

一　理想与现实 / 361

二　兵家处世 / 364

三　生活处处皆修炼 / 367

四　兵法之剑 / 370

五　无为而无不为 / 373

六　用力用智用心 / 376

七　胜败与积累 / 379

八　资源运用与利益平衡 / 382

九　小人君子之斗 / 385

十　无知无畏 / 387

十一　兵家风度 / 389

十二　兵家戒律 / 392

跋 / 395

第一章
上山入门

一　兵家智慧

很多人对古代兵家的智慧抱有怀疑,究其原因有四,下面我来一一进行阐述。

第一个原因是觉得古人的思想非常迷信,因此其理论不值得信。如果你也是这么认为的,那么我表示非常遗憾。我用《孙子兵法·用间篇》中的一段话来向你说明这个问题:

> 先知者,不可取于鬼神,不可象于事,不可验于度,必取于人,知敌之情者也。

这段话的意思是:想要预先了解敌情,不能通过求神问鬼等手段,不能通过其他事物和现象去类推,也不能通过日月星辰的位置去验证,一定要通过人去获取情报,这样才能成为真正了解敌情的人。看完之后你一定很惊奇吧。可见,古代的兵家是不会通过占卜来决定是否出兵的,更不会因为风吹断了旗杆就觉得出师不利;至于通过夜观天象来预测一个军队或者国家的气数,那更是没有的事。如果真要有的话,要么就是兵家利用这些玄乎的东西来说服迷信的君主接受自己的谋划,要么就是某个昏庸的君主把一个巫师当成兵家来用了。

第二个原因是觉得兵法都是些阴谋诡计,教人如何投机取巧、尔虞我诈,学了这些伎俩,人的思想就会变坏,最后一定会落得众叛亲离的境地,因此视之为洪水猛兽并与之保持距离。如果你也是这么认为的,那么我只能再次表示遗憾,因为你被那些只学了些兵法皮毛却到处炫耀的人误导了。兵法的核心是教我们认识做事规律,并且能够根据这些规律做出最优的谋划;为了更好地实施谋划,它又教给了我们做人之道。兵法能够让我们懂得如何深谋远虑,如何高瞻远瞩;能够让我们懂得进退取舍之道,懂得智慧做人之理。试想,一个深谋远虑的人,怎么会投机取巧破坏长远利益呢?一个高瞻远瞩的人,怎么会尔虞我诈破坏全局利益呢?真正的兵家内心一定善良而正直,懂得顾全大局,知有所为而有所不为。兵法蕴含了小聪明,更蕴含了大智慧,我们不要因为有些人对其中小聪明的误读而把兵法异化成邪恶之物。

　　第三个原因是觉得社会在进步,文明在发展,现代人的思想肯定比古人的思想要高明,因此学习古人的智慧没有必要。然而我们应当清楚,古人的兵法思想是他们从血肉横飞的战争活动中总结出来的,是古人血与肉的结晶。战场之上稍有不慎便会身死名裂,因此,古代兵家之所思所想无不极尽人类智慧之所能,在这种条件之下创造出来的兵家思想,一定能够经受住时间的考验。很难想象一个坐在办公室里吹着空调,想着午饭吃什么的现代思想家想出来的策略会比一个坐在马上、顶着烈日、想着如何打败敌人存活下去的古代将领更加高明。科学技术的发展极大地提升了人们所使用的工具,但其实工具越落后越需要兵法智慧。举个极端的例子,古代军队征服一座城市,需要将领筹备各种物资,调动各路人马,采取各种攻城策略,而现代军队征服一座城市只需要将原子弹对准即可。所以在技术条件落后的古代,更能够孕育出高明的兵法思想。再以心理学为例,这门学科在中国算是一门新兴学科了,其实心理学在《孙子兵法》中早有应用,我用其中的一段话来向你证明:

　　　　兵士甚陷则不惧,无所往则固,深入则拘,不得已则斗。(选自《孙子兵法·九地篇》)

　　这段话的意思是:士卒深陷险境反而就不害怕了,走投无路斗志反而就坚决了,深入敌境军心反而就凝聚了,迫不得已之下士卒就会拼死战斗。这段话是孙武对深入敌境作战士卒心理特点的描述。显然,古代那些死里逃生的兵家已经发现士卒的心理对士卒行为有很大的影响,他们为了能够更好地运用手中的兵力,对之作了仔细的观察与思考。于是就有了诸如"置之死地而后生"的用兵之法,以及"欲擒故纵"的计谋。

　　第四个原因是觉得兵法是运用在战争上的,很难用到自己的生活中,因此研读兵法的意义不是很大。然而我们应当清楚,事物的道理是相通的,真正高深的大智慧是不限于领域的。其实,战争中的兵家智慧说白了就是一种如何运用一切可以利用的资源,以最小的消耗获得最大利益的智慧。在现代生活中,无论是个人的奋斗,还是企业的管理,抑或是国家的治理都需要这种智慧。不同领域之间,它们使用的资源、采取的手段可能不太一样,但它们所需的智慧却是相通的。

我们先来看看巴菲特及其导师格雷厄姆的投资哲学。格雷厄姆曾说:"我大胆地将成功投资的秘密精炼成四个字的座右铭——安全边际。"巴菲特则认为"安全边际原则"是投资智慧的根本。那么如此厉害的原则到底是什么呢?按巴菲特的原话讲就是:"在一家好公司的市场价格相对于其内在商业价值大打折扣时买入它的股票。"通俗地说就是:购买那些价格远远低于其内在价值的股票。

我们再来看看《孙子兵法·军形篇》中的两句话。第一句话是:"故善战者,立于不败之地,而不失敌之败也。"意思是善于打仗的人首先要保证自己不被敌人打败,然后再寻机打败敌人。"安全边际原则"所体现的"安全"就是在投资中先要让自己立于不败之地——不亏钱,然后再去考虑如何赚更多的钱,如何更快地赚钱。第二句话是:"古之所谓善战者,胜于易胜者也。"意思是古代那些善于打仗的人,他们的作战策略是战胜那些容易战胜的敌人,说白了就是专门挑弱的打。"安全边际原则"所谓的买那些市场价格远远低于其内在商业价值的股票,说白了就是买那些更容易赚钱的股票,这不就是"胜于易胜者"吗?

说了这么多,我无非是想证明兵家智慧是科学的,也是道义的;是高明的,也是实用的。修炼成一名兵家,你会在人生的征程中更加游刃有余,能够在人生的道路上领略更多的精彩,当然也会看到更多的幼稚可笑,看透更多的阴险狡诈。当你读到这里的时候,你又一次站在人生的十字路口了——修炼还是不修炼? 不修炼,意味着继续保持原来的状态往前走;而修炼,则意味着赋予自己一次重塑自我的机会,当然了,也意味着从现在开始你需要花更多的心思,你会时不时给自己制造克服陋习而引发的不舒服。

如果你选择了修炼,那么兵圣谷的大门已经向你缓缓打开了,师父正面带微笑站在门口迎接你。走进去,坚持下来,师父一定不会令你失望!等你下山的那一刻,你一定会因为现在的选择给自己鼓掌。

二　拜师入门

何 谓 兵 家

在古代,兵家是对军事家、将领、诸侯、军事研究者等军事相关人员的通称,而兵法也正是他们从军事活动中提炼出来,并运用于军事活动的斗争智慧。而现代意义上的兵家是指那些精通兵法并能将兵法运用到现代社会活动中的人,因此现代意义上的兵家范围更广,不仅包括军事家,也包括与军事不相关的人,比如商人、企业家、工程师、政治家等等。

概言之,现代意义上的兵家从用兵之法中汲取做人、做事的智慧,或运用于日常生活,或运用于工作学习,或运用于企业运营,或运用于政治军事,他们既深谙兵法,又精通某个专业领域,并能将兵法运用于该领域。就像兵家中的企业家,他们既懂兵法,又懂企业运营,并能将兵法运用于企业运营之中。

兵家以"乱世安邦、盛世立业"为处世准则:当国家有难时挺身而出,为维护国家的统一与安定奉献自己的智慧与力量;当国家安定太平时则努力建立自己的事业,为社会的发展贡献自己的智慧与力量。他们心存善念,腹有良谋,胸怀大志,懂得自律;他们勤奋好学追求卓越,学以致用发展创新,做事用心懂得积累。总之,兵家以一种积极的处世方式,最大化实现自己的人生价值。

为 何 修 炼

一个人的阅历,包括他做过的事、经历过的失败、承受过的压力、接触过的人,以及他的学识,包括文化知识、专业技能,决定了这个人的性格以及他的生活理念;而一个人的性格与理念在很大程度上决定了这个人的未来。然而,一个人出生于什么样的家庭,经历过什么样的幼年、童年,乃至部分青年岁月,接受过什么样的教育等等,不是这个人自己所能决定的。从这个意义上说,一个人成长为什么样的人,自己是难以决定的,这颇有宿命论的意味。然而,这并不代表这个人的未来也不是他自己所能决定的,因为他可以决定要不要重塑自己。一个人如果不能改变自己,那么他的命运就从来没有掌握在自己手上过;而如果能够勇敢地改变自己,那么他未来的命运一定掌握在自己的手上!

兵家修炼就是想成为兵家的人,用兵家智慧重塑自身的一段旅程。这段旅程伴随一生,也是兵家追求卓越,创造未来的过程。这正是兵家修炼的意义所在。

兵法师父:孙武(简称大师父)

孙武为齐国人,出生于公元前545年左右,当时正值中国历史上的春秋时期。公元前515年由于他的父亲孙凭卷入了齐国的政治漩涡,他避难到吴国,隐居于姑苏(今江苏省苏州市)城郊的穹窿山。在那里他完成了成名作《孙子兵法》。

公元前512年,孙武经伍子胥引荐面见吴王阖闾,呈上《孙子兵法》,吴王大为赏识。为检验孙武的能力,吴王给他出了道题。这道题可谓前无古人,也必定后无来者——竟然是训练吴王挑选的180名宫中美女(可不是训练她们服侍吴王,而是要把她们训练成士兵)。能想出如此天马行空的题目,可见这吴王亦非常之人也。幸好孙武也不是一般人,要不然肯定玩完了。孙武把这些娇滴滴的宫女分成两队,并任命吴王的两名宠妃为队长。在给她们进行了一番严肃的军事教育后,就开始了训练。结果可想而知,任凭孙武怎么三令五申,这些妩媚的士兵就是嘻嘻哈哈不听命令。于是孙武搬出了军法,下令斩队长。吴王见孙武要斩自己的爱妃便急忙派人前去求情阻拦,而孙武却以"君命有所不受"的理由硬是把吴王的两名宠妃给斩了(谁让你们不听大师父的话呢)。接下来这些特殊的士兵顿时变得安安静静、规规矩矩、服服帖帖。吴王虽然心中不悦(这下该知道军中无儿戏了),但还是接受了孙武并任其为将,真可谓是明君贤将。

之后的一段时期,孙武功勋卓著。公元前512年,孙武帮助吴国攻克了楚国的两个属国,这是孙武出山第一战。公元前506年,孙武帮助吴国以3万军队五战五胜打败20万楚军,攻陷楚国都城,几乎消灭了强大的楚国,这是孙武的成名之战。公元前496年,吴王不听孙武劝阻出兵攻打刚刚继位的越王勾践,结果大败而回。吴王也因此郁郁而终。阖闾死后,夫差继位。公元前494年,孙武辅助夫差大败越王勾践,这是孙武参与的有记载的最后一战。

在孙武的辅佐下,吴国变得越来越强大,逐渐具备了成为春秋霸主的条件。可惜功成名就的夫差变得越来越昏庸,经不住美色宝物的诱惑,听不进贤臣良将的劝谏;更要命的是还将一代名臣伍子胥逼死。孙武明白"飞鸟尽,良弓藏"的道理,于是退隐江湖。

孙武不仅是兵法理论家,更是实战家,被后世尊为"兵圣"。其书《孙子兵法》被誉为"兵学圣典",位列"武经七书"之首,流传千古。我们拜其为兵家修炼的兵法师父,希望大师父在天之灵愿意收我们为徒。

策略师父:《三十六计》作者(简称二师父)

我们要拜的第二位师父是《三十六计》的作者,可惜其名其姓至今仍无据可考,更不要说他的生平事迹了。但是无名无姓并不妨碍我们拜他为师,希望二师父在天之灵也愿意收我们为徒。

修炼师父(简称师父)

这位师父是我们兵家修炼的总指导,每篇开头"师父启诫"中的师父就是他。在本书中,他将带领我们学习大师父的兵法、二师父的策略,以及成为一名兵家需要修炼的各个方面。

正如孔圣人所说:"三人行必有我师。"一个人或许不智慧,但他有可能心态好；或许不聪明，但他有可能意志坚定；或许脾气暴躁，但他有可能为人大气；或许很固执，但他有可能人生经验丰富；或许很鲁莽，但他有可能讲义气。所以我们总可以从身边的人身上找到可取之处。也许我们身边没有高人，但如果我们能把身边人的优点集合在一起，虚拟出一个师父来，那么这个师父一定会很厉害。以他为师，我们一定能够获得很多启示，一定可以变得更为智慧。而且，越虚怀若谷，越懂得欣赏别人，他的师父也会越厉害。有一天当你把师父的优点全部融入自己身上了，那么你也就成为高人、成为真正的师父了。这个融入的过程就是修炼。

在本书中，我基于古代兵法理论，古今中外各式人物，大小成败各种事例，再结合我个人的生活阅历与感悟，为大家塑造了一位深谙现代兵家理论的师父，他将带领大家走进兵法的大门，成为一名一流的兵家。所以这最后一位师父看似无形却又无处不在。

两本修炼书：《孙子兵法》与《三十六计》

有句话说得非常好："用兵如孙子，策略三十六。"短短十个字就把这两本书的不同特点指出来了。《孙子兵法》是一本兵书。它从战争的各个层面指导人们如何用兵作战，比如怎样评估敌我实力，如何行军、利用地形以及获取情报。而《三十六计》是一本策略书，里面是二师父精心总结的三十六条计谋。兵法包含策略，而策略只是兵法的一部分。但由于策略是兵法中较为核心的部分，以至于有人误以为策略就是兵法。概言之：《孙子兵法》是一本完整的兵法书，涵盖了兵法的方方面面，而《三十六计》是一本策略书，只涉及兵法中最为精妙的策略。

《孙子兵法》和《三十六计》可谓是修炼兵法的绝佳搭档。修炼的时候，先研读《孙子兵法》，明白何谓兵法，尤其要掌握兵法大结构；然后基于兵法理论研读《三十六计》，一方面学习兵法中最为精妙的策略，加强对策略的掌握，另一方面把策略融入兵法大结构中，做到融会贯通，避免孤立看待策略而导致其价值降低。完成这两步后，你就成为一名不折不扣的兵家了,接下来的事情就是在实践中升华对兵法的理解。

现在师父有了——堪称兵法界实力最为强劲的师资力量;教材也有了——堪称兵法界最为精华的教材。那就开始我们的修炼之旅吧。

三　人情事理

今日,师父正式收我为徒。
我便猴急地问师父:"兵家要如何修炼?"
师父道:"'人情事理'四字而已。"

师父启诫第一

有句话叫做"大道至简",兵法大道就可简单到短短四个字:"人情事理"。

"人情"就是人性与人心,即:单个人的性格、情绪、理念、爱好、习惯、心理活动、做事方式等个性;群体的文化氛围、风俗习惯、交际礼仪等特性。每个人都是与众不同的,都有其个性,比如有的人贪利,有的人好名,有的人谋得长远,有的人只顾眼前,有的人脾气暴躁,有的人温文尔雅。各个群体之间也是有差异的,比如湖南人喜欢辣,江苏人偏爱甜;东方人看重人情好面子,西方人重视制度讲规则。

"事理"就是事物之理,具体而言包括自然规律、社会制度、社会规律。有很多自然规律是我们耳熟能详的,比如关键部位对事物的整体起到重要影响,这条规律告诉我们要抓住关键;又比如事物之间是相互联系的,这条规律告诉我们要用联系的眼光看待问题。社会制度从大的角度而言有政治制度、经济制度、教育制度等等,从小的角度而言有公司制度、班级制度乃至寝室制度,每个人的行为都受到这些大大小小制度的制约。虽然社会是由人构成的,但社会规律却不以人的意志而转移。它是客观的,既不能被创造也不能被消灭。对我们日常生活影响较大的社会规律当属经济规律,可怕的经济危机就是因为人们违反它而造成的。

可以说一切兵法谋略皆源于"人情事理"这四个字。举几个最简单的例子:《三十六计》中的"抛砖引玉"之计是根据人们贪利的心理设计的。"擒贼擒王"之计是根据事物的关键部位对整体起到重要影响这条自然规律设计的。"调虎离山"之计是根据外界环境能够影响一个军队战斗力的道理设计的。《孙子兵法》中的《九变篇》是依据事物不断发展、变化这条自然规律而撰写的。再举几个军事案例:诸葛亮敢于摆下"空城计"是因为他看到了司马懿谨小慎微的性格特点;孙膑使用"围魏救赵"计是因为他看到了魏国都城空虚,以及当都城危急时庞涓一定会回兵救援的心理。

想要成为一名顶级的兵家一定要能洞察人情、知晓事理,因为无论是想要学好兵法还是想要用好兵法,都离不开人情事理——看不到对方的贪利就用不了抛砖引玉之计,找不到核心所在就用不了"擒贼擒王"之计。而且人情和事理这两者缺一不可。三国时期的杨修想必大家都知道,此人聪明之极,对事理的把握绝对没有问题,可惜他不懂人情,总是不给曹操面子,不知不觉中得罪了曹操,结果被曹操杀掉了。做事不顾及别人的感受,冒犯他人自尊,损害他人利益,使人寒心;不知道哪些话该说,哪些话不该说,哪些话必须说,哪些话不能说;对别人的帮助不以为意,视为理所当然,不知道感恩;得理不饶人,给人脸色看,攻击他人人格,不懂得让步,不懂得宽容,不懂得给人面子与台阶下:这些都是不懂人情的表现,非常容易招人厌弃。

想要洞察人情、知晓事理,我们需要不断地学习,勇敢地实践;需要细心地观察身边的人与事,深刻反思自己的言与行;需要用心感悟生活,积极面对人生。当我们从失败中取得了收获时,我们才能深刻明白"失败乃成功之母",人生的道路上要不怕失败勇于尝试;当我们反思过去,看到因为自己太在意一些东西而失去了更加美好的事物时,我们才能明白人生要豁达,要懂得取舍之道;当我们做了错事希望得到别人的谅解时,我们才能深刻理解宽容是多么好的品质;当我们看到别人的辉煌事业时,我们才能深深地懂得人应该有大格局,不要被小事所累。所以,我们要珍惜人生道路上的每一份经历,是它们让我们懂得更多。

透过"人情事理"这四个字，我们能够窥知为什么有那么多没读过书的农民企业家创立了令人敬仰的事业，为什么有那么多没有文化的农民将领纵横战场立下赫赫战功，这是因为生活这所大学教会了他们人情事理。

那些大型跨国企业有先进的管理理念、科学的生产方法，对各个国家的政治、经济制度更是深有研究，从事理这方面来说肯定是没有问题的。然而，他们往往难过人情关，经常因为对某个市场的消费心理、风俗习惯把握不准，导致在市场营销、产品设计上出现水土不服的问题。为了避免这种情况，跨国企业会做一件叫做本土化的事情。关于这一点，我们可以从强大的谷歌由于水土不服退出中国大陆这个案例看出一二。

最后还需提醒每一位想要修炼成兵家的人：我们不能学会了洞察人情却丢失了自己的人性，知晓了事理但却忘记了仁义道德。一个没有人性、不懂仁义道德的人是不会有兄弟般的朋友，是体会不到生活的快乐的，倘若如此，人生的意义又何在呢？

可能仅凭上面的内容你还不能接受人情事理这四个字，或者接受了但还不能体会到其背后的博大精深。这也正常，因为至简大道往往是无数人从无数实践中精炼出来的最基本规律，若没有一定的人生阅历，理解起来难免会感觉到抽象。但是无论你现在能不能理解人情事理这个大道，我都希望你能够记住这四个字，因为我相信只要你用心修炼兵法，不久后的某一天，这四个字一定会闪耀着智慧的光芒从你脑海深处蹦出来，就在那一瞬间，突然你就懂了。当那一天到来的时候，说明你已经在兵法上小有所成。

（本篇思想源自对《孙子兵法》和《三十六计》的整体感悟。）

四　撒豆成兵

一日，正在吃中饭。

我看着师父下酒的茴香豆问道："什么是撒豆成兵啊？"

师父夹起一颗豆莞尔一笑："豆乃利也，因利制权。"

师父启诫第二

"豆乃利也，因利制权"，师父这句话的意思是："豆"指的是一切可以利用的资源，撒豆成兵就是要尽可能地把一切可以利用的资源转变为克敌制胜的力量。这句话中的关键点是"因利制权"。

"因利"的意思是利用一切可以利用的资源。资源包含了有形资源和无形资源。以军事为例，有形资源包括兵马、粮草、军械，无形资源包括外交、军队气势、国家声誉、士兵心理。这里的关键是对无形资源的理解。《曹刿论战》中所说的"一鼓作气，再而衰，三而竭"指的就是敌军的士气变化。士气这个东西是无形的，但它却是存在的，而且对战斗力的发挥至关重要。大家都知道袁绍是被曹操打败的，那么袁绍是被谁杀死的呢？袁绍是被他自己的情绪杀死的。官渡战败后他一蹶不振，郁郁而终。袁绍的情绪就是曹操手中的一支利"箭"，而官渡之战是曹操用来射出这支"箭"的"弓"。可见对手的情绪也可以成为我方消灭对手的无形资源。对个人来说，无形资源是他的智慧、知识、阅历、人脉、信誉；对一个企业来说，无形资源是它的企业文化、核心技术、组织架构、企业形象等。

"制权"的意思是制定权变之策。权变之策就是用来把手中的"豆"变成兵力的策略。齐燕之战中，齐国将领田单的一出火牛阵打败了燕军,牛这颗"豆"变成了田单手中不可匹敌的兵;关羽水淹七军,水这颗"豆"成了关羽手中的千军万马;长坂坡上张飞一声怒吼吓死了夏侯杰,吓退了曹操大军,勇猛和气势这颗"豆"变成了张飞手中威慑敌军的雄兵;秦晋交战,八公山上的草木这颗"豆"变成了晋军无穷无尽的士兵。再比如地方政府整合旅游资源,说白了就是如何发掘、开发当地的自然、人文资源,如何运用这些资源吸引游客,创造经济效益。

可见,"因利制权"就是制定权变之策以利用一切可以利用的资源。上一篇所说的人情事理是谋略的根本,本篇所说的"豆"——资源是谋略的基础。如果手中没有可以调动的资源,我们就没法设计谋略,更没法实施谋略。试想没有友军何以借刀杀人,没有合适的诱饵何以抛砖引玉,没有足够的兵力何以关门捉贼,没有掩护何以暗度陈仓?用兵如神的意思是调兵遣将如同神人,其实说白了就是能够充分发挥出自己手中军事资源的价值。然而,做到用兵如神还不能算是一流的兵家,一流的兵家还要能够利用别人手中的资源实现自己的目的;还要能够利用对手的性格、心理打败对手。所以,只有做到撒豆成兵的将领才能算一流的兵家。

我们每个人的手上都有各种各样的"豆",只是有人发现并用好了这些"豆",而有人没有用好,甚至都没有发现自己拥有的那些"豆"。比如美国著名的艺术家摩西老母,到了晚年才发现自己有惊人的艺术才能。除了自己私有的"豆"之外,我们身边还有很多大家共用的"豆",即所谓的公共资源。比如互联网,它可是一颗神奇的"豆",可以用来做买卖,可以用来做广告,可以用来获取信息,有人正是用这颗"豆"创立了辉煌的事业。正因为每个人手中都有比自己想象得多的"豆",所以我们都比自己想象的要强大得多。最有用的"豆"之一当属你身边的人,刘邦的厉害就在于他能够用好手下的将士,所以人脉这颗"豆"很重要。

不管是做小事还是做大事,我们一定要学会把自己能够调动的"豆"充分地调动起来,比如想去创业,那么就要想想自己最擅长做什么,对哪个行业最了解,可以从哪些亲戚、朋友、同学那里获得帮助,政府有没有提供什么扶持政策,可以从哪里融得资金。

如果你仔细观察,就会发现生活中有太多的"撒豆"可以"成兵"了。

比如一些商家会推出消费卡、购物卡、会员卡,然后再以一系列优惠活动鼓励顾客往里面存钱,美其名曰刷卡消费可以打折。这看似是让利给消费者,其实也是在套取消费者的钱为自己所用。想想看如果有1 000位消费者办了卡,平均每位存100块,那么商家就获得了10万块可用来周转的资金。这里一张张购物卡是商家撒出去的"豆",消费者的资金成了商家获得的"兵"。当然了,这还只是小意思,那些房地产开发商做得更绝,房子还没建起来就开始卖期房了,拿购房者的钱去开发,真可以称得上是空手套白狼了。一份份薄薄的合同是地产商撒出去的"豆",购房者的钱成了他们用来赚钱的"兵"。我们再来看看百度百科,上面的内容丰富完整、应有尽有,要是都由百度公司自己来编辑的话那绝对是一项耗资巨大的工程。然而,百度很聪明,它发动了无数网友为它无偿编辑,发动网友的手段很简单,奖励一些虚拟头衔、虚拟徽章、虚拟财富。这里虚拟的名和利是百度撒出去的"豆",网友成了它的"兵"。影视剧中男女主角总会用个手机,开辆车什么的,而主角用的东西观众自然会多加关注,因此这是一个天然的绝佳广告位,影视剧的制片人发现了这颗"豆",于是影视软广告应运而生了。

当然了,撒豆成兵的前提是我们手中得有可用之"豆"。有些"豆"需要我们慢慢去积累,比如人脉、知识;有些"豆"需要我们去发掘,比如外部有利条件;而有些"豆"则可以主动创造出来,比如荣誉。主动创造"豆"在互联网中最常见,比如在游戏里面设计一些稀缺装备,一些玩家为了能够得到一两件稀缺装备往往会日夜奋战,而另一些玩家则会选择花钱去买;又比如一些网站会给用户的账号设置等级、荣誉,鼓励用户积极发言,积极为网站做贡献。

在一流兵家的眼里,一切都可以成为可利用的"豆",哪怕是敌人,比如借力打力的太极拳把对方的力量转变成了自己的"豆";赤壁之战,周瑜利用蒋干,借曹操之手除去了蔡瑁和张允,这是把对手的人转变成了自己的"豆"。有一天当你发现,通过自己的"制权"之法,任何人、任何物都可以为自己所用时,那么我要恭喜你,你已经步入一流兵家的行列了。最后需要提醒兵家的是,懂得利用别人的"豆",也要懂得与人分享自己的"豆",这样你才会有更多的"豆"。

策略的核心是"用什么"和"怎么做"。本篇阐述的兵家思想是关于"用什么"的,下一篇将阐述"怎么做"。

(本思想源自《孙子兵法》的《始计篇》《作战篇》《地形篇》《火攻篇》,《三十六计》的借刀杀人、借尸还魂、树上开花、反间计、连环计等计谋。)

五　进退自如

一日，与师父在门前石桌上对弈。

连战三局我皆惨败，于是问师父败因。

师父道："进不知退，退不知进，进退无道，安能不败？"

师父启诫第三

　　任何军事行动归根到底无非是进、退、守三者之一。如果按好坏排个序，相信很多人的答案是：最好的当然是进，其次是守，最次是退。带着这种用兵理念的将领，会不惜一切代价选择进，只有被对手打惨了才会选择守，只有当对手的刀快要架到脖子上了才会选择退。带着这种想法的企业管理者，总是企图扩张，不得已之下才会选择保守经营，实在没辙了才会选择剥离不良业务、出售不良资产。

　　可问题在于，当一个军队冲锋陷阵过了头，一旦遇到敌人的顽强抵抗攻克不下，这个时候由于战线拉得太长，兵力分散，后勤补给难以保障，境况将变得非常困难。而且，进攻的一方一旦由攻转守，对手便可获得喘息之机，就有时间调兵遣将。同时由于进攻难以取得进展，将领会陷入焦虑，士卒的士气会变得低落。更可怕的是，当对手缓过来稳住阵脚后，进攻的一方如果兵力散于各处，对手极易各个击破；而若兵力过于集中，对手又易包抄围剿。此时，进攻者便会陷入寸步难进的危险窘境。而一旦陷入这种局势再选择后退，那么前面取得的战果化为灰烬不说，退得不好还会被敌人追击得七零八落。一些企业家往往会因为企业经营情况良好而不顾市场容量、企业承受能力，大量举债、盲目扩大规模，乃至盲目向多元化发展。然而，企业的高资产负债率就意味着低抗风险能力,一旦运营出现问题或者整个经济大环境、行业大环境出现波动,就很容易陷入资金链断裂的绝境。到那个时候债主会找上门来,银行会提前收贷,不要说守住,就是全身而退也会很困难了。

从上面的论述我们可以看出,进之不慎无异于自掘坟墓,那么这进、退、守该如何排序呢？回答这个问题的关键在于明白进、退、守的本质。进、退、守三者只是三种行为方式而已,而行为方式本身是没有好坏优劣之分的。比如在军事中经常出现这样一种作战战术：甲乙两军对战,交战不久甲方佯装败退,乙方乘势追击,退到半路甲方回军再战,同时从战场四面八方冲出早已埋伏好的甲方士兵,于是乙方陷入了四面包围的绝境。这种战术中甲方以退诱敌,而乙方被利诱而进。显然甲方的退是主动的退、积极的退、有利的退,而乙方的进是被动的进、消极的进、不利的进。所以进、退、守之间是没法排序的,不能说这个好,那个次,关键要看用得合不合时宜,用得合适退也是绝招,用得不合适进也是昏招。因此,兵家不应该偏好进,也不应该厌恶退,而要根据实际情况选择进、退、守,尤其在时机不成熟时千万不要急于进。有些人做事情,前期的调研、论证、准备还没有完成就急匆匆实施起来了,这样是很容易失败的。

兵家一定要做到进退自如,该进的时候进,该退的时候退,该守的时候守。比如：对付善于防守而不善于进攻的对手,我们要积极引诱他前来进攻,等到他进攻失误时将其一举拿下；对付善于进攻而不善于防守的对手,我们要抓住机会及时进攻,使其忙于防守,利用他的防守失误消灭他。又比如,如果敌人的实力发展很快,那么我方要及时进攻消灭他们,如果敌人的实力很强大,那么我方应坚守不战、积蓄实力。师父启诚中所说的"进不知退,退不知进",说的是我下棋时,一开始咄咄逼人不懂得以退为进,待到形势不利时,只知退守而不懂得以攻为守。

守可不仅仅只是躲在营垒里那么简单。它可以用来等待时机,可以用来积蓄实力,还可以用来打退敌人。比如,敌人长途奔波远道而来,我军可以利用敌人补给线长、后勤成本远大于我方的弱点,坚守不战。由于敌人难以维持与我军长期对峙所带来的消耗,他们只能选择攻城,或者选择撤退。如果敌人选择攻城,那么他们就不得不面对处于城墙下的巨大地形劣势,不得不承受攻城带来的巨大代价。最终的结果往往是敌人攻了几次发现伤亡太大,就灰溜溜地走了。

人会有两种悲哀:第一种是有能力但不知进,结果才华被埋没而得不到施展;第二种是机缘巧合之下取得或建立了超越自己能力范围的事业却不知退守,结果一旦失败,败得彻彻底底,毫无抵御之力。所以在人生的道路上,我们一定要懂得进退之道,做到进退自如。

(本篇思想源自《孙子兵法》的《谋攻篇》《军争篇》《九变篇》《九地篇》等,《三十六计》的趁火打劫、欲擒故纵、走为上等计谋。)

六　兵家品质

> 一日,与师父在房中整理兵书。
> 我问道:"师父为什么愿意收我为徒?"
> 师父微笑道:"你的品质不错,算是可造之材。"
>
> 师父启诫第四

兵家有六项核心品质:深、远、高、静、幽、明。之所以说这六项品质是核心品质,是因为它们深刻地影响着每一位兵家,除了这六项核心品质外,兵家还有信、勇、仁、严等品质。下面我将对这六项核心品质一一进行论述,至于其他品质,后文会陆续阐述。

"深"就是深度,能够抓住问题的本质所在,从根本上分析问题、解决问题。不同的人对同一件事情的认识深度是不一样的,就像军事中"何种因素最终决定了胜败"这个问题,有些将领认为是天时地利决定了胜败,而有些将领则认为是兵强粮足决定了胜败,有些将领认为是人才决定了胜败,而有些将领则认为是民心所向决定了胜败。企业经营中也有类似的问题,有些管理者认为企业的行业环境决定了企业的未来,而有些管理者则认为企业的核心技术决定了企业的未来,有些管理者认为企业的人才决定了企业的未来,而有些企业管理者则认为企业的文化决定了企业的未来。《三十六计》中有个"釜底抽薪"之计,它就是一个从根本上解决问题的策略。有时候,我方若能看清敌人为什么前来进攻,是什么决定了敌人的战斗力,那么便可不战而退敌,甚至不战而胜。对事情认知的深度决定了一个人以何种策略处理事情,从而也决定了一个人所能达到的事业高度。

"远"就是远度,考虑问题除了能看到当前的,还能看到过去和未来的。有些事情从眼前看是有利的,但从长远看却有可能是不利的;从眼前看是不利的,但从长远看却有可能是有利的。有个成语叫做杀鸡取卵,为了能够得到母鸡体内的鸡蛋竟然把母鸡给杀了,看得不够远的人往往会做出这样的事情来。考虑问题远的人,往往懂得进退取舍之道,懂得在眼前利益与长远利益之间做尽可能优的权衡。生活中我们经常可以看到很多工程急匆匆上马、完工,然后没过多久拆的拆、修的修、补的补,极大地浪费了人力、物力、财力,这都是谋之不远导致的后果。

"高"就是高度,考虑问题站得高、看得全,能够立足全局分析、解决问题。一个人如果高度不够,那么眼界就会狭隘,看待问题就会片面,最终导致做出的决策很局限,只能解决局部问题,甚至解决了某个局部问题后却引发全局性的问题。兵家在决策时往往需要在整体与局部之间权衡。高度不同的兵家,他们眼中整体的意义也会不同,比如甲乙两军对垒,甲军将领眼中的整体可能只是甲乙两军,而乙军将领眼中的整体可能还包括甲乙两国,甚至还包括正在静观局势的丙丁等其他国家。《三十六计》中有个"李代桃僵"之计,它是一个用小损失换取全局利益的计谋,与象棋中的"弃车保帅"具有异曲同工之妙,只有高瞻远瞩的兵家才能设计出这样的计谋。抗日战争胜利后,国民党派出重兵围剿解放区,敌强我弱的形势下,毛主席做出了退出延安的决定,以失一城的代价换取全局的主动。而历史上有很多将领舍不得丢弃一城一池,不懂得收缩战线集中力量,结果活生生地被敌人当作靶子打,眼睁睁地看着自己的军队被各个击破,究其原因便是分析问题的高度不够,只见树木不见森林,导致把局部看得太过重要。

有句话叫做"不谋全局者,不足谋一隅;不谋万世者,不足谋一时",它告诉我们在谋划时务必要站得高、看得远,即高瞻远瞩。深、远、高是谋划的三个维度,一个优秀的谋划必定要具备深度、远度、高度,一个智慧的兵家必定要拥有深度、远度、高度。

"静"就是心态平静。高人往往神态安详,举止从容,谈吐优雅。其实高人之高关键在于心态平和。心若止水,那么目之所见是客观的,脑之所想是理智的,所谓静能生慧便是这个道理。而若心中波涛汹涌,那么就很容易失去理智,历史上有太多的将领因为冲冠一怒而战死沙场;因为急功近利而身陷重围。生活中也有太多的人因为一时冲动而铸成大错。战场之上风云突变,一点小挫折就心灰意冷,一点小胜利就得意忘形;敌人稍加辱骂就怒不可遏、不顾一切,对手稍加奉承就飘飘然不把对手放在眼里;一点小利就急不可耐,一点小害就畏畏缩缩,这样的人是很难取胜的。胜利往往属于那些静观时局、从容决策、淡定指挥的人。这便是诸葛亮所说的"宁静以致远"。引用苏轼写在《留侯论》中的一句话"猝然临之而不惊,无故加之而不怒",兵家就应该达到如此境界。

"幽"就是喜怒哀乐不形于色,所思所想别人看不透。在战场上做到幽是很重要的,敌军铺天盖地而来,我军危在旦夕,作为主帅心生畏惧是人之常情,但心中的畏惧是万不可表现出来的,否则会极大地打击将士们的士气;与敌人交战,将领的用兵才能、治军方式不应该毫无掩饰地表现出来,有时候要故意用一下与自己想法不同的作战方案,甚至要故意犯点小错误,从而让敌人看不懂自己。兵家一定要记住:即便是最厉害的兵家,如果被对方看穿,那么也将变得不堪一击。兵家的厉害很大程度上源于他的幽。要做到幽是有难度的,一个人即便极力掩饰,他的一颦一笑、一举一动也会在不知不觉间出卖他。一般的人通过与别人保持一定的距离来达到幽,这会给人一种陌生的感觉,从而使别人也与他保持距离,甚至提防他;而高明的人则会通过做平常事,说平常话,与别人打成一片来达到幽,乃至给人留下为人坦率的印象,但其实他的平常掩盖了他的不平常。

"明"就是洞察力强,能够通过细枝末节获知重要信息,能够透过真真假假的表象洞悉内里。在战场上做到知彼知己至关重要,有时如果能够看清形势,便可兵不血刃地解决问题。比如《三国演义》中袁尚、袁熙逃到公孙康处后,有人建议曹操乘胜追击,而曹操却说不需要亲自出马,公孙康自会将二袁首级亲自送来。结果不出曹操所料,没过多久公孙康便奉上了袁尚、袁熙的人头。这是为何?因为曹操洞察了二袁与公孙康之间的微妙关系——如果出兵攻打,他们必然相互合作共同抗曹,而若按兵不动他们则会自相残杀。那么如何做到知彼知己呢?当然是获得足够的信息了,这就需要兵家具有明的品质。我曾经遇到过的一件事或许能够启发大家。有一回与朋友打牌,当我打出一张后,朋友很有信心地说我已经没有大牌了。我闻言大惊,好奇地问他是如何做出这个判断的,他笑道:"你握牌的习惯是按从大到小的次序排列,我刚才看到你从最左边打出了这张小牌,因此推断你已经没有大牌了。"听完后我大呼厉害,从这可以看出我打牌时的"不幽"与朋友打牌时的"明"。打牌如此,生活中其他各种大大小小的事情亦是如此,明者总能从蛛丝马迹中得到关键信息,从而把握先机。

深、远、高组成了一个人的格局,静、幽、明构成了一个人的修养。如果你已经具备了这六项核心品质,那么我要恭喜你,因为你已经具备了成为一流兵家最重要的条件。而如果你还没有具备其中的一项或几项,那么你也用不着担心与着急,因为修炼之路才刚刚开始呢。

(本篇思想源自《孙子兵法》的《始计篇》《作战篇》《谋攻篇》《九变篇》《用间篇》等,《三十六计》的打草惊蛇、釜底抽薪、远交近攻、假痴不癫等计谋。)

七　兵家基本功

一日清晨,师父在门前打太极。

我问师父:"太极有套路,那兵法有套路吗?"

师父道:"兵法就一个套路,'知计谋动'四式而已。"

师父启诫第五

兵家有一个基本用兵套路,这个套路分为四式:第一式是知,第二式是计,第三式是谋,第四式是动。每一式对应兵家的一项基本功,这四项基本功的修炼程度直接决定了兵家在战场上的表现。

知是获取信息。在战场上,知就是弄明白敌军有多少兵马,粮草是否充足,敌军将领的性格如何,能力怎样等一系列情况。在现代战争中,为了获取信息可谓无所不用其极,人们用网络、雷达、预警机、卫星等现代科技手段组建了一张地空一体化的信息收集网,更是提出了信息战这个重要概念。战争如此,生活、投资、经商等等亦是如此,比如投资股票就要搞清楚这只股票所对应的公司的管理团队、企业文化、制度、业务、财务等信息。

计是分析信息、评估局势、判断趋势。在军事中就是分析敌我形势,评估敌我实力,比如哪一方的将领能力更强,哪一方的士卒士气更盛,谁的兵马多,谁的阵地更有利。企业管理中有个 SWOT 分析,简单地说就是分析企业的优势在哪里,弱点是什么,有哪些机会,存在什么威胁。你可能会比较疑惑的是为什么用计这个词,这就要从中西方的思维差异说起。我们中国人在做分析评估的时候往往习惯于凭经验和感觉,行与不行就看大脑中的一个念头。而西方人习惯于用数字进行分析评估,往往会列个表,按照某个标准给各个影响因素打分,然后按权重计算出最后的综合分,行与不行就看这些数字。不得不承认后一种方法用来分析评估更为精准,因此我们用计这个词。后面我们会看到,大师父早就发现了这一点,他在他的《孙子兵法》中就是用计这个词来表示精确评估的。

  计是很重要的一项基本功,也是最容易被人们忽略的一项基本功。我们在着手做一件事之前一定要掂量清楚自己有没有实力、有没有条件做这件事,一定要盘算清楚值不值得做这件事。如果没有合计清楚这些最基本的问题,那么做事的结果很可能是:付出了非常多的努力,但却得不到多少收获。智慧的兵家应该做自己力所能及的最有价值的事情,而不应该将自己的一生用于做那些不费吹灰之力的小事而碌碌无为,也不应该将自己的一生用于做那些自不量力的大事而无所作为。

  同样一件事情,有的人认为这个条件很重要,而有的人却认为这个条件不重要,有的人认为做这件事很有价值,而有的人却认为做这件事没有多大价值,这些分歧源自每个人不同的眼光与评估能力。兵家应该把自己修炼成一个有深度、有远见、有高度的人,这样才能做出最明智的计。

  谋是谋划行动方案。敌我双方的优势、劣势了然于心了,那么就可基于此谋划出一套能够发挥自己优势,回避自己劣势,使敌人无法发挥优势,无法回避劣势的作战方案。投资时,一只股票的内在价值和当前股价分析清楚了,股票对应公司的行业地位、发展前景了解了,那么就可以设计投资方案了。涨的时候是继续跟进资金还是卖出,卖出的话是一次性全部卖出还是陆续卖出,如果跌到了某个点是选择卖出还是继续补仓,等等。同一件事往往可以采用不同的策略,不同的策略往往有不同的效果,智慧的兵家总能够谋划出最优的解决策略。那么何为最优呢?用最小的成本获得最大的收益。

  动是实施方案。有时候方案出来了,但实施的人却一拖再拖,缺少立即执行的坚决;方案开展起来了,实施的人一遇到挫折就开始打退堂鼓,缺少持续执行的毅力;方案实施过程中遇到了突发情况,实施的人却依然按着原方案进行,缺少临机变通的能力。很多事情的失败,往往败在执行上。举个简单的例子，本来计划投资某个股票盈利10%后就抛掉，可是当目标达到后，却在利益的诱惑下舍不得清仓，反而继续跟进资金。一般而言，一流的方案加二流的执行往往不如一流的执行加二流的方案。

　　这四项基本功非常重要，也非常通用，它们不仅是用兵的基本功，更是做事的基本功。以做数学题为例：知就是读清题意，搞清楚哪些条件是已知的，哪些条件还未知，最后要算出什么；计就是分析题意，弄明白题目的类型，已知条件和未知条件之间的联系；谋就是选择、设计解题方法，比如是用反证法还是用构造法，是用排除法还是用验证法；动就是计算。看到这，对于正在读书的或者刚刚毕业的人来说，耳边一定想起了数学老师如念紧箍咒般苦口婆心的声音："题目要读清"，"要讲方法"。试卷发下来老师一分析，就能从学生的反应中看出他们做题的弱点在哪里。惊奇地说"我怎么没有看到这个条件"，那是知没有做到家；疑惑地说"怎么还有这层关系"，那是计没有做到家；遗憾地说"我怎么没有想到用这个方法"，那是谋没有做到家；懊恼地说"怎么又算错了"，那是动没有做到家。所以别小看那些会读书能做题的人，因为事物背后的道理都是相通的，能读好书当然也能做好别的事；当然了，那些死读书的人除外，因为对他们而言做题就是做题，读书就是读书。

　　最后，我们来简单地分析一下知、计、谋、动这四项基本功与前一篇的深、远、高、静、幽、明这六项兵家品质之间的内在关系。明的品质有利于知。计与谋则需深、远、高的品质。动则需幽，我方的一举一动，不能被对方看出背后的意图，否则实施的难度会变大。同时，知、计、谋、动四者都需要兵家有一颗宁静之心。因此，可以说深、远、高、静、幽、明的品质是兵家内功，而知、计、谋、动则是兵家外功。

　　（本篇思想感悟于《孙子兵法》的《始计篇》《谋攻篇》《用间篇》，《三十六计》的打草惊蛇之计。）

八　兵家绝招

一日,师父正在书房擦拭他的那把剑。

我问师父:"兵家最厉害的绝招是什么?"

师父挥舞了一下手中的剑后说道:"宝剑在手,避实击虚,剑锋所指,势如破竹。"

师父启诫第六

师父的这句话,我虽有所感悟,但却不能完全领悟其中所蕴含的道理。后经师父点拨方才豁然开朗。

何谓宝剑? 宝剑一定符合两个条件,第一是材质优良,第二是剑锋锐利。剑的材质虽好,然剑锋不利,那么一剑下去有可能无法刺入,这就像一个人,虽然满腹才学,但却不善言辞,不免憋屈;剑锋虽利,然材质不行,那么一剑下去剑有可能就断了,这就像一个人,虽然伶牙俐齿,但却没有多少才华,难免受挫。

何谓避实击虚? 庖丁解牛的故事告诉我们,宰牛的时候,若能够避开坚实的牛骨,从骨节间的空隙处用刀,那么用起刀来就能游刃有余,宰牛也会非常轻松。同样的道理,用剑的时候若能避开敌人的坚实处,刺中敌人的薄弱处,那么一剑下去必然势不可当。

由此可见,这个绝招由内而外共由三级构成:优良的材质、锐利的剑锋、避实击虚的用剑之法。就像武侠小说中的武林高手,他们往往内力深厚——这就像剑的材质优良,招式精巧——这就像剑锋锐利,懂得避实击虚——要么不出手,一出手必然招招制敌,令对手毫无反击之力。显然,如果内力不够深厚,那么再精巧的招式也只是花拳绣腿而已,断然不能成为绝招;而若有足够的内力,但却不懂得招式,那么就不能充分地将内力发挥出来,自然也不会有多大的威力;内力有了,招式也有了,但却只会与对手硬碰硬,不懂得避实击虚,那么也无法成为一招制敌的绝招。所以,想要成为绝招,必然要具备三样东西:内力、招式、避实击虚的进攻策略。

  对于将领来说,军队就是他手中的剑,军队的实力是这把剑的材质,军队的战斗力是这把剑的剑锋,军队的进攻策略就是用剑之法。一个军队的实力由其所拥有的将士、粮草、军械等军事资源构成。所谓"巧妇难为无米之炊",如果军队的实力很弱,那么即便是用兵如神的将领把军队的战斗力发挥到了极致,也是难以胜敌的,甚至难以抵御敌人的进攻。一个军队的战斗力是军队发挥出来的作战能力,因此即便只有百十个人,但若将领指挥得当,每个人都奋勇当先,那么战斗力也会很强;相反,即便拥有成千上万的兵马,但若指挥不当,每个人都消极罢战,那么战斗力也会很弱。所以,决定一个军队战斗力的关键因素是将领的用兵能力。如果将领能力很弱,那么即便军队的实力很强,亦是难以取胜的。比如井陉之战,陈馀以二十万兵力对阵韩信的三万劣势兵力,结果却战死沙场,究其原因便是他的带兵能力不行,难以发挥出军队的战斗力。所以说,兵家若想做到兵锋所指所向披靡,实力、战斗力、进攻策略三者都须做到位,只要其中一项有问题,威力就会大打折扣。因此,兵家绝招是:积累雄厚的实力,发挥出强大的战斗力,避敌之实击敌之虚——如此方能攻无不克、战无不胜。

  在实力、战斗力、进攻策略这三者中,人们往往比较关注战斗力与进攻策略,而容易忽视实力。然而兵家应记住,实力才是三者中最根本的,最终的胜利往往属于那些善于积累实力的人。朱升曾为朱元璋定下"高筑墙,广积粮,缓称王"的战略方针,其核心便是积累实力。军队的实力是相对敌人而言的,实力强不强要根据敌我实力对比的情况而定,不能只看自己或只看敌人。

  用兵如此,其他领域亦是如此。比如开拓市场,首先产品的质量要上乘——这相当于剑的材质优良,其次产品的用户体验要好,用户看着赏心悦目,用着方便舒适——这相当于剑锋锐利,最后要有好的营销策略,能够找准市场切入点——这相当于避实击虚的用剑之法,如此方能旗开得胜。这三者缺一不可,如果产品质量不好,那么一定不能在市场上长久立足,必然会被市场淘汰,这就像占领了敌军的城池,但却因为实力弱小又被敌人夺了回去;如果产品的用户体验差,那么就难以获得用户的认同,这就像一个军队士气低落、战斗力差,无法形成有效的攻击力;如果营销策略不好,那么就难以在市场上推广开来,这就像大军围着敌军城池,找不到突破口,无法攻入。

兵家应记住:自己才是自己手中最重要的一把剑。兵家修炼就是要炼好自己这把剑,炼的过程就是学习与实践。学习是炼材质——积累知识,提升智慧,谙熟人情,知晓事理;实践是磨剑锋——把所学融会贯通,用顺用活,能够把才智转化为办事的策略与效率。"剑"炼好了,若能懂得避实击虚的用剑之道——做自己能做的,不妄自菲薄也不盲目自大,那么必然能够用自己这把剑开创出一番事业。每个时代总有这样一些人,他们平时为人低调不与人争高下,然一出手有如宝剑出鞘,寒光闪处再棘手的问题也能迎刃而解,比如唐代的张巡、宋代的岳飞、明代的于谦……他们都是兵家的典范。

(本篇思想源自《孙子兵法》的《军形篇》《兵势篇》《虚实篇》,《三十六计》的围魏救赵、擒贼擒王之计。)

九　兵法三家

一日，师父给我讲战略家与战术家。

我问师父："战略家与战术家对决，谁的胜算更大？"

师父道："战术家想要打败战略家一定要速战速决，时久必败；战略家想要打败战术家一定要以退为进，势成而后谋动；战略家与战略家对决，胜败则取决于谁更有毅力，谁更有耐心，比拼的是做人的功力。"

师父启诫第七

战争中要考虑两个层次的问题。第一个层次是根本的、宏观的问题，比如刘备三顾草庐问计于诸葛亮："君谓计将安出？"显然这个问题所要问的是如何夺取天下的大计。诸葛亮回答得很精彩，先取荆州，再取益州，接着与南边和西边的少数民族搞好关系，然后等到时机成熟出兵平定天下。这个层次即为战略层次，亦即战略问题。第二个层次是直接的、微观的问题，比如选择哪条路去攻打敌人，半路上遇到敌人如何对付，到了战场如何排兵布阵，要是敌人不出战该如何引诱他们出战，粮草紧张了怎么解决等等。这个层次为战术层次，亦即战术问题。

同一个问题既可能出现在战略层次，也可能出现在战术层次，只是大小不同而已。以"怎么打"为例，战略层次的怎么打往往是宏观的进攻路线，比如秦国灭六国的战略：先和远方的齐、楚结盟攻打近邻韩、魏；韩、魏拿下后，攻打新的近邻燕、赵；最后消灭齐、楚。而要实施宏观的进攻路线，必定要经历一场场具体的战斗，战术层次的怎么打正是针对每一场具体战斗而言的，比如设下埋伏引敌人过来围而歼之，或者出其不意发起偷袭，或者威逼利诱不战而胜。

为解决战略问题而设计的方案即为战略,为解决战术问题而设计的方案即为战术,战略和战术中用到的方法即为策略。比如毛泽东制定的"农村包围城市"战略,孙膑制定的围困魏国都城以救援赵国战术,用的都是避实击虚策略。所以,战略和战术都是针对某个特定问题而设计的,只是两者所要解决的问题属于不同的层次,它们都是具体的;而策略不针对特定的问题,它既可以用于解决这个问题也可以用于解决那个问题,既可以用于制定战略也可以用于制定战术,既可以解决战争问题也可以解决其他领域的问题,它是抽象的。因此可以说,策略是战略、战术的内在灵魂,而战略、战术是策略的表现形体。

战略为战术指定了宏观框架与方向,若缺少了战略,那么一个个战术犹如一盘散沙,无法形成一个有机整体,也就无法发挥出最大的价值。那些碌碌无为的人,就是因为缺乏战略,导致劳而无功。战术是为了实现战略而制定的一系列实施方案,若缺少了战术,那么战略就只是一个可望而不可即的蓝图。那些有抱负却无行动的人,就是因为缺少战术不知道该如何下手。因此,战略和战术总是成套出现的,作战时兵家首先要根据外部大环境以及未来的发展趋势,结合自身情况制定一个战略,然后基于这个战略根据当前情况,利用一切可以利用的资源制定一系列实施战术。南辕北辙的寓言故事中说,有个人想去南边的楚国,但他却朝北而行,当别人问他为什么选择相反的方向时,他说不要紧,他的马车好。我们可以把故事中主人公选择的方向看作是战略,他的马车看作是战术,可见当战略出错的时候,战术越好反而会使后果越严重。所以我们在做大事的时候,一定要制定一个正确的战略。

策略包含了目标、着手点、手段、步骤、资源五个方面,其核心是资源(用什么)与手段(怎么做),基于策略制定的战略与战术也包含了这五个方面。一个个战术的实施是沿着战略步骤进行的,一个个战术目标的实现最终是为了实现战略目标,战略资源是制定与实施战术的基础资源。

善于分析战略问题,善于制定战略的人称为战略家;而善于分析战术问题,善于制定战术的人称为战术家。战略家与战术家有一个共同点——都善于运用策略。第三类是方略家,方是战术的意思,略是战略的意思，方略家就是战术家和战略家的结合。三国时期的一对死对头——诸葛亮和司马懿都是方略家，他们既能谋划大局，又懂得行军作战。两个人中，诸葛亮战术稍强，战略稍弱，而司马懿战略稍强，战术稍弱。虽然一场场战斗中，诸葛亮稍占上风，但最终的胜利却是属于司马懿的，从中我们可以看出，战略更为重要。

战术家善于分析战术问题，善于制定战术，总能很好地处理手头的事情。他们脑子灵活、应变能力强，总有出人意料的办法解决棘手的问题，用一句话来说就是办事能力强。但是，战术家有个弱点——做事缺少对全局和长远的考虑，往往会为了眼前的利益损害全局和长远的利益，而且事情一多容易顾此失彼，阵脚大乱。因此，他们能够将每一步都走得很精彩，甚至令人拍手称奇，但是他们的路却会越走越窄，越走越艰难，越走越惊险，最终往往会陷入瓶颈，甚至走向失败。

战略家善于分析战略问题，善于制定战略，他们会努力保证自己走的每一步都符合全局和长远的利益，不得已之时甚至会损失眼前的利益来换取全局和长远的利益。战略家能同时开展多件事情并将它们处理得井井有条，但若孤立地看每一件事情，可能没有战术家处理得那么精彩。因此，他们可能每一步都走得有点平淡无奇，甚至走得有点累，但每一步都走得很踏实，走得很有远见，因此他们的路会越走越开阔，越走越精彩，越走越顺畅。战略家格局远大，能谋善断，懂得权衡，因此比战术家更为厉害。

我们来分析几位历史人物。项羽只能算是一名优秀的战术家，带兵打仗所向披靡，号称"西楚霸王"，但缺少高瞻远瞩的能力。他的下属范增倒是一名不可多得的战略家。但是，战术家往往用不好战略家，因为他们很难理解战略家提出的谋划，无法欣赏战略家的智慧，所以范增最终只能失望地离开了他。刘邦是一名优秀的战略家，战略家一般都善于用人，善于建设团队，因此他手下人才济济，有运筹帷幄的张良、战无不胜的韩信、善搞后勤的萧何、善用诡计的陈平。

战术家和战略家除了在战略格局和用兵理念上的差异外，更重要的差异在于他们的性格。战略家比战术家更能隐忍，在时机未成熟时绝不摊牌；他们比战术家更能控制自己的情感，不会意气用事，不会率性而为,若对局势有利,甚至能够忍气吞声微笑着与仇人合作;他们比战术家更能克制自己的欲望,不会被名利束缚手脚。总而言之,战略家更冷静,更理智,更有耐心,更有毅力。

我们叹为观止的反败为胜,拍案叫绝的以少胜多,心惊肉跳的取巧弄险,不寒而栗的阴谋诡计都属于战术家的高明。与之形成鲜明对比的是,战略家不善于取巧与弄险,他们不打无把握之仗,总是企图以多胜少、以强胜弱,他们往往会通过自己的高瞻远瞩把危险扼杀在摇篮里,使战争赢得理所当然,毫无悬念。大师父在《孙子兵法》中说道:善于作战的人没有智慧的名声,没有勇猛的战功。(《孙子兵法·形篇》:善战之胜也,无智名,无勇功。)这是为什么呢?因为赢得太平常了。这就像是一个医术高明的人,在病人的病还没有发作的时候就把病给根治了,反倒使人觉得此人医术平平,无甚作为。所以兵家一定要深,否则我们就看不出谁才是真正的高人。

一场战争需要战略家统领全局,谋划战略,需要战术家筹集兵马粮草,行军扎营,布阵作战。一个企业需要战略家掌控全局,需要战术家做财务,搞营销,做研发,搞生产。因此,合理的人才结构是:战略家主持大局,各类战术家处理各项具体事务。识人善用的关键在于能够看出对方是战略型人才还是战术型人才,然后安排合适的岗位。很多企业会因为一个战术家做事出色而将他提升到战略型岗位上,结果就出问题了;也会因为一个战略家做事平平而让他做些无足轻重的小事,这就大材小用了。

生活中区分战略家和战术家很简单:如果一个人总能为自己设计出一套完善的人生规划,从来不会找不到事情做,很少感觉到迷茫,那么他便是战略家;如果别人不布置任务给他,他经常会找不到事情做,经常会感觉到迷茫,而一旦交给他任务,他就会焕发生机,表现出很强的做事能力,那么他便是战术家。有些家长很喜欢替子女安排一切,这样的家庭是培养不出战略型人才的,有些家长甚至包办一切,那就连战术型人才也培养不出来了。

(本篇思想源自《孙子兵法》的整体结构及对历代兵家的研究。)

十　兵家四修

> 师父书房有一四页屏风,第一页上画的是湖边静思,题目是修心;第二页上画的是窗下阅读,题目是修智;第三页上画的是庭前练剑,题目是修技;第四页上画的是花园漫步,题目是修身。
>
> 师父启诚第八

兵家有四修:修技,修智,修心,修身。

"修技"就是修炼人的技能,包括学习知识、积累经验、掌握技术技巧等等。修技可以通过学习、实践进行。处在社会不同领域的人需要掌握不同的技能,比如对于软件设计师而言需要掌握编程技能,对于企业管理者而言需要掌握经营、管理技能,对于商人而言是需要掌握营销、售卖技能。当然了,不同行业的人也有着共同的技能,比如沟通技能、观察技能等等。我们当前的学校教育往往把修技当作教育的全部,这是非常狭隘的,是培养不出一流人才的。

"修智"就是修炼人的智慧,包括建立良好的理念、提升思维能力等等。理念是一个人看待问题的基本观念,分析、解决问题的基本策略;思维能力是一个人分析、谋划、决策的能力。一个思维能力很强的人,如果没有良好的理念,那么只能拥有小聪明;相反,一个拥有良好理念的人,若没有较强的思维能力,那么也称不上智慧。可以说,理念是智慧的源泉,思维是智慧的动力,只有具备了良好理念与较强思维能力的人才是智慧的人。修智是一个把知识、经验、阅历,总结、归纳、抽象为理念的过程,同时也是一个勤于思考的过程。

"修心"就是修炼人最深层次的内在,这个内在主要包括心态和性格。好的心态能够使人保持平静的心境，遇事波澜不惊。从古至今不知道有多少事是因为当事者不能保持平静的心境，感情用事而付之一炬的。修心是一个不断克服自己性格弱点的过程，必得经历艰苦卓绝的磨炼，比如，暴躁的时候，稳定情绪；浮躁的时候，沉静心境；烦躁的时候，平静心境。又比如，克制不良性格的驱使，忍受内心的不安与恐惧，突破心理上的障碍，反思、控制自己的行为，养成良好的习惯，等等。修心的过程艰苦长久，值得庆幸的是越到后面越容易修炼，值得玩味的是修心的过程本身需要坚强的意志与卓越的耐性——性格的修炼取决于性格，这大概就是本性难移的关键所在。如果无法约束自己进行持之以恒地修心，那么就需要借助外部力量，比如师父的监督。

修技、修智、修心这三者之中最难修的是心，然而性格决定命运，最重要的也恰恰是心。所谓静能生慧，心态是智慧的内在保障，一个心绪不宁的人是不可能拥有大智慧的。一颗宁静的心，表现在外表上的是深不可测的从容，这种从容能够转化为气场、气度与气质。一个智慧的人，如果犹豫不决，那么大好的机会就会丧失；如果胆小如鼠，那么远大的计划就会因为前怕狼后怕虎而不敢实施；如果意志力薄弱，那么做事容易半途而废，也就难以建立伟大的事业。一流的兵家必然要有一流的心，没有胆量是不敢实施空城计的，没有耐性是难以运用反客为主之计的。

在社会上生存，没有一技之长是不行的，有些有点小聪明的人，因为没有安身立命之技，一不小心就走上了邪路，干起了坑蒙拐骗的勾当。缺乏智慧的人是难以掌握好技的，即便掌握了技，也难以发挥出技的最大价值。同样是熟读兵书，诸葛亮把兵法用得精彩绝伦，而赵括却只会纸上谈兵；同样是一身武艺，李世民建立了不巧功业，而吕布却成了曹操的刀下鬼。一个智慧的人，必然会给自己制定一套合理的人生规划，循序渐进地掌握一门立世技能，然后通过这门技能发挥出自己的人生价值。

可见这三者之中，心是最内层，智是中间层，技是最外层。在修炼时，我们可以由外而内一层层修炼，也可以同时修炼，比如在研读兵书的时候，学习其中的做事方式，这是修技；领悟兵法背后的兵家智慧，这是修智；同时在研读过程中，努力使自己保持宁静的心态，不浮躁不急躁，这是修心。只有心、智、技三者修炼到家了，兵家才能笑傲江湖而屹立不倒。同时，我们需要记住的是，修炼是一个伴随人一生的过程。

一直以来，我都把修技、修智、修心当做是修炼的全部，直到有一回我得了一场严重的眼疾，才意识到自己忽视了非常重要的"修身"。身体是一个人立世的基础，没有一个健康的体魄是很难建立一番事业的。且不说别的，当一个人身体疲惫的时候，他的自我调控能力会降低，更容易失去耐心，脾气也会变得暴躁，思维也会变得迟钝，由此可见身体的重要性。修身只需要记住"动静缓愉"四个字即可。动是运动，比如跑跑步，爬爬山，打打羽毛球；静是静养，即停下手上的工作，安静休养，短的可闭目养神，长的可找一安静处度假；缓是放缓，即把紧绷的神经放松下来，放慢工作节奏；愉是愉悦，比如品茶聊天，聚会吃饭，喂鱼赏花。

一言以蔽之，兵家修炼是以兵家智慧为核心，以修身为基础，以修技、修智、修心为主要内容的全方位修炼。

（本篇思想源自对兵法的思考，以及我自己的修炼感悟。）

第二章
《孙子兵法》修炼

修炼指引

《孙子兵法》可谓是一本奇书！它的奇，奇在三个地方：第一是内容博大精深，它是古人战争经验的总结与提炼，是兵家智慧的浓缩与升华，整本书虽然不到六千字，却是字字珠玑，句句经典，段段精辟，发人深省，启迪心智；第二是结构精巧，整本书虽然只有短短十三篇，但这十三篇的背后却蕴含着兵法大结构，我们若能悟通这个结构，就可从整体上把握兵法，就能真正懂得何谓兵法；第三是文采优美，读起来朗朗上口，颇有韵味，兵法智慧之美跃然于纸上。可见，《孙子兵法》在内容、结构、文采三个方面均属上乘，堪称一流兵书，是兵家修炼之必备。

很多研读《孙子兵法》的人往往会把注意力全部放在内容上，忽略了对结构的分析，导致无法将所学的兵法内容连成一个体系，以致无法深刻掌握兵法。这就像一个将领，他的手下有很多士兵，但由于缺少把这些士兵组织起来的能力，结果一与敌人交战部队就混乱不堪，这样必然发挥不出多大的战斗力。所以说，结构很重要，而兵法结构对我们掌握兵法至关重要。然而，遗憾的是那些研究过《孙子兵法》结构的人，大多觉得这本书的结构混乱不堪，有人甚至还对它进行了重组，更有一种观点认为书中的很多段落是后人拼凑所加，我实在不敢苟同！

本书将从内容与结构两个方面解读《孙子兵法》。结构分为两层，第一层是每一篇的小结构，第二层是十三篇背后蕴含的兵法大结构。每一篇的内容与结构，我将在解读各篇时进行阐述。在这里我先粗略地阐述一下孙子兵法的大结构，给大家留下一个印象，以利于后面的研读；在解读完整部《孙子兵法》后，我将给出更为详尽的分析。

《孙子兵法》虽然只有十三篇，但却构建起了一个完整的兵法体系。

这个体系分为三个子体系：第一个是战略子体系（由前三篇构成），第二个是策略子体系（由中间三篇构成），第三个是战术子体系（由最后七篇构成）。

战略体系中大师父讨论了三个最基本、最宏观的战争问题：第一个是《始计篇》的敌我实力，即有没有实力打这场仗；第二个是《作战篇》的作战成本，即值不值得打这场仗；第三个是《谋攻篇》的进攻战略，即如何打这场仗。这三者合起来便是：首先评估下敌我实力看看这仗打不打得动；如果打得动，然后再核算下战争成本，看看这仗值不值得打；如果值得打，最后就要在战略层面谋划如何打这场仗了。这三个问题是核心战略问题。

可能有人会反驳说，第一个战略问题应该是作战成本，只有值得打才应该去考虑有没有实力打，若不值得打，何必消耗脑力考虑有没有实力打呢？但问题在于，值不值得打与敌我实力的强弱有关，敌人越弱，那么攻打敌人的成本就越低，也就越值得打。相反，敌人越强，那么攻打敌人的成本就越高，也就越不值得打。因此先要考虑清楚实力问题。

策略体系中大师父提出了一个三级攻守策略框架，第一级是《军形篇》的以实力取胜，第二级是《兵势篇》的以势取胜，第三级是《虚实篇》的避实击虚。说白了就是：首先要有战胜敌人的实力，然后基于实力发挥出最强的战斗力，最后避实击虚击中敌人的要害。攻敌之时若能把这三级都做到位，那么必然是攻无不克、战无不胜的。这个三级攻守策略框架其实就是我在兵家入门部分所说的兵家绝招。战争中用到的策略有很多，比如行军策略、治军策略，但核心无疑是攻守策略，因此大师父用中间三篇对之进行了重点论述。前面说过策略既可以用到战略中也可以用到战术中，因此这个三级攻守策略框架在战略、战术中都可运用。

战术体系的每一篇都论述了一个战术主题，这些主题可分为两类：第一类是战场上碰到的具体问题，比如如何行军、如何应变；第二类是战场上运用的具体手段，比如火攻、使用间谍。前六篇的每一篇除了论述一个战术主题外，还会论述一个附加主题，比如《军争篇》除了论述战术主题"争"外，还论述了附加主题"战"。战术主题与附加主题不是随便拼凑在一起的,而是有微妙联系的,两者的联系我会在解读各篇时进行分析。

概言之,这个大结构既包含了战争的宏观层面(战略)也包含了战争的微观层面(战术);既包含了战争的具体方面(战略、战术)也包含了战争的抽象方面(策略),是一个完整而精巧的兵法大结构。掌握了这个大结构后,再基于这个大结构学习兵法内容,就可做到游刃有余了。

最后需要提醒兵家的是,《孙子兵法》浓缩了兵法的精华,但它不是兵法的全部。比如大师父论述了火攻但却没有论述水攻,论述了地形对战争的影响但却没有论述武器对战争的影响。所以,作为兵家我们务必要掌握兵法大结构,在大脑中建立起一个完整的兵法概念,这样才能够将《孙子兵法》以及其他兵书中的内容融会贯穿起来,以便根据所学举一反三,将兵法灵活运用出来,并根据自己的生活实践与人生感悟创造出新的兵法来。

一　始计篇

> 一日，与师父在书房研读兵法。
> 我问师父："打仗最重要的是什么？"
> 师父道："掂量清楚敌我实力。"
>
> 师父启诚第九

"计"字在古文中主要有谋划和计算两种含义，可能因为《孙子兵法》是本讲兵法的书，所以很多人倾向于把题目"始计"中的这个"计"字理解成谋划、计谋。然而，根据本篇的核心思想，这个"计"应该理解成计算，即计算敌我兵力强弱，估量敌我地形优劣，衡量敌我将领才能多寡，说白了就是评估敌我实力孰强孰弱，差距是多少。既然用的是计算的"计"，这种评估可不是拍拍脑门的粗糙评估，而是精确评估。因此，题目"始计"的意思是用兵始于精确评估，简单地说就是：打仗要做的第一件事是算算敌我实力，看看这仗打不打得动——这是打仗的第一个战略问题。这个问题有了明确的答案，那么该选择发起进攻，还是按兵不动也就清楚了。

《始计篇》的核心内容是战前精确评估，当然，作为整部兵法的第一篇，并不那么简单。该篇提出了一个实力体系，这个体系由"道、天、地、将、法"构成，它们是《孙子兵法》实力论的五大核心，是一个军队实力的基础，战前的精确评估正是从这五个方面着手的。同时，该篇也提出了一个策略框架，这个框架由第一级的以实力取胜，第二级的以势取胜，第三级的避实击虚构成，确切地说是一个三级攻守策略框架，这三级分别对应策略体系的《军形篇》《兵势篇》《虚实篇》，因此本篇又起到为后面的策略部分埋伏笔的作用。

本篇可分成四个部分：第一部分由前三段构成，介绍了"道、天、地、将、法"这个实力体系，以及如何基于这个实力体系评估敌我实力，这部分与论述以实力取胜的《军形篇》相对应；第二部分仅由一段构成，介绍势，与后面的《兵势篇》相对应；第三部分也仅由一段构成，介绍兵家诡道，与后面的《虚实篇》相对应；第四部分由最后的总结段构成。

本篇的核心内容在第一部分中，大师父认为敌我实力的差距最终源自"道、天、地、将、法"这五者，因此要从这五个方面精确评估敌我实力。

第 一 部 分

【原文】

孙子曰：兵者，国之大事，死生之地，存亡之道，不可不察也。

故经之以五事，校之以计而索其情：一曰道，二曰天，三曰地，四曰将，五曰法。道者，令民与上同意也，故可以与之死，可以与之生，而不畏危。天者，阴阳、寒暑、时制也。地者，远近、险易、广狭、死生也。将者，智、信、仁、勇、严也。法者，曲制、官道、主用也。凡此五者，将莫不闻，知之者胜，不知者不胜。故校之以计而索其情，曰：主孰有道？将孰有能？天地孰得？法令孰行？兵众孰强？士卒孰练？赏罚孰明？吾以此知胜负矣。

将听吾计，用之必胜，留之；将不听吾计，用之必败，去之。

【翻译】

大师父说：战争是国家的大事，关系到军民的生死，家国的存亡，因此不能不进行深入的考察。

将领要从五个方面，通过比较的方式来精确评估敌我双方的实力，从而获知用兵的情势：一是道，二是天，三是地，四是将，五是法。"道"

就是使百姓与君主同心同德的治国方针，因此百姓可以与君主同生共死，而不害怕危难。"天"指的是阴晴夜昼、严寒酷暑、季节更替等天气或气候环境。"地"指的是远与近、险峻与平坦、宽阔与狭窄、危险与安全等地形环境。"将"指的是具备智慧、信用、仁义、勇敢、严格这五项素质的将领。"法"是军队的组织与编制、管理架构、物资的掌管与使用等军队法制。这五个方面，将领不能不了解，熟知的将领能取胜，不了解的将领难以取胜。要通过比较的方式来精确评估敌我双方的实力，从而获知用兵的情势。其中包括：敌我双方哪一方的君主治国有道？哪一方的将领有才能？哪一方占得天时地利？哪一方的法令行之有效？哪一方的士卒强壮？哪一方的士卒训练有素？哪一方赏罚严明？通过这些比较就知道谁会取胜了。

如果将领接受我对用兵情势的评估，那么用他领兵作战必定能够取胜，就留用他；如果将领不接受我对用兵情势的评估，那么用他领兵作战必定会失败，就辞退他。

【解读】

第一段大师父严肃地告诫每一位兵家战争的重要性，以及可能带来的严重后果。正因为如此，作战之前兵家务必要对敌我实力做精确评估，千万不可盲目行事，否则后果不堪设想。

在军事对抗中实力是相对的，战场之上没有绝对的强者，也没有绝对的弱者，所以评估敌我兵情的方式是比较，即原文的"校"。那么从哪些方面去比较评估呢？为此大师父提出了一个由"道、天、地、将、法"五个方面构成的评估体系，原文中大师父把这五个方面简称为"五事"。大师父在这里没有提到国土大小、兵员多寡、粮草多少、军械优劣等实力的表面因素，这是因为在大师父看来，只要在"五事"上占优势，那么在兵马、粮草等方面占优势是顺其自然的事情，而若没有在"五事"上占优势，那么也很难在兵马、粮草等方面占优势，即便现在占了优势，这种优势也会很快失去。当然了，比较是一个综合的比较，不一定要在五个方面都超越了敌人才算是实力比敌人强，某个方面稍逊于敌人，但其余方面远远优于敌人，也算是实力比敌人强。

"道、天、地、将、法"这五个方面也为整部《孙子兵法》构建了一个大基础,后续很多篇章中的内容都是基于这个基础的。比如《行军篇》中有对"法"较为详细的论述,《地形篇》不仅详细地阐述了"地",而且也论述了"将道",《火攻篇》则论述了如何根据天时实施火攻。

"道、天、地、将、法"中最重要的是"道","令民与上同意也",通俗地讲就是凝聚人心之道,这个东西可不得了,有句老话叫"人心齐,泰山移",所以大师父把"道"放在"五事"之首。至于"天",诸葛亮有句很经典的话能阐述其重要性:"谋事在人,成事在天。"如果要将这五点与企业管理做个对应,那么"道"是企业文化,"天"是政治、经济大环境,"地"是市场环境,"将"是管理团队,"法"是企业制度。跨国企业虽然有优秀的企业文化、智慧的职业经理人、完善的企业制度,也能通过研究当地政府发布的政策文件了解当地的政治、经济环境,但有一个非常棘手的问题却是他们很难克服的——由于当地的风土人情以及消费习惯等无形的东西不是一下子能够掌握的,因此这些企业很难有效地做好本土化工作,导致运营出现问题。这其实就是"地"的问题。

"智、信、仁、勇、严"是一个优秀的将领必须要具备的五项基本素质,这五项素质在将领率军作战时能发挥非常有利的作用,因此简称"五利"。"五利"在后面的《九变篇》中会提到。

"主孰有道?将孰有能?天地孰得?法令孰行?兵众孰强?士卒孰练?赏罚孰明?"这七个比较简称"七计",这些比较是基于"五事"的。兵众是将领训练出来的,所以"兵众孰强?士卒孰练?"属于"五事"的"将"。

在这部分中最令人疑惑的可能是最后一段,其实理解起来也不难。历史战例中经常出现这样一种情况:主帅在仔细考察了用兵情势后,坚持拒守不战,但是下面的将领却看不清形势,觉得主帅胆小懦弱,对方不堪一击,这个时候主张杀出去与敌人交战的将领往往会闹出些事情来,导致军心不稳,乃至影响主帅的战略部署。究其原因其实就是一些将领不认同主帅对敌我双方实力的评估,故而大师父有此论述。

作为兵家我们要清楚两点。一是要"计",计而后谋,谋而后动,作战时先要评估一下敌我实力,如果自己确实有能力攻打敌人,那么再去谋划怎么打败敌人。"计谋"这个词作为动词使用时,它包含了评估与谋划两个含义,是一个非常好的词,可惜现代用法把其中的评估含义给忽略了。二是要清楚决定实力的根本因素是什么,只根据敌我兵力的多寡等直接因素去评估敌我实力的强弱是非常肤浅的。

"道、天、地、将、法"是一个军队实力的根本所在,后面的《军形篇》论述的正是如何以实力取胜,因此这部分与《军形篇》相对应。

第二部分

【原文】
计利以听,乃为之势,以佐其外。势者,因利而制权也。

【翻译】
评估有利且被接受,于是进行造势,用以作为实力的外在。造势,就是利用一切可以利用的资源,制定权变之策。

【解读】
"计利"说明通过精确评估后发现我方在实力上占据优势,实力有了,那么接下来的问题是如何发挥实力,即如何在实力的基础上创造出一种强大的声势、气势、攻势,简单地说就是造势。如果造的势远远超过了实力,那就是虚张声势,时髦点的说法就是炒作。那些知名度很高,但唱功、演技不太行的明星最在行了。而如果造的势远远小于实力,那就是运作能力不行,比如那些手上资源很多,但却用不起来或者用不好的人。

至于如何造势,大师父只说了四个字"因利制权"。"因利"的意思是利用一切可以利用的资源,"制权"的意思是制定权变之策,因此"因利制权"就是制定权变之策,把一切可以利用的资源都利用起来。比如利用地形部署兵力,利用友军对付敌军(借刀杀人),利用敌方的间谍获取敌军情报(反间计),等等。一个将领如果能够把手上所有的资源都发动起来,那么就可以称得上用兵如神了。策略有两个基本元素,用什么和怎么做,"因利制权"这短短四个字道出了一条完整的造势策略。

实力是势的基础,势是实力的外在,因此大师父说"以佐其外",这个"佐"通假"作"。没有实力支撑的虚张声势是不堪一击的,只能用来蒙骗那些不明就里的人或者唬唬那些胆小谨慎的人。实力很强但却造不出势,那么这个实力也无济于事,比如南宋朝廷有岳飞、韩世忠等杰出的将领,兵力也非弱小,可惜君主懦弱奸臣当道,有实力却创造不出强大的兵势。

"因利而制权"说的是如何造势,因此这部分与《兵势篇》相对应。

第 三 部 分

【原文】

兵者,诡道也。故能而示之不能,用而示之不用,近而示之远,远而示之近;利而诱之,乱而取之,实而备之,强而避之,怒而挠之,卑而骄之,佚而劳之,亲而离之;攻其无备,出其不意。此兵家之胜,不可先传也。

【翻译】

兵法是非常之道。虽然我军有能力攻打敌人,但展现给敌人的却是没有能力攻打他;虽然我军正要用兵攻打敌人,但展现给敌人的却是不准备用兵攻打他;虽然我军准备攻打敌人的近处,但展现给敌人的却是要攻打他的远处;虽然我军准备攻打敌人的远处,但展现给敌人的却是要攻打他的近处。敌人贪利就用小利诱惑他,敌人阵型混乱就要趁机攻取他,敌人实力充实就要防备他,敌人攻势强大就要避开他,敌人容易发怒就要挑逗激怒他(使之失去理智),敌人轻视我军就要使他骄傲,敌人体力充沛就要使他疲惫,敌人内部亲密团结就要离间他们。攻打敌人没有防备的地方,出击敌人没有意料的地方。这些兵家的取胜策略(要根据具体敌情而用),是不能事先传授的。

【解读】

这部分大师父列出了十三条诡道。这十三条可谓是浓缩的精华,每一条都闪耀着智慧的光芒,是用兵作战的精妙策略。当然了,好策略能不能成为克敌制胜的绝招,还得看用得合不合适,因为再精妙的策略用错了地方也是烂招,再平常的策略用对了地方也是绝招,这正是"不可先传也"的原因所在。除非牢牢掌握了战场的主动权,否则将领就不应该预先给部下传授各种锦囊妙计。

"诡道"可以用三个词来概括:"无形""因敌制胜""避实击虚"。"无形"是不露形迹,使敌人看不清我方的情况,即原文所谓"能而示之不能,用而示之不用,近而示之远,远而示之近"。"因敌制胜"是根据敌情制定取胜策略,即原文的"利而诱之,乱而取之,实而备之,强而避之,怒而挠之,卑而骄之,佚而劳之,亲而离之"。"避实击虚"是避开敌人强大之处攻击敌人虚弱之处,即原文的"攻其无备,出其不意"。而"无形","因敌制胜","避实击虚"正是《虚实篇》的核心内容,因此这部分与《虚实篇》相对应。

值得一说的是这个"诡"字,我更喜欢把"诡"解释成"非常"的意思,"诡道"就是非常之道。当然了,解释成诡诈也是可以的。在看待这个"诡"字时有两种不恰当的观点。一种观点认为兵法就是奇谋诡计,但其实奇谋诡计只是兵法的一小部分而已,确切地说仅仅只是策略的一小部分而已,只是它们比较吸引人的注意罢了。另一种观点认为作为百世兵家之师,大师父的书中不应该出现这种卑鄙的手段。但其实手段本身是没有道德性质的,关键要看它用于什么目的,如果是用于保家卫国,何来卑鄙之有?在兵法中,这种奇谋诡计是必不可少的,尤其是作为战术层面的权宜之计,用得好或有奇效。比如当司马懿的大军兵临城下时,诸葛亮的一出空城计兵不血刃地把他们击退了,为蜀军的撤退赢得了宝贵的时间。

第 四 部 分

【原文】

夫未战而庙算胜者,得算多也;未战而庙算不胜者,得算少也。多算胜,少算不胜,而况于无算乎?吾以此观之,胜负见矣。

【翻译】

开战之前在庙堂评估敌我实力后,得出我军能够取胜的结论,是因为我军胜算多；开战之前在庙堂评估敌我实力后,得出我军不能取胜的结论,是因为我军胜算少。胜算多的能取胜,胜算少的不能取胜,何况没有胜算的呢？我从两军胜算的大小就能预见谁胜谁负了。

【解读】

这一段中的"庙"解释为庙堂,是古人祭祀祖先、商量国家大事的地方。"庙算"的"算"与题目的"计"是同一个意思,因此"庙算"就是在庙堂上评估敌我实力强弱。

兵家在用兵前应该计算下有多少胜算,胜算的大小是一个军队选择进攻还是退守最基本的因素。

修 炼 启 示

本篇主要讨论了战略层面的第一个问题,即敌我实力。用兵作战的第一要务是精确评估敌我实力,弄清楚自己有没有实力打这场仗,胜算有多大。值得注意的是,大师父的评估体系"道、天、地、将、法"中的五个方面都是决定实力的根本因素。大师父没有比较兵力多寡、粮草多少等那些实力的表面因素,这足见大师父用兵思想之深。兵家在考虑战略问题时一定要深,要从根本上分析问题,不要被那些表面的强大所蒙蔽,外表的繁华所迷惑,因为它们是经受不住真正考验的,也是不可能长久的。当然了,在战术层面我们不能忽视那些决定实力的直接因素,否则就会吃亏。

当一个人目中无人,觉得自己无所不能的时候,失败也就离他不远了。因为到了这个份上,他在做事的时候已经不会慎重考虑实力这个问题了,这样就难免会做出一些鸡蛋碰石头的事情来,所谓骄兵必败就是这个道理。企业运营中也会出现这种情况,有些非常有潜质的企业,在取得了一些成就后,会走上盲目扩张、激进发展的道路,一不小心就会陷入管理失控、资金链断裂的绝境中。

二　作战篇

一日,陪师父去买酒。

路上,师父问我:"怎样才算是最厉害的兵家?"

我答道:"当然是战无不胜的兵家了。"

师父道:"这个还不算,越战越强的才是最厉害的兵家。"

师父启诫第十

前一篇论述了敌我实力这一战略问题,如果评估出来我方有实力攻打敌人,那么接下来就该分析值不值得打了。值不值得打的关键在于打赢这场仗的成本,这便是本篇要讨论的第二个战略问题:战争成本。

战争的成本非常巨大,大到大师父把分析战争成本放在了战略的高度。如果一看到自己能打赢敌人便立马冲杀过去,而不计算清楚战争的成本,那么就有可能出现这样的情况:虽然打了胜仗,但把战争收益减去自己花费的战争成本,结果却是负的,这样就亏大了。这种仗虽然取得了胜利,但实力却会越打越弱,打得多了最终的结局就是一个字——亡,很多好大喜功的君主,其亡国往往是因为这个原因。战术家与战略家的最大区别也源于此。战术家关注的是小局的胜,较少考虑局部的一仗对大局、对未来的影响,有时为了取胜甚至会不惜一切代价,因此往往会做出些得不偿失的事情来;而战略家关注的是大局的胜、最终的胜,不会计较眼前的一胜一负,如果大局需要甚至会故意小败,因此他们能够很好地把握成败得失。兵家一定要记住:比失败更可怕的是得不偿失的胜利,因为失败能够使人警醒,引发人们反思,进而改正自己的错误,而得不偿失的胜利却往往会使人沉浸在胜利的喜悦中发现不了背后的隐患。能够使自己越来越强大的胜利才是兵家应该追求的胜利,如果小败能够让敌人付出惨重的代价,何不败上一仗呢,就像田忌赛马那样。

题目中的"作"是发动的意思,"作战"就是发动战争。本篇围绕发动战争所需的战争成本这一战略问题展开,可以分为三大部分:第一部分大师父指出战争的成本非常巨大,以及消耗过大可能带来的严重后果,同时提出了基本的降低成本的策略;第二部分大师父分析了造成战争消耗巨大的关键原因,同时提出了更高明的降低成本的策略;第三部分大师父对整篇进行了总结。

第 一 部 分

第 一 节

【原文】

孙子曰:凡用兵之法,驰车千驷,革车千乘,带甲十万,千里馈粮,则内外之费,宾客之用,胶漆之材,车甲之奉,日费千金,然后十万之师举矣。

其用战也贵胜,久则钝兵挫锐。攻城则力屈,久暴师则国用不足。夫钝兵挫锐,屈力殚货,则诸侯乘其弊而起,虽有智者,不能善其后矣。

【翻译】

大师父说:根据用兵的规律,发动一场战争需要上千辆战车,上千辆辎重车,十余万全副武装的将士,同时还需要征用民夫不远千里运送粮草,那么花在前线和后方的费用,接待使节的费用,维修军械的胶水、油漆等材料,战车、铠甲的供应,加起来每天的花费会达上千两黄金,这样才能发动十万人马的军队。

用兵作战重视胜利,然而作战时间久了会使我军兵锋变钝、锐气受挫。攻打敌人的城池会使我方兵力消耗殆尽,长久在外用兵会使国家的人力、物力、财力不足。兵锋变钝、锐气受挫,兵力耗尽、物资用完,那么其他国家就会趁我方疲敝奋起入侵,这时即便有智慧的将领,也不能处理好善后工作了。

【解读】

这一节大师父系统地阐述了作战中的各项花费,这些花费累加起来非常巨大,用大师父的话说是"日费千金"。正因为战争的耗费如此巨大,所以打久了会极大地消耗国力,极大地降低军队的战斗力,是一件伤筋动骨的事情,处理不当后果将极其严重,因此战争成本是一个很重要的战略问题。

用兵不当的后果可以严重到"虽有智者,不能善其后矣",所以兵家一定要铭记:胜利虽然诱人,但要慎重去取。不惜一切代价赢得了眼前的小小一仗,但却大大地伤了国力是很不明智的。这样的胜利是非常危险的,无异于自掘坟墓。"钝兵挫锐"这四个字给我们的启示是战争的成本除了有形的物资、人员消耗外,还包括无形的士气消耗。

第 二 节

【原文】

故兵闻拙速,未睹巧之久也。夫兵久而国利者,未之有也。故不尽知用兵之害者,则不能尽知用兵之利也。

善用兵者,役不再籍,粮不三载,取用于国,因粮于敌,故军食可足也。

【翻译】

听说过粗糙但迅速的用兵之法,没有看到过精巧但旷日持久的用兵之法。用兵持久却对国家有利,这是从来没有的事。如果不能完全了解用兵的害处,那么也不能完全知道用兵的利处。

善于用兵的将领,不再次征兵,不多次运粮,从敌国取得军用器械,从敌国获得所需粮食,因而可以保证军粮充足。

【解读】

既然战争的成本如此巨大,甚至会动摇国本,那么有没有办法降低战争的成本呢？这自然是有的。大师父在这一节提出了两条应对策略：一是速战速决，打的时间短了，消耗自然也就少了，这是一种节流策略；二是以战养战，从敌国掠夺粮草、马匹等军用物资，以维持我军的战争消耗。如此战争的成本自然就降低了，这是一种开源策略。

"故不尽知用兵之害者，则不能尽知用兵之利也。"大师父的这句话是很智慧的。由于用兵取得胜利后能够获得财物、土地等资源，所以很多君主、将领极其渴望胜利，以至于为了取胜不惜一切代价，可问题就在于胜利也是要付出代价的。如果一个人在做一件事情时，只关注所能得到的而忽视了所要付出的，那么他其实根本不清楚这件事情的利益有多大，因为收获减去付出才是真正的收益。因此不知道"害"（代价）是不可能知道"利"（收益）的。如果一个将领"不尽知用兵之害"，那么他就会主动挑起一场场不值得打的战争。虽然他可以取得很多胜利，但所付出的代价可能远远超过了所获得的利益，最终就会导致国家衰弱，乃至败亡。那些穷兵黩武、好大喜功的君主、将领，往往都"不尽知用兵之害"。

战争的高成本特点论述了，可能的严重后果也讲了，应对策略也有了，本文似乎已经完整了，也应该结束了。但若仅仅到此为止，《孙子兵法》就没有这么伟大了，因为我们还没有抓住问题的关键点，而且应对的策略还不够高明。

第 二 部 分

【原文】

国之贫于师者远输，远输则百姓贫。近于师者贵卖，贵卖则公家财竭，财竭则急于丘役。力屈财殚，中原内虚于家。百姓之费，十去其七；公家之费，破车罢①马，甲胄矢弩，戟楯蔽橹，丘牛大车，十去其六。

故智将务食于敌。食敌一钟②，当吾二十钟；萁③秆一石④，当吾二十石。

故杀敌者,怒也;取敌之利者,货也。故车战,得车十乘已上,赏其先得者,而更其旌旗,车杂而乘之,卒善而养之,是谓胜敌而益强。

【注释】

① 罢(pí):疲,累。② 钟:古代的一种量器,一钟等于六十四斗,一斗等于十升。③ 萁(qí):草名。④ 石(dàn):古代的一种量器,一石等于十斗。

【翻译】

用兵导致国家贫困的关键原因是远道运输,这是因为远道运输会导致民众贫穷。部队驻地附近的物价会因需求的增长而飞涨,物价飞涨就会导致国家财力枯竭,而国家在财力枯竭时就会急着增加赋税。结果兵力耗尽、财力不足,国内家家户户入不敷出。老百姓的积蓄,耗去了十分之七;国家的财力,则因为兵车的破损、战马的疲敝,铠甲、军帽、箭、弩机、长戟、盾牌、营帐、大盾牌等武器装备的补充,大牛大车的征用,而耗去十分之六。

智慧的将领务求从敌国获取粮草。消耗敌国一钟粮食,相当于消耗自己二十钟粮食;消耗敌国一石草料,相当于消耗自己二十石草料。

士卒奋勇杀敌,是因为对敌人的愤怒;士卒勇于夺取敌军物资,是因为有物质奖励。因此,若在车战中缴获了十辆以上的战车,则应该奖赏那些最先夺得战车的人,更换车上的旌旗,混合编入我军车阵中并让我军士兵驾驶,友善对待俘虏并为其提供生活物资从而为我所用,这就是战胜敌人的同时使自己变得更加强大。

【解读】

其实不管打不打仗,国家都要为士兵提供粮食,所不同的是不打仗的时候不需要把粮食运送到前线去,而打仗的时候则要把粮食运送到前线去,这正是导致战争消耗巨大的关键所在。古代交通很不发达,为了把物资运送到前线,每次发动战争国家都会征调大量民夫用于运送粮草、物资。一方面,这些民夫无法从事生产,因此会导致民众贫穷;另一方面,国家要为这些民夫提供食物,因此开销会大大增加。要知道古代打仗的时候,士兵和民夫的比例大概为1∶3,即十万之师需要三十万民夫保障后勤。由此可见，战争的物流成本非常巨大，把物资运送到前线需要花费大量的人力、物力，因此大师父说"国之贫于师者远输"，可谓一语道破天机。既然长途运输的成本如此巨大，那么为何不就近购买呢？这是因为在驻地附近就地购买军用物资，会因需求的大量增长而使物价飞涨，这样战争的成本仍然难以降低，更何况仅凭驻地附近的一些地区根本无法提供这么多的军用物资。当国家财力不足的时候，为了维持战争就会增加税赋，这样老百姓的财富就会减少。由此可见，战争是一件很危险的事情，稍有不慎就会导致国穷民贫，因此兵家一定要慎战。

"破车罢马"对应第一部分所说的"驰车"，用于进攻；"丘牛大车"对应第一部分所说的"革车"，用于运送物资。

《始计篇》中大师父指出将领要有五个方面的素质——"智、信、仁、勇、严"。这里大师父解释了把智排在第一位的原因，因为智慧的将领能从敌国获取物资，从而极大地降低战争成本。为了说明问题，大师父还给我们算了一笔账，吃敌人一钟粮食就相当于吃自己二十钟粮食，其隐含的意思是把一钟粮食运送到战场的成本是十九钟粮食。这足见物流成本的巨大、以战养战的重要性、智的可贵性。

该篇的精华在第三段中，因为在这段中大师父提出了一条非常重要的策略——"胜敌而益强"，它是以战养战的升级版。简单地说，"胜敌而益强"就是在打仗过程中，通过俘虏敌军士兵，缴获敌军物资，占领敌军城池，使我军的实力随着胜利而越来越强，这比通过战争来维持战争的以战养战高明多了。"没有吃没有穿自有那敌人送上前，没有枪没有炮，敌人给我们造"，这段歌词想必大家都知道，中国共产党军队的发展就是一个"胜敌而益强"的过程，越打越强最终建立了新中国，所以这条战略是很厉害的。兵家一定要铭记：越胜越强的胜利才是良性的，才值得兵家去追求。

第 三 部 分

【原文】

故兵贵胜，不贵久。故知兵之将，民之司命，国家安危之主也。

【翻译】

用兵贵在胜利，但不应持久。熟知用兵之法的将领，是人民命运的掌握者、国家存亡的主宰者。

【解读】

这部分是对全文的一个总结，打仗取得胜利固然好，但作战时间一定不能太久，因为"兵久而国利者，未之有也"，因此作战务必要速战速决。作为兵家一定要深刻明白战争成本这一战略问题，因为它关系到人民的命运与国家的安危。那些为了追求功绩而贸然发动一场场无多大意义战争的君主，无一不弄得国库空虚，百姓贫穷。

然而，"速战速决"的用兵原则很容易被人误解成马上出战与敌决一雌雄，这样的误解是很严重的。首先，我们应该明白，大师父提出"速战速决"的根本原因是为了避免维持战争带来的巨大消耗，这更多的是针对实力强大的进攻方而言的。而对于力量弱小的防守方，利用敌人补给线比他长得多、战争成本比他大得多的优势，坚守不战，与敌人来一个长久的对峙，不失为一个良策，因为这样的对峙可以不战而退敌，甚至可以扭转敌强我弱的劣势。其次，速战不是急战，速战是最快地取得胜利，即当取胜的条件成熟时要果断出击，不要为了能够使用某个精巧的计谋而有意拖延。"最快"是一个相对概念，当形势所迫时，我们不得不选择静待时机，这种情况下最快也是要花很长时间的，可能是几个月，也有可能是数年。

兵家要全面看待战争成本这个战略问题。首先是弊的方面，高成本使得战争变成了一件非常危险的事情，稍不慎就会伤及国本，后患无穷，因此要慎战。尤其要注意的是，由于战争的这种弊端，有时候胜利也未必是好事。其次是利的方面，当强大的敌人前来进攻时，我们可以利用敌人补给线长，物资补给成本大的特点坚守不战，使敌人的实力在对峙中被快速削弱，等到敌人实力不济时，我方便可趁机反攻。抗日战争时期，毛泽东提出的持久战理论就是基于这种考虑的。

修 炼 启 示

　　本篇围绕战争成本这个主题展开,大师父之所以把这一篇放在这里是因为战争的成本大到足以伤及一个国家的国本,乃至使之一蹶不振,因此成本是一个很重要的战略问题,兵家不得不重视。一般情况下,君主、将领非常清楚战争取得胜利后能获得什么利益,但是对于要花多少成本却很迷糊。这一迷糊问题就大了,导致他们为了胜利而不惜一切代价,结果获得的利益远远小于付出的成本。这充分体现了战略的重要性,优秀的战略能够避免这种吃力不讨好,从局部、眼前看很有利但从整体、长远看却很不利的情况。把战争成本作为第二个战略问题足见大师父之远见。作为一个兵家考虑问题一定要长远,本篇的"远"和前一篇的"深"合起来就是深谋远虑。

　　关于战争成本还有两点需要补充说明。第一,因为不同的将领降低战争成本的能力不同,因此同一场仗对不同的将领而言成本是不一样的,所以在分析战争成本的时候要把将领的能力也考虑进去。第二,打一场仗的成本与敌我实力的差距有关,因此《始计篇》在本篇前面。

　　当多个可选的计划摆在面前的时候,我们通常会对每个计划进行预估:需要消耗多少人力物力,需要花多少时间,完成之后可以获得多少收益。然后从中选择预期收益最大的那个计划。当预估出现失误的时候,我们就会做出错误的选择。所以对我们每个人而言,成本预估能力是一项非常重要的能力,它关系到我们能否做出正确的决策,能否合理利用资源创造最大的价值。丰富的经验有利于成本预估,因此我们要重视经验,一方面在平时做事的时候要用心积累经验,另一方面要善于向经验丰富的人请教。

　　生活中有太多忽视成本的事情发生,比如为了一点矛盾大打出手,为了多赚一点钱透支健康,为了眼前的快乐透支未来的幸福,为了眼前的小成功不惜损害未来的大成功,希望大师父的《作战篇》能够启发大家深入地思考"值不值得"这个问题。

三　谋攻篇

师父有一副棋,棋盘边上写了一句很有深意的话:"指间棋未落,心中局已成。形势瞬息变,进退从容谋。"

师父启诚第十一

有没有实力打?有。值不值得打?值。那么接下来就该考虑一下怎么打了,这便是继《始计篇》的敌我实力、《作战篇》的战争成本后的第三个战略问题:进攻战略。题目"谋攻"是谋划进攻的意思,当然了,这里的谋划是战略层次的谋划。

做小事可以不要战略,因为它牵涉的人少,涉及的事少,目标也很明确。但是做大事就不一样了,需要调动很多人,需要处理很多事,而且决策者往往会迷茫于该往哪个方向走,要实现什么样的目标,因此稍不慎就会导致一群人使错力或者力使不到一块去,做出些南辕北辙的事情来,所以做大事一定要有好的战略。可以说战略的好坏很大程度上决定了最终的成败。

本篇围绕谋攻这一主题有条不紊展开:第一部分从战略目标、战略手段、战略攻击点三个方面论述了如何谋划进攻战略,第二部分是对第一部分中某些要点的进一步展开,第三部分论述了谋攻的基础和前提条件。

第 一 部 分

第 一 节

【原文】

孙子曰:凡用兵之法,全国为上,破国次之;全军为上,破军次之；全旅为上，破旅次之；全卒为上，破卒次之；全伍为上，破伍次之。①是故百战百胜，非善之善者也；不战而屈人之兵，善之善者也。

【注释】

① 军、旅、卒、伍：古代军队的编制单位，五人为一伍，二十伍为一卒，五卒为一旅，二十五旅为一军。

【翻译】

大师父说：用兵之法，把敌国完整降服的策略为上策，把敌国彻底消灭的策略则稍逊一等；把敌国一军完整降服的策略为上策，把敌国一军彻底消灭的策略则稍逊一等；把敌国一旅完整降服的策略为上策，把敌国一旅彻底消灭的策略则稍逊一等；把敌国一卒完整降服的策略为上策，把敌国一卒彻底消灭的策略则稍逊一等；把敌国一伍完整降服的策略为上策，把敌国一伍彻底消灭的策略则稍逊一等。因此百战百胜的策略不是最上乘的策略，不交战而能使敌人屈服的策略才是最上乘的策略。

【解读】

这一节大师父阐述了战略目标和战略手段，告诉我们在发动战争时应该要追求什么样的目标，应该采取什么样的手段。这里的手段是战略层面的大手段。

"全"是保全之义，保全性的胜利就是把敌军全部收编，把敌国城池完整占领。与之相对的是毁灭性的胜利，即把敌军彻底消灭，把敌国城池彻底摧毁。这两者一比较真是天差地别，后者的胜利是要把敌人赶尽杀绝，这样必定会遭到敌人的殊死反抗，最后虽然消灭了敌军，但自己必定要付出惨重的代价，而且最终得到的也只是一座破败不堪、已无多大价值的城池。而前者的胜利就不一样了，把敌军完整收编，不仅不需要经历血战，而且扩充了自己的军队；把敌国城池完整占领，不仅不需要经过艰苦卓绝的攻城，而且可以从占领的城池获得大量军用物资，这样就可以减少甚至不需要从自己国内远道运输物资。可见前者的胜利不仅付出的代价少，而且获得的收益多。"全国、全军、全旅、全卒、全伍"可以用"全胜"这个词概括。"全胜"就是大师父提出的战略目标。

那么如何才能实现"全胜"的战略目标呢？这便是"不战而屈人之兵"。这个战略手段非常高明，"不战"不仅可以使作战成本降到最低，而且可以保全敌人的资源为我所用，从而使我方的收益最大化。当然了，想要不战而胜是需要有实力支撑的，否则谁会傻乎乎地向你投降呢？因此，谋攻之前务必要精确评估敌我实力，不清楚敌我实力就无法谋划出上乘的战略。

有一点必须解释一下："不战"和"不用兵"是有区别的。策略的核心是"用什么""怎么做"，"用不用兵"对应"用什么"，"战不战"则对应"怎么做"。有"用兵不战"而使敌人屈服的，比如先用大军兵临城下威慑敌人，然后用一封劝降信威逼利诱迫使敌人投降，虽然派出了大军，但没有与敌人交战。也有"不用兵不战"而使敌人屈服的，比如派个能言善辩的使者对敌人晓之以理，明之以害，告诉他们不投降的话我方将派大军过来，到时候玉石俱焚，而投降的话便可封官加爵。敌人再三权衡之下有可能就乖乖投降了。还有"不用兵战"而胜敌的，比如借刀杀人，挑拨第三方向敌人发动进攻。当然了，这种情况下胜利的果实属于第三方。按这个组合方式，最后还有"用兵战"胜敌人，这是最普通的手段。

大师父的"不战而屈人之兵"可分为两类：用兵不战而屈人之兵和不用兵不战而屈人之兵。

第 二 节

【原文】

故上兵伐谋，其次伐交，其次伐兵，其下攻城。攻城之法为不得已。修橹①轒辒②，具器械，三月而后成；距堙③，又三月而后已。将不胜其忿而蚁附之，杀士三分之一而城不拔者，此攻之灾也。

【注释】

① 橹(lǔ)：大盾牌。② 轒辒(fén wēn)：古代攻城用的战车。③ 堙(yīn)：

堆成的土山。

【翻译】

最上乘的用兵策略是挫败敌人的谋划，其次是破坏敌人的内交与外交，再其次是攻击敌人的军队，最下策是攻打敌人的城池。攻城是迫不得已之下才为之的。修造大盾牌、大型攻城战车，准备各种攻城器械需要三个月时间；堆筑攻城用的小土山，又需要三个月时间。如果将领难以抑制心中的怒火而命令士兵像蚂蚁一样爬墙攻城，其结果可能是兵力耗去三分之一，但城池还是没有攻下来，这是攻城带来的巨大灾难。

【解读】

这一节大师父从进攻对象这一角度提出了"伐谋、伐交、伐兵、攻城"四种策略，也就是从哪里下手对付敌人，这里的四个进攻对象是战略层面的，我们称之为战略攻击点。

大师父特地指出"攻城"是不得已之下的选择，敌人倚仗城池，占尽了地利，因此攻城的成本非常巨大，弄不好还会毫无收获。"伐交"的"交"包含了内交与外交，内交是敌方君与臣、官与民等内部关系，外交是敌方与其他国家建立的外部关系，"伐交"就是离间敌方的君臣、官民，破坏敌人与其他国家的关系。比如楚汉战争时期，刘邦离间项羽与范增的关系，从而迫使范增离开了项羽。"伐兵"是攻击敌人的军队，与敌军进行直接的交锋，最经典的运用当属毛泽东的"消灭敌人有生力量"这一战略。"伐兵"与"伐交"在第二部分有详细论述。

这里需要着重解释的是"伐谋"，"伐谋"的意思是挫败敌人的谋划，使敌人发动不了有效的进攻，或者组织不起有效的防御，这样敌人就只能乖乖束手就擒了。经常看到新闻报道里说"某某国家挫败了一起恐怖袭击阴谋"，这即是"伐谋"的应用。

需要注意的是，大师父给"伐谋、伐交、伐兵、攻城"排序的依据是它们的实施成本和收益，因此在谋划进攻的时候要优先考虑排在前面的，但最终选择使用哪个策略还要根据战场具体情况而定。作战中，谋划的好坏不是看使用的策略精不精巧，而要看用得合不合适，用得合适"攻城"也是好谋划，用得不合适"伐谋"也是差谋划。

第 三 节

【原文】

故善用兵者,屈人之兵而非战也,拔人之城而非攻也,毁人之国而非久也,必以全争于天下,故兵不顿而利可全,此谋攻之法也。

【翻译】

因此善于用兵的将领,不需要交战便可降服敌人的军队,不需要强攻便可夺取敌人的城池,不需要久战便可消灭敌人的国家,必定以"全胜"的战略目标逐鹿中原,因此军队不疲惫却能获得最大的利益,这是将领谋划进攻的基本法则。

【解读】

在前面两节的基础上,大师父精练地概括了谋攻的基本法则。这个法则是以"非战、非攻、非久"的方式获得"全胜",说白了就是以最小的成本获得最大的收益,其核心是"全"。

第 二 部 分

第一部分大师父系统地论述了"谋攻",这部分是对第一部分中"伐兵"和"伐交"的详细论述。第一节论述"伐兵",第二节论述"伐交"。

第 一 节

【原文】

故用兵之法,十则围之,五则攻之,倍则分之,敌则能战之,少则能逃之,不若则能避之。故小敌之坚,大敌之擒也。

【翻译】

用兵之法:如果我军的兵力是敌军的十倍,就围歼他们;如果我军的兵力是敌军的五倍,就直接攻击他们;如果我军的兵力是敌军的两倍,就要分散敌军各个击破;如果我军的兵力与敌军相当,就要英勇作战打败他们；如果我军的兵力不如敌军，就要赶紧撤退；如果我军的兵力远弱于敌军，就要远远避开他们。两军交战，实力弱小的一方如果只知道固执硬拼就会被实力强大的一方擒获。

【解读】

战争中最常见的是"伐兵"，大师父在这一节对它进行了详细的论述。俘虏敌人然后为我所用固然好，但是有些敌人却不得不选择消灭他们：第一种是有信念、讲义气的俘虏，我们可以收服他们的人，但很难收服他们的心，留着他们反而是个祸害；第二种是敌对国家的俘虏，由于两国交兵相互仇恨，因此很难使他们真心为我方效力，更不要说让他们去攻打他们自己的国家了。收编敌人去攻打敌人的策略通常运用在内战中。

这一节中最值得兵家铭记的是最后一句"故小敌之坚，大敌之擒也"。有句话叫做"大丈夫能伸能屈"，作为兵家应该能进能退，打得过就打，打不过就跑，正所谓"留着青山在，不怕没柴烧"，不要为了所谓的面子与气节与敌人死扛，那样的牺牲很不值得。

第 二 节

【原文】

夫将者，国之辅也。辅周则国必强，辅隙则国必弱。

故君之所以患于军者三：不知军之不可以进而谓之进，不知军之不可以退而谓之退，是谓縻①军；不知三军之事而同三军之政者，则军士惑矣；不知三军之权而同三军之任，则军士疑矣。三军既惑且疑，则诸侯之难至矣，是谓乱军引胜。

【注释】

① 縻(mí)：捆，拴。

【翻译】

将领是国君的重要辅佐。辅佐得周全，国家必定会逐渐强盛起来；辅佐得不周全，国家必定会逐渐衰弱下去。

国君妨害军队的情况有如下三种：不知道军队不能前进而命令军

队前进，不知道军队不能后退而命令军队后退，这是牵制军队的行动；不懂三军的军务却要参与三军的管理，那么将士就会困惑；不懂三军作战时的权变却要参与三军的指挥，那么将士就会疑虑。三军将士困惑不解、疑虑重重，那么其他国家就会趁机进攻，灾难就会降临，这就是所谓的自乱其军，自取败亡。

【解读】

第一段中大师父指出将领不尽心尽力辅佐国君，就会导致国家衰弱，第二段中大师父指出国君干涉将领的指挥会导致"乱军引胜"。而将领尽不尽心，国君干不干涉，其主要决定因素便是国君与将领的关系。可见君主与将领的关系至关重要，如果他们的关系有问题，打起仗来就要出问题。既然如此，那就可以通过离间敌军君主和将领的关系来降低敌军的战斗力，为我方取得胜利奠定基础。君主和将领的关系是内交，大师父在这里论述君臣关系的重要性，其本意是要论证"伐交"的厉害。

"君之所以患于军者三"的"三"指的是国君縻军、惑军、疑军这三种情况。

第 三 部 分

【原文】

故知胜有五：知可以战与不可以战者胜，识众寡之用者胜，上下同欲者胜，以虞待不虞者胜，将能而君不御者胜。此五者，知胜之道也。

故曰：知彼知己者，百战不殆；不知彼而知己，一胜一负；不知彼不知己，每战必殆。

【翻译】

可以从如下五个方面预知胜利：懂得什么时候可以进攻、什么时候不可以进攻的一方能取胜，懂得根据兵力的多少选择用兵策略的一方能取胜，全军上下同心同德的一方能取胜，做了充分准备的一方去对付毫无准备的敌人能取胜,将领有才能而君主不加以制约的一方能取胜。这五条是预知胜利的方法。

因此说:了解敌人又了解自己,那么即便打上一百场仗也没有失败的危险;不了解敌人但了解自己,那么每次作战有可能取得胜利也有可能遭遇失败;不了解敌人又不了解自己,那么每次作战都必定是危险的。

【解读】

前面两部分大师父阐述了如何谋划战略,这部分大师父论述了谋攻的基础和前提。谋攻的基础是对胜利的预见能力,如果一个将领缺乏预知胜利的能力,那么他就无法判断自己谋划的战略是否可行,当有多个可选方案时,他就无法确定哪个方案是最优的。可见缺乏了这个基础,将领很难谋划出一个好的战略,甚至会谋划出一个把自己推向失败的战略。谋攻的前提是对敌我双方的了解,任何一个好的战略都是基于敌我情势谋划出来的,脱离了具体情况的谋划便是纸上谈兵,是必然要遭遇失败的。

知胜之道中的"众寡之用"就是前文所说的"十则围之,五则攻之,倍则分之,敌则能战之,少则能逃之,不若则能避之",兵多就用兵多的战法,兵少就用兵少的战法,当然了兵力的多寡是相对敌人而言的。"将能而君不御"就是为了避免"君之所以患于军者三"。

"知彼知己者,百战不殆"被有些人改成了"知己知彼,百战百胜",这样的修改是不恰当的:首先知己容易知彼难,因此大师父把知彼放在了知己前面;其次知彼知己后,敌我双方的实力谁强谁弱也就清楚了,我方该选择进攻还是该选择退守也就清楚了,因此可以保证自己避免失败,但却不能保证自己必胜,所以"殆"比"胜"更恰当。

这部分中有很多话值得兵家铭记,比如"上下同欲","将能而君不御",至于"知彼知己"更是无须多言了。

修炼启示

本篇大师父围绕战略层面的第三个问题进攻战略而展开,首先提出了谋攻之法，然后对"伐兵""伐交"进行了重点阐述，最后指出谋攻的基础和条件，其内容精妙绝伦，结构紧凑有致。

那么如何谋划进攻战略呢？为此大师父提出了一套谋攻框架，这套框架由战略目标、战略手段、战略攻击点三部分构成。同时，大师父还提出了一个由"全胜""不战""伐谋"构成的最优战略，即以不战的方式挫败敌人的谋划获得全胜，这是战略谋划的高度。就我看过的历史战例而言，其中所用的战略没有比大师父的这个最优战略更高明的了。在制定战略时，我们要根据具体情况，按照大师父提出的这套谋攻框架进行谋划，谋划的战略应尽可能地靠近这个最优战略。当然了，不要因为大师父说"不战"是最好的战略手段，就非得运用"不战"去对付敌人，兵家一定要记住：最好的方式不一定是最合适的方式。

研读了这一篇后，我们在谋划战略时应该学会更加深入地思考如下这些问题：是否可以制定更高的目标，是否可以采用更优的手段，是否可以选择更好的下手点。生活中遇到的很多问题，大多可以采用多种方式解决，比如遇到矛盾时，有些人会采取沟通的友好方式解决，而有些人则会采取争吵、打架的暴力方式解决。其实，只要我们多一点理智，多一点智慧，多一点思考，我们就可以选择出更好的解决方式，我们的人生也会变得大不一样。

在谋划战略时要避免两种情况：一是为了能够使用更加精妙的手段而迟迟不肯动手，以致错过了战机；二是脱离实际，比如制定的目标远远超出了自己的能力范围，采用的手段过于理想化。脱离实际的战略是非常危险的，它会使我们陷入无论投入多少资源也无法取得进一步进展的死局中，兵家应慎之！

从资源的角度而言，战略谋划其实就是从宏观的角度设计一套运用已有资源获得更多资源的方案。对于那些掌控了大量资源的社会精英来说，在谋划战略时一定要慎重，因为谋划得好就可以充分利用已有的资源创造出更多的资源，也即社会财富，而若谋划得不好就会导致资源的极大浪费，这不仅是个人、公司的损失，更是国家、社会的损失。

四 军形篇

一日,饭后与师父在林间小路上散步。
我问师父:"怎样才能立于不败之地?"
师父道:"以实力取胜。"

师父启诚第十二

形有形体、实体之义,题目"军形"即为军事形体。军事形体包括兵马、粮草、军械等军事资源,是一个军队的实力所在,因此军队的形就是军队的实力。与形相对应的是势,形与势是不可分割的一对,因此想要把形说清楚不得不提到下一篇的势。对军队来说,形是构成它实力的军事资源,需要经过长时间的建设、经营、积累而成,它是静态的;势是由将领通过合理的排兵布阵、调兵遣将而营造出来的战斗态势,或者说战斗力,它是动态的。形所对应的军事实力是一个军队的内在,军事实力强说明一个军队能够调动的资源多;势所对应的战斗态势是一个军队的外在,战斗态势好说明这个军队的战斗力强。

需要说明的是,战斗力和攻击力是不一样的,战斗力是一个军队的作战能力,它的高低取决于将领指挥是否得当、士卒作战是否勇猛,而与军队的实力无多大关系。因此,即便是一支实力弱小到只有三个人的部队,只要这三个人配合默契、作战勇猛,那么我们也可以说这支部队的战斗力很强。而攻击力是一个军队攻打敌人的威力,它的大小首先取决于军队的实力,其次取决于军队的战斗力。也就是说,实力不强的军队,即便将领用兵如神,士卒奋勇杀敌,把战斗力发挥到了极致,也无法形成强大的攻击力;战斗力不强的军队,即便兵多粮广、物资充足，积累了非常深厚的实力，也发挥不出多大的攻击力。因此，形与势由内而外决定了一个军队在战场上的攻击力。

对于个人来说，"形"是他的身体、知识、阅历、信誉、人脉、资产等资源，"势"则是他运用自身资源的态势，比如把多少知识转化为了智慧，把多少阅历转化为了能力，把多少资产转化为了生产力。一个形扎实且势充分的人，必定是一个有智慧、有能力，又有影响力的人。一些急功近利的人非常善于虚张声势，明明没有多少本事却能够把这些本事包装、推销得很好，给人一种颇有能耐的感觉。然而，没有形的支撑，外在的势不过是虚势罢了，它肯定是不能长久的，沽名钓誉之辈终会沦为人们的笑柄。而一些脚踏实地的人，学了很多东西，积累了很多经验，却不善于把它们发挥出来，结果才能被埋没了。就像一些学生写作文，背了很多的素材，但真正写的时候却用不出来。因此想要成为一个有才华的人，首先要学习、实践，然后要能把知识、阅历升华为才华，即先要有形，再要有势。

对于企业来说，"形"是企业的文化、员工、技术、财产等资源，"势"是企业的运营态势，即运营效率。一个企业的竞争力取决于两个方面：首先是企业的形，由于大企业有资源优势，能够发挥规模效益，因此竞争力往往比小企业要强；其次是企业的运营效率，我们经常可以看到这样的案例：一个经营陷入泥潭的大公司换了个能力出众的CEO，经他一番打理提高了公司的运转效率，竞争力得到了质的提升，顿时扭转了颓势。有实力又运营得好，那么公司的竞争力必然是很强的。与比自己规模小的企业竞争，可凭借实力带来的竞争力优势取胜，这是以形胜策略，本篇将对之进行阐述；与和自己规模相同，甚至比自己规模大的企业竞争，则需凭借良好的运营效率带来的竞争力优势取胜，这是以势胜策略，下一篇《兵势篇》将对之进行阐述。

本篇围绕形展开，可以分为两部分：第一部分大师父以善战者的作战策略为引子，论述了以形胜策略；第二部分大师父论述了如何修形，论证了形何以决定胜败。

第一部分

第一节

【原文】

孙子曰：昔之善战者，先为不可胜，以待敌之可胜。不可胜在己，可胜在敌。故善战者，能为不可胜，不能使敌之可胜。故曰：胜可知而不可为。

【翻译】

大师父说：从前善于打仗的将领，首先做到自己不被敌人打败，然后等待战胜敌人的时机。这是因为不被敌人战胜的主动权在自己手上，能否战胜敌人的主动权在敌人手上。因此善于作战的将领，能够做到不被敌人战胜，但不能做到必定战胜敌人。因此，胜利可以预知，但不能强求。

【解读】

这一节大师父提出了一种重要的用兵理念，即能不能战胜敌人的主动权在敌人手上。这是因为敌人实力的强弱是由他们的治国、治军能力决定的，如果敌人具备了不被我方战胜的实力基础，那么就不是我方想战胜敌人就能战胜的。同样，敌人能不能战胜我方的主动权在我方手上。因此大师父说："能为不可胜，不能使敌之可胜。"既然"可胜在敌"，那么兵家只能判断有多少胜算，而不能强求取胜，即"胜可知而不可为"。

由此，大师父提出了一种用兵策略："先为不可胜，以待敌之可胜。"即首先发展自己的实力，做好防守工作，保证自己不被敌人战胜；然后等待战胜敌人的时机；最后，当时机成熟时出兵消灭敌人。这种策略是基于客观的形而谋划出来的，因此我们称之为以形胜策略。

有智慧化身的诸葛亮在这方面就做得不够好了，七出祁山企图消灭强大的魏国，结果不仅没有取得实质性的成果，反而大大地消耗了蜀国的国力。倒是不为人们所乐道的司马懿一直秉持着"先为不可胜，以待敌之可胜"的用兵策略，任凭诸葛亮如何引诱都坚决不出战。

作为兵家我们要明白哪些可以做，哪些不可以做，明知不可为而为之是很危险的。"胜可知而不可为"的理念是基于客观的敌我实力提出的，然而军事行动的成败还与将领的主观能动性有关，这方面的内容大师父将在后续的《兵势篇》与《虚实篇》中进行论述。

第 二 节

【原文】

不可胜者，守也；可胜者，攻也。守则不足，攻则有余。善守者，藏于九地之下；善攻者，动于九天之上。故能自保而全胜也。

【翻译】

要想不被敌人战胜，就要做好防守；要想战胜敌人，就要做好进攻。选择守是因为自己的实力不足，选择攻是因为自己的实力比敌人强。善于防守的将领，防守时就像藏于很深的地下，敌人莫测其虚实，无从下手；善于进攻的将领，进攻时就像从天而降，出其不意，势不可当。攻守有道，故而既能保全自己又能获得全胜。

【解读】

攻守策略具体分为攻策略和守策略，作战中最基本的问题是：选择攻还是守。攻守的选择其实很简单，即看实力的"有余不足"，那么如何评估实力的"有余不足"呢？这就要用到大师父在《始计篇》中提出的"五事七计"。

正如大师父所说的"藏于九地之下"、"动于九天之上"，攻守策略是很神妙的，《军形篇》《兵势篇》《虚实篇》三篇从三个方面论述了攻守策略，因此这一段可以看作是这三篇的总起段。

第 三 节

【原文】

见胜不过众人之所知，非善之善者也；战胜而天下曰善，非善之善者也。故举秋毫不为多力，见日月不为明目，闻雷霆不为聪耳。古之所谓善战者,胜于易胜者也。故善战者之胜也,无智名,无勇功,故其战胜不忒。不忒者,其所措必胜,胜已败者也。故善战者,立于不败之地,而不失敌之败也。是故胜兵先胜而后求战,败兵先战而后求胜。

【翻译】

洞察胜机不超过一般人的见识,不能算是最优秀的将领;作战取得胜利而天下人都称赞的,也不能算是最优秀的将领。能举起毫毛不能算作力量大,能看见日月不能算是眼睛亮,能听到雷声不能算作听力好。古时候所说的善于作战的将领,其作战策略是战胜那些容易战胜的敌人。因而善于作战的将领取得胜利后,没有智慧的名声,没有勇猛的战功,他们的取胜往往不会有任何差错。取胜不会有差错的将领,进攻敌人必定能取得胜利是因为战胜的是已经处于败局的敌人。善于作战的将领,在保证自己立于不败之地的前提下,不放过任何打败敌人的机会。因而能打胜仗的军队总是先抓住胜机再与敌人交战,易打败仗的军队总是先与敌人交战再企图取胜。

【解读】

这一节是本篇的核心,较为详细地论述了以实力取胜的策略,其内容精妙绝伦,简单到"胜于易胜者也",高深到"无智名,无勇功"。

以形胜策略的基本思想是攻打那些实力比我方弱小的敌人,凭借我方的实力优势毫无悬念地把敌人打败。因此完整的以形胜策略是:以"胜于易胜者也"为核心理念的"立于不败之地,而不失敌之败也",即在保证自己不被敌人打败的前提下,当胜算不大时积蓄实力、静待时机;当胜算足够时果断出击、一举胜敌。

这一节比较难以理解的是善于作战的将领为什么会"无智名,无勇功"。为了解释原因,大师父作了比较形象的类比,"举秋毫不为多力,见日月不为明目,闻雷霆不为聪耳",即在外人看来以实力取胜简单得就像举起毫毛、看到日月、听到雷声一样,以至于当他们面对这样的胜利,有一种想说"这有什么了不起的,就是让我带兵去打这场仗也能取胜"的冲动。可殊不知为了能有这样的胜利,将领在战前做了不知多少准备。反之,"战胜而天下曰善"的胜利往往是那些以弱胜强、以少胜多的险胜,这种胜利多是在陷入险境后迫不得已取得的,而且是要在敌方将领指挥失误的前提下。一流的兵家能够避免自己进入这种胜败难料的险境,因而大师父说"战胜而天下曰善,非善之善者也"。所以用兵的第一原则是不打无把握之仗。

老子有一句很经典的话"无为而无不为",意思是做事情要遵循规律、顺其自然,不能强求更不能硬来。大师父的"胜于易胜者也"可以说是"无为而无不为"在军事上的运用,"无智名,无勇功"看似"无为",但"其所措必胜"却是"无不为"。

根据是否运用以形胜的作战策略,大师父将军队分成了"胜兵"和"败兵"两类。"胜兵"是有了胜算才与敌人交战的军队,其往往胜多败少,因此大师父称其为"胜兵";"败兵"是先打了再说的军队,其往往胜少败多,因此大师父称其为"败兵"。把大师父的这种兵家思想运用到做事上来,那么可以将人分为两类:一种是成功的人,这种人有一套成功的做事方式,他们有可能现在没有成功,但只要努力下去终会成功;另一种是失败的人,这种人有一套失败的做事方式,他们有可能现在很成功,但终究摆脱不了失败的结局,比如那些投机者。兵家修炼的目的之一就是要养成一套成功的做事方式。

当然了想要做到"不失敌之败也",就得有"见胜"的能力:能够洞察出哪些敌人的实力比我方弱,哪些敌人的实力比我方强;哪些敌人实力很强,却在假装弱小,哪些敌人实力很弱,却在假装强大。

第 二 部 分

第一部分讲以形胜策略,既然要凭借形取胜,那么如何修形呢?这正是第二部分要讲述的内容。

第 一 节

【原文】

善用兵者,修道而保法,故能为胜败之政。

【翻译】

善于用兵的将领，修明政治、严明法度，因而能够主导胜败。

【解读】

想要以实力取胜，那么就需要在战前好好积蓄实力，这一节大师父阐述了如何修形。《始计篇》中大师父曾指出实力取决于"道、天、地、将、法"，这五者中的"天"与"地"不是人力所能改变的，只能适应、利用。而既然是"善用兵者"，那么"将"也肯定是没有问题了的。剩下需要将领去建设的就是"道"与"法"了，因此大师父说"修道而保法"。如果国家、军队政治开明、法制严明，那么实力就会从根本上得到提升，最终便可主导胜败。

有句很经典的话叫做"真正的战斗在开战之前"，确实，开战之前的准备很大程度上决定了战争的最终胜负。形是在战前修炼好的，因此以形胜策略体现了这种思想。

第 二 节

【原文】

兵法：一曰度，二曰量，三曰数，四曰称，五曰胜。地生度，度生量，量生数，数生称，称生胜。故胜兵若以镒称铢，败兵若以铢称镒。胜者之战民也，若决积水于千仞之溪者，形也。

【翻译】

以形胜的用兵之法依次涉及五个方面：一是度，二是量，三是数，四是称，五是胜。国家领土的大小（地）决定了土地幅员的大小（度），土地幅员的大小（度）决定了人口与物产的数量（量），人口与物产的数量（量）决定了兵力和军用物资的数量（数），兵力和军用物资的数量（数）决定了军事实力的强弱（称），军事实力的强弱（称）决定了战争的最终胜败（胜）。胜兵与败兵的实力对比就像镒与铢的对比，败兵与胜兵的实力对比就像铢与镒的对比。有取胜实力的一方，其指挥士兵作战就像掘开千尺高山上的山涧积水那样所向披靡，这就是以实力取胜。

【解读】

铢和镒是古代的重量单位，二十四铢为一两，二十四两为一镒，因此镒是铢的 576 倍。大师父用镒和铢的对比来说明实力差距之大。

这一节大师父从国家领土的大小开始，逐步推演到胜利，论述了实力从哪里来，论证了实力何以决定胜利。值得注意的是，这一节所论述的国家领土、土地幅员等方面是决定实力的客观因素，而上一节所论述的"修道而保法"则是决定实力的主观因素。

最后大师父以高山上的积水作类比，形象地描述了以形胜策略，以此结束全文。

修炼启示

本篇告诉我们一个道理，即做事要踏实，要懂得养精蓄锐、厚积薄发，一个人能够走多远取决于形，一个企业能够发展到什么程度也取决于形。有句古话叫做"其兴也勃焉，其衰也忽焉"，就像一个企业，当它开拓的市场在它的承受范围之内时，它通常能够运营得很好。这个时候，如果企业管理者面对良好的发展形势盲目激进地拓展市场，使得市场规模远远超越了企业的承受能力，企业就会出现各种危机，比如产品质量问题、资金链断裂，一不小心就会破产。可以说"其兴也勃焉"是因为有足够的"形"支撑，而"其衰也忽焉"则是因为"形"不足，世间兴衰变化莫不如此。

研读完这一篇后，我们要明白"胜可知而不可为"的道理，当敌人具备了一定的实力基础时，我方不可强求胜利；我们要懂得"无智名，无勇功"的原因所在，更要有眼光去识别谁才是真正的高人；我们要懂得运用"立于不败之地，而不失敌之败也"，"胜于易胜者也"的以形胜策略，不打无把握之仗；我们要铭记大师父"胜兵先胜而后求战，败兵先战而后求胜"的告诫，不盲目行动，做到谋而后动，养成"胜兵"的做事习惯。

五　兵势篇

> 真正的造势不是虚张声势,而是能使人铆足了劲干自己最擅长的且最有价值的事。能够激发员工的积极性,发挥员工的价值,那就是优秀的企业家;能够激发国民的活力,发挥国民的力量,那就是优秀的政治家。
>
> 师父启诫第十三

《始计篇》中大师父说到"势者,因利而制权也",也就是说权变地利用手中一切可以利用的资源,充分发挥它们的效能便可成势。本篇围绕如何利用军事资源营造出一种强大的战斗态势而展开,与上一篇的《军形篇》相辅相成。"军形"是内在的军事形体,兵强马壮、兵精粮广等词语说的就是形;"兵势"是外在的用兵态势,士气高昂、兵锋锐利等词说的就是势。

《军形篇》提出了以形胜的策略,凭借强大的军事实力带来的攻击力优势把敌人打败,是一种以强胜弱的策略。就像打牌,当我们摸到一把好牌的时候,不需要使用任何打牌技巧也可轻易取胜。而《兵势篇》则提出了以势胜的策略,通过将领的用兵才能把手中的军事资源运用好,甚至用到极致,以发挥出最大的战斗力,凭借强大的战斗力所带来的攻击力优势把敌人打败。就像打牌,当我们摸到一把差牌的时候,就需要凭借精湛的打牌技巧取胜。

造势能力很大程度上体现了将领的用兵才能。同样是一万兵力,有能力的将领可以用他们去攻打拥有好几万兵力的敌人,而没有多大能力的将领可能只能用来攻打只有几千兵力的敌人。然而兵家一定要明白,形是一个军队的内在,势是一个军队的外在,若缺少了内在的形,外在的势是很难持久的。而且,形是静态的,如果我方的形弱于敌人,那么就需要很长时间的积累才能扭转这个局面,而势是动态的,此时失势,可能只需调整心态、重整旗鼓便可立马得势。然而正是因为势的快速可造性,很多浮躁的人把造势当作绝招,把势奉为至宝,但作为智慧的兵家,我们不可过度重视势而忽略了形。

一个军队在战场上的攻击力是形与势由内而外决定的,一流的兵家首先做到以形胜,然后做到以势胜,如此便可发挥出强大的攻击力,兵锋所指,敌军无不丢盔弃甲。

企业经营中有个词叫做企业重组,即对企业的资产、人员、业务等进行重新组合与配置,以充分利用现有资源从而提高企业的竞争力。这个过程中企业的形没有变,但势却发生了变化。

本篇可分为三大部分:第一部分是本篇的核心,论述了如何造势;第二部分则论述了造假势引诱敌人,与第一部分的造势刚好相反;第三部分论述了如何调兵遣将以实施造势策略,以此结束全文。

第 一 部 分

第 一 节

【原文】

孙子曰:凡治众如治寡,分数是也;斗众如斗寡,形名是也;三军之众,可使必受敌而无败者,奇正是也;兵之所加,如以碬投卵者,虚实是也。

【翻译】

大师父说:管理大部队和管理小部队是一样的,关键在于组织编制;指挥大部队和指挥小部队是一样的,关键在于指挥号令;三军受到全面的攻击而不被打败,是因为运用了奇正结合的策略;军队攻打敌人,就像以石击卵那样,是因为运用了避实击虚的策略。

【解读】

本篇讲以势胜的策略,那么如何造势呢?大师父在这一节指出需要从三个方面着手：军队组织、作战指挥、奇正策略。

组织与指挥大家都比较清楚，这里需要解释的是何谓"奇正"。"奇正"的"正"是常规的意思，在军事上指的是常规部队、常规战法、常规军法等；"奇"是非常规的意思，在军事上指的是非常规部队、非常规战法、非常规军法等。比如，现代军队中除了普通部队外还会有特种部队，前者即是正兵，后者即是奇兵。仅凭特种部队是不能彻底打败敌人的，但有时特种部队可以完成普通部队不能完成的任务，比如窃取情报、离间敌人、制造恐慌，通常普通部队与特种部队相互配合，一正一奇能达到优势互补的效果。在作战策略上，安营扎寨，摆开阵势与敌人面对面交战是正，设下埋伏诱敌深入，然后突袭围歼是奇；在军法上，军令如山、违者必罚是正，但在军情紧急的情况下允许将士将功补过，从而激发那些犯错将士的斗志是奇。

当然了奇正不仅仅出现在战争中，可以说有智慧的地方就有奇正。比如做数学题有按部就班的正方法，更有排除法、筛选法等奇方法。又比如营销中做电视广告是正，发布软文、制造事件是奇。

这一节中的"兵之所加，如以碫投卵者，虚实是也"为下一篇《虚实篇》埋了伏笔。

第 二 节

【原文】

凡战者，以正合，以奇胜。故善出奇者，无穷如天地，不竭如江河。终而复始，日月是也；死而复生，四时是也。声不过五，五声之变，不可胜听也；色不过五，五色之变，不可胜观也；味不过五，五味之变，不可胜尝也。战势不过奇正，奇正之变，不可胜穷也。奇正相生，如循环之无端，孰能穷之？

【翻译】

大凡用兵作战，用常规部队以常规战法与敌人正面交锋，用非常规部队以非常规战法取胜。善于出奇制胜的将领，其所出的奇就像天地那样无穷无尽，就像江河那样滔滔不绝。终而复始，就像日月运行那样；死而复生，就像四季更替那样。声音不过五种，但这五种声音组合变化而成的音乐却多到听不完；颜色不过五种，但这五种颜色组合变化而成的图画却多到看不完；味道不过五种，但这五种味道组合变化而成的美味却多到尝不尽。作战形态不过奇和正，但是奇正的组合变化却是不可穷尽的。奇正相互依存相互转化，就像是顺着圆环前进没有尽头，谁能够穷尽奇正呢？

【解读】

"势者，因利而制权"，那么如何"制权"呢，或者说如何权变呢？大师父用两个看似简单实则非常不简单的词回答了这个问题：正、奇。

奇正造势的手段可分为两类。第一类是"奇正之变"，即奇与正的组合，大师父用"五声之变""五色之变""五味之变"作了形象类比。很多经典历史战例都运用了奇正组合的策略，比如井陉之战中，韩信用主力部队与赵军交锋，同时派出奇兵突袭赵军军营。当赵军无法击退韩信的主力部队准备退守时，却惊讶地发现军营已经被占领了，全军顿时大乱。结果赵军被韩信的部队两面夹击而惨败，赵国也因此被消灭。第二类是"奇正相生"，即奇与正相互转换，大师父用"日月""四时"做了形象类比，比如当军队弱小时，往往把游击战、伏击战等战术作为常规战法，正面交战反倒成了偶尔用之的奇战法；当军队强大之后，正面作战就成为常规战法了，而游击战、伏击战就转而成为奇战法了。

那么奇正为什么可以造势呢？道理就是发挥互补、协同效应，从而达到1+1＞2的效果，也就是说正兵与奇兵的合理组合比单一用正兵或单一用奇兵效果要好。

这一节需要注意的是"战势"的势是形态之义，"战势"即作战形态，具体而言就是将领在战场上的排兵布阵、调兵遣将。

第 三 节

【原文】

激水之疾，至于漂石者，势也；鸷鸟之疾，至于毁折者，节

80

也。是故善战者,其势险,其节短。势如彍①弩,节如发机。

【注释】

① 彍(guō):拉满(弓弩)。

【翻译】

湍急的水流快速流动,以至于能够移动石头,是因为水势强大;凶猛的飞鸟向下急速俯冲,以至于能够捕杀猎物,是因为节奏把握得好。善于作战的将领,当其发动进攻时态势险峻,节奏短促。进攻态势就像张开的弩机那样强大,进攻节奏就像击发弩机那样快速。

【解读】

论述完奇正之道后,这一节大师父用"激水漂石"与"鸷鸟毁折"这两个例子形象地阐述了进攻态势与进攻节奏。具体而言,进攻态势是进攻时的战斗力,进攻节奏是进攻时的速度。势与节密不可分,强大的势往往伴随着极快的速度,若缺少了速度,势的威力就会大打折扣。

兵家一定要记住,军队的攻击力是形与势由内而外决定的,如果第一级的形不足,那么第二级的势再强大也无济于事。就像大师父举的"激水漂石"这个例子,如果是山溪里的小水流,那么水势再猛也移动不了大石头,而若是决堤的大洪水,就可轻而易举地移动石头。因此,若我方的实力与敌军相比完全不在一个层次,那么即便将领把军队的势发挥到了极致,也是很难获得胜利的。比如说只有几百人的甲军去攻打有几万人的乙军,那么即便甲军人人以一敌十,乙军也可以轻而易举地将其击败。因此在以少胜多的战例中,少的一方与多的一方之间的实力差距要在一定的范围之内,如果超出了这个范围,那么几乎不可能以少胜多了,这也是为什么《军形篇》在《兵势篇》之前的原因。这个实力差距的范围就是凭借势上的优势可以弥补形上的不足。比如甲军只有乙军七成的兵力,但它凭借将领高超的指挥营造出两倍于乙军的势,这样甲军以其强大的势弥补了它形上的不足,其攻击力比乙军要强,故而能够以少胜多。

说到这个势,不得不说说虚张声势,这在历史案例中比较常见,比如诸葛亮的空城计。虚张声势的势完全脱离了形这个内在基础,这样的势只是一种虚势,只能用作不得已之下的权宜之计,比如突然遭遇强大的敌军,通过虚张声势这种手段吓唬他们,从而为自己赢得撤退或者等待援军的时间。可悲的是现实中很多公司却拿虚张声势作长久之计,产品不行但包装一流,技术研发投入少但广告投入却不惜一切代价,不难预见这样的公司是不会长久的。然而虚张声势虽然不能用来直接消灭敌人,但用得好所造之虚势却可吓破敌人的胆,使他们的士气大大降低,缺少了士气,敌人的战斗力就会大打折扣。

兵家一定要牢记在实力的基础上造势,实力永远是第一位的。

第四节

【原文】

纷纷纭纭,斗乱而不可乱也;浑浑沌沌,形圆而不可败也。

【翻译】

在旌旗纷飞、人马混杂的情况下指挥部队作战,必须要保持部队有条不紊。在兵如潮涌、浑沌不清的情况下打仗,必须要把部队部署得周全,以使敌人无隙可乘,从而立于不败之地。

【解读】

"势者,因利而制权",那么如何"因利",或者说如何用好资源呢?大师父的回答是"分数"与"形名",即组织和指挥。也就是说要通过合理的组织与良好的指挥把资源充分利用起来。"斗乱而不可乱也"靠的是良好的指挥,"形圆而不可败也"靠的是合理的组织。兵家一定要铭记,作战一定不能乱,乱必无势。其实不仅仅是打仗,其他地方也一样:一个管理混乱的公司肯定没有多少竞争力,一个做事混乱的人也一定没有多少能力。兵家第一戒:戒乱!至此,造势的三个方面——组织、指挥、奇正全部论述完了。

第 二 部 分

【原文】

乱生于治,怯生于勇,弱生于强。治乱,数也;勇怯,势也;

强弱,形也。故善动敌者,形之,敌必从之;予之,敌必取之。以利动之,以卒待之。

【翻译】

敢于示敌以乱,是因为自己的部队组织严密;敢于示敌以怯,是因为将士们勇敢;敢于示敌以弱,是因为自己实力强大。部队整治还是混乱,在于组织编制是否合理;勇敢还是胆怯,在于作战态势是否强盛;强大还是弱小,在于实力是否充足。善于调动敌人的将领,当其用伪装的外形迷惑敌人时,敌人必然跟从;当其假装给予敌人利益时,敌人必然来取。将领要用利益引诱敌人前来,然后用重兵伏击敌人。

【解读】

大师父在上一部分论述的造势,是要兵家尽可能地发挥出自己的战斗力;而在这部分大师父则提出了另外一种造势,即尽可能地隐藏自己的战斗力,给敌人一种我军不堪一击的假象,以此引诱敌人进入我方设下的圈套。可以说前一种势是正势,后一种势是奇势,这就比较值得玩味了,奇正是造势的手段,但所造之势却也有正势与奇势。所以以势胜策略包括两类:强势威敌和弱势诱敌。

这一段中有很多话值得兵家细细感悟。比如"乱生于治",它是说如果想要用乱的假象来迷惑敌军,那么我军一定要组织严密,否则装一下乱有可能会一发不可收拾,假乱变成真乱,那就弄巧成拙了。又比如"勇怯,势也",当我军兵势强盛之时将士们往往会愈战愈勇,而当兵势萎靡时将士们的斗志就会削弱。但是作为将领脑子一定要清醒,部众再勇敢也要掂量清楚敌我实力差距,千万不要以卵击石。有些将领在部队愈战愈勇的情况下,会过于乐观地认为再强大的敌人在自己面前也不堪一击,于是什么敌人都敢打,结果一不小心碰上强敌就会遭遇彻底惨败。兵家一定要记住,即便是最硬的鸡蛋也碰不过最软的石头。

第 三 部 分

【原文】

故善战者,求之于势,不责于人,故能择人而任势。任势者,其战人也,如转木石。木石之性,安则静,危则动,方则止,圆则行。故善战人之势,如转圆石于千仞之山者,势也。

【翻译】

善于用兵作战的将领,求之于用兵态势,而不苛求部众,因而能通过合理的调兵遣将使军队发挥出强大的攻势。善于造势的将领,指挥部队作战就像转动圆木和圆石那样。木石的特性是如果把它们放在平坦的地方就会静止,如果把它们放在高陡的地方就会滚动,如果它们是方形的就容易静止,如果它们是圆形的就容易滚动。因而善于指挥部队作战的将领,其所营造的攻势就像是从千尺高山上向下转动圆石那样势不可当,这就是以势取胜。

【解读】

手中有多少粮草,可以调动多少兵马,实力比敌人强多少,这些都是在《军形篇》中要关注的问题。到了《兵势篇》,将领要关注的是如何发挥出军队的战斗攻势。大师父所说的"不责于人,故能择人而任势"颇有意味,就像玩扑克牌,一味埋怨手上的牌太差不仅没有用,还会影响自己的发挥,我们只有坦然地接受了手中的牌,才能静下心来把它打好,乃至化腐朽为神奇。

造势的策略有了,但策略最终需要通过调兵遣将来实施,那么如何调兵遣将以发挥出最大的攻势呢?为了回答这个问题,大师父用转木石做了形象的类比。木石的动静行止取决于两个因素:其一是木石放在哪里,即大师父所说的安与危;其二是木石本身的特性,即大师父所说的方与圆。转木石要把合适的木石放到合适的位置,同样的,指挥部队也要把合适的人放在合适的位置。举个简单的例子,比如用好战的将领来驻守城池,那就像是把圆石放在了安处,善动却不能动,而且即便是在形势不利时,这些将领也很容易被敌人诱出城去,有些甚至主动杀出城去了,这是非常危险的;而若派谨慎的将领去偷袭敌人,那就像是把方石放在了危处,善静却不得静,这些将领在偷袭途中往往会提心吊胆、思前顾后,如果他们的情绪影响了部众,那么部队的战斗力就会大打折扣。反之,如果让谨慎的将领守城,让好战的将领偷袭敌人,那就各得其所了。最后大师父用"如转圆石于千仞之山者"来类比"善战人之势",足见其攻势之大。

如果将领在指挥部队进攻敌人时,能把他手下所有的将士都安排在合理的位置,使每个人都发挥出最大的作用,那么这个部队的攻势必然是巨大的。毋庸置疑,奇正并用能最大限度地为各具特点的士卒提供用武之地,即便是老弱残兵也可以用来布个疑阵吓唬敌人。一个用兵如神的将领,必定能够做到"物尽其用,人尽其才"。

《军形篇》讲的是"不可胜者,守也;可胜者,攻也"的攻守之道,关注的是如何以实力优势战胜敌人;《兵势篇》讲的是"以正合,以奇胜"的奇正之道,关注的是如何发挥出我方最大的攻势;而后一篇的《虚实篇》讲的是"避实而击虚"的虚实之道,关注的是打敌人哪个部位。可见这三篇前后相承,依次论述了进攻的三个关键点,构成了一个颇为精妙的三级攻守策略体系。这就像击剑:一剑下去能够达到何种效果首先取决于剑的材质,这是形;其次取决于剑的锋利程度,这是势;最后取决于剑击在什么地方,这是虚实。

修 炼 启 示

"凡战者,以正合,以奇胜",兵家在营造攻势时要正与奇相结合,然而有些兵家却容易走入只用奇而不用正的误区,总喜欢玩一些出人意料的小把戏。尤其在越来越浮躁的社会中,人们总是企图通过走捷径,通过出奇制胜等方式获得快速的成功,而忽略了通过一步一个脚印踏踏实实迈向成功这一最常规、最有效、最稳妥的方式。作为兵家我们应该明白,正之所以为正,是因为它的有效性与通用性,因此不仅不能把正忽略了,更要以正为主。

如果把柴薪比作军队的形,那么火就是军队的势,生火本领就是用兵作战的能力。有生火的本领,但却因为没有柴薪而生不起火,这就像起兵初期的刘备,没有兵马,没有粮草,没有地盘,再是雄才大略也无济于事,只能寄人篱下;有柴薪,但却因为缺少生火本领而生不起火,这就像兵多将广的袁绍,率领浩浩荡荡的大军去征讨实力弱于自己的曹操,却反而遭遇了惨败,其原因就在于袁绍用兵作战的能力不及曹操,发挥不出应有的势。

还有一种情况值得兵家注意,即因为不懂得控制火势,以致火烧得太旺而把柴薪一下子烧光了,结果只能辉煌一时。一代豪杰项羽,率领八千江东子弟,攻城略地,纵横驰骋,灭秦国,封王侯,其用兵作战可谓神人。然而,他却不善于经营,炽热的兵锋将实力逐渐耗尽,以至垓下一败,霸业瞬间化为灰烬。很多公司通过抵押借贷等方式,把一块钱掰成两块甚至五块、十块花,不得不说这些公司管理者的运作能力是很强的,他们最大化地发挥出了公司的能量,但是我们不得不指出的是过度超越形的势是很危险的,那些过度负债经营的企业稍微碰到点问题往往就会陷入资金链断裂的绝境,稍不慎就会破产。又比如所谓的经济泡沫,就是因为那些投机者运用各种金融手段过度放大了资产的价格,人为营造了欣欣向荣的经济形势,然而这种势不仅难以维持,而且当泡沫破裂时,更会严重伤害到经济的发展。因此兵家要记住:强势伤形,不可无度!

有一句话兵家必须要铭记:"故善战者,求之于势,不责于人,故能择人而任势。"很多时候,我们手上有多少资源不是一朝一夕能够改变的,甚至不是我们能够改变的。在这种情况下,我们要发挥主观能动性,把手中仅有的资源运用好,以势弥补形上的不足。刘邦在得天下之后曾说过一段非常经典的话:"夫运筹帷幄之中,决胜千里之外,吾不如子房;填国家,抚百姓,给饷馈,不绝粮道,吾不如萧何;连百万之众,战必胜,攻必取,吾不如韩信。三者皆人杰,吾能用之,此吾所以取天下者也。项羽有一范增而不能用,此所以为我禽也。"这段话说白了就是:我刘邦可以得天下是因为我"能择人而任势",而项羽却不能。这确实是句大实话,项羽曾有被萧何誉为国士无双的韩信、善用阴谋诡计的陈平、万夫不当之勇的英布等人才,然而这些优秀的战略家、战术家、猛将最后都投奔了刘邦,就连被项羽尊为"亚父"的范增最后也愤然离开了项羽。

六　虚实篇

一日,师父在后院劈柴。

我问师父:"怎样才能做到攻无不克?"

师父道:"避实击虚也。"

师父启诫第十四

三级攻守策略框架的第一篇《军形篇》论述了以实力取胜的策略,第二篇《兵势篇》论述了以势取胜的策略。以实力取胜和以势取胜这两级合起来,可由内而外营造出强大的攻击力,可谓厉害。那么如何利用好这个攻击力呢,或者说该用如此强大的攻击力攻打敌人的哪个部位呢?这正是本篇要回答的问题。

题目中"虚实"的虚是虚弱、空虚之意,实是强大、充实之意。本篇提出了避开敌人强大之处,攻打敌人虚弱之处的避实击虚策略。这种策略的厉害之处在于,敌人越强大它越有用,因为越强大的军事体系包含的部分就越多,各部分的规模也越庞大,那么组织、指挥、协调的难度也就越大,因此留下的虚弱点也越多,这样我军击虚的机会也就越多了。历史上多次出现过某个强大的军事集团因为被敌人击中了要害,轻者一蹶不振,重者瞬间崩塌的情况。比如三国时实力最强大的袁绍集团,在征讨曹操时被曹操击中了乌巢这个弱点而瞬间惨败。军队如此,企业也是如此,企业越庞大,出现管理盲点的可能性也越大,历史上赫赫有名的巴林银行,就因为一个职员的失误瞬间覆灭。

本篇可以分为四个部分:第一部分论述了战场主动权,它是运用虚实策略的第一个关键点;第二部分论述了常规型虚实策略,这类虚实策略发现敌人的虚弱处并加以利用;第三部分论述了主动型虚实策略,这类虚实策略主动使敌人出现虚弱处并加以利用;第四部分论述了运用虚实策略的第二个关键点——知敌虚实和使敌不知我虚实;第五部分以水作类比总结全文。

第 一 部 分

【原文】

孙子曰:凡先处战地而待敌者佚,后处战地而趋战者劳。故善战者,致人而不致于人。能使敌人自至者,利之也;能使敌人不得至者,害之也。故敌佚能劳之,饱能饥之,安能动之。

【翻译】

大师父说,先进入交战阵地等待敌军前来的军队从容,后进入交战阵地前去赴战的军队疲劳。因而善于作战的将领,能调动敌人而不被敌人所调动。能使敌人主动前来的,是因为用利益引诱他们;能使敌人不能够前来的,是因为用害处阻拦他们。获得了战场主动权后就能使从容的敌人劳顿,饱食的敌人饥饿,坚守的敌人出战。

【解读】

这一部分的核心是"致人而不致于人",说白了就是要获得战场主动权。以利诱敌和以害威敌是获得战场主动权的两种方式。唐代军事家李靖与唐太宗李世民问对时曾说,古代兵法"千章万句,不出乎'致人而不致于人'而已",这足见获得战场主动权的重要性。有了战场主动权后,我方就可以先进入阵地从容地等待敌人前来应战,就可以使敌人疲惫、饥饿,或者可以使敌人无法前来作战。更重要的是,有了战场主动权后,我方就可以顺利地实施精心谋划的各种策略了。

《军形篇》论述的是我军内在的形,《兵势篇》论述的是我军外在的势,形与势都是我军自身的,因此修形造势的主动权在我方自己手上。而本篇所要论述的虚实却是敌人之虚实,它的主动权在敌人手上,此时我方如何获得战场主动权,以避敌之实击敌之虚,甚至使敌由实变虚,就显得至关重要了,故而大师父把这一段放在本篇的起始处。

第 二 部 分

【原文】

出其所不趋,趋其所不意。行千里而不劳者,行于无人之地也;攻而必取者,攻其所不守也;守而必固者,守其所不攻也。故善攻者,敌不知其所守;善守者,敌不知其所攻。微乎微乎,至于无形,神乎神乎,至于无声,故能为敌之司命。

进而不可御者,冲其虚也;退而不可追者,速而不可及也。故我欲战,敌虽高垒深沟,不得不与我战者,攻其所必救也;我不欲战,虽画地而守之,敌不得与我战者,乖其所之也。

【翻译】

出击敌人无法奔赴救援的地方,奔袭敌人没有意料到的地方。行军千里而不劳累的,是因为行进在敌人没有设防的区域;进攻必然得手的,是因为攻打了敌人没有防守的地方;我军防守固若金汤,是因为连敌人不太可能发起进攻的地方也进行了防守。因而善于进攻的将领,能使敌人不知道该守哪里;善于防守的将领,能使敌人不知道该进攻哪里。微妙到无形迹,神妙到无声息,因而能主宰敌人的生死。

进攻时敌人无法抵御,是因为攻击了敌人的空虚处;后退时敌人没法追击,是因为我军行军迅速敌人追赶不上。如果我军想与敌人交战,那么敌人即便堆了很高的壁垒,挖了很深的壕沟准备进行死守,也不得不出来与我军交战,这是因为我军攻打了敌人必然会救援的地方;如果我军不想与敌人交战,那么即便在地上画条线作为壁垒、壕沟进行防守,敌人也不能与我军交战,这是因为我军设法使敌人背离了进攻方向。

【解读】

这部分大师父从行军、进攻、防守、撤退四个方面论述了虚实策略。行军时要避开敌人防备充实的地方,从敌人防备空虚处通过,这样行军的阻碍就比较少;进攻时,要避敌之实,击敌之虚,这是本篇论述的重点;防守时,要做到"守其所不攻也",使敌人无虚可趁;撤退时,要做到"速而不可及也",以利用敌人反应慢、速度慢的弱点。我们可以从这一部分得到两点启示:第一点是虚不只有实力上的虚弱,更有速度、心理、信息等方面的虚弱;第二点是完整的虚实策略应该包括对敌实施的虚实策略和用于避免敌人对我实施虚实策略的策略——当然了,前者是本篇的核心。

运用避实击虚策略的关键在于能够发现敌人的薄弱点。在敌人的防线上出现薄弱点的原因有很多,最常见的是如下三个:一、敌人兵力不足,比如防线太长,兵力太少,以至于不得不留下薄弱点;二、敌人一时疏忽,比如由于考虑不周全,在部署兵力时不知不觉间留下了薄弱点;三、敌人一时大意,比如由于地势险要,敌人认为我方必然不会从那里发起进攻,因而不进行防守,"趋其所不意"说的就是要攻打敌人大意而空虚的地方。第三点尤其值得兵家注意,这种情况在历史上已经不止一次地出现了。比如,邓艾灭蜀时从阴平不毛之地逢山开路,遇水搭桥,行军七百余里奇袭蜀国,最终迫使蜀国君主刘禅投降;德国进攻法国时,绕开固若金汤的马奇诺防线,从崎岖难行的阿登山区突袭而入,仅一个月就迫使法国投降。

"出其所不趋,趋其所不意",很好地阐述了避实击虚策略:"不趋"的意思是受到攻击却无法及时救援,说明敌人在这个地方及其附近区域没有部署兵力,属于防御真空区,即便部署了一些兵力,那也是孤军,这种地方是典型的空虚处,我军若从此处发起进攻,便可顺利攻入敌国内部;"不意"是说敌人没有想到我方会从这个地方发起进攻,既然敌人没有想到,那么他们必然不会在此处部署兵力进行防御,因此我军若从此处发起进攻,就不会受到任何人为上的阻碍。其实,只要是敌人防守薄弱的地方,都应该成为我方的备选进攻点,哪怕这个地方的地形非常恶劣。毕竟很多情况下,险恶的自然环境比防守坚实的城池更容易对付。

这一部分中比较难以理解的一句是"守而必固者,守其所不攻也",句中"不攻"的意思是不大可能发起进攻的地方。想要理解这句话，我们首先得分析一下前面的"攻而必取者，攻其所不守也"。敌人为什么不守？因为他们认定我方不可能从这个地方发起进攻。但若我方克服进攻中的重重困难，从敌人没有设防的地方发动进攻，便可毫无阻碍地攻入敌国内部，做到"攻而必取"。既然我军可以"攻其所不守"，那么敌军当然也可以从我军没有防守的地方发起进攻，所以要达到"守而必固"的目的，我方得在那些敌人不大可能发起进攻的地方也做好防守工作，即"守其所不攻也"。说到这里可能有人会提出疑问了，如果什么地方都要守，能守得过来吗？确实，想要做到处处都防守周全是比较困难的，关于这一点大师父在第三部分中有详细说明。

运用虚实策略，善攻者会"攻其所不守"，即会在任何出乎敌人意料的地方发起进攻，敌人根本无法预测，这样他们就不知道该在哪里进行防守了，即大师父所说的"敌不知其所守"。而善守者会"守其所不攻"，当敌人在自以为出乎我军意料的地方发起进攻时，结果发现我军在那里也部署了防御兵力，这样敌人就不知道该进攻哪里了，即大师父所说的"敌不知其所攻"。概言之，"敌不知其所守"是因为不知道我方会从哪里发起进攻，"敌不知其所攻"是因为不知道我方在哪里进行了防御，即我方的行动"无形"又"无声"，敌不知我。

"退而不可追者，速而不可及也"这句话告诉我们速度也可以是敌人的虚处，尤其对那些实力强大、部队庞大的敌军而言，其机动性往往不会很高，著名的游击战就很好地利用了这一点。当形势不利时，我军可以利用敌人速度上的虚处顺利地实施撤退，从而保全自己。

以毛泽东为代表的中国共产党人提出的农村包围城市战略就是虚实策略的典型应用，首先占领敌人防守薄弱的农村地区，然后以这些地区为基地发展实力，最后当条件成熟时打城市。

这一部分中的虚实策略比较常规，或者说比较被动，它只是发现敌人哪里空虚并加以利用。若敌人的防守非常严密，毫无破绽，或者只有一些没有多大利用价值的小破绽，那么这里的虚实策略就派不上用场了，此时就需要运用大师父在第三部分提出的虚实策略了。

第 三 部 分

第 一 节

【原文】

故形人而我无形,则我专而敌分。我专为一,敌分为十,是以十攻其一也,则我众而敌寡。能以众击寡者,则吾之所与战者约矣。

【翻译】

如果能使敌军暴露形迹而我军却不露形迹,那么我军就可以集中兵力而敌军却不得不分散兵力。我军集中为一,敌军一分为十,这样我军就可以用十分的兵力攻打敌军一分的兵力,那么交战之时我军兵力就多,敌军兵力就少。若能做到用集中的兵力攻打分散的敌军,那么与我军直接交战的敌军兵力就少了。

【解读】

面对强大的敌军,如果我方能够使他们分散成多个部分,并且每个部分对我方而言都是弱小的,那么敌人就由实变虚了,这就是本节要论述的"我专而敌分"策略。那么如何使敌人"分"呢?把敌人的动向搞清楚,同时使敌人搞不清我军的动向,即大师父所说的"形人而我无形"。简单地说就是敌明我暗,在明处的敌人不得不分散兵力多路出击以对付暗处的我军,而在暗处的我军就可以集中兵力各个击破。这种策略大多用在敌人企图消灭我方,我方进行反击的情况下,即敌攻我守。"形人而我无形"是非常重要的,在下一部分大师父将对其作进一步阐述。

"我专而敌分"这个策略非同小可,毛泽东有一句指导中国革命战争的话:"我们的战略是'以一当十',我们的战术是'以十当一',这是制胜的根本法则之一。"这句话的意思是,虽然整体上我方的兵力是敌人的十分之一,但在局部战斗中我方要集中兵力,以十倍的兵力优势打败一支支分散的敌军部队,可以说这是"我专而敌分"策略的经典运用。

第 二 节

【原文】

吾所与战之地不可知；不可知，则敌所备者多；敌所备者多，则吾所与战者寡矣。故备前则后寡，备后则前寡，备左则右寡，备右则左寡，无所不备，则无所不寡。寡者，备人者也；众者，使人备己者也。

【翻译】

敌军无法获知我军会进攻哪个地方；如果他们不知道我方的进攻地点，那么需要防备的地方就多了；敌人需要防备的地方多，那么与我军直接交战的兵力就少了。前面防备得充实，那么后面的兵力就少了；后面防备得充实，那么前面的兵力就少了；左边防备得充实，那么右边的兵力就少了；右边防备得充实，那么左边的兵力就少了；所有地方都想防备充实，那么所有地方的兵力都将不足。兵力不够，是因为要防备敌人；兵力充足，是因为能够使敌人防备自己。

【解读】

这一节大师父阐述了"备多则寡"的虚实策略，即敌人需要防备的地方越多，兵力就越分散，部署在每一处的兵力就会越少，这样当我军向某一处发动进攻时受到的阻碍也就越小。既然使敌人多处防备可以分散他们的兵力，使其由实变虚，那么如何做到这一点呢？"吾所与战之地不可知"，即不要让敌人知道我方会从哪里发起进攻，这样他们就必须在整条战线上进行防备。显然，这个策略运用在我攻敌守的情况下。

最后一句"寡者，备人者也；众者，使人备己者也"一语道出了防守的最大问题，正如大师父所说"无所不备，则无所不寡"，如果需要防守的地方太多，那么兵力再多也会不够。以攻为守策略的目的就是要使敌人陷入多处防备而兵力不足的窘境中，这样他们就无暇发起进攻了。

第 三 节

【原文】

故知战之地，知战之日，则可千里而会战；不知战地，不知战日,则左不能救右,右不能救左,前不能救后,后不能救前,而况远者数十里,近者数里乎?

【翻译】

如果知道交战地点,也知道交战日期,那么即便远赴千里也可前去与敌交战;而如果不知道交战地点,也不知道交战日期,那么容易在半路上受到敌军偷袭,就会陷入左军不能救援右军,右军不能救援左军,前军不能救援后军,后军不能救援前军的被动局面,更何况行军之时队伍长的可达数十里,短的也有数里。

【解读】

这一节大师父阐述了"行军而虚"的观点。当一个军队在行军的时候,由于道路宽度的限制,部队必须排成长长的队伍,这样整个军队的兵力就分散在几里甚至几十里的道路上了。这个时候如果敌军趁机偷袭我军的某个部分,那么其他部分就无法对其展开救援了,而且敌军也很容易将我军截为几段,并各个击破。除了道路的原因外,还有很多其他的原因,比如各部队快慢不同的行军速度也会导致军队在行军时兵力分散。可见行军的时候通常是一个军队虚弱的时候,所以大师父说只有在明确了交战地点与交战时间后,我方才可前去会战。从另一个角度讲,调动敌人前来,并在半路上偷袭、阻击、围剿"不知战地,不知战日"的敌军,不失为一个巧妙的击虚策略。

第 四 节

【原文】

以吾度之,越人之兵虽多,亦奚益于胜败哉?故曰:胜可为也。敌虽众,可使无斗。

【翻译】

依我的分析,越国的士兵虽然多,但对胜败又有什么益处呢?因此说,胜利是可以创造的。虽然敌军将士众多,但我方能使其无法发挥出应有的战斗力。

【解读】

在前面三节中大师父依次论述了使敌分兵而寡,使敌备多而寡,使敌行军而虚的策略。当然了，想要实现这三个"使"，从而使敌人由实变虚，我方得牢牢抓住第一部分所说的战场主动权。由此可见，通过将领的主观能动性能够使敌人由实变虚，从而为我方实施虚实策略创造条件，于是大师父得出了"胜可为也"的结论。

这个结论与《军形篇》的"胜可知而不可为"刚好相反，仅仅相隔一篇，两个结论却截然相反，这是为何呢？这是因为《军形篇》是从形的角度出发的，如果敌军存在不被我方战胜的军事实力，那么从客观上而言我方不可强求胜利；而《虚实篇》是从虚实的角度出发的，如果我方能够通过将领的才能使敌人由实变虚，即大师父所说的"敌虽众，可使无斗"，那么从主观上而言我方可以战胜实力比我军强的敌军。

那么当碰到实力比我方强的敌军时，到底是"可为"还是"不可为"呢？如果通过我方将士主观上的努力完全可以弥补实力上的弱势，比如营造出强大的兵势，或者使敌人由实变虚，那么是可为的；反之则是不可为的。

这一部分是该篇的精华，大师父从敌攻我守、敌守我攻、行军三个方面论述了虚实策略。与第二部分"发现敌人虚弱处，并加以利用"的虚实策略不同的是，这里的虚实策略"主动使敌人出现虚弱处，并加以利用"，因此它比第二部分的虚实策略更积极、更主动，同时也更具杀伤力。因此虚实策略可分为两类：第一类是第二部分论述的被动型虚实策略，是常规的、基本的虚实策略；第二类是该部分论述的主动型虚实策略，是非常规的、高级的虚实策略。

第 四 部 分

这部分是对上一部分中的"形人而我无形"的进一步阐述，第一节论述"形人"，第二节论述"我无形"。我方想要对敌实施避实击虚策略，就要知敌之虚实，想要避开敌人对我实施避实击虚策略，就要使敌不知我虚实，因此"形人而我无形"是运用虚实策略的关键所在。

第 一 节

【原文】

故策之而知得失之计,作之而知动静之理,形之而知死生之地,角之而知有余不足之处。

【翻译】

分析敌军的谋划以了解其计谋的利弊得失,挑动敌人以了解其行动规律,侦察敌军阵地以了解哪些地形对他们有利哪些地形对他们不利,向敌军发动试探性进攻以了解其兵力部署哪里多哪里少。

【解读】

这一节大师父从敌军的谋划、行动规律、地形、兵力部署这四个作战基本方面阐述了"形人"的四种手段:策、作、形、角。

敌人出了一招,我方分析一下敌人这一招的利弊优劣,这样就能根据其利弊谋划如何对付敌人了,这是"策"的用处。《谋攻篇》中大师父曾说道"上兵伐谋",策是实施伐谋的基础,我方也可以将避实击虚策略运用在伐谋中,即避开敌人谋划上的优点,针对敌人谋划上的缺陷挫败敌人的谋划。

"作"就是使敌人动一动,然后分析、总结出敌人的行动规律。知道了敌人是怎么动的,就容易对付敌人了。比如,可以预先在敌人的行军路线上设下埋伏。当然了,想要让敌人乖乖地动起来,我方得掌握战场主动权。《三国演义》中诸葛亮对曹军的"动静之理"可谓了如指掌,曹军在赤壁战败后,他们的逃跑路线被诸葛亮算得毫无差错,以至曹军每跑一段路都会受到等候在那里的蜀军的阻击。

"形"就是派出侦察兵或者间谍侦察敌军占据的地形,以了解地形对敌我双方的利弊。《始计篇》中大师父说道"地者,远近、险易、广狭、死生也",地形对一个军队攻击力的影响是很大的,有利的地形可以显著地提升一个军队的攻击力,相反则会抑制一个军队的攻击力,因此一定要把地形考察清楚。

"角"就是与敌人进行试探性较量,以探明敌人兵力是否充足,或者兵力部署哪里多哪里少。《三国演义》中诸葛亮使了个空城计把司马懿的大军给吓退了，其实那个时候司马懿只要派出几千兵力"角"一下，诸葛亮就露底了。

第 二 节

【原文】

故形兵之极，至于无形；无形则深间不能窥，智者不能谋。因形而措胜于众，众不能知；人皆知我所以胜之形，而莫知吾所以制胜之形。故其战胜不复，而应形于无穷。

【翻译】

把军事行动伪装到极致，便可达到不露一点形迹的境界；若能做到不露一点形迹，那么即便是深藏在我军中的间谍也不能窥知我军的真实情况，即便是智慧的敌人也谋划不出战胜我军的策略。凭借伪装的策略取胜，那么即便把胜利放在众人面前，众人也不知道胜利的真正原因；人们都知道我军取胜的外在战法，但都不知道我军取胜的内在奥秘。因此取胜的作战方法不能机械地重复使用，而要根据形势作出无穷的变化。

【解读】

这一节大师父论述了"我无形"，通过各种伪装手段隐藏我军的军事意图、兵力状况等信息，使敌人不知我军，这样敌人就无法对我实施虚实策略了。我军若能达到不露形迹的境界，那么即便是非常高明的敌人，也只能束手无策了。

想要做到"无形"，我军不可机械地重复使用同一种战法，而要灵活地变化，即大师父所说的"故其战胜不复，而应形于无穷"。经常使用相同的战法，我方的作战思路就会被敌人掌握，这样敌人就能预测我军的作战计划了。当然了，不可机械地重复不是不可重复，只要这种重复出乎敌人意料又合乎形势，那么也是可以的。

值得一提的是，这一节中出现了很多意义不同的形。古文中，形有"形体"、"形势"、"表露"、"表象"、"形式"之义，而且这些含义又可引申出其他的义项,比如"形式"可以引申出"规则"、"规律"之义。因此我们在研读时,应根据上下文确定其意思。

"人皆知我所以胜之形,而莫知吾所以制胜之形",这句话非常值得兵家注意。我们在研究历史案例时,不仅要了解其中的作战方法,更要明白这些战法背后的内在原因。只知其然而不知其所以然,是不能真正从那些历史战例中汲取大智慧的,盲目地生搬硬套那些历史战例中的作战方法,难免会遭遇失败。企业经营中的运营模式就像作战战法,有些企业很喜欢模仿成功企业的运营模式,然而管理者在模仿的时候,往往只关注模式的外在手段以及在其他企业中的运用效果,而不去探究模式背后的门道,不去分析模式是否适用于自己的企业,只要看到某个模式在其他企业用得好,就认定这个模式好,便直接拿来用。

第 五 部 分

【原文】

夫兵形象水。水之形,避高而趋下;兵之形,避实而击虚。水因地而制流,兵因敌而制胜。故兵无常势,水无常形。能因敌变化而取胜者,谓之神。故五行无常胜,四时无常位,日有短长,月有死生。

【翻译】

用兵的规律就像水的流动。水流动的规律是避开地势高陡处,流向地势低洼处;用兵的规律是避开敌人坚实处,攻击敌人虚弱处。水根据地势决定流向,用兵作战则要根据敌情制定取胜策略。用兵作战没有固定不变的方式,就像水流没有固定不变的形态。能够根据具体敌情调整自己的用兵方式并取得胜利的将领,就称得上用兵如神了。五行相生相克,没有哪一行占绝对优势,四季轮转替换,没有哪个季节能永恒存在,白天有长有短,月亮有盈有亏。

【解读】

这部分大师父以水作类比阐述了用兵之道,以此总结全文。兵法的"避实而击虚"就像水的"避高而趋下",兵法的"因敌而制胜"就像水的"因地而制流",兵法的"无常势"就像水的"无常形",所谓智者乐水,水的一动一静都蕴含了智慧。

避实击虚避开的是敌军的实,攻击的是敌军的虚,因此一定要根据敌情运用避实击虚策略,即大师父所说的"因敌而制胜"。既然要"因敌而制胜",那么攻击阵型、攻击地点、攻击方式都要根据敌情而定,所以我军就没有固定的作战形态了,即大师父所说的"无常势"。

最后大师父以五行、四季、日月作类比,告诫我们敌之虚实是动态变化的,过去虚的地方现在不一定虚,过去实的地方现在也不一定实。

修 炼 启 示

大师父的虚实之道给了我们很多启示,最重要的一点无异于:不要害怕强大的对手,因为任何一个对手都有其虚弱处。然而,人们很容易被对手的强大所吸引而忽视了他存在的弱点,以至于碰到强大的对手时畏首畏尾。虚实之道鼓励我们向强大的对手发起挑战,正如大师父所说的"胜可为也"。1987年发生了一件震惊世界的事情,年仅19岁的德国飞行爱好者驾驶一架小型飞机避开了苏联的防空体系,竟然降落在了莫斯科的红场上,着陆地点离当时苏联最高首脑戈尔巴乔夫的办公室仅百米远。这便是著名的红场事件,这一事件很好地向我们阐释了虚实之道的厉害。作为兵家一定要记住:只有自己不了解的对手,没有自己对付不了的对手。

虚实之道也启示我们做人要低调,过于张扬、过于锋芒毕露的人会把自己暴露在公众的视线之下,这样自己性格上的优点与缺点,喜好与厌恶,自己能够做到的与不能够做到的等信息就会被别人所掌握,若碰到别有用心的人就很容易被利用而成为他们手中的棋子,或者被其轻而易举地打败。真正的高手一般不轻易出手,因为出手的次数多了,自己的套路就会被别人掌握,这样别人就能很快找到应对办法。

至此,大师父的三级攻守策略框架已经阐述完了,它可以概括为:在比敌人更强大的实力的基础上(第一级),凭借将领用兵作战的智慧营造出强大的攻势（第二级），最后避实击虚击中敌人的虚弱处（第三级）。可见，这三级由内而外再到攻击目标，结构颇为完美，大师父之智慧真是令人惊叹！兵家若能把这三级都做到极致，便可达到攻无不克、战无不胜的境界了。

  作为兵家，我们一定要把每一级依次做好。历史上的很多失败战例，究其原因，大多是因为将领偏向于三级中的某一级或者某两级，而没有把这三级全部做到位：有强大的实力，但却不懂得造势；用兵如神，但却过于自信，企图以少胜多；有实力也会造势，但却不懂得避实击虚，固执地往硬骨头上啃。同时我们应该明白，第一级的形是基础，它决定了我们能够走多远，所以我们在修形的时候，务必不急不躁，耐住性子把实力积蓄好，这个世界从不缺少舞台，缺少的只有实力。有句话叫做"君子报仇十年不晚"，这"十年"就是用来修形的。如果没有实力但却急着去报仇，说不定仇报不了还把自己搭进去了，而若具备了足够的实力，那么什么时候都可以去雪耻。还有一句话叫做"留得青山在，不怕没柴烧"，"青山"就是形，只要实力还在，哪怕遭遇了很大的失败，我们仍然可以东山再起。因此兵家第一要是要务实，踏踏实实"修道而保法"才是王道！

七　军争篇

一日，在园中散步。

师父指着桃树枝头的一个桃子问道："你能徒手把它摘下来吗？"

我看了看回答道："似乎不能。"

师父道："去试试看。"

我努力摘了几下，竟然摘下来了。

师父拿着我递给他的桃子说道："很多东西就像这枝头的桃子，看似很难得到，但其实只要你稍加努力就能争取到。"

师父启诚第十五

《军争篇》是战术部分的第一篇。"军争"的意思是军事资源争夺，战场上主要是对有利地形的争夺，一个军队能否占得地利，关系到它能否充分发挥战斗力，关系到它能否取得战场主动权，关系到它能否取得胜利。除了对有利地形的争夺外，还有对时间的争夺，比如像《虚实篇》中大师父说的"先处战地而待敌者佚，后处战地而趋战者劳"，先到达作战地点的一方有更多的时间安营扎寨、部署兵力，因而更加从容。总之，只要是对作战有利且交战双方甚至多方都有机会获得的军事资源，都可以是军争的对象。

既然是争夺有利资源，那么必定要率领部队赶过去，这就涉及行军，而且在军争时往往要以最快的速度行军，可见本篇涉及后面的《行军篇》；军争时会面临各种突发情况，将领需要懂得应变，可见本篇也涉及后面的《九变篇》；军争之所争大都是为了有利的地形，可见本篇也涉及后面的《地形篇》。说到这里大家应该能够明白为什么大师父选择

《军争篇》作为战术部分的第一篇了,这是因为军争是一项综合战术,没有比用《军争篇》作为战术部分的总起篇更为合适的了。

该篇的结构比较清晰,可将其分为两部分,第一部分论述了本篇的主题——军争,第二部分论述了附加主题——战。所谓的战争无非就是争与战,将领在战场上所做的一切都是围绕争与战的,可见本篇作为战术部分的第一篇当之无愧。

第 一 部 分

这部分围绕军争这一战术主题展开,第一、二两节论述了军争的特点,第三节论述了军争战术。军争的特点是难、利、危,最具挑战性的事情莫过于既困难又危险,同时又有利可图的事情,这也是大师父将《军争篇》放在战术部分第一篇的原因之一。

第 一 节

【原文】

孙子曰:凡用兵之法,将受命于君,合军聚众,交和而舍,莫难于军争。军争之难者,以迂为直,以患为利。故迂其途,而诱之以利,后人发,先人至,此知迂直之计者也。

【翻译】

大师父说:按照兵法,从将领接受君主命令,到集结三军征调民夫(用于运粮等),再到与敌军扎营对阵,没有比军争更难的了。军争的难,难在要把迂回的转变为近直的,要把有害的转变为有利的。我军故意迂回前进,同时用小利诱惑敌人,这样便可做到比敌人后出发,却比他们先到达,这才算是懂得以迂为直策略了。

【解读】

开篇大师父即指出军争是一系列军事行动中最难的,难在军争所用的策略"以迂为直,以患为利"。

迂回行军保证了行军的隐蔽性,从而可以避免我军遭到敌军的阻击,而走直接路线,敌人很容易侦察到我军的行踪,同时也很容易预测出我军未来的行军路线,那么行军就会变得危险而困难。正如《虚实篇》中大师父所说的,"行千里而不劳者,行于无人之地也",迂回行军就是要走"无人之地",从而保证我军在行军时不会受到敌军的伏击,可见很多时候迂回路线比近直路线更有利,所以大师父说要"以迂为直"。可以看出,这"以迂为直"正是虚实策略在军争中的具体应用。

我方故意迂回,同时用小利诱使敌人也迂回前进,虽然这两者都是迂回,但前者是主动的,而后者却是被动的。主动的迂回可以保证行军的隐蔽性,而被动的迂回由于行军路线掌控在敌人手中,不仅会浪费宝贵的军争时间,而且更容易遭到敌军的伏击,这是因为迂回路线一般走的是小路,而小路往往夹在两山之间或者两边草木茂盛,这就给敌人部署伏兵提供了良好的地形条件。

"以患为利"比较好理解,就是要把有害的转变为有利的,比如:迂回路线虽然道路曲折,但正是这曲折使得敌人很难掌握我军的行军路线;迂回路线虽然道路难行,但正是这难行使得敌人没有意料到我军会从这里走。

第 二 节

【原文】

故军争为利,军争为危。举军而争利,则不及;委军而争利,则辎重捐。是故卷甲而趋,日夜不处,倍道兼行,百里而争利,则擒三将军,劲者先,疲者后,其法十一而至;五十里而争利,则蹶上将军,其法半至;三十里而争利,则三分之二至。是故军无辎重则亡,无粮食则亡,无委积则亡。

【翻译】

军争是有利的,但同时也是危险的。如果率领全军上下全部人马前去争利,那么就会因为行动缓慢而来不及;如果抛下一部分队伍前去争利,那么辎重就会落在后面。收起铠甲轻装急进,日夜兼程,加倍行进,按这种方式行军,如果奔赴一百里去与敌人争利,那么三军将领都有可能被擒,因为身强力壮的士兵走在前面,体弱瘦小的士兵落在后面,按规律只有十分之一的兵力能够及时赶到目的地;按这种方式行军,如果奔赴五十里去与敌人争利,那么前军将领就有可能遭受挫败,因为按规律只有一半的兵力能够及时赶到目的地;按这种方式行军,如果奔赴三十里去与敌人争利,那么只有三分之二的兵力能够及时赶到目的地。更何况,一个军队没有辎重就会被歼灭,没有粮食就无法生存,没有储备物资迟早会被消灭。

【解读】

军争能为我军争得有利的作战资源,但是我们也一定要知道它背后的风险。只知道军争有什么利益,而不清楚军争有什么危害,就很难在争利时避开祸患。兵家一定要牢记:盲目争利是很危险的。就像有些人听说炒股能赚钱,就全然不顾自己懂不懂,急冲冲地杀入了股市,结果不仅没赚到钱,反而把本钱也套牢了。

军争需要在速度、物资、兵力、风险、机会之间做一个权衡。如果我军行军慢,那么有可能敌人先到达而抢先夺得了有利资源,这个时候我军想要夺回来就难了;而如果我军行军快,就会把军需物资、走得慢的部队落在后面,这样虽然增加了抢先夺得有利资源的机会,但也很容易使我军陷入缺兵少粮的险境,这样即便成功夺得了有利资源,也可能很快会失去,而且还会使自己损兵折将。可见,想要机会越大,速度就得越快,但这样能够携带的物资和兵力也就越少,因此风险也就越大;反之,想要风险越小,就得携带越多的物资和兵力,但这样速度也就越慢,机会也就越小。军争的难,也难在这之间的权衡。

如果我军熟知军争的危险并能够避免,而敌人不知道其中的危险且不能避免,那么对我军而言,军争就是一件很有利的事情!这正是大师父所说的"以患为利"。

第 三 节

【原文】

故不知诸侯之谋者,不能豫交;不知山林、险阻、沮泽之形者,不能行军;不用乡导者,不能得地利。故兵以诈立,以利动,以分合为变者也。故其疾如风,其徐如林,侵掠如火,不动如山,难知如阴,动如雷震。掠乡分众,廓地分利,悬权而动,先知迂直之计者胜。此军争之法也。

【翻译】

不了解一个国家的战略谋划,不能与之结交;不熟悉一个地方的山林、险隘、沼泽等地形,不能行军;不使用当地人作向导,不能获得地形之利。用兵作战要以诡诈立足于战场,要根据是否有利采取行动,要根据情况集中或分散兵力。行军迅速时要像疾风一样快,缓慢时要像森林那样森然有序,侵袭敌国掠夺物资时要像烈火一样猛烈,安营坚守时要像山岳一样稳固,隐蔽时要像阴天看不见日月星辰那样使敌人难以探知我军虚实,行动时要像雷霆震动那样气势恢宏使敌人难以招架。掠夺敌国物资时要分兵多路,扩大疆土后要奖赏有功的将士,权衡利害伺机而动,首先懂得迂直策略的能够取胜。这些就是军争的法则。

【解读】

这一节大师父总结了军争战术,从中我们可以看出军争涉及外交、行军、地形、应变、进攻、防守等,它是一项综合性战术,因此《军争篇》可以看作是战术体系的总起篇。

"不知诸侯之谋者,不能豫交"这一句看起来似乎与军争没有什么关系,但其实不然,因为有的时候我们会借友国的道路行军,来个"以迂为直",如果这个国家只是表面与我方友好,而我方又借道从其境内通过,那么一旦该国对我方下手,我方就会成为瓮中之鳖。因此,不了解一个国家的战略企图,我们不能轻易与之结交,与一个对我方有企图的国家结交,就是亲手为自己日后的失败埋下祸根。兵家一定要记住:我方会用诡诈之道,其他国家也一样会用,他们可能会假装与我方友好,然后趁我方不备突然下手,这便是著名的笑里藏刀之计。

要想行军速度快就得少带辎重,可是辎重带少了就会有因缺粮而不战自败的危险;要想不陷入缺粮的险境,就得多带辎重,可是辎重带多了行军速度就慢了。解决这个矛盾的有效手段就是从敌国掠夺物资,这样既可以轻装简行又可以避免物资短缺,同时也可降低我军的作战成本。掠夺物资的手段便是"掠乡分众"。《作战篇》的"因粮于敌"与此处的"掠乡分众"说的都是要从敌国夺取物资,但两者的层次却完全不一样,前者是宏观的指导方针,而后者则是具体的实施手段。从这两者的对比中,我们可以清楚地感受到战略和战术的不同,战术是在战略的指导下设计的具体实施手段。

《始计篇》中大师父说到"兵者,诡道也",这里大师父又说"兵以诈立",给人一种兵法即是诡诈之道的感觉,以致一些人对兵法敬而远之。作为兵家,我们一定要明白:兵法不能缺少雄才伟略,也不能缺少雕虫小技。正如大师父在《兵势篇》中所说的"凡战者,以正合,以奇胜",作战中既需要正直的正道,也需要诡诈的奇道。更何况手段的善恶关键要看它用在什么地方、怎么用,如果是用于保家卫国,那么诡诈也是令人称道的,而如果是用于祸国殃民,那么即便是光明正大的手段也是令人嗤之以鼻的。总之,《孙子兵法》作为一本系统的兵书,不仅有"道、天、地、将、法"那样的深谋远虑,也有"能而示之不能"那样的诡诈小计谋。值得兵家注意的是,在战术中这些诡诈计谋是很有用的,有时甚至能够起到以少胜多、反败为胜的神奇效果,在战术部分我们应该重视它们。

"以分合为变者也",分合之道看似简单,但人类却在分与合之间抉择了几千年,鲜有人能够真正看破其中的玄机,在分与合之间游刃有余。周武王建立周朝后采用分封制,将土地分给各个诸侯,结果到了东周时期,却失去了对强大起来的诸侯的控制;秦帝国吸取周朝的教训,采用中央集权制,结果只经过二世便被农民起义推翻;刘邦建立汉帝国后,吸取前两朝的经验,采用了集权与分封混合的制度,结果汉王朝先经历了"七国之乱",后又遭受农民起义;……。在现代企业运营领域,有的企业家立志于打造开放平台,有的则专注于建立封闭生态,而有的则在开放与封闭之间寻找一个最佳的平衡点。可见,分合除了作为一种战术手段外,它还是一种国家治理方针、企业运营理念,其背后所蕴含的智慧值得我们深思。

第 二 部 分

这部分是该篇的附加主题,大师父从指挥号令与"伐兵"两个方面论述了如何"战"。那么大师父为什么把"战"这个附加主题放在该篇中进行论述呢?所谓战争,就是围绕战与争而展开的,因此如何战与如何争是战术体系的两个核心问题。争是为了战,争得有利的作战条件可以大大增强我方的战斗力;战是为了争,战胜敌人便可争得物资、地盘、城池等资源;争之中有战,因为争夺之时难免会发生冲突;战之中有争,因为交战之时,必然会对有利的作战条件进行争夺;可见战与争相辅相成、紧密相连。优秀的将领能够使自己的实力在不断的战与争之中变得越来越强大,而不合格的将领则会使自己的实力在不断的战与争之中慢慢减弱,直至消亡。由此可见,大师父把"战"这个附加主题放在《军争篇》中合情合理。

第 一 节

【原文】

《军政》曰:"言不相闻,故为金鼓;视不相见,故为旌旗。"夫金鼓旌旗者,所以一人之耳目也。人既专一,则勇者不得独进,怯者不得独退,此用众之法也。故夜战多火鼓,昼战多旌旗,所以变人之耳目也。

【翻译】

《军政》说:"交战的时候,说话听不清,所以要用金鼓指挥部队作战;手势看不见,所以要用旌旗指挥部队作战。"金鼓、旌旗就是用来统一将士们的视听的。将士们听到的、看到的命令是一致的,那么勇猛的将士就不会独自前进,胆怯的将士也不会单独后退,这就是指挥大部队作战的方法。所以夜里作战大多使用火把和金鼓指挥,白天作战大多使用旌旗指挥,就是为了适应人的耳朵和眼睛。

【解读】

《兵势篇》开头,大师父说到"斗众如斗寡,形名是也","形"就是旌旗,"名"就是金鼓;在这一节大师父具体阐述了如何指挥部队作战,即如何"斗众"。按照人的心理,如果指挥号令不明的话,勇敢者会偏向于选择往前冲,而胆怯者会偏向于选择往后退,这样将士们的行动就不一致了,那么整个部队就会陷入混乱,战斗力也会大大降低。所以一定要铭记大师父在《兵势篇》中提出的告诫:"纷纷纭纭,斗乱而不可乱也。"那么如何做到斗乱而不乱呢?这一节所论述的用众之法即可。

第 二 节

【原文】

故三军可夺气,将军可夺心。是故朝气锐,昼气惰,暮气归。故善用兵者,避其锐气,击其惰归,此治气者也。以治待乱,以静待哗,此治心者也。以近待远,以佚待劳,以饱待饥,此治力者也。无邀正正之旗,勿击堂堂之陈,此治变者也。

故用兵之法:高陵勿向,背丘勿逆,佯北勿从,锐卒勿攻,饵兵勿食,归师勿遏,围师必阙,穷寇勿迫,此用兵之法也。

【翻译】

敌人的三军,我方可以挫败他们的士气;敌军的将领,我方可以消磨他们的斗志。军队在一开始的时候士气比较旺盛,经过一段时间后士气就逐渐懈怠了,到了最后士气就会衰竭。因此善于用兵的将领,当敌军士气旺盛时避开他们,当敌军士气懈怠、衰竭时攻击他们,这是掌握了军队士气的策略。以严整有序之师对付混乱无序的敌人,以沉着安静之师对付喧闹不安的敌人,这是掌握了军队心态的策略。以靠近战地之师对付远道而来的敌人,以精力充沛之师对付疲惫的敌人,以饱食之师对付饥饿的敌人,这是掌握了军队力量的策略。不阻击阵型严整的敌军,不攻击实力强大的敌军,这是掌握了应变的策略。

因此用兵之法:不要仰攻占据高地的敌军,不要正面进攻背靠山丘的敌军,不要追击假装败退的敌军,不要进攻士气旺盛的敌军,不要企图消灭敌人派来引诱我军的饵兵,不要阻击回国的敌军,包围敌军时一定要留个缺口,追击穷途末路的敌军时不要逼迫得太紧,这些都是基本的用兵之法。

【解读】

《谋攻篇》中大师父提出了"伐兵"这一以敌人有生力量为攻击对象的战略手段,这一节大师父从"治气""治心""治力""治变"四个方面具体阐述了这种战略手段指导下的具体战术。

要想成功"伐兵"就得先深入了解"兵",比如"三军可夺气,将军可夺心",军队的士气是可以被挫败的,将领的斗志是可以被消磨的,军队没了士气就不会有战斗力,将领没了斗志整个军队就会颓废,因此若能夺了敌军的气,夺了敌将的心,我军就能更加容易地打败他们。就像垓下之围,刘邦命人唱起楚地歌谣以使项羽误认为汉军已经攻占了楚国,这其实就是为了消磨项羽的斗志。项羽听到后悲壮地唱道:"力拔山兮气盖世,时不利兮骓不逝。骓不逝兮可奈何,虞兮虞兮奈若何!"——可见效果非常好。从虞姬的自刎,到项羽"天之亡我,非战之罪也"的自我辩解,乃至最后项羽突围而出却又选择自刎于乌江边,都与这"四面楚歌"有莫大的关系。

根据大师父在这一节中的论述,我们可以从"气""心""力"三个方面了解"兵",从而设计出具体的"伐兵"战术。以"气"为例,士兵的"气"具有"朝气锐,昼气惰,暮气归"的特点,我们可以根据"气"的这个特点运用避实击虚策略设计出"避其锐气,击其惰归"的战术。齐鲁长勺之战中,曹刿提出的"一鼓作气,再而衰,三而竭"与这一节中的"朝气锐,昼气惰,暮气归"是同一个意思。鲁国军队在齐军气竭时发起进攻,击败了强大的齐国,可以说是治气战术的经典运用。从战术的设计过程我们可以清楚地看到一条脉络:在战略的指导下,根据战争的客观规律与战场的具体形势,采用合理的策略,设计出有效的战术。从战略到策略再到战术,这条脉络正是整部《孙子兵法》的大结构。

"治心者"要懂得"兵"的心态,能够把自己军队的心态调整到最佳状态,同时也要能够判断敌军的心理状态,然后在我军沉着冷静时向浮躁、急躁、暴躁的敌军发起进攻。"治力者"要懂得"兵"的力量状态,能够把自己军队的力量休整到最佳状态,同时也要能够判断敌军的力量状态,然后在我军力量充沛时向疲惫、饥饿的敌军发起进攻。"治变"就是要懂得应变,有所攻也要有所不攻。

最后一段大师父论述了"伐兵"时的八个具体应变战术,是对"治变"的具体展开。这些战术大多是大家熟悉的,也是比较容易理解的,其中需要着重说明的是"穷寇勿迫",它往往被误解成穷寇莫追。穷途末路的敌人是必须要趁机彻底消灭的,所谓"放虎归山后患无穷",哪有不追的道理?因此问题的关键不是追不追,而是怎么追。敌人被追逼得太紧迫了,绝望之下可能会作困兽之斗,那样他们的战斗力将发挥到极致,想要消灭这样的敌人需要付出极大的代价。"勿迫"的做法就是追击但不逼迫,等到敌人被追得精疲力竭、意志崩溃之后再去消灭他们,这样就易如反掌了,《三十六计》中的欲擒故纵之计正是这个意思。这一段所阐述的应变,正是下一篇《九变篇》将要阐述的内容,因此这一段具有承上启下的作用。

修 炼 启 示

战术部分的每一篇都是围绕战场上一个个具体问题展开的,就比如本篇是围绕军争展开的。作为现代兵家,我们几乎不会碰到这些问题,更不要说去解决这些问题了。哪怕是军事领域内的现代兵家,由于现代的战场形态与大师父所处年代的战场形态发生了很大的变化,因此也很难直接拿来用。但这些都不代表战术部分的这些篇章已经失去了研读价值,因为这些篇章的字里行间仍然闪耀着大师父的智慧之光,我们仍然能够从中得到智慧的启迪。比如,"以迂为直,以患为利"启示我们要从不利中看到有利,要从危机中看到难得的机遇;"军争为利,军争为危"启示我们要全面看待问题,不要太过乐观只看到利,也不要太过悲观只看到害;"三军可夺气,将军可夺心"启示我们可以从士气、斗志这些看不见的东西入手打败对手。

对于现代兵家而言,我们面对的更多的是竞争,然而从战争演变到竞争,"争"依然是非常重要的内容,比如对市场的争夺,对机会的争夺,对资源的争夺。《军争篇》的内容虽然是针对古代战争的,但如果我们能够深刻理解其中的内容,依然能够从中获得很多有益于现代竞争的启示。比如有些公司为了争夺市场会加速新产品的上市步伐,导致有很大缺陷的产品被推向了市场,这样虽然有利于及时抢占市场,但同时也会影响公司的声誉,可谓是"军争为利,军争为危"。

八　九变篇

一日,与师父一起打理菜园,一队大雁从头顶飞过。

师父道:"在冬天还没有到来的时候大雁就开始往南飞了,最一流的兵家就像这大雁,能够洞察变化并提前行动。"

师父启诫第十六

战术层次与战略层次的最大区别在于战术层次所要面对的是一个个瞬息万变的具体问题,这些战场上的具体问题会演变出很多出乎将领意料的情况。比如敌军突然撤退了,有敌人来投降了,我军有将士叛变了,粮道突然被敌人截断了,军中突发瘟疫了,天气突然变化了,敌人内部突然闹矛盾了,敌军突然变换战术了……在这些突发情况中,有些是难得的机会,需要我们去抓住;有些是可怕的灾难,需要我们去应对——按现代的说法叫做危机处理。有个很经典的例子能够很好地说明这个问题,《三国演义》中诸葛亮在上方谷布了个火烧司马懿的局,当司马懿被诱入上方谷后,蜀军便点起了熊熊大火,眼看司马懿等人将葬身火海,可天却突然下起了大雨,把大火给淋灭了,这是诸葛亮没有预料到的,结果措手不及之下被司马懿给跑掉了。因此在战术层面,应变是极为重要的。题目"九变"的意思不是九种应变之法,战场之上九种应变怎么能够应付得了瞬息万变的情况呢,"九"在古文中的一种意思是泛指多,所以"九变"的意思是要善于应变。

战略是在战前基于战争目标和宏观形势制定的,其所要解决的是战争的基本问题,制定好之后通常不会再做出改变,除非我方对形势的判断出现了重大的失误,或者整个战局发生了重大的改变。战略上的频繁变化会扰乱军队的军事行动,但是战术上的变化却是必须的。《谋攻篇》中大师父说到"将能而君不御者胜",由于君主远在朝廷,对战场的当前情况不了解,如果将领每做一个决策都要向君主请示,那么必定会贻误战机,所以战术上的事就应该全权交给将领。作为君主做好三件事即可:制定战略、选好将领、大胆放权。

战略素质是深、远、高,而战术素质则是应变,这是大师父将《九变篇》放在战术体系第二位置的原因所在。《虚实篇》中大师父说到"能因敌变化而取胜者,谓之神","因敌变化"就是要能够根据敌情的变化调整自己的用兵方式,所以"因敌变化"即为应变。

本篇结构较为简单,可分为两大部分:第一部分论述用兵之变,是该篇的主题;第二部分论述性格之变,是该篇引出的附加主题。

第 一 部 分

第 一 节

【原文】

孙子曰:凡用兵之法,将受命于君,合军聚众,圮地无舍,衢地交合,绝地无留,围地则谋,死地则战;涂有所不由,军有所不击,城有所不攻,地有所不争,君命有所不受。

【翻译】

大师父说:根据用兵之法,将领接受君主命令,集结三军征调民夫,在山林、险隘、沼泽等难以通行的地方不要驻扎宿营,在多国相接、四通八达的地方要搞好外交关系,在环境险恶、缺乏生存条件的地方不要停留,在四面险阻、出入不便的地方要谋划周全以免遭到堵截,在进退无路、不战则亡的地方要死战突围;道路有所不走,敌军有所不打,城池有所不攻,地形有所不争,君命有所不受。

【解读】

这一节大师父列举了作战中的基本应变之举:"圮地无舍,衢地交合,绝地无留,围地则谋,死地则战"是各种地形下的应变;"涂有所不由"是行军时的应变;"地有所不争"是军争时的应变;"军有所不击""城有所不攻"是交战时的应变;"君命有所不受"是执行命令时的应变。从这些应变之举我们可以看出,战术的方方面面都需要应变。概言之,军争是综合战术,应变是最核心的战术素质,因此《军争篇》与《九变篇》这两篇构成了战术部分的基础。

第 二 节

【原文】

故将通于九变之利者,知用兵矣。将不通于九变之利者,虽知地形,不能得地之利矣;治兵不知九变之术,虽知五利,不能得人之用矣。

【翻译】

如果将领通晓应变所具有的好处,那么就懂得用兵作战了。如果将领不通晓应变所具有的好处,那么即便是熟知地形,也不能获得地利;治理军队不知道应变之法,那么即便知道人的五种有利品质,也不能把人用好。

【解读】

这一节大师父从利用地形和利用人才两个方面论述了应变的重要性。

"虽知地形,不能得地之利矣"是说将领虽然熟知地形,但由于不会应变,不懂得根据具体地形做出合理的部署,无法发挥出地形的优势,这样即便知道了地形又有什么用呢?"地之利"的意思是地形的有利之处,比如草木茂盛的地方可以用来埋伏,地势险要的地方可以用来防守。

"五利"就是《始计篇》所说的"智、信、仁、勇、严"这五种有利品质。每个人通常会拥有其中的一项或者多项品质,而且不同的人所拥有的品质往往是不一样的,因此将领在用人的时候要根据下属所具有的有利品质来安排合适的职位。比如,智慧的下属用来做参谋,勇敢的下属用来打冲锋,严明的下属用来执行军纪,只有这样才能充分发挥出每个人的优势,做到人尽其才。可见,想要在战场上做到大师父在《兵势篇》所说的"择人而任势"就得善于应变,如果不会应变,那么即便手下人才济济又有什么用呢?不要觉得应变是一件很简单的事情,看看我们周围多少人事安排仅仅是按人的资历、关系、性别来的,我们便可知其难了。破格提拔、因人设事是用人时非常典型的应变。

概言之,战场上不懂应变是不能有效地把有用的资源,比如地形资源、人力资源转化为战斗力的。现在我们回过头来再看"势者,因利而制权",应该能充分理解它了。

第 三 节

【原文】

是故智者之虑,必杂于利害。杂于利而务可信也,杂于害而患可解也。

是故屈诸侯者以害,役诸侯者以业,趋诸侯者以利。

故用兵之法,无恃其不来,恃吾有以待也;无恃其不攻,恃吾有所不可攻也。

【翻译】

智慧的将领考虑问题,必定兼顾到利和害两个方面。考虑到有利的一面事务就能顺利开展,考虑到有害的一面祸患就可提前化解。

可以用祸害迫使别的国家屈服,可以用事业驱使别的国家忙于奔命,可以用利益诱使别的国家奔赴而来。

用兵之法,不要寄希望于敌人不来进犯,而要依恃于我方所具有的抵御敌人进攻的力量;不要寄希望于敌人不来进攻,而要依恃于我方所具备的使敌人不敢前来进攻的条件。

【解读】

这一节大师父阐述了如何应变,然而战场上的情况瞬息万变,具体的应变之法也是无穷无尽的,大师父不可能通过罗列所有的应变之法来阐述如何应变,因此大师父没有谈论具体的应变之法,而是从更高的层次提出了一个基本的应变框架,这个框架由如下三部分构成:

第一部分是考虑问题之变，即将领在考虑问题时要学会转变视角，能够从多个角度全面看待问题。在做事时，如果只考虑到利而忽视了害，那么就会因为缺少对潜在危害的防范而一不小心中招。比如军争时，如果只考虑到其中的有利之处而忽视了隐藏的危险，那么难免会因盲目争利而使自己的军队陷入险境。相反，如果只考虑到害而忽视了利，那么就不会有做事的动力，也就无法干成事情。可以说思维上的变通是最重要的应变。

第二部分是进攻之变，即将领在攻打敌人时要懂得运用各种手段。比如想要"不战而屈人之兵"，我方可以给予敌人一些利益劝他们主动投降，如果以利相诱不管用，那就来个以害相逼，比如截断敌人的粮道、切断敌人的水源。要是只用利或者害其中一种手段无法达到目的，那就双管齐下来个胡萝卜加大棒。比如敌人坚守不战，我军一方面采取军事行动攻打他们，另一方面许以各种好处劝降他们。

除了利与害这两种手段外，大师父还提出了第三种手段"役诸侯者以业"，这种手段非常值得兵家深入研究！通俗地讲，"役诸侯者以业"就是找点事情让敌人做做，敌人忙于做自己的事情了，也就没有精力挑起对外战争了。就像小孩子，要是整天闲着没事做就会胡思乱想，注意力会转移到各种各样的事情上，再加上精力充沛，就会折腾些事情出来。穷人家的孩子大多比较乖就是因为要帮父母做些家务甚至做些农务，没有精力顾及别的事情。这个"役诸侯者以业"非常不简单，历史上用得最经典的当属韩国引诱秦国开挖郑国渠这一事件。当时韩国非常害怕秦国向其用兵，韩王为了稳住秦国，派郑国（人名，韩国的一名水利工程师）游说秦王开挖一条大型灌溉渠道，秦王接受了郑国的建议，并动用了大量的人力、物力去完成这一工程，这样秦国自然没有精力发动对外战争了。当然了，韩国采取这个策略从长远看其实是非常不利的，正如当韩国的企图被秦王发现时郑国所说的："始臣为间，然渠成亦秦之利也。臣为韩延数岁之命，而为秦建万世之功。"这句话的意思大致是：我虽然是间谍，然而建成水渠对秦国也是有利的，我只是替韩国延长了几年的生存时间，却为秦国建立了万世功业。可以说，秦国能够统一全国离不开郑国渠的功劳，所以我们在用"役诸侯者以业"时务必要慎重,最好让对手做些花钱花精力,但却没有多大价值的面子工程。

第三部分是防守之变,即要把被动防守转变为主动防守,不要寄希望于敌人不来进攻,而要做到使敌人不敢进攻。

第 二 部 分

【原文】

故将有五危:必死,可杀也;必生,可虏也;忿速,可侮也;廉洁,可辱也;爱民,可烦也。凡此五者,将之过也,用兵之灾也。覆军杀将,必以五危,不可不察也。

【翻译】

将领有五种危险品质:不怕死而只知死拼的将领,会被敌人诱杀;贪生不敢冒险的将领,会被敌人俘虏;容易发怒的将领,会被敌人凌辱而失去理智愤然出战;廉洁好名的将领,会被敌人羞辱而为维护虚名而战;溺爱百姓的将领,会被敌人烦扰而疲惫不堪。这五种危险品质是将领性格上的缺陷,是用兵的灾难。军队覆灭,将领被杀,大都是由这五种危险品质造成的,因此将领不可以不清楚自身存在哪些危险品质。

【解读】

这一部分是本篇的附加主题,论述了将领的五种危险品质以及它们所具有的危害。《始计篇》中大师父论述了将的五利"智、信、仁、勇、严",这里论述的"五危"可以看作是对它的一个补充。

"必生,可虏也"的意思是如果将领贪生不敢冒险就会被俘虏。不敢冒险的将领往往会选择更加稳妥的策略,比如坚守要塞、据城而守,这种被动策略会使自己错失打败敌人的机会,同时给敌人提供了良好的备战条件。敌人可以围而不攻,切断其各处要道,使之成为一座孤城,待其物资耗尽;也可以发动一波一波的攻击,耗尽其防守兵力;总之被动挨打者终会被敌人打趴下。纵观历史,我们可以发现那些偏安一隅,守着自己一亩三分地的诸侯最终都被吞并了。有句很经典的话"最大的危险就是不敢冒险"可以成为"必生,可虏也"的最好注解。

我们很容易在现代生活中找到"必死,可杀也;必生,可虏也"的事例。"必死"的人无所畏惧,什么都敢做,往往会触犯法律受到严惩;"必生"的人不敢大胆尝试,不敢突破现状,做事情思前顾后放不开手脚,最终会成为生活的俘虏。

"忿速,可侮也"的意思是如果将领容易发怒就会被敌人侮辱,因为敌人会利用将领易怒的特点,通过侮辱来激怒他,从而使其失去理智。失去理智的人容易轻举妄动,一不小心就会中了别人的计谋,因此在战场上当将领失去了理智也就离失败不远了。这一点兵家必须要注意,历史上有太多的将领在敌强我弱的形势下理智地选择了死守不战,但却因为忍受不住敌人的辱骂而愤然出战,结果战死沙场。在这一点上最值得称颂的当属三国的司马懿了,当年诸葛亮为了激怒坚守不战的司马懿出战,给他送去了女人的衣服以侮辱他贪生怕死,但是司马懿却非常冷静,一点都不愤怒,照样坚守不战。

"廉洁,可辱也",廉洁是清廉、正直的意思,品德高尚的人有时候会太在意自己的名声,甚至把名声看得比生命还重要,"士可杀不可辱"说的就是这样的将领。敌人往往会通过羞辱这类将领,使其为了维护自己的名声而做出一些不太明智的决定,与"忿速"的将领不同的是,这些将领在受到凌辱时可能并不会失去理智,心里也很清楚自己应该怎么做,但却由于为名所累而身不由己。比如形势所迫决定撤退时,一听到敌人骂他贪生怕死、不配做军人就受不了了,结果硬是死扛到底,英勇就义。其实,激将法就是利用了对方好名的性格特点。生活中"廉洁"的人受不了半点冤屈、误解,他们往往会为了证明自己而受制于人,比如一些年轻气盛的小青年一听到别人说他不讲义气、不够男人、胆子太小,就会为了向别人证明自己而做出一些错事,甚至误入歧途。又比如有些善良的人做了些善事被媒体报道而广受好评时,却被某些小人说成是炒作,于是他们下次就不敢再做这些善事了。当然了,激将法也得慎用。比如有些父母为了激励自己的子女上进往往会说些有损子女自尊心的话,诸如"你成绩这么差将来肯定不会有出息"、"有本事你给我如何如何",这些话可能不仅起不到激励作用,反而会使他们自暴自弃。关于"廉洁,可辱也",历史上做得最好的当属韩信。当年有个恶少当众羞辱他:"你虽然长得人高马大,又喜欢带着把剑,但其实很胆小。不怕死的话就用剑刺我,要不然就从我的胯下钻过去。"韩信当着众人的面选择了从他胯下钻过去,从这一点我们可以看出韩信具备了非同一般的忍辱负重的能力,这也是韩信日后能够建立非凡功业的原因之一。作为兵家我们一定要记住:小不忍则乱大谋。

"爱民,可烦也"的意思是过分爱护人民的将领会被敌人烦扰,比如当敌人分兵劫掠他们国家边境线上的各处村庄、城镇时,爱民的将领必然会派兵救援,可是边境线很长,东奔西走各处救援就会导致军队疲惫不堪,"袭扰战术"正是这个道理。《虚实篇》中大师父说到"致人而不致于人",那么如何"致人"呢?利用敌军将领"爱民"的性格特点,袭扰他们国家的人民便可调动敌人。可见,仁爱人民虽然是将领的优点,但若不懂得变通就会被敌人利用,所以在战场上面对具体情况,兵家要懂得为了大仁舍弃小仁,被敌人利用了你的小仁而导致战败是大不仁也。这一点最典型的当属刘备,当年曹操率大军南征,荆州牧刘琮不战而降,投靠荆州的刘备只得从新野撤退,然而刘备放心不下城中的百姓,竟然带着数十万民众一起撤退,这不仅加大了民众的伤亡,也使得自己的军队因为行军速度太慢而面临被曹军彻底消灭的危险。当然了,虽然从战术上讲带领民众一起撤退是非常不明智的,但从战略的角度而言却为刘备争得了民心。

"必死"是"勇"的极端,"爱民"是"仁"的极端,可见即便是优秀的品质一旦走了极端也会变成祸害,因而兵家要学会变通。将领的行为最终取决于其性格,因而只有在性格上做到变通才能在用兵作战中做到变通。"必死"者要多些三思,"必生"者要多些胆量,"忿速"者要多些淡定,"廉洁"者要多些从容,"爱民"者要多些冷酷。在战场上,将领一方面要认识到自身存在的性格缺陷并将其克服,另一方面则要利用敌军将领的性格缺陷。

本篇的主题是第一部分论述的用兵之变,因此大师父把性格之变这个附加主题放在该篇中可谓合情合理。

修炼启示

　　这一篇大师父给我们的启示是变,有句话说得非常好,"这个世界唯一不变的是变",尤其在战术层面,有可能今天制定的计划到了明天就不适用了。变之中最重要的还是改变自身,因为一个人的性格决定了这个人的做事方式,而我们每个人总会存在一些性格上的缺陷,这些缺陷影响着我们做事的成败,所谓的"性格决定命运"正是这个原因,因此,如何克服这些缺陷、改变自己变得至关重要。需要注意的是,有些性格是中性的,我们不能绝对化地认定它是好的或者是不好的,比如谨慎这种性格,在制定战略时是有利的,但在制定战术时却会束缚自己的手脚,所以对于这类性格,我们要根据具体情况克服它的不利影响,或者发挥它的有利作用。作为兵家,我们一定要认识到自身存在的缺陷,并通过长时间的实践来克服它们,比如过于耿直的要变得圆滑一点,过于鲁莽的要变得稳重一点,过于自卑的要变得自信一点,过于计较的要变得大气一点,过于天真的要变得世故一点,这也是兵家修炼的目的之一。

　　当然了,懂得变也要懂得不变,比如手段可以变但原则不能变,途径可以变但理想不能变,懦弱之心可以变但善良之心不能变。

九　行军篇

今日师父兴致颇高,拿出了他珍藏的十年陈黄酒喝。

饭后师父略带醉意,说道:"绍兴黄酒喝时不醉,然喝完之后醉意却越来越浓,绍兴人称这种现象为'后反攻'。第一次接触黄酒,以为黄酒像凉茶的人,最后往往醉得不省人事。你以后不要轻视那些像黄酒一样的对手,忽视他们是会吃苦头的。当然了,你也应该学学黄酒这种低调布局、凌厉出手的风格。"

师父启诫第十七

本篇论述了行军这个战术主题。在战争中行军非常重要,它是实施作战计划的关键环节:想要"出其不意,攻其无备"需要行军;想要争得地利从而取得战场主动权也需要行军;形势不利,想要成功撤退以保全实力也需要行军;友军情况危急,想要前去救援也需要行军。行军水平决定了一个军队的机动能力,而机动能力是一个军队能否取得战场主动权的重要条件。现代战争中经常提到的远程作战能力、快速反应能力都取决于行军能力,只是由于科技的发展,用于行军的工具变得更高级了,从战马变成了汽车、飞机,从木船变成了军舰、航母。

行军很重要,同时也不简单。第一,由于道路宽度的限制,行军时部队不得不排成长长的队伍,这就导致了兵力分散;第二,由于各部队的行军速度不一样,快的在前面,慢的在后面,这进一步导致了兵力分散;第三,行军会使部队疲惫,后勤成本增大;第四,行军时难免会碰到一些险要之地,比如山谷、密林、沼泽地,同时也会遭遇一些恶劣天气;第五,行军时会面对一些陌生的地方,尤其在敌国境内行军。兵力分散、将士疲惫、地势不利、环境陌生，因此行军是非常危险的，敌人可以埋伏在道路两旁偷袭我军，也可以截断我军采取各个击破的战术。历史上，一个军队在行军途中遭遇重创或被消灭的案例比比皆是，著名的如庞涓在马陵遭到孙膑伏击，兵败自杀。我们在看抗战题材影视剧的时候，经常会看到这样的场景：游击队埋伏在道路两旁，等到敌人进入埋伏圈后发起突然袭击，敌人被打得屁滚尿流。

要做好这件既重要又不简单的事情需要解决很多战术上的问题。比如行军途中选择在哪里驻扎很关键，因为敌人可能会趁着夜色偷袭，因此要选择容易防守的地方。又比如，如何避免遭到敌人的伏击，如果不幸遭遇了敌人的伏击又该如何应对。在这些问题中，最基本的问题是如何选择行军路线，好的路线能够减少被敌人袭击的可能性，能够比较容易地找到驻扎地，有些时候路线选对了，其他问题也就比较好解决了。

本篇大师父将完整而详细地论述如何解决行军中遇到的各种问题，可将其分为两大部分：第一部分论述行军战术；第二部分论述附加主题——以法治军。

第 一 部 分

第 一 节

【原文】

孙子曰：凡处军相敌，绝山依谷，视生处高，战隆无登，此处山之军也。绝水必远水，客绝水而来，勿迎之于水内，令半济而击之，利；欲战者，无附于水而迎客；视生处高，无迎水流，此处水上之军也。绝斥泽，惟亟去无留；若交军于斥泽之中，必依水草而背众树，此处斥泽之军也。平陆处易而右背高，前死后生，此处平陆之军也。凡此四军之利，黄帝之所以胜四帝也。

凡军好高而恶下，贵阳而贱阴，养生而处实，军无百疾，是谓必胜。丘陵堤防,必处其阳而右背之,此兵之利,地之助也。上雨,水沫至,欲涉者,待其定也。凡地有绝涧①、天井②、天牢③、天罗④、天陷⑤、天隙⑥,必亟去之,勿近也。吾远之,敌近之;吾迎之,敌背之。军行有险阻、潢井、葭苇、山林翳⑦荟者,必谨复索之,此伏奸之所处也。

【注释】

① 绝涧:两旁山势险峻,水流其间的险恶地形。② 天井:四周高峻,中间低洼的地形。③ 天牢:四周地势险恶,易进难出的地形。④ 天罗:四周草木茂密,荆棘丛生,军队难以施展的地形。⑤ 天陷:地势低洼,道路泥泞,车马易陷的地形。⑥ 天隙:两边高山壁立,中间道路狭窄,难以行军的地形。⑦ 翳(yì):掩蔽物。

【翻译】

大师父说:行军时处置军队和观察敌情的方法如下,穿越多山地带时要沿着溪谷行军,在山地驻扎时要选择视野开阔、地势高的地方,在山地作战时不要仰攻敌军,这是军队在多山地带行军的处置方法。穿越多水地带时要尽量远离河流、湖泊,如果敌军准备渡过江河前来进攻,不要在他们的先头部队还没有上岸时迎击,而要等到敌军渡过一半兵力时再发起攻击,这样比较有利;如果想要与敌军交战,不要在岸边布阵迎敌;在多水地带驻扎时也要选视野开阔地势高的地方,同时不要在敌军下游驻扎,这是军队在多水地带行军的处置方法。穿越盐碱、沼泽地带时,务必快速通过不要停留;如果与敌军在这种地带交战,一定要挨着水草、背靠树林部署军队,这是军队在盐碱、沼泽地带行军的处置方法。在平原地带行军时要驻扎在平坦的地方且主力部队最好背靠高地,这样就形成了前低后高的有利阵型,这是军队在平原地带行军的处置方法。以上四种处军方法所具有的好处,正是黄帝战胜其他四帝的原因所在。

一般情况下,军队在驻扎时总是喜欢地势高的地方,厌恶地势低的地方,重视向阳干燥的地方,轻视阴暗潮湿的地方,选择能够休养人马、粮道通畅的地方,这样部队就不会有各种疾病,胜利也就有了保障。行军中遇到丘陵堤坝，要驻扎在向阳的一面且让主力部队背靠它，这有利于用兵作战，因为发挥了地形的辅助作用。上游下暴雨，看到水沫漂来，如果想要渡河，一定要等到水流稳定下来，以防山洪暴至。行军中遇到绝涧、天井、天牢、天罗、天陷、天隙这六种地形，一定要迅速离开，不要靠近。我军要远离它们，让敌军靠近它们；我军要面向它们，让敌军背靠它们。行军中遇到山势险峻江河纵横之地、沼泽低洼之地、水草丛生之地、草木茂盛之地，一定要仔细地反复搜索，因为这里往往是伏兵、奸细藏身的地方。

【解读】

　　行军不是找条路走走那么简单的，途中需要找地方休息，遇到敌军阻击还要迎战，发现可疑情况要会判断，大师父用一个词巧妙地概括了行军中需要做的事情："处军相敌"。"处军"的意思是处置军队，包括行军路线的选择，驻扎地的选择，应对敌人阻击的战法；"相敌"的意思是观察敌情。这一部分以"凡处军相敌"作为总起句，这一节论述"处军"，下一节论述"相敌"。

　　第一段大师父系统地阐述了军队在山、水、斥泽、平陆这四种地带上的行军战术，其中的每句话都是有其道理的。比如，"令半济而击之"是说要等到敌军渡过一半时再发动进攻，这样敌人就会陷入进退两难的境地，想要与我军交战但却只有一半的兵力渡过了河，很是吃亏，想要撤退但是已经渡过河的部队没那么容易退；"欲战者，无附于水而迎客"的意思是不要背水布阵，因为这种布阵方式一旦形势不利就没有退路了，其结果可能是全军覆没。当然了，这里所说的都是常规的战术，或者说正战术，我们不能将其奉为铁律而不敢逾越一步，特殊情况下还是要懂得应变，懂得出奇制胜，比如韩信攻赵时偏偏背水为阵，最终大获全胜。

　　这一段中有一点需要注意，即要区分地带和地形的不同。一种地带中会有多种地形，但一般以某种地形为主，比如多水地带就是以江河湖泊这种地形为主的区域，多水地带当然也会有山地、平地等。段中"绝水必远水"中的第一个"水"指的是多水地带，第二个"水"指的是江河湖泊这种地形，"客绝水而来"的"绝水"指的是渡过江河。

第二段是对第一段的补充,大师父首先对驻军战术进行了概括,然后详细地说明了一些非常值得兵家注意的特殊地形下的行军战术。第一句"凡军好高而恶下,贵阳而贱阴,养生而处实,军无百疾,是谓必胜"是对驻军战术的概括。地势高的地方一方面视野开阔容易观察到敌情,另一方面有利于战斗力的发挥,从上往下攻比从下往上攻有利多了;向阳的地方比较干燥,细菌难以滋生,因此疾病少发,而背阴的地方则刚好相反;"养生"是指能够让军队得到良好休息的地方,比如水、草、阳光充足的地方;"处实"是指道路通畅,物资补给方便的地方。可以说"养生而处实"之地是驻军的风水宝地,水充足那么人马就不会口渴,草充足那么战马就不会饥饿,阳光充足那么细菌就不容易滋生,粮道通畅那么士兵就不会挨饿。

　　第一句之后是对一些具体地形下的行军战术的阐述,注意是地形而不是地带。这之中需要说明的是两个问题:第一个问题是背向问题,即军队在驻扎、布阵时应该背靠什么,面向什么,按照一般的用兵法则应该背靠生地面向死地,这样我军退可守,进可将敌人逼入死地;第二个问题是左右问题,《道德经》中说"君子居则贵左,用兵则贵右","吉事尚左,凶事尚右。偏将军居左,上将军居右",也就是说吉事以左为尊,凶事以右为尊,战争显然是凶事,因此以右为尊,右军也就是指军队的主力部队,所以《道德经》中说"上将军居右"。这一节中的"右背高"和"右背之"中的"右"也是指主力部队,而不是右翼部队。当然了这也不能绝对化,以左为尊还是以右为尊在古代不同的时期甚至同一时期的不同国家也都有可能是不同的,而且"右"到底是指右翼部队还是主力部队也要看上下文而定。

第 二 节

【原文】

　　敌近而静者,恃其险也;远而挑战者,欲人之进也;其所居易者,利也。众树动者,来也;众草多障者,疑也;鸟起者,伏也;兽骇者,覆也。尘高而锐者,车来也;卑而广者,徒来也;散而条达者,樵采也;少而往来者,营军也。辞卑而益备者,进也;辞强而进驱者,退也;轻车先出居其侧者,陈也;无约而请和者,谋也;奔走而陈兵车者,期也;半进半退者,诱也。杖而立者,饥也;汲而先饮者,渴也;见利而不进者,劳也;鸟集者,虚也;夜呼者,恐也;军扰者,将不重也;旌旗动者,乱也;吏怒者,倦也;粟马肉食,军无悬瓿②,不返其舍者,穷寇也。谆谆歙歙①,徐与人言者,失众也;数赏者,窘也;数罚者,困也;先暴而后畏其众者,不精之至也。来委谢者,欲休息也;兵怒而相迎,久而不合,又不相去,必谨察之。

兵非益多也,惟无武进,足以并力、料敌、取人而已;夫惟无虑而易敌者,必擒于人。

【注释】

① 歙(xī):和洽。② 瓿(fǒu):古代一种盛酒瓦器。

【翻译】

敌军靠近我军而依然保持安静的,是因为有险要的地形可以依恃;敌军主力远在他处但却派兵前来挑战的,是想引诱我军前去进攻;敌军选择平地驻扎而不选择险要之处,一定是为了获得某种好处。树林摇曳摆动,是敌军前来偷袭;在草丛中放置了很多障碍,是敌军想迷惑我军;鸟雀惊起,是因为其下有伏兵;百兽惊骇奔逃,是因为敌军大举掩杀过来了。尘土高扬而滚滚上升,是敌军战车开赴而来;尘土低沉而分布广阔,是敌军步兵开赴而来;尘土分散而断断续续,是敌军在砍柴伐木;尘土稀少而此起彼伏,是敌军在扎营。敌军的使者言辞谦卑但敌军却加紧备战的,是想要进攻我军了;敌军的使者言辞强硬同时敌军又做出进攻姿态的,是想要撤退了;敌军先出战车占据阵地两侧的,是想布阵与我军交战了;敌军没有陷入困境但却主动前来讲和的,其中必定有阴谋;敌军快速行动并摆开阵势的,是期望与我军交战;敌军一会儿前进一会儿后退的,是想引诱我军。敌人倚着兵器站立的,是因为缺粮而饥饿了;敌军运水的士兵打水后急着先喝的,是因为缺水而口渴了;敌军看到有利可图但不前来的,是因为疲惫而心有余力不足;敌军军营上方鸟雀聚集盘旋,是因为军营已空;敌军士卒半夜惊呼,是因为心里恐惧;敌军军营纷扰无序,是因为将领威望不够;敌军旌旗乱动,是因为军阵混乱;敌军军官易躁易怒,是因为敌军疲倦了;敌军用粮食喂马,杀掉牲口吃肉,不带饮食器具,不回军营,是因为陷入绝境而走投无路了。敌军将领低声下气地耐心教导士卒,是因为失去了士卒的拥戴;敌军接连不断地奖赏士卒,是因为处境窘迫;敌军接连不断地惩罚士卒,因为处境困难;敌军将领先对士卒粗暴而后又害怕士卒的,说明其非常不精于治军。敌军派使者前来赔礼谢罪的,是想休兵息战;敌军盛怒而来,但久久不与我军交战却又不撤退的,一定要仔细地考察一番。

兵力不是越多越好,只要将领不恃武轻进,又能够集中兵力,判明敌情,取得人心,那就足够了;那些不深谋远虑而又轻视敌军的将领,一定会被敌人擒获。

【解读】

这一节大师父通过分析一系列军事表象及其背后的原因论述了三十二条"相敌"方法,我们称之为相敌三十二法。这些军事表象涉及自然的树、草、鸟、兽、尘,将领、使者、士卒的言辞、举止、情绪,军队的静扰、部署、进退、旌旗。表象背后的原因涉及手段上的偷袭、布疑阵、设伏兵、用计谋、引诱等,行动上的行军布阵、驻军砍柴、攻守进退,状态上的饥、渴、劳、虚、恐、倦、窘、困等,治军上的乱,为将上的不重、失众、不精。可见,这一节的内容几乎囊括了战场的方方面面,足见大师父洞察力之深。当然了,这些只是战场上的一般规律,在面对具体情况时我们要懂得应变。

相敌三十二法背后所蕴含的智慧对我们有莫大的启示:第一,我们要懂得透过真真假假的表象看到背后的本质原因,比如"无约而请和者,谋也","杖而立者,饥也";第二,我们要懂得通过间接的细微事物获得重要信息,比如"鸟起者,伏也","先暴而后畏其众者,不精之至也"。这两个启示对提升我们的洞察力非常有帮助。想要成为一名优秀的兵家一定要有敏锐的洞察力,大多数时候,我们缺少的不是办法而是对敌人的了解。再强大的敌人,只要我们足够了解他们,就能够找到他们的弱点,找到对付他们的办法,这是大师父多次强调"知彼知己"的原因所在。

最后一段可谓精妙之极,寥寥几句道出了用兵之道。兵力不是越多越好,关键要看能不能用好,如果将领能力有限,那么率领的兵力多到一定程度,就有可能会导致管理失控、部队混乱,这样还不如少带点兵呢。想要达到"韩信点兵,多多益善"的境界是很难的,兵家应有自知之明,企图去做超越自己能力的事,反而会适得其反,引发灾难。那么如何用好手中的兵力呢?首先不要轻视敌人盲目用兵,"无虑而易敌"是用兵作战最大的败因;其次要懂得"并力、料敌、取人",这是用兵作战最基本的三个手段,其中的"料敌"已经在本节进行了阐述,"取人"将在下一部分论述。可见,这最后一段在结构上衔接了上下两部分,具有承上启下的作用。

第 二 部 分

【原文】

卒未亲附而罚之,则不服,不服则难用也;卒已亲附而罚不行,则不可用也。故令之以文,齐之以武,是谓必取。令素行以教其民,则民服;令不素行以教其民,则民不服。令素行者,与众相得也。

【翻译】

士卒尚未亲近依附就施以严厉惩罚,那么他们就会不服,不服就很难用他们去打仗;士卒已经亲近依附但军纪军法仍然得不到有效执行,那么也不能用他们去打仗。要用政治教育使士卒听从命令,要用军纪军法使士卒步调一致,这样必定能取得士卒的拥戴与尊重。用严格执行的军纪军法来教化士卒,士卒就会信服;而用平时得不到执行的军纪军法来教化士卒,士卒就不会信服。一向严格执行军法的将领,与士卒的关系就会融洽。

【解读】

这一部分论述治军之道,其核心手段是以法治军,是对《始计篇》

"五事"中"法"的具体展开。注意是以法治军而不是依法治军,两者的区别是:依法治军把法作为治理军队的准则,那么就必须严格地执行军纪军法,这样不管士卒亲不亲附,若犯了军法都必须将之严惩;而以法治军把法作为治理军队的一种手段,那么就可以变通地执行军法,比如在士卒尚未亲附时放松执行,在士卒已经亲附时严格执行,也就是说可以根据具体情况怎么有利怎么来,军事的应变性要求以法治军。

这部分也对将之"五利"中的"严"作了进一步阐述。将领一定要严格执行军纪军法,使士卒服从命令、遵守军规,这样才能避免因执法不严导致士卒目无军法,才能避免因执法随意导致的不公平。同时,将领也要把握好"严"的度,比如在士卒还未亲附时,将领对他们不可过于严厉,而要用恩情感化他们。"令之以文,齐之以武"中的"文"除了政治、军事教育外,也包括人文关怀,士卒是更愿意为关心他们的将领效劳的。在治理军队时,将领若能做到文武结合、刚柔相济便可达到"取人"的目的,所谓的"取人"就是取得军心,即士卒诚心拥戴他,真心敬重他,坚决服从他,并且愿意为他效犬马之劳,甘心为他出生入死。治军之道的最高境界便是"取人"!

学过法的人都知道,它的其中一项重要作用是教育,但是想要发挥法的教育作用,我们平时必须要严格执行它。就像治理军队,如果士兵犯了军规而不受到处罚,那么他们就会认为军规上说的那些条例是无关紧要的,是没有必要去遵守的,也就不会从军规中学到哪些是自己该做的,哪些是自己不该做的。这在企业管理中也一样,比如一家企业制定了很多制度,但是有些制度却并不执行,于是给员工留下了"公司的制度只是说说的,不用当真"的印象,这样员工自然不会把制度放在眼里,也就不会从制度中学到什么是自己该做的,什么是自己不该做的,而企业的管理者就会发现自己的下属都比较难以管理。

"令素行者,与众相得也"这句话的境界可谓大!无论是奖赏士卒还是惩罚士卒,一向都严格按照军纪军法执行,做到赏罚分明、有据可循、公平公正,这样众人自然无话可说,对将领也会心悦诚服,将领与士卒的关系自然融洽了。相反,赏罚全凭将领随意决定,士卒犯了军法有时受到惩罚有时不受到惩罚,有时罚得重有时罚得轻,那么受到严惩的士卒就会心生怨言；士卒建了军功有时受到奖赏有时得不到奖赏，有时赏得多有时赏得少，那么没有得到奖赏的士卒心中自然不服气，这样将领和士卒之间的关系就会变得紧张。治军如此，治理国家、管理企业也是如此。一个政府如果能够做到一向严格执行法律法规，做到不管是谁不管什么时候都违法必究，而不仅仅只是搞些局部范围内的突击执法，那么政府与人民的关系就会融洽，这是我们国家一直强调依法治国的原因所在。我们千万不要把这句话理解成"平时军纪军法能够得到贯彻执行，是因为将领和士卒之间的关系融洽"，这样的理解就把因果关系给弄反了。

那么为什么大师父把以法治军这个附加主题放在《行军篇》中呢？这之中有三个原因：第一个原因是部队在行军时更难组织与指挥，因此需要用法来使士卒服从指挥；第二个原因是行军时会路过城镇村庄，如果军队的法令不严，那么士卒就会肆意踩踏农田、破坏庄稼，驻扎时会偷偷跑出营地做些欺压百姓的事情，这就违背了军队保护人民之"道"，是很严重的事情，因此需要用法来约束士卒；第三个原因是行军时有些士兵会偷偷逃跑，因此要严明法纪，防止他们逃跑。

概言之，治军之道的核心手段是以法治军，最高境界是取得军心。这一部分短短几句博大精深，我们一定要好好研读一番。

修炼启示

本篇以行军为主题，虽然其中阐述的具体行军战术对现代兵家已经没有多大的直接指导意义了，但是这一篇仍然能够给我们非常多的启示。

第一部分中的"相敌三十二法"给我们的启示是要"察于细"。从另一个角度而言，既然我们可以从细微处获得敌人的重要信息，那么敌人同样也可以，所以我们更要"作于细"，在行军、部署、攻守时要从上到下、从大到小、从里到外全方位把保密工作做好，使敌人无法窥视我军的意图，从而达到不露形迹的"无形"境界。高明的兵家深谙人情事理，懂得如何把假的东西掩饰得非常逼真，因此往往也是高明的表演家。

第二部分从战略层面论述了治军之道，给了我们很多非常有价值的启示。我们中国人非常看重情面，有时候部下犯了错，领导碍于面子，同时又觉得事情不大而且部下认错的态度蛮好的也就放过去了，殊不知这种看似很有人情味的处理方式会导致上下级关系紧张。因为领导管得越松，违反规章制度的人会越来越多，等到违规的情况越来越严重时，领导就不得不拿出规章制度来惩罚违反者了，然而这个时候受到惩罚的人心里就很不服气了："这么多人违规，凭什么惩罚我啊！"相反，严格执行规章制度，不管是谁犯了错，不管所犯的错是大还是小，均按制度进行处罚，这样受到处罚的部下反倒不会怨恨领导，上下级关系反而融洽，这就是大师父所说的"令素行者，与众相得也"。当然了，仅仅只有严格的规章制度还不够，因为这只能使部下尽职而已，作为领导也要懂得给予部下人文关怀，比如在思想上引导他们，在精神上鼓励他们，在生活上关心他们，这样部下才会尽忠，这便是大师父所说的"故令之以文，齐之以武，是谓必取"。

十　地形篇

一日,师父在书房给我分析历史战例。

师父说道:"每个战例中除了要关注成功的一方外,也要关注失败的那一方,从他们身上你可以学到哪些是不可以做的。该做的做了,不该做的不做,那么成功自然会到来。"

师父启诫第十八

地形对军队的行军、部署、作战的影响是很大的,比如大师父在《行军篇》中所说的"绝山依谷,视生处高,战隆无登","丘陵堤防,必处其阳而右背之","若交军于斥泽之中,必依水草而背众树"等都是根据地形做出的战术决策。有句话叫做"强龙难压地头蛇",由于"地头蛇"熟悉地形,可以充分利用地形提供的便利提高自己的防守、进攻能力,结果外来的猛"龙"斗不过它。正是因为地形如此重要,大师父在《始计篇》中把"地"列为"五事"之一,同时在战术部分开辟了两篇(本篇与后面的《九地篇》)用来论述各种地形下的战术。当然了,该篇的"地"与《九地篇》的"地"是不一样的,我会在《九地篇》中区分两者的异同。

我们可以把本篇分为三个部分:第一部分是本篇的核心,大师父论述了各种地形下的作战战术;第二部分大师父论述了附加主题——为将之道;第三部分大师父在"知彼知己"的基础上提出了"知天知地",完善了《谋攻篇》最后一段所阐述的"知"。

第 一 部 分

【原文】

孙子曰：地形有通者，有挂者，有支者，有隘者，有险者，有远者。我可以往，彼可以来，曰通；通形者，先居高阳，利粮道，以战则利。可以往，难以返，曰挂；挂形者，敌无备，出而胜之；敌若有备，出而不胜，难以返，不利。我出而不利，彼出而不利，曰支；支形者，敌虽利我，我无出也，引而去之，令敌半出而击之，利。隘形①者，我先居之，必盈之以待敌；若敌先居之，盈而勿从，不盈而从之。险形者，我先居之，必居高阳以待敌；若敌先居之，引而去之，勿从也。远形②者，势均，难以挑战，战而不利。凡此六者，地之道也，将之至任，不可不察也。

【注释】

① 隘形：两山之间的狭窄地形。② 远形：地势平坦且开阔的地形，在这种地形下由于缺少地形的阻隔与掩护，两军往往会相距很远扎下营寨。

【翻译】

大师父说：地形主要有通、挂、支、隘、险、远六种。我军可以去、敌军可以来的地形称为通；在通这种地形上，我军要先占据地势高、向阳的阵地，并且保持粮道畅通，这样对我军作战非常有利。容易进入但难以返回的地形称为挂；在挂这种地形上，如果敌人没有防备，那么我军可以突然出兵战胜他；而如果敌人有所防备，我军出兵攻打没有取得胜利，那么就难以返回了，这样形势将对我军非常不利。我军主动出击不利，敌人主动出击也不利的地形称为支；在支这种地形上，敌人虽然以利引诱我军，我军也不要出击，而要假装带兵离开，诱使敌人出兵一半时再回军攻击他，这样对我军有利。在隘这种地形上，如果我军先占据，那么一定要用充足的兵力把守以防备敌军的进攻；如果敌军先占据，且防守兵力充足，那么我军就不要进攻了，但若敌军防守兵力不足，那么我军可以发动进攻攻下它。在险这种地形上，如果我军先占据，一定要占据地势高且向阳的阵地以迎战敌军;如果敌军先占据,那么一定要带兵离开,不要发动进攻。在远这种地形上,如果敌我实力相当,我方就很难前去挑战,因为一旦开战将对我方非常不利。上述六点是各种地形下的用兵之法,用好它们是将领的重要责任,因此将领对它们不可不清楚。

【解读】

这一部分大师父围绕本篇的核心主题,阐述了六种不同的地形及相应的作战战术。这些战术有进有退,更有以退为进,兵家一定要记住,兵法不是教我们如何去打败任何情况下的任何敌人,而是教我们要尊重战争规律,懂得进退之道,能够根据形势做出明智的决策。

从这部分提出的地形战术中,我们可以看出军争的重要性,比如"险形者,我先居之,必居高阳以待敌;若敌先居之,引而去之,勿从也",可见先占据地形者就抓住了战场的主动权。同时,我们也可以看出应变的重要性,在不同的地形上将领要运用不同的战术,如果将领不能根据地形的特征做出合理的决策,那么他即便熟知地形,也会如《九变篇》中所说的那样:"虽知地形,不能得地之利矣。"

这部分提出的战术虽然是运用于各种地形下的军事战术,但是稍作变通即可运用在现代企业的市场竞争中。若我们根据地形的特征把它们看作各种市场领域的话,那么"通"就是进入门槛不高的领域,这种领域竞争比较激烈,因此一要建立自己的核心市场(居高阳),二要建立有效的融资渠道(利粮道),如此才能在激烈的竞争中立于不败之地。"挂"是进入门槛不高,但退出成本比较高的领域,在这种领域竞争,一定要趁竞争对手不注意快速进入市场站稳脚跟,否则一旦竞争对手利用较早进入的优势进行阻击,那么我方就进退不能了。"支"是有待成熟的领域,先进入者需要花费较多的成本培育市场,因此应该让对手先进入这类领域,待其把市场培育得差不多了再进入。"隘"是市场规模比较小的领域,如果我方先进入这个领域,那么一定要充分占领市场,不要再给其他对手机会;而如果有对手已经牢牢地占领了这个市场,那么我方就不要再杀进去了,否则竞争起来将惨不忍睹,势必导致两败俱伤。"险"是越早进入越有利的领域,如果已经有对手抢先进入这种领域并站稳脚跟了,那么我们就很难再杀进去了。"远"是竞争成本很高的领域,在这种领域我们不要挑衅对手,而要沉下心来积蓄实力,比如提高公司运营效率、研发更好的产品。

兵家需要注意的是,战术都是为具体问题而设计的,因此不能生搬硬套地使用某个战术,这样反而会适得其反。我们要做的是理解这些战术背后的设计思想,或者说理解这些战术背后的策略,然后根据具体情况灵活运用这些策略设计出有效的战术,我们在研读战术部分的篇章时必须要注意这一点。

第 二 部 分

这部分大师父从正反两个方面具体阐述了"五事"中的"将",值得每一个想成为兵家的人好好研读。至于为什么把这个附加主题放在该篇中,我会在末尾进行说明。

第 一 节

【原文】

故兵有走者,有弛者,有陷者,有崩者,有乱者,有北者。凡此六者,非天之灾,将之过也。夫势均,以一击十,曰走。卒强吏弱,曰弛。吏强卒弱,曰陷。大吏怒而不服,遇敌怼而自战,将不知其能,曰崩。将弱不严,教道不明,吏卒无常,陈兵纵横,曰乱。将不能料敌,以少合众,以弱击强,兵无选锋,曰北。凡此六者,败之道也,将之至任,不可不察也。

【翻译】

败兵之局有走、弛、陷、崩、乱、北六种。这六种败局都不是因为自然环境不利造成的,而是由将领的过失造成的。敌我双方势均力敌,而我军却以一击十,这种败局叫做走。士卒勇猛,但军官怯弱,这种败局叫做弛。军官勇猛,但士卒孱弱,这种败局叫做陷。部将心怀怨恨不服从将领的指挥,遇到敌军愤然擅自出战,同时,将领又不了解部将的才能,这种败局叫做崩。将领软弱法令不严,军中没有明确的军纪军规,官兵举止无所约束,布阵混乱无序,这种败局叫做乱。将领不能判明敌情,以寡敌众,以弱击强,又不在军中组建精锐部队,这种败局叫做北。这六种败局,是作战失败的原因所在,避免陷入这六种败局是将领的重要责任,因此将领对它们不可不清楚。

【解读】

　　这一节大师父总结了六种败局,出现这六种败局的原因不是由于天地等自然条件不利,而是因为将领不懂得为将之道。有些败局看起来似乎是因为士卒和军官的问题引起的,但由于士卒是将领训练的,军官是将领选拔的,因此根本原因还是在于将领不懂得为将之道。大师父对这六种败局的总结是很深刻的,在各个历史时期的战例中,我们都可以从失败的一方找到这六种败局的影子,因此非常值得我们好好研读一番。

　　在势均力敌的情况下,我军却以一击十,这与《虚实篇》中大师父说的"我专为一,敌分为十,是以十攻其一也"刚好相反。这说明军队陷入"走"的败局是因为将领不懂得"形人而我无形",导致我军的动向被敌人掌握,而敌军的动向我方却不知情。

　　陷入"弛"和"陷"的败局,是因为将领不善于训练士卒、选拔军官,即缺乏练兵、用人的才能,按照现代的说法是不善于人力资源管理。

　　陷入"崩"的败局,是因为将领的领导能力不足或者说缺乏带兵才能,一方面其威信不足以威慑三军,另一方面其识人才能不足以看透部下。部下对将领不服是很常见的情况:一方面,总会有一些部下觉得将领的才能不如自己,这有可能是事实也有可能只是部下自我感觉良好罢了;另一方面,一些资历比较老的部下会觉得自己战功多、经验足、能力强,因而不服那些年轻的将领。如果将领威信不足,那么不服他的部下就有可能不听命令,自作主张;相反,如果将领的威信很足,那么部下即便心中不服,也是不敢造次的。所以将领可以做不到使每个部下都敬服,但一定要把威信树立好。当然了,既有足够的威信,又能使部下心悦诚服自然是最好的了。如果部下擅作主张、擅自行动,那么整个军队就会失去协调而土崩瓦解,其后果将非常严重。

《行军篇》中大师父说道:"令素行以教其民,则民服;令不素行以教其民,则民不服。"因此如果法令不明、执法不严,那么军官、士卒就不清楚到底哪些是自己该做的,哪些是自己不该做的,更不要说严格遵守军纪军法了。如果官兵举止无所约束,那么平时训练必然自由散漫,军令下去有的慢半拍,有的快半拍,有的站错位置,有的跑错道,那么阵型必然混乱,到了真正的战场上也将"陈兵纵横"。《兵势篇》中我曾说过"乱必无势",军队一旦陷入了"乱"的败局,必败无疑。

陷入"走"的败局是在敌我整体实力差不多的情况下,由于我军策略上的失误,导致局部作战中以弱击强,而陷入"北"的败局则是因为我军实力弱于敌军,但由于将领判断失误,低估了敌军的实力,导致我军以弱击强,因此两者是不同的。"兵无选锋"的意思是没有在军中挑选精悍之士组建精锐部队,如果把军队比作一把刀的话,那么精锐部队就是这把刀的刀锋,它可以用作先锋、主力或者奇兵,能够提高我军士气,挫败敌军锐气。

最后大师父指出避免陷入这六种败局是将领的重要责任,这一节大师父从反面阐述了将道。

第 二 节

【原文】

夫地形者,兵之助也。料敌制胜,计险厄远近,上将之道也。知此而用战者必胜,不知此而用战者必败。

故战道必胜,主曰无战,必战可也;战道不胜,主曰必战,无战可也。故进不求名,退不避罪,惟人是保,而利合于主,国之宝也。

视卒如婴儿,故可与之赴深溪;视卒如爱子,故可与之俱死。厚而不能使,爱而不能令,乱而不能治,譬若骄子,不可用也。

【翻译】

地形是用兵的重要辅助。判明敌情制定取胜策略,考察地形的险厄平易、远近迂直,是高明将领的为将之道。懂得这些而去带兵打仗的将领,一定能取得胜利;不懂这些而去带兵打仗的将领,一定会遭遇失败。

按照战争规律一定会取胜的,即使君主下命令不要出战,坚持出战也是可以的;按照战争规律不会取胜的,即使君主下命令出战,不出战也是可以的。进不贪求功绩,退不回避罪责,只求自己的决策能够保全军民,同时又符合君主利益,这样的将领是国家的宝贵财富。

将领对待士卒如同对待婴儿,那么就可以带领士卒与他共赴患难;将领对待士卒如同对待爱子,那么就可以带领士卒与他同生共死。厚待士卒但却不能驱使他们,疼爱士卒但却不能使他们听从命令,士卒扰乱军纪但却难以惩治,这样的士卒就像娇惯的孩子,是不能用来作战的。

【解读】

这一节大师父从将领的基本能力、根本准则、核心职责三个方面论述了为将之道。

将领在行军打仗时需要面对很多问题,而最大的问题是如何打败敌人;可以倚仗很多外部条件,而最大的条件是地形。因此,作为一名将领要会判断敌情、察看地形,然后能够根据敌情、地形制定克敌制胜的策略。所以说"料敌制胜,计险厄远近"是将领的基本能力,若将领没能掌握这些基本能力,那么军队就会陷入"北"的败局。

"进不求名,退不避罪,惟人是保,而利合于主"是将领的根本行为准则,将领的一举一动若能以它为准则,那么必然能够做出最理智、最智慧的决策。相反,若进退攻守都是为了他自己的成败荣辱,而不顾人民死活、国家兴亡,那么他就是一个无"道"的将领,其所作的决策必然是自私的、投机的、短视的。以国家、人民的利益换取自己的战绩,战功累累的背后必然是国力的极大消耗,最终必将导致国家衰落乃至灭亡。

将领的使命是运用手中的兵力保家卫国,他有很多职责,比如招募兵马、完善军制、健全后勤,而最核心的职责无疑是带好兵,即"治人"。将领仁爱士卒,士卒才会为他出生入死,但若过于仁爱,就会导致士卒恃宠而骄,交给他们事情他们虚与委蛇,向他们下达命令他们不当回事,犯了军规惩罚他们,他们心生怨恨甚至群起抗议,可见仁爱的度需要将领好好把握。"治人"的最高境界是"取人",《行军篇》中的"令之以文,齐之以武"是最智慧的"治人"之道,用得好便可取得军心,获得士卒的诚心拥戴与真心敬重。

若内可取得军心,外能料敌制胜、"得地之利",所作的决策又符合国家、人民的利益,这样的将领岂有不胜之理!

那么为什么大师父把将道这个附加主题放在本篇中呢?一是因为有些将领在失败时往往不深刻反思自己的过失而把原因归咎于天地,比如项羽在垓下大败后说"此天之亡我,非战之罪也";二是因为"夫地形者,兵之助也",在战争中"地"是很重要的外部辅助,因此利用地形"得地之利"成了将道的重要组成部分。所以大师父把这个附加主题放在了该篇中。

第 三 部 分

【原文】

知吾卒之可以击,而不知敌之不可击,胜之半也;知敌之可击,而不知吾卒之不可以击,胜之半也;知敌之可击,知吾卒之可以击,而不知地形之不可以战,胜之半也。故知兵者,动而不迷,举而不穷。故曰:知彼知己,胜乃不殆;知天知地,胜乃不穷。

【翻译】

只知道自己的军队有能力攻击敌军,但不知道敌军可不可以打,取胜的可能性只有一半;只知道敌军可以打,但不知道自己的军队有没有能力打,取胜的可能性只有一半;知道敌军可以打,也知道自己的军队有能力打,但不知道地形条件适不适宜作战,取胜的可能性也只有一半。因此精通兵法的将领,他们的行动不会盲目,他们的举措变化无穷。所以了解敌军同时又了解自己的将领,在争取胜利时不会有危险;如果再加上了解天时地利,那么就能取得无穷无尽的胜利了。

【解读】

《谋攻篇》中大师父在最后一段论述了以"知彼知己"为内容的"知",在这里大师父对其进行了补充与完善,加入了"知天知地"。

将领容易犯两个错误:第一个是当自己的实力较强时不把敌人放在眼里,往往不评估一下敌人的实力就贸然进攻了;第二个是当看到敌人的实力比较弱时,不掂量掂量自己的实力就盲目进攻了。作为兵家永远要记住,实力是相对的,你强敌人可能比你更强,你弱敌人可能比你更弱,所以要客观全面地考察敌我双方的实力,不要目中无人,也不要自暴自弃。

《谋攻篇》中所说的"知彼知己者,百战不殆",与这里的"知彼知己,胜乃不殆"是同一个意思。在"知彼知己"的基础上加上"知天知地"就能从"胜乃不殆"上升到"胜乃不穷"了,所以兵家一定要重视"知天知地"。

上一部分所说的"料敌"就是为了"知彼","计险厄远近"就是为了"知天知地"。

修 炼 启 示

这一篇的主题虽然是各种地形下的作战战术,但是我们仍然可以从中获得很多关于做人、做事的启示。

第一个启示是要懂得适应外部条件。这个适应可以分为两个层次:第一个层次是"计险厄远近",即能够正确判断自己所面对的外部条件,有能力搞清楚哪些外部条件对自己有利,哪些外部条件对自己不利;第二个层次是"得地之利",即能够根据自己所面对的外部条件做出合理的决策,能够利用外部条件辅助自己的行动。我们每个生活在社会中的人,都会面对自己特有的外部条件,而且每个人在他不同的人生阶段所面对的外部条件也是不同的,因此我们应该认真地分析、思考一下当前所面对的外部条件哪些对自己有利,哪些对自己不利,适合做什么,不适合做什么,不要盲目制定一些不符合现状的计划,那样只会白白浪费自己的资源。

第二个启示是在遭遇失败时，我们不要怨天尤人，而要反躬自省，搞清楚导致失败的原因是什么。如果是因为自己经验不足，那么就应该对本次失败好好总结一番以增加经验，而且在下一次行动时应该请教一下有经验的人；如果是因为自己在某方面的能力不足，那么就应该好好培养一下自己在这方面的能力，或者找一个在这方面能力比较强的人辅佐自己；如果是因为自己性格上的某种问题，那么在下次行动的时候一定要克服它对自己行为的不利影响，克服得多了我们就可以改变自己的性格。兵家一定要记住，只要我们能够从失败中总结经验、认识自己、获得成长，那么失败一点都不可怕，总有一天我们会取得成功。

第三点启示是我们要有自己的做事根本准则。平时这个准则未必能够发挥作用，但是到了关键的抉择时刻，它能替我们拨开迷雾，抵御诱惑，指明正确的选择方向。一些走向歧途的人，其心地有可能非常善良，只是在关键时刻受到了别人的怂恿，受到了情感的蒙蔽，受到了利益的驱使，而自己又缺少能够为自己指明方向的行事准则，一时的冲动与迷茫之下便走错了方向，甚至一失足成千古恨。就像大师父为将领提出的做事根本准则"进不求名，退不避罪，惟人是保，而利合于主"，有了这样的根本准则，将领在做艰难决策时就不会因为一己之私损害国家与人民的利益。我们现代兵家也有自己的做事准则，那就是《拜师入门》中所讲的"乱世安邦、盛世立业"，还有自己的做事底线，那就是三戒七律，将在本书第四章的《兵家戒律》部分阐述。

十一　九地篇

借助外力是一种智慧的策略,然而一个人若依赖于外力,那么他就会丧失自己的能力。人有时候需要把自己置于绝境中,才能激发出自己的潜能。

师父启诫第十九

本篇与前面的《地形篇》都以地为主题,但是这两篇所论述的"地"是不一样的,搞清楚这两个"地"的异同是理解本篇的关键所在。《地形篇》的"地"指的是地的形状,即地的自然特征,比如高低险易;而《九地篇》的"地"指的是地域,即某个地理范围内的区域,它包含了更多的属性,比如什么样的地形,归属于哪个国家,有多少战略意义,等等。因此《九地篇》的"地"比《地形篇》的"地"含义更广泛,它除了包含地的自然特征外,还包含了地的社会特征,可以说本篇是《地形篇》的升级篇。

本篇的"地"含义非常广,它包含的地域种类非常多,所以大师父在题目中用了"九"这个字,它与"九变"的"九"是同一个意思,都是泛指多。《九地篇》的主题是各种地域下的作战战术,由于地域的含义比地形更复杂,因此本篇提出的九地战术也要比《地形篇》中提出的地形战术更为复杂。九地战术用得最多的是"越境之师",所谓的"越境之师"指的是那些出国作战的部队,由于他们的作战范围非常大,因此会碰到更加多样的地域。本篇提出的很多战术都是针对"越境之师"的,这是我们在研读此篇时需要注意的,否则就会产生一些误解。

本篇可以分为两大部分:第一部分论述了本篇的主题——九地战术;第二部分论述了附加主题——霸王之兵。

第 一 部 分

第 一 节

【原文】

孙子曰：用兵之法，有散地，有轻地，有争地，有交地，有衢地，有重地，有圮①地，有围地，有死地。

诸侯自战其地，为散地。入人之地而不深者，为轻地。我得则利，彼得亦利者，为争地。我可以往，彼可以来者，为交地。诸侯之地三属，先至而得天下之众者，为衢地。入人之地深，背城邑多者，为重地。行山林、险阻、沮泽，凡难行之道者，为圮地。所由入者隘，所从归者迂，彼寡可以击吾之众者，为围地。疾战则存，不疾战则亡者，为死地。

是故散地则无战，轻地则无止，争地则无攻，交地则无绝，衢地则合交，重地则掠，圮地则行，围地则谋，死地则战。

【注释】

① 圮(pǐ)：指难以通行的地方。

【翻译】

大师父说：按照兵法，地域有散地、轻地、争地、交地、衢地、重地、圮地、围地、死地。

本国领土范围内的交战区域，称作散地。进入敌国领土但还没有深入的区域，为轻地。我方占据则对我方有利，敌方占据则对敌方有利的区域，称作争地。我军可以去，敌军可以来的区域，称作交地。连接多国国境，先占据者能争取到多国协助的区域，称作衢地。深入敌境，越过了很多敌国城镇的区域，称作重地。山林、险阻、沼泽等凡是道路难以通行的区域，称作圮地。进入的道路狭隘，返回的道路迂远，敌军可以用少量兵力打败兵力众多的我军的区域，称作围地。速战速决还有生存机会，不速战速决就会败亡的区域，称作死地。

在散地不要与敌军交战，在轻地不要停留，在争地不要进攻，在交地行军队伍不可断绝,在衢地要搞好外交,在重地要通过掠夺敌国的物资来补充我军的供给,在圮地要快速行军,在围地要以谋略突围,在死地要速战求生。

【解读】

这一节大师父首先提出了九种不同的地域,然后对它们的特征进行了详细地说明,最后简要地提出了各类地域下的应对战术。

散地、轻地、重地是根据地域的归属划分的,争地、交地、衢地、死地是根据地域的军事意义划分的,圮地、围地是根据地域的地形划分的。看到这九种地域有些人可能会认为题目"九地"就是指它们,但其实不然,"九地"的含义是各种各样、形形色色的地域,而不仅仅只有这九种。"九地"是无法穷尽的,大师父为了说明问题,阐述了这九种最经典的地域下的作战战术,至于其他地域下的战术,就需要我们自己举一反三了。

在自己的领土内作战会威胁百姓生命、破坏百姓家园,更重要的是由于回家容易,士卒会因为想念家人或者害怕打仗而逃跑,因此不可交战于散地。同样的道理,轻地离自己的国家还不是很远,由于回家不是很困难,一些士卒还是会逃跑,因此要快速深入敌境,以消除士卒的逃跑心理。当敌人占据了有利于他们的争地,我们就不应该进攻他们了。交地的交通比较便利,敌我双方都可以顺利通行,敌军随时随地都有可能出现,因此我军的行军队伍在交地时不可断绝,以免被敌军各个击破。衢地除了连接敌我两个国家外,还连接了其他国家,因此我方要率先与其他国家结交,以获得它们的援助,否则可能会在衢地受到多方的攻击。处在深入敌境的重地,最大的问题是物资补给困难,解决这个问题的最佳办法是掠夺敌国物资补充我军所需。在围地中地形对我军非常不利,因此要发挥将领的主观能动性,以谋略突围。在死地,我军进退无路,物资匮乏,这种情况下越拖延对我军越不利,因此要趁我军还有士气、力气之时殊死突围。

第 二 节

【原文】

所谓古之善用兵者,能使敌人前后不相及,众寡不相恃,贵贱不相救,上下不相收,卒离而不集,兵合而不齐。合于利而动,不合于利而止。敢问:"敌众整而将来,待之若何?"曰:"先夺其所爱,则听矣。"兵之情主速,乘人之不及,由不虞之道,攻其所不戒也。

【翻译】

古时善于用兵的将领,能够使敌人的前军与后军不能相互策应,大部队与小部队不能相互依恃,军官与士卒不能相互救援,上级与下级不能相互呼应,部队溃散而无法聚集,即便聚集起来了也不能做到行动一致。对我军有利就行动,对我军不利就停止。斗胆问一句:"如果敌人的大部队阵势严整地向我军开来,该如何应对?"回答是:"先夺取敌人所爱惜的东西,那么敌人就不得不听任我军摆布了。"用兵的关键在于迅速,趁敌人措手不及的时机,经由敌人意料不到的道路,攻打敌人没有戒备的地方。

【解读】

"九地"是不可穷尽的,九地战术自然也是不可穷尽的,因此大师父在第一节简要地阐述了九种经典的地域引出全文后,从第二节开始并未对各种各样的地域进行深入展开,而是从更高的层次来系统论述九地战术。

这一节的主题是策略,从三个方面展开:第一是使敌人乱,只要敌人陷入了混乱,那么他们就会丧失战斗力,这样敌人兵力再多、实力再强也将无济于事,我方可轻易打败他们;第二是抓住战场主动权,即大师父所说的"先夺其所爱,则听矣",这一点在《虚实篇》的开头已经进行了详细的阐述,这里就不再展开了,需要说明的是"所爱"的含义,它指的是敌军的军事要地、交通要道、军用物资、重要人物等敌军倚仗的、爱惜的、在意的物或人;第三是避实击虚,这里的"乘人之不及""由不虞之道""攻其所不戒"与《虚实篇》的"趋其所不意""行于无人之地""攻其所不守"是同一个意思。

第 三 节

【原文】

凡为客之道,深入则专,主人不克;掠于饶野,三军足食;谨养而勿劳,并气积力;运兵计谋,为不可测。投之无所往,死且不北,死焉不得,士人尽力。兵士甚陷则不惧,无所往则固,深入则拘,不得已则斗。是故其兵不修而戒,不求而得,不约而亲,不令而信,禁祥去疑,至死无所之。吾士无余财,非恶货也;无余命,非恶寿也。令发之日,士卒坐者涕沾襟,偃卧者涕交颐。投之无所往者,诸、刿之勇也。

【翻译】

进入敌国境内作战的战术:深入敌境后士卒的意志稳固专一,因此敌人难以战胜我军;我军要从敌国富饶的田野掠夺粮草,以使三军粮草充足;要注意休养不要使士卒疲劳,要鼓足士气积蓄力量;要合理部署兵力,要仔细盘算精心谋划,要做到使敌人无法预测我军意图。把士卒带到无路可走的绝境,那么他们即便死也不会败逃,士卒抱着死战到底的决心我军怎么会得不到胜利呢,陷入绝境后士卒必定会竭尽全力。士卒深陷险境反而不害怕了,走投无路斗志反而坚决了,深入敌境军心反而凝聚了,迫不得已之下士卒就会拼死战斗。深入敌境的军队,不需要整治士卒也会遵守军纪,不需要强求士卒也会尽心尽力,不需要约束士卒也会亲密团结,不需要三令五申士卒也会服从上级,只要在军中禁止迷信,阻止谣言,那么士卒至死都不会逃跑。我军士卒不留多余的财物,并不是因为他们厌恶财物;不怕牺牲生命,并不是因为他们厌恶寿命。出征命令下达的时候,坐着的士卒眼泪沾满衣襟,躺着的士卒眼泪流满面颊。置于无路可走的绝境,士卒就会像专诸、曹刿那样勇敢。

【解读】

这一节的主题是士卒,主要论述了士卒在深入敌境时的心理、行为特点。由于人在不同的环境下心理活动、行为表现会有很大的差异,因此用人者要根据这个差异合理地调整自己的用人方式。九地涉及形形色色、千差万别的地域环境,因此将领一定要能够洞悉士卒在不同环境下的不同特点,这样才能治理好、运用好手中的兵力。

深入敌境后,由于周围都是敌国的城镇、居民、军队,而且回家的路途又遥远,很多士卒甚至都不知道回家的路线,因此他们已经无路可逃,也就不会产生逃跑的心理了。另一方面,由于周围环境非常陌生,又随时会遭遇危险,因此士卒会产生更强的对集体的依赖心理。这些都使得士卒在深入敌境后意志专一、军心稳固、不畏危险、纪律性强、凝聚力强、战斗力强。对于将领来说,懂得士卒的这些行为上、心理上的特点非常重要。当然了,知人的目的是要用好人,因此更重要的是将领要能够根据士卒的特点制定合适的军事策略,比如处于轻地的士卒容易产生逃跑心理,因此要"无止"。这正是九地兵法的精妙之处,按现代的说法这是心理学在战争中的运用,大师父的智慧真是不得不令人折服!

深入敌境后我军面对的环境非常险恶:最大的问题是物资补给困难,这一节提出的"掠于饶野,三军足食"的解决办法是根据《作战篇》"因粮于敌"的策略设计的;其次是随时会遭到敌军的攻击,因此要养精蓄锐,做好应战准备。"运兵计谋"中的"计"与《始计篇》的"计"是同一个意思,即评估,"谋"与《谋攻篇》中的"谋"是同一个意思,即谋划,因此这里的"计谋"是动词,其含义是评估敌我实力、谋划作战策略,这两个字高度概括了兵家所要做的事情。"为不可测"就是为了做到《虚实篇》中所说的"无形"。

第 四 节

【原文】

故善用兵者,譬如率然。率然者,常山之蛇也。击其首则尾至,击其尾则首至,击其中则首尾俱至。敢问:"兵可使如率然乎?"曰:"可。"夫吴人与越人相恶也,当其同舟而济,遇风,其相救也如左右手。是故方马埋轮,未足恃也;齐勇若一,政之道也;刚柔皆得,地之理也。故善用兵者,携手若使一人,不得已也。

【翻译】

善于用兵作战的将领,能使其所带的部队像率然那样。率然是常山的一种蛇,打它的头,尾巴就会来援救,打它的尾巴头就会来救援,打它的中间那么头尾都会来救援。斗胆问一句:"可以使部队像率然那样吗?"回答是:"可以。"虽然吴国人与越国人相互仇视,但是当他们共坐一条船渡河的时候,如果遇到大风,相互救援就会像一个人的左右手那样协调。因此把马系在一起,把车轮埋在地下的方法是不可靠的;要使全军将士都非常勇敢,在于高明的治军之道;要使强兵弱卒都能各尽其力,在于能够合理地利用地形。因此善于用兵的将领,率领全军将士作战就像使唤一个人一样,是因为把士卒置于不得已的紧迫形势之下。

【解读】

这一节的主题是协作。第二节中大师父提出了使敌人乱的策略,而这一节大师父论述了如何使我军能够有效地协同作战的策略。以整齐的军队对阵混乱的军队,何忧不能取胜。

大师父从"率然"和仇人相救的事例引出了使军队协调一致的策略。这个策略包含三个部分:第一部分是高明的治军之道,能使每个士卒都勇敢地作战;第二部分是懂得利用地形,能够根据地形合理部署兵力,使每个士卒都能发挥出最大的作用;第三部分是"不得已"的形势,使士卒有更强的凝聚力、战斗力、纪律性等等。前两部分是基础,缺一不可:如果有些士卒胆怯,那么当其他士卒受到围攻时,他们就不会积极主动地前去救援;如果不会利用地形,军队部署不合理,那么当这里的士卒受到攻击时,其他地方的士卒就很难前来救援。有了勇敢的将士、合理的部署这个基础,那么在紧迫形势的促动下,整个军队就能发挥出非常好的协作性、非常强的战斗力。

有些时候虽然形势并不是"不得已",但是将领可以通过各种方法主动营造出一种"不得已"的气氛,比如开战前动员会的时候告诉士卒,此战关系我军生死存亡,只许胜不许败,又比如破釜沉舟、背水结阵。

"方马埋轮"的意思是把战马并排系在一起从而结成进攻阵型,把车轮埋在地下以固定战车从而结成防守阵型,这也是一种使部队协调一致的方法。但是如果不能使士卒在心理上、行动上协调一致,而只靠这种外部手段去约束部队,那么在有些情况下就未必会有用,因此大师父说"未足恃也"。"刚柔皆得,地之理也"的意思是要使强兵弱卒都能发挥出应有的战斗力,就要根据地形合理部署兵力,比如强兵与敌人正面交战,弱兵占据高地用滚木、礌石攻击敌军。

第 五 节

【原文】

将军之事,静以幽,正以治。能愚士卒之耳目,使之无知;易其事,革其谋,使人无识;易其居,迂其途,使人不得虑。帅与之期,如登高而去其梯;帅与之深入诸侯之地,而发其机,焚舟破釜,若驱群羊,驱而往,驱而来,莫知所之。聚三军之众,投之于险,此谓将军之事也。九地之变,屈伸之利,人情之理,不可不察。

【翻译】

将领统帅三军,要沉着冷静而深不可测,公正严明而有条不紊。要能够蒙蔽士卒的耳目使他们对军事计划一无所知;要经常变换做事的方式,经常改变用兵的策略,使别人无法识破我军的意图;要经常改变驻地,故意走迂回的道路,使人们无法捉摸我军的动向。主将给部队定下出征日期后,就像登上高楼去掉梯子那样没有回旋的余地;主将率领部队深入敌国国境作战,就像发射的弩箭一样一往无前,烧毁船只、打破炊具以示决一死战,率领部队就像驱赶羊群,赶过去,赶过来,而士卒却不知道要去哪里。调集三军,将兵力投入到危险之中,这就是将领要做的事情。各种地域下的应变,攻守进退的利弊得失,士卒心理、行为的变化规律,这些都是将领不该不清楚的。

【解读】

这一节的主题是将领,一上来就是一句高度概括且又非常有深度的"静以幽,正以治"。"静以幽"的意思是沉着冷静而深不可测,这是做人之道;"正以治"的意思是公正严明而有条不紊,这是做事之道。这四点是为将的基本功,若做不好这四点就难以成为一名合格的将领:若不能"静",就很容易因冲动而做出错误的决策,勇也会变成匹夫之勇;若不能"幽",所思所谋就会被敌人看穿,缺乏了城府,智也会变得黯然失色;若不能"正",则不能服众;若不能"治",则不能成大事。有些人做不好事情就是因为"治"没有做到位,导致各部分或者各阶段的工作成果无法有效整合起来,比如做了后面的但却把前面的劳动成果给弄丢了,因此经常要做些重复劳动;做了这里的但却忘了那里的,因此经常会把事情搞砸;做到后面了但却发现前面的还没做好,因此经常要走回头路。作为兵家一定要把这最基本的四点做到位,我们可不要小看了这四点,若能把它们做好,那么在人群中我们就已经不同寻常了。

《虚实篇》中大师父说要做到"无形",从而使"深间不能窥,智者不能谋",那么具体如何做到呢?这一节中大师父提出了三条策略:"愚士卒之耳目",这是瞒,即把军事行动隐瞒起来,不对外公开;"易其事,革其谋",这是变,即变换做事方式,改变用兵策略,使别人找不出规律,这样他们也就无法从我军的行动中推测出我军的意图;"易其居,迂其途",这是奇,即做些出人意料、难以捉摸的事情,这样别人就不知我军到底想干嘛了。这些策略的目的不是要欺骗士卒为将领出生入死,而是为了保证军事行动的机密性,因为士卒中很有可能隐藏了混进来的奸细,甚至军官中也会有。

大师父用"登高而去其梯"和"发其机"这两个非常形象的类比阐述了将领所需要的执行力。有些人在准备做一件事情的时候,虽然能够制定一套详细而又完整的计划,但却总是一拖再拖就是不愿着手执行,结果错过了时机,错失了机会。这种情况一回、两回问题还不是很大,但若养成了习惯就不仅仅是错失机会的问题了,连人生也都会被自己错失掉。如果你正困扰于此,就该学学大师父的办法,不要给自己留下回旋的余地,有时甚至要来个"焚舟破釜"。

很多时候一群能人聚集在一起反而搞不好事情,究其原因便是这些能人谁也不愿意成为被随意驱使的羊,总是各有各的见解,各有各的想法,导致一群人很难达成共识,好不容易定下了一套方案,很多人在执行的时候总是心有不甘,导致执行的效率与质量大大降低。作为智慧的兵家,当一个群体已经有了领导者,我们就要甘于成为一头被驱使的羊,当领导有了合适的想法,或者已经决定采取某个方案了,那么我们就应该把自己的想法放下,踏踏实实地完成分配给自己的任务,这样整个团队才能凝聚在一起,才能把力往一处使。

"投之于险"似乎与《军形篇》中稳妥的"所措必胜"策略相悖,但其实不然。"投之于险"的"险"不是冒险取胜的"险",而是危险之地的"险":首先,战场是危险的,即便是必胜的战争也必然会有士卒战死沙场;其次,远在敌国的战场更加危险,因为环境陌生,补给困难,而且随时随地都有可能受到敌军的攻击,更可怕的是一旦战败都不知道该往哪里逃跑。所以"投之于险"是率领士卒深入敌境攻打敌人,而不是故意把我军置于生死存亡的境地以激发士卒的战斗力从而取得胜利。第三节中的"投之无所往"与这里的"投之于险"是同一个意思。

"人情之理"是这一节的点睛之笔,在整部《孙子兵法》中有很多关于人情的论述,比如《九变篇》的"将之五危"论述了将领的五种极端性格带来的危害,本篇讨论了在敌国作战的士卒的心理、行为特点,接下来的《火攻篇》将讨论君主、将领的情绪对战争的影响。从这些论述我们可以看出大师父早已把行为学、心理学运用到兵法中了,《孙子兵法》的伟大就在于此!

第 二 部 分

这部分大师父将论述附加主题:霸王之兵。所谓霸王之兵就是征伐符合道义,实力威慑四方的军队。这种军队经常征战四方,会面对各种各样的地域,所以霸王之兵必须要善于运用九地兵法,故而大师父将这个主题放在了该篇中。

这部分提出的很多战术与前面的九地战术大同小异,比如第一节阐述的内容与第一部分的第一节基本相似,第二节中的很多内容与第一部分的第二、三、四、五节有异曲同工之妙,这都是因为征战四方的霸王之兵要用九地战术,虽然一眼看上去内容有重复之嫌,但这保证了霸王之兵论述的完整性。

第 一 节

【原文】

凡为客之道,深则专,浅则散。去国越境而师者,绝地也;

四达者,衢地也;入深者,重地也;入浅者,轻地也;背固前隘者,围地也;无所往者,死地也。是故散地,吾将一其志;轻地,吾将使之属;争地,吾将趋其后;交地,吾将谨其守;衢地,吾将固其结;重地,吾将继其食;圮地,吾将进其涂;围地,吾将塞其阙;死地,吾将示之以不活。故兵之情,围则御,不得已则斗,过则从。

【翻译】

进入敌国作战的规律是:入敌境深,士卒的意志专一;入敌境浅,士卒的意志涣散。离开本土越过国境,进入敌国作战的地域,称为绝地;四通八达的地域,称为衢地;进入敌境深的地域,称为重地;进入敌境浅的地域,称为轻地;背靠险阻,面向险隘的地域,称为围地;无路可走的地域,称为死地。进入散地,我方要使士卒意志专一;进入轻地,我方要使部队紧密相连;进入争地,我方要使后续部队快速前来接应;进入交地,我方要谨慎防守;进入衢地,我方要巩固与邻国的外交关系;进入重地,我方要保证军队的粮草供应不中断;进入圮地,我方要快速通过;进入围地,我方要堵塞各处进出的缺口;进入死地,我方要向士卒表明死战到底的决心。士卒的心理规律是:陷入包围就会奋勇抵抗,迫不得已之下就会殊死反抗,深陷险境反而更加服从命令。

【解读】

霸王之兵的重要任务是去国外作战,即所谓的"去国越境而师",为此大师父提出了一个含义更广泛的名词"绝地",它包含了"轻地"与"重地"。之所以将敌国领土称为"绝地",是因为那里的人民是敌国的人民,那里的城镇是敌国的城镇,那里的山水是敌国的山水,我军一不小心便会陷入进退无路、缺粮少水的绝境。

霸王之兵必须要懂得"为客之道","为客之道"包含了士卒心理、九地战术、外交方针、治军手段、用兵策略等内容。这一节大师父论述了士卒心理与九地战术,虽然所论述的九地战术与第一部分的第一节非常相似,但绝不是简单的重复。比如,第一部分中大师父说"争地则无攻",而这里则是"争地,吾将趋其后",如果敌人已经牢牢地占据了争地,我方就不要进攻了,而如果我方的先遣部队先占据了争地,那么一定要使后续部队迅速前来接应,否则有可能会因为防守力量弱小而被敌人夺走。又比如,第一部分中大师父说"重地则掠",而这里则是"重地,吾将继其食","掠"的目的就是为了"继其食","继其食"的手段便是"掠"。又比如,第一部分中大师父说"围地则谋",而这里则是"围地,吾将塞其阙","塞其阙"一方面可以防止士卒逃跑,稳定军心,另一方面可以制造出我方准备长期坚守的假象以麻痹敌人,当敌人防守松懈时我方可一鼓作气,出其不意突围而出,这是一种"谋"。由此可见,这一节与第一部分的第一节所要表达的意思是相同的,但表达的方式与角度却有所不同,两者相互呼应,互为补充。

这一节的首尾两句高度概括了士卒的心理规律,其所要表达的意思在第一部分的第三节已经作了详细的论述,这里就不再展开了。需要进一步说明的是"专"和"散":"专"就是意志专一,即一心只想着打败敌人凯旋;而"散"则是意志涣散,即有时候想着要打败敌人,而有时候却想着撤退、逃跑。

第 二 节

【原文】

是故不知诸侯之谋者,不能预交;不知山林、险阻、沮泽之形者,不能行军;不用乡导者,不能得地利。四五者,不知一,非霸王之兵也。夫霸王之兵,伐大国,则其众不得聚;威加于敌,则其交不得合。是故不争天下之交,不养天下之权,信①己之私,威加于敌,故其城可拔,其国可隳②。施无法之赏,悬无政之令;犯三军之众,若使一人。犯之以事,勿告以言;犯之以利,勿告以害。投之亡地然后存,陷之死地然后生。夫众陷于害,然后能为胜败。故为兵之事,在于顺详敌之意,并敌一向,千里杀将,此谓巧能成事者也。

是故政举之日,夷关折符,无通其使,厉于廊庙之上,以诛其事。敌人开阖,必亟入之,先其所爱,微与之期,践墨随敌,以决战事。是故始如处女,敌人开户;后如脱兔,敌不及拒。

【注释】

① 信(shēn),同"伸",伸展。② 隳(huī):毁坏。

【翻译】

不了解一个国家的战略谋划,不能与之结交;不熟悉一个地方的山林、险隘、沼泽等地形,不能行军;不使用当地人作向导,不能获得地形之利。上述这些事情,如果有一件不清楚,就不能成为争霸天下的军队。能够争霸天下的军队,当它攻打大国时,能使这个国家的军民无法集中力量进行抵抗;当它的兵威指向敌人时,敌人与其他国家的外交关系就会破裂。因此无须争着与别的国家结盟,也无须在别的国家培植势力,只需发动自己的力量,兵威指向敌人,便可攻下他们的城池,消灭他们的国家。有时要施行超出法定的奖赏,要颁布打破常规的政令;指挥全军将士要像使唤一个人那样协调有序。指挥士卒执行任务时,只需告诉他们要做什么事,不要告诉他们行动的意图;只需告诉他们行动的有利条件,不要告诉他们行动存在的危险。有时只有把士卒投入到绝境才有生存的希望,使士卒陷于危难才有生存的机会。全军将士陷于危难之中,就可取得胜利。用兵作战,先要假装顺着敌人的作战意图,当有机可乘时集中兵力攻打敌人某一处,那么即便是千里奔袭也可斩杀敌将,这就是所谓的巧妙的计谋可以成就我们的胜利。

当准备举兵出征的时候,要封锁关口废除出入国境的通行证,禁止敌国使臣来往,要在庙堂上反复评估、谋划,以决定作战战略。敌人出现破绽,一定要迅速趁机而入,先夺取敌人最爱惜的东西,不要与敌人约定作战日期,要以"遵守用兵之法,懂得随敌应变"为原则,来决定我军的作战计划。开始时要假装得像处女那样沉静柔弱,以引诱敌人放松戒备而出现破绽;敌人出现破绽后,发动进攻要像挣脱的兔子那样迅速而敏捷,使敌人来不及抵御。

【解读】

这一节论述了"为客之道"的外交方针、治军手段、用兵策略等内容,由此可见"为客之道"包含了战术体系的方方面面,它是一个综合运用各类战术的经典例子。可以说,大师父在这部分不惜重复论述前面

(前面战术部分各篇以及本篇的第一部分)提出的观点,甚至直接引用前面的句子,其目的就是为了告诉我们如何综合运用战术。我们可以举一反三,仿照"为客之道",综合运用各类战术,设计出其他的"道",比如防守之道。

"是故不争天下之交,不养天下之权,信己之私,威加于敌,故其城可拔,其国可隳",这一句大师父表明了这样一个观点:自己变得强大才是根本之道。与其挖空心思去与别的国家建立良好的盟友关系,不如尽心竭力强大自己;与其投入大成本在别的国家培植势力,不如花钱建设好自己的国家,更何况大难临头,同盟、外部势力都是靠不住的。当然了,有盟友作为辅助力量也是非常有利的,所以大师父说"不争"外交,而不是不搞外交。只要自己实力强,何必担心没有盟友;只要自己实力强,何惧敌人盟友多。在我军强大的兵威之下,敌人的外交必将土崩瓦解,无数的历史事实都证明了这一点。因此,能够成为霸王之兵一定是因为自己实力强,而不可能是因为自己盟友多。

"夫霸王之兵,伐大国,则其众不得聚":一是因为霸王之兵行动迅速,敌人来不及应对;二是因为敌人内部有选择战的,有选择降的,有选择求和的,意见不合导致不能同心协力迎战。"施无法之赏,悬无政之令",这是治军上的应变,战场之上任何事情都有可能发生,在遇到特殊情况时,将领要懂得顺应形势,突破常规;"犯三军之众,若使一人"靠的是良好的指挥;"犯之以事,勿告以言;犯之以利,勿告以害"这是用人之道。

虽然出兵之前通过评估得出我军胜算很大,但这毕竟是评估,难免会有失算,更何况胜算大不代表没风险。而且即便自己的实力非常强,但我方毕竟是深入敌境作战,会遇到非常多的不确定因素,因此"去国越境而师者"难免会陷入九死一生的险境,比如被敌军重重包围了,被敌军截断粮道了。当陷入这种险境时,最大的危险是不敢冒险,与其据守一处被敌人慢慢耗死,不如杀出营垒与敌人决一死战。由于生死存亡的紧迫形势能够极大地激发士卒的战斗力,因此往往能够使我军起死回生,甚至反败为胜,因此大师父说"投之亡地然后存,陷之死地然后生"。

"巧能成事者也"似乎与《作战篇》中的"故兵闻拙速，未睹巧之久也"相悖，但其实不然。"未睹巧之久"的关键问题在于"久"，为了计策的巧妙而导致用兵时间过长是非常不明智的，但是如果巧妙的计谋可以减少作战时间，降低战争成本，为自己赢得胜利，那就非常值得提倡了。而且需要注意的是，《作战篇》是从战略的角度考虑问题的，而这里是从战术的角度考虑问题的，在战术层面，"巧"的作用非常大。"顺详敌之意"说白了就是将计就计，即当获知敌人的作战计划后，我们不要为了一点小胜利而惊动他们，甚至还要暗中创造条件方便他们顺利实施下去，这样敌人的动向就掌握在我方手中了，我们就可轻易找到将他们一举击败的重大战机。

"夷关折符"是为了防止敌方间谍混进来，为此连自己国家的人民也要禁止他们出入境，因为有些间谍可能会伪装成我国的居民。"是故始如处女，敌人开户；后如脱兔，敌不及拒"，霸王之兵就像自然界中的虎豹，懂得躲在隐蔽处安静、耐心地观察猎物的一举一动，等到机会出现时以迅雷不及掩耳之势将猎物捕杀。可见，霸王之兵绝不是那些锋芒毕露、气焰嚣张的军队，而是那些能动能静，静时不露声色，动时风驰电掣的军队，打仗如此，做人更是如此！从另一个角度而言，作为兵家我们应该要明白：站在眼前飞扬跋扈的敌人不可怕，可怕的是那些在暗中注视着你一举一动的强敌。

《始计篇》中我们已经说过在企业运营中可以把"地"看作市场。跨国企业会开拓各个国家的市场，因此可将其看作霸王之兵。跨国企业会碰到一个非常棘手的问题——本土化，大师父在这里提出了一种解决办法"不用乡导者，不能得地利"，即运用本地人才来经营本地市场。

修 炼 启 示

本篇是《孙子兵法》十三篇中篇幅最长的一篇，它包含了最为复杂的九地战术，最具战斗力的霸王之兵，其内容非常丰富，能够给予我们非常多的启示。

本篇在看待地时，不仅考虑了地本身的自然属性，而且也考虑了地外在的社会属性。对于生活在社会中的我们来说，这一点给了我们非常有意义的启示，即我们在考虑问题时不能忽视人与物的社会属性，比如在了解一个人时，除了要了解这个人的性格、兴趣、理念等人本身的个性外，还要了解这个人的人际关系、生活环境、职业等社会属性。

这一篇给我们最大的启示是要懂得人情之理。一个领导者如果不懂得洞察人情，那么他必然不能以人性化的方式领导一个团队，这样他的下属会因为领导的无情而失去对工作的积极性，甚至对领导心生怨恨。其实很多时候，下属并不需要什么物质奖励，仅仅只需要领导安慰一下，鼓励一下，或者赞美一下，然而不懂人情的领导，反而会讽刺、批评甚至惩罚下属，这样会使下属觉得工作是一件很不开心的事情，甚至是一件非常痛苦的事情，下属的工作效率就会变得非常低。有句话说得好，"士为知己者死"，领导只有懂得下属，下属才会死心塌地跟随。每个生活在社会中的人，必然要与人打交道，因此不仅领导一个团队需要懂得人情，其他地方也要懂得人情。以帮助人为例，有些人在帮助了别人后，会过会看重自己的帮助，交谈的时候拐弯抹角暗示别人自己的恩情，合作的时候以自己曾经的恩情处处要求别人退让。可问题在于，被帮助者是否愿意领他们这份热心帮助的情呢，是否愿意滴水之恩涌泉相报呢？如若不是，那么助人者的这种求索就会使自己与被助者陷入说不清道不明的恩利纠葛中，严重的会导致关系破裂，甚至反目成仇。所以懂得人情的人，只会选择做无私的天使，或者精明的商人，而不会既想得天使的名声又想得商人的实惠。兵家修炼的重要目的之一就是要使自己有洞察人情的能力。

企业管理中，领导可以通过制造"不得已"的气氛来给下属施压，从而激发下属的干劲，比如布置任务的时候告诉下属这件事情很重要，时间也很紧，一定要在某个时间点之前保质保量地完成。这种方法确实不错，但若滥用的话就会产生副作用：一方面，下属经常处于紧张的工作状态，时间长了效率就会降低；另一方面，很宽松的事情也要搞得下属很紧迫地去做，一旦被下属察觉了，领导的信用就会降低，这种方式以后就不灵了，要是将来碰到真正需要下属铆足劲去干的事情，那就麻烦了。

"静以幽，正以治"包含了做人之道与做事之道，是一句非常好的座右铭。有道是"静能生慧"，心静之时人能够更好地思考，因而更智慧。"幽"说白了就是做人要有城府，要低调。人心通常是不怕多，不怕少，就怕不公平，"正"就是做事公正严明，如此才能服人，才能带领好团队。"治"就是做事要有条理，这样才有效率。

"是故不争天下之交，不养天下之权"给我们的启示是自己强大才是根本之道。一个人如果能力非常弱，那么即便关系很硬、人脉很广，那又有什么用呢？别人确实可以帮他推到一个非常高的平台上，但是他能站稳脚跟吗，勉强站住了，他又能从工作中获得快乐，获得成就感吗？刘阿斗的人脉够广吧，平台够高吧，可是因为没有能力，眼睁睁地看着自己的国家灭亡了，自己也从主宰一个国家的皇帝变成了受制于人的阶下囚，这样的人生落差可谓悲惨。所以兵家一定要记住，再强大的人脉关系也只能算是外部辅助而已，自己强大才是最关键的！

"投之亡地然后存，陷之死地然后生"，艰苦的环境可以激发人的潜能，有句话说得好："一个人如果不逼一下自己，都不知道自己有多优秀。"经常可以看到这样的例子，某个人下岗了迫不得已去创业，结果竟然建立了非常大的事业。人会因为生活得太安逸而失去激情，失去斗志，甚至变得颓废，有时候为了改变自己的现状，实现自己的理想，我们需要逼一下自己，让自己勇敢地往前冲。"践墨随敌"的意思是遵守用兵之法，懂得随敌应变。战场形势千变万化，因此要懂得应变，不可死守兵法，但是战场形势再怎么变，最基本的用兵之法仍然是最优秀的指导方针，因此又要遵守兵法。这有所变、有所不变正如"外圆内方"的处世之道，一个人在做事的时候可以八面玲珑、圆滑世故，但是其内心必须要坚持善，坚持仁，坚持正确的价值观。

十二　火攻篇

一日,师父正在烧水。

见我过来,师父说道:"人心中一旦有火,就会变得像这壶中的水躁动不安,就会产生一股股令人丧失理智的气。"

师父启诫第二十

火攻以其强大的破坏力,可用于烧毁敌军的物资,烧死敌军的兵马,打乱敌军的阵脚,用得好能够重创敌军从而扭转局势,甚至反败为胜。因此在古代的战争中,火攻是一个很重要的战术,这一点我们可以从三国时期的三大战役中看出来。

第一场战役是官渡之战。公元199年,袁绍自恃兵强马壮、粮草充裕,率十万精兵南下,企图一举消灭发展势头良好的曹操,而兵少将寡的曹操只得率领两万兵力北上迎战。在曹军危在旦夕之际,曹操接受了许攸的建议,率兵出其不意偷袭乌巢,一把火把袁绍的粮草全部烧毁了,于是袁军大乱,曹操乘势出击大获全胜。这一仗曹操消灭了袁绍的主力,奠定了统一北方的基础,袁绍集团从此没落而曹操集团从此崛起。

第二场战役是赤壁之战。公元208年,荆州牧刘表病死,曹操率大军南下,新任荆州牧刘琮迫于曹军的威势不战而降。接着,曹操采纳庞统的建议将战舰用大铁环连接起来,准备乘胜消灭刘备与孙权。处于弱势的刘备与孙权组建成了孙刘联军共同抗曹,联军采用苦肉计,派黄盖以降曹为名火烧曹军。黄盖纵火成功后,由于曹军的战舰连在一起无法分开,火势顿时蔓延开来,曹军大乱,烧死、淹死的将士不计其数。

赤壁之战最终以曹操的惨败而告终,由此拉开了三国鼎立的序幕。

第三场战役是夷陵之战。公元221年,刘备为报东吴袭取荆州、杀死关羽之仇,不听诸葛亮的劝告,率大军亲征东吴。危急之下,孙权任命年轻的将领陆逊为大都督抵御刘备。由于蜀军气势旺盛、兵锋锐利,陆逊采取坚守不战、等待时机的战略方针避其锋芒。刘备求战不得,为了避暑将部队移入山谷、树林,扎下互相连接的四十多座营寨。陆逊抓住这个机会,采用火攻战术火烧蜀军七百里连营,蜀军顿时乱作一团。吴军乘着火势大败蜀军,刘备逃到白帝城后不久抑郁而终。此战蜀国元气大伤,即便有足智多谋的诸葛亮也无济于事了。可以说这一战是天下从三分到一统的转折点。

从上述论述可以看出,火攻战术的运用很大程度上影响了这三大战役的胜败,而这三大战役的胜败又很大程度上影响了三国历史的发展,火攻战术的威力可见一斑。正是因为它的厉害,大师父专门为其开辟了一篇加以阐述。本篇可以分为两大部分:第一部分系统论述了火攻战术;第二部分论述了本篇的附加主题——安国全军之道。

第 一 部 分

【原文】

孙子曰:凡火攻有五,一曰火人,二曰火积,三曰火辎,四曰火库,五曰火队。

行火必有因,烟火必素具。发火有时,起火有日。时者,天之燥也;日者,月在箕、壁、翼、轸也,凡此四宿者,风起之日也。

凡火攻,必因五火之变而应之。火发于内,则早应之于外;火发兵静者,待而勿攻,极其火力,可从而从之,不可从而止。火可发于外,无待于内,以时发之。火发上风,无攻下风。昼风久,夜风止。凡军必知有五火之变,以数守之。

故以火佐攻者明,以水佐攻者强。水可以绝,不可以夺。

【翻译】

大师父说：火攻战术共有五种形式，一是火烧敌军的人马，二是火烧敌军的委积，三是火烧敌军的辎重，四是火烧敌军的仓库，五是火烧敌军的运输通道。

实施火攻必须要具备一定的条件，火攻器具一定要在平时准备好。发动火攻要选择合适的天时与合适的日子。所谓合适的天时，指的是天气干燥的时候；所谓合适的日子，指的是当月亮运行到箕、壁、翼、轸这四个星宿的时候，大凡月亮在这四个星宿的位置时，便是起风的日子。

大凡火攻，一定要根据五种火攻实施时的变化情况作出应变之策。如果在敌营内部放火，那么要及早地在外面策应；如果敌营已经起火，但敌军仍然保持镇静，那么应该耐心等待、冷静观察而不可贸然进攻，等火势烧到最旺盛的时候，如果可以进攻那么就进攻，如果不可以进攻那么就不要进攻。也可以从敌营外部放火，这样就不用等待内应了，而且要根据天时放火。要在上风向点火，且不要从下风向进攻敌人。如果白天风刮了很久，那么到了晚上风就会停止。领兵打仗一定要知道这五种火攻在实施时存在的变数，同时要根据天气的变化规律等待发动火攻的时机。

用火辅助进攻效果显著，用水辅助进攻攻势强大。水可以截断敌军，但不能毁灭敌军的兵马、积蓄。

【解读】

这部分大师父从火攻种类、火攻条件、火攻策略、火攻特点这四个方面系统阐述了火攻战术。

"火人"是最直接的火攻之法，比如当敌人行军于草木茂密处时便可采用这种战术。"火积""火辎""火库"都是为了烧毁敌军的粮草、器械等军用物资，但这三者是有区别的："火积"的"积"是委积的意思，指的是敌军储备在前线的物资；"火辎"的"辎"是辎重的意思，指的是敌军正在途中运输的物资；"火库"的"库"是仓库的意思，指的是敌军储备在后方的物资。可见这三者的区别在于物资的位置，前线的"积"是敌军的直接依靠，可通过派奸细混入敌军军营实施"火积"，虽然难度比较大，但效果往往最直接；运输途中的"辎"最容易下手，可通过半路设伏来实施"火辎"，但成功之后给敌人造成的影响往往最小；后方的"库"是敌军的最终依靠，需要深入敌境才能实施"火库"，但成功之后往往能重创敌军。"队"指的是敌军的运输通道以及交通设施，比如栈道、木桥、驿站。

"行火必有因"的意思是实施火攻需要具备一定的天时条件，这是时机问题。有些事情仅仅凭借我们主观上的努力是不够的，想要成功必须要具备良好的外部条件，诸葛亮所说的"谋事在人，成事在天"正是这个意思。"烟火必素具"的意思是平时要准备好实施火攻的器具，这是准备问题。有句话叫做"机会只留给有准备的人"，如果不准备好火攻器具，那么当火攻时机出现的时候，可能会因为来不及置办火攻器具而错失良机。生活中的一些事情，如果想要做成它们，时机与准备缺一不可，作为兵家我们要懂得等待时机，更要懂得未雨绸缪。

由于实施火攻需要具备一定的外部条件，因此存在比较大的变数，所以大师父说"必因五火之变而应之"。大师父经常提到变，那么何谓变呢？它包含两种含义：一种是变化，比如东风吹着吹着变成了西风，变化有大有小、有快有慢，有些东西的变化是意料之中的，我们知道它们会变，只是不知道什么时候变，变成什么样子，而有些东西的变化却是出乎意料的，我们根本没有想到它们竟然会出现这样的变化；另一种含义是反常，即不符常规、超乎常理，理应出现的没有出现或者按理不该出现的出现了，比如军营起火敌人应该慌乱不堪，他们却异常镇静。这里不得不再强调一下，这个世界唯一不变的就是"变"，作为兵家我们要能够冷静、快速、智慧地应对各种"变"。

"火发兵静者"说明敌人已有所准备，这个时候我们不可贸然行事，否则可能会陷入敌人布置的圈套中。"火发上风，无攻下风"，在上风向点火，那么火可借风势迅速蔓延开来，由于火会向下风向蔓延，烟会向下风向飘，因此不可从下风向进攻敌人，否则轻则被烟熏，重则被火烧。

以火辅助进攻有两个好处：一是可以烧毁敌军的人马物资，从而降低敌人的实力；二是可以使敌军混乱，从而降低敌人的战斗力。因此大师父说"以火佐攻者明"。而以水辅助进攻，可以利用水将敌军一分为二,这样敌军的实力将被大大削弱,那么我军相对敌军的实力就会大大增强,所以大师父说"以水佐攻者强",韩信消灭龙且便是一个非常经典的例子。当然了,水还可以截断敌军粮道,阻止敌军逃跑,阻隔敌军的救援部队。"水可以绝,不可以夺"说的是一般情况,特殊情况下水也是可以"夺"的,比如敌军驻扎在低洼处,而我军又有巨量的水可以用,那么完全可以放水冲击敌军军营、冲走敌军物资、淹死敌军人马。

虽然我们不能将火攻这种战术直接运用到现代生活中,但这并不表示研读这一篇毫无价值。我们可以从这部分获得非常多的启示:首先是战术结构,大师父从种类、条件、策略、特点四个方面系统论述了火攻战术,我们在设计新战术时也可以借鉴这种结构从四个方面系统考虑;其次是"可从而从之,不可从而止"的应变心态,有些时候我们要懂得放弃,明知不可为而为之的固执往往会给我们带来惨痛的代价;最后是借助外力的战术思想,战争可以借助火、水等外部自然力量,我们在做事的时候也要学会借助各种各样的外力。

在论述火攻战术的特点时,大师父用水攻战术与之作了对比,但是大师父并没有专门开辟一篇来详细介绍水攻这一战术,这并不是因为水攻战术不重要而是因为水攻与火攻相似,大师父为了保证《孙子兵法》的简洁性,只论述了更经典的火攻战术。以水辅助进攻的经典案例还是不少的,比如曹操水淹下邳破吕布。大师父在这里提到水攻似乎在暗示我们:战术是无穷无尽的,《孙子兵法》只论述了一些最经典、最重要的战术,至于其他战术需要我们自己举一反三。

第 二 部 分

【原文】

夫战胜攻取,而不修其功者凶,命曰"费留"。故曰:明主虑之,良将修之。非利不动,非得不用,非危不战。主不可以怒而兴师,将不可以愠而致战。合于利而动,不合于利而止。怒可以复喜,愠可以复悦,亡国不可以复存,死者不可以复生。

故明君慎之,良将警之,此安国全军之道也。

【翻译】

战胜敌军、攻取城池,但却不巩固战果、不论功行赏,这是很凶险的,称之为"费留"。所以说明智的君主一定会慎重考虑这个问题,贤良的将领一定会谨慎处理这个问题。不能获得利益不要行动,没有取胜的把握不要用兵,不是形势危急不要开战。君主不可以因一时的愤怒而发动战争,将领不可以因一时的恼怒而与敌军交战。符合国家的利益就行动,不符合国家的利益就停止。愤怒可以转为欢喜,恼怒可以转为喜悦,但是国家灭亡了就无法再存续了,将士战死了就无法再起死回生了。因此明智的君主会慎待战争,贤良的将领会警惕战争,这是维护国家安定、保全军队实力的基本原则。

【解读】

这部分大师父从战略层面阐述了安国全军之道。安国全军之道可分为两部分:一是战胜攻取之后的"修其功",二是战胜攻取之前的理智用兵。

有些将领在取得了胜利后,会得意忘形地认为功劳全在自己,因此只给将士们很少的奖赏,或者赏罚不公,肆意地按照自己的主观意愿发放奖赏,有的甚至不再提起战前允诺给将士们的奖赏。将领的这种行为会失信于人,严重打击将士们奋勇杀敌的积极性,非常不利于将来的作战,因此大师父说"凶"。

攻占了敌人的城池后,有些将领会认为大功已经告成,但其实有远见的将领还会做很多巩固战果的事情,比如安抚城中百姓,建立政府机构,修复破损的城墙,合理处置俘虏,补充损耗的兵力、物资,这样军队才不会因为作战而降低实力,相反还会增强实力,同时又多了一个可以依靠的城池。而如果将领不懂得巩固战果,那么从表面上看他的军队可能占领了很多城池,战果非常辉煌,但其实随着胜利的不断取得,他的军队实力越来越弱,而且他所攻占的城池非常不稳定,一个个都蠢蠢欲动,随时都有反抗的可能性。这种情况下,他的军队一旦战败,这些城池就会顺势反叛,那么有可能几年的战果将瞬间化为灰烬,而且由于军队的实力在作战中消耗得太多,这一败有可能会导致他的军队长久地一蹶不振，甚至导致国家灭亡。

所以战胜攻取之后一定要对外巩固战果，对内论功行赏，即所谓的"修其功"。其实很多时候巩固胜利的果实比取得胜利还要难，比如：得到敌方百姓的拥护就比攻下敌方的城池要难得多；分享胜利的果实就比同甘共苦共奋斗要难得多——古今中外不知有多少原本很有作为的团队因为分配利益与权力引发的矛盾而四分五裂，甚至自相残杀。除了军事外，其他领域中"不修其功"也是很常见的，比如：创业赚了钱，但却只知道拿钱享受而不知道用来发展；顺利考入了大学，但却不继续努力，而把大量的时间花在了打游戏上；企业成功上市了，但却不能利用好从股市融来的资金。

战胜攻取之前决策者要坚持"非利不动，非得不用，非危不战"的理性用兵原则，要遵守"不可以怒而兴师"，"不可以愠而致战"的用兵戒律。兵家一定要铭记这个戒律，因为一个人一旦失去了理智，那么他就会做出愚蠢的决策。《孙子兵法》中的很多策略都是基于这个道理的，比如《始计篇》诡道的"怒而扰之"，《九变篇》将之五危的"忿速，可侮也"。从古至今不知有多少英雄因怒致战而兵败战场，因此兵家一定要控制好自己的情绪，当情绪上来的时候我们可以默念大师父的话"怒可以复喜，愠可以复悦，亡国不可以复存，死者不可以复生"来平复自己的情绪，如果实在忍不住而愤怒了，那么一定不要在这个时候做决定。

怒是什么？心中的火也！火可怕，更可怕的是心火；火攻高明，更高明的是点燃敌军将领的心火。于是火攻战术得到了升华，从放有形之火上升到了放无形之心火，可见大师父之厉害！因此将安国全军之道这个附加主题放在该篇中是很自然的事情。

需要说明的是，作为将领要"静以幽"，但是作为士卒就要用怒火激发战斗力，就像大师父在《作战篇》中所说的"故杀敌者，怒也"。当然了，有的时候一个人的愤怒可以威慑对手，因此也可以将愤怒作为一种手段，只是在愤怒的时候不要完全失去理智，不要去做决定，更不要采取任何行动。

原文中的"费留"我们没有必要去深究，它就是大师父命名的一个军事术语,意思就是"战胜攻取,而不修其功"。夷陵之战刘备怒而兴师,陆逊火攻取胜,是本篇最好的注解。

修炼启示

本篇的篇幅虽然比较短小,但却蕴含了非常多的智慧,尤其第二部分的安国全军之道,能够给予我们非常深刻的做事与做人的启示。

每个追求成功的人都非常关注如何成功这个问题,通常会通过研究成功者的奋斗历程,聆听成功者的告诫,阅读讲述成功的书籍等方式来学习如何成功,但是很少有人会关注成功之后该怎么做。有些人在辛辛苦苦取得了令人振奋的成功后,可能会由于自己在成功之后的不作为导致成功的果实如昙花一现。而且更值得我们注意的是,这一次成功之后的不作为往往会影响下一次的成功,比如这一次的成功助长了自己的骄傲情绪而自己又没能抑制住它。可以说,一个人能够走多远,能够取得多大的成就,与他是否懂得在成功之后"修其功"有很大的关系。成功之后的"修其功"包括:调整好自己与团队的心态,不要因为一点小成功而沾沾自喜、不思进取;协调好每个人的利益,不要因为团队成员之间的利益斗争而破坏整个团队的协作性;反思存在的不足,完善自己,完善团队,为下一次的成功奠定更好的基础;总结经验,制定下一步计划;……只有这样,我们才能获得更长久、更辉煌的成功。人生是一个不断前进的过程,作为兵家我们要懂得在成功之后"修其功",使这一次的成功成为下一次成功的垫脚石,而不是绊脚石。

人是一种非常感性的高级动物,会产生喜、怒、哀、乐等情绪,并且这些情绪会影响人的行为。通常情绪波动比较大的人喜怒无常,做起事情来非常感性:他们容易冲动,看到一点小利就拼命往前冲,唯恐落在人后;也容易悲观,碰到一点小挫折就觉得天要塌下来了;容易自大,获得一点小成功就不知天高地厚;也容易消极,遭遇一点小失败就自暴自弃。而情绪波动比较小的人往往从容而冷静,做起事情来非常理性,能够客观地分析问题,智慧地解决问题。显然,一个有修为的人其情绪必定是非常稳定的,能够做到"不以物喜,不以己悲"。我们可以通过两种方式来提高自己在情绪上的修为：一是培养自己的情商，提高控制情绪的能力；二是历练自己，丰富阅历，当一个人看尽世态炎凉，尝尽人生百味后，他的眼界、心胸、承受能力都会得到质的提升，心态自然也会变得更加从容，情绪自然也会变得更加稳定。

十三　用间篇

一日,山下的王掌柜带了两坛黄酒前来向师父求教。

他向师父诉了一大堆苦,大意是他精打细算,勤奋经营,无奈生意惨淡非常辛苦,希望师父指点一二。

师父听完后说道:"你的问题就在于太过精打细算,给伙计的待遇太差,伙计干活缺乏积极性,在货物上的投入太少,商品缺乏吸引力。真正高明的精打细算不是少花钱,而是把钱花到该花的地方。该投入的地方一定不能吝惜投入,否则就会坏事。"

师父启诫第二十一

《始计篇》中大师父说道"校之以计而索其情",可问题是只有了解了敌人才能"校之以计";《谋攻篇》中大师父说道"知彼知己",这个观点深受世人认同,可问题是怎么才能"知彼"呢;《军形篇》中大师父说道"以待敌之可胜",可问题是我方在等待的时候怎么知道敌人是否可胜呢;《虚实篇》中大师父说道"避实而击虚",可问题是怎么知道敌人哪里实,哪里虚呢;《军争篇》中大师父说道"故不知诸侯之谋者,不能豫交",大师父说得很有道理,可问题是怎么知道"诸侯之谋"呢;《行军篇》中大师父说道"足以并力、料敌、取人而已",可问题是如何"料敌"呢;《地形篇》中大师父说道"知吾卒之可以击,而不知敌之不可以击,胜之半也",可问题是怎么知道"敌之不可以击"呢;《九地篇》中大师父说道"故为兵之事,在于顺详敌之意,并敌一向,千里杀将",可问题是怎么知道"敌之意"呢?

可见,无论是战略分析还是策略运用,抑或是战术谋划,其前提条件都是知,只有了解了敌人,了解了自己,才能够判断能不能打,才能够谋划怎么打。了解自己的情况容易,难的是了解敌人的情况。虽然大师父在前面的篇章中多次强调了要知敌情,但他却一直没有为我们解答"如何知敌情"这个问题。在这最后一篇大师父终于要向这个问题下手了,将它放在最后一篇不是因为它不重要,而是因为这样的安排可以使整部《孙子兵法》的结构更加完美,其中的原因我会在后面进行说明。

虽然大师父在《行军篇》中提出了根据敌军表象来推测敌军状态、意图的相敌之法,但是这种方法很容易被敌人制造的假象所欺骗,更关键的是它所能够获得的信息非常有限,因此不是一种有效的知敌手段,只能作为一种辅助手段。本篇大师父提出了一种非常实用、非常厉害的知敌手段,即通过运用间谍获取敌军情报。当然了,有一点我们一定要清楚:运用间谍不是获取敌军情报的唯一手段,大师父只是挑选了最经典的知敌手段进行阐述,其他的知敌手段需要我们自己举一反三。

本篇只有用间这个主题,没有附加主题。大师父在第一段阐述了要用人获取敌军情报的战术思想后,依次论述了间谍的分类,用间的特点与条件,用间的关键点,间谍的应用范围,最后总结用间。本篇蕴含了很多非常有智慧的思想,研读之时一定会令你拍案叫绝。

第 一 节

【原文】

孙子曰:凡兴师十万,出征千里,百姓之费,公家之奉,日费千金;内外骚动,怠于道路,不得操事者,七十万家。相守数年,以争一日之胜,而爱爵禄百金,不知敌之情者,不仁之至也,非人之将也,非主之佐也,非胜之主也。故明君贤将,所以动而胜人,成功出于众者,先知也。先知者,不可取于鬼神,不可象于事,不可验于度,必取于人,知敌之情者也。

【翻译】

大师父说:发动十万人的军队,远征千里,那么老百姓的耗费,国家的开支,每天要消耗千金之巨;在内的百姓和在外的将士都骚动不安,运送粮草、军械的民夫因长年奔波在道路上而疲惫不堪,不能正常从事耕作的百姓达到七十万家之众。与敌军对阵数年,为的就是争夺一朝的胜利,但却因为吝惜官爵钱财舍不得运用间谍而不知敌情,那真是太不仁了,这样的人不配做军队的统帅,不配做君主的辅佐,也不能成为胜利的主宰者。圣明的君主、贤良的将领,之所以一出兵就能够战胜敌人,成就的功业超群出众,在于他们能够预先了解敌情。想要预先了解敌情,不能通过求神问鬼等手段,不能通过其他事物与现象去类推,也不能通过日月星辰的位置去验证,一定要通过人去获取情报,这样才能成为真正了解敌情的人。

【解读】

这一节精妙之极,说其精妙主要体现在三个方面:一是大师父告诉我们一个道理——要舍得投入,在关键处吝惜成本反而会带来更大的成本,甚至导致失败;二是想要取得成功一定要"先知";三是兵家不可迷信,可能在你的印象中古人是非常迷信的,哪怕是智慧的兵家也不例外,但是从这一节我们可以看出大师父一点都不迷信,所以不要小看了古代兵家的智慧。

作为一名兵家,我们一定要谨记:"明君贤将,所以动而胜人,成功出于众者,先知也。"知对成败的影响非常大,准确而及时地知敌情可以让我们做出正确的决策,从而更早地获得胜利,节省巨大的战争成本,因此花在知上的开销是非常值得的。反之,如果不肯在知上投入成本,那么对敌人的无知不仅会导致决策失误,拖长战争时间,甚至会导致我方战败,因此是非常不明智的。生活中我们会听到很多关于知的妙语,比如"不要涉入自己不懂的行业","信息灵通生意兴隆"。按现代的说法,知其实就是获取信息。在信息时代,信息作为一种战略资源,使得知变得更为重要。现代战争中提出了所谓的信息战,其实本篇论述的内容就是古代的信息战战术。

我们可以从很多古代战争题材的影视剧中看到这样的场景:一阵风吹来把营中的旗杆吹倒了,然后军师就对主将说"今夜敌军必来劫营"。按照迷信的说法旗杆倒了是不祥之兆,由此可以推断出敌军要来劫营,这即是大师父所说的"象于事"。另一个经典场景是:军师忧心忡忡地对主将说"吾夜观天象,敌军气数未尽。"按照迷信的说法,天上日月星辰的运行预示了地面上众生的命运、国家的兴衰,这即是大师父所说的"验于度"。说到此可能有人心里会产生疑惑了,既然兵家一点都不迷信,那影视剧中为什么还有这么多类似的场景呢,难道是编剧瞎编的吗? 这当然不是,有些时候兵家很难直接说服固执的君主接受自己的建议,于是利用君主的迷信,拿这些事作为佐证来说服君主。还有用迷信来稳定军心的,比如狄青在征讨侬智高时为了鼓舞士气,拿出一百枚钱币设坛问神"倘若此次出征能够打败敌人,那么当我将这些钱币掷到地上时,请神灵将有字的一面全部朝上",说罢,他扬手一扔,当钱币落地时竟然全部都是有字的一面朝上,官兵见此顿时一片欢腾,信心大增。其实,狄青掷的这一百枚钱币两面都是有字的。当然了,我们也不排除糊涂的君主找了一个巫师当军师,这个巫师根本不懂兵法,不能算作兵家,他真的利用迷信来判断敌情、预测形势、谋划策略。

大师父在否定了"取于鬼神"、"象于事"、"验于度"这三种不科学的知敌手段后,提出了一种科学的方法"必取于人",这个"人"就是间谍,由此引出了本篇的主题:用间。

第 二 节

【原文】

故用间有五:有因间,有内间,有反间,有死间,有生间。五间俱起,莫知其道,是谓"神纪",人君之宝也。因间者,因其乡人而用之。内间者,因其官人而用之。反间者,因其敌间而用之。死间者,为诳事于外,令吾间知之,而传于敌间也。生间者,反报也。

【翻译】

战争中可以运用五类间谍:因间、内间、反间、死间、生间。五种间谍一起使用,敌人就弄不清楚我方获得情报的途径了,这就是所谓的神妙方法,是君主克敌制胜的法宝。因间是利用敌国普通百姓做我方间谍。内间是利用敌国官员做我方间谍。反间是利用敌方的间谍做我方间谍。将领故意向外泄露假情报使我方间谍知道,我方间谍被敌人抓住后将假情报传递给敌方,敌人一旦发现情报是假便会将其处死,这就是所谓的死间。生间是从敌方获得情报后返回来报告敌情的间谍。

【解读】

这一节大师父系统地论述了五种间谍。因间、内间、反间用的是敌方的人员,只是他们的身份不同。死间、生间用的是己方人员,只是运用的方式不同。间谍的作用主要有两个:一是获得敌方的情报;二是用假情报混淆敌人的视听。概括地说就是,知敌人而使敌人不知我,因此用间也是一种"形人而我无形"的具体手段。《九地篇》霸王之兵部分大师父说道"不用乡导者,不能得地利","乡导"其实就是因间,土生土长的"乡导"对敌国非常熟悉,因此通过他们可以迅速了解敌国的地形,从而获得地利。

反间有两种运用形式:一种是发现敌间后,策反他,并让他为我方服务,这是明用反间;另一种是发现敌间后,假装不知道,然后故意泄露假情报给他,通过他传递给敌国,这是暗用反间。

在这五种间谍中比较难以理解的是死间。将领通过"为诳事于外"使死间在不知不觉间获得假的信息,当死间被敌人抓住后,他就会把这些假情报告诉敌方,从而达到误导敌人的目的。由此可见,表面上将领可能是让死间去获取敌方情报,但其实是希望他把假情报传递给敌方,并且这些假情报是通过故意泄露的方式暗中传递给死间的,死间并不知道这些信息是假的。因此死间的人选往往是那些靠不住的人,比如罪犯、逃兵、死囚,这样他们才会在被抓住后把他们认为的真情报告诉敌人以换取自己的私利。

通常,不同的人掌握了不同的信息,比如普通百姓对某个地区的地形、风俗等情况比较了解,官员对政治形势、官场矛盾等信息比较了解,将领对战略谋划、军事部署等信息比较了解。因此,如果我方获得情报的途径比较单一的话,敌人就可以通过分析我方掌握的情报的特征推断出我方获得情报的途径,而如果我方能够综合运用各种间谍获取各方面的情报,即所谓的"五间俱起",那么敌人就很难搞清楚我方获得情报的途径了。

第 三 节

【原文】

故三军之事,莫亲于间,赏莫厚于间,事莫密于间。非圣智不能用间,非仁义不能使间,非微妙不能得间之实。微哉!微哉!无所不用间也。间事未发而先闻者,间与所告者皆死。

【翻译】

统帅三军作战,没有比间谍更为亲近的人了,奖赏没有比对间谍更为优厚的了,事务没有比用间谍更为机密的了。不是才智非凡不能使用间谍,没有仁爱道义不能驱使间谍,不是思维深邃、分析缜密不能从间谍的情报中获得实情。微妙哉!微妙哉!没有什么地方是不可以使用间谍的。间谍活动还没有开展却有人事先知道了,那么间谍和被告知用间机密的人都要被处死。

【解读】

这一节大师父阐述了用间的特点与用间的要求,主要是针对生间而言的。

对间谍的要求是很高的:一是要有智慧,能够隐藏自己的间谍身份,能够冷静而机智地应对在搜集情报、传送情报过程中遇到的突发情况;二是要有敏锐的洞察力与高超的侦察能力,能够发掘获取情报的途径,能够辨别信息的真伪;三是要有胆量,因为间谍需要到敌国去活动,一旦身份暴露就会死得很惨;四是要忠义,忠于自己的国家,忠于自己的使命,宁死也不叛国,至死也不辱使命。可见,一名优秀的间谍必然是智勇双全、德义兼备的,对这样的人才一定要给予丰厚的奖赏。间谍出生入死、忠心耿耿,因此通常都是君主、将领最亲密的人。用间对保密的要求非常高,因为用间计划一旦泄露,那么敌人就可轻易发现我方派去的间谍,后果将非常严重,比如敌人可故意透露假情报给我方间谍,策反或者处死我方间谍。

用间是一把双刃剑,用得好可以及时获得敌人的情报,有利于我方做出正确的决策;用得不好,派出去的间谍不仅获得不了有用的情报,甚至还会被敌人利用,反倒成了我方巨大的祸患。因此,想要用好间谍不是那么简单的。首先得才智过人,主要是善于识人,能够判断一个人是否机智,是否忠心,是否勇敢,选好间谍是用好间谍的前提条件。其次得有大仁大义,仁可以笼络人,使人忠心耿耿,义可以感化人,使人视死如归,这是用好间谍的基础,否则出再多的钱,也未必会有优秀的间谍肯真心卖命。最后得有极强的分析能力:一方面能够判断情报的真假,很多因素都会导致间谍传回来的信息不可靠,比如敌人的伪装,间谍的主观判断;另一方面能够利用已经掌握的信息推断出更多未知的信息,用间者的分析能力决定了他能否充分发掘出情报的价值。因此在使用间谍之前得先掂量掂量自己的能力,若不具备"圣智""仁义""微妙",务必慎用间谍!

第 四 节

【原文】

凡军之所欲击,城之所欲攻,人之所欲杀,必先知其守将、左右、谒者、门者、舍人之姓名,令吾间必索知之。

【翻译】

凡是我军想要攻击的部队,想要攻打的城池,想要刺杀的敌方人员,一定要事先知道其守卫将领、左右亲信、负责接待通报的官员、守门卫士、门客幕僚等人员的姓名,一定要让我方间谍搜集他们的情报,搞清楚他们的情况。

【解读】

这一节论述了间谍的应用范围。正如大师父在上一节中所说的"无所不用间也",无论是攻击军队还是攻打城池,抑或是刺杀敌方重要人员,我们都需要用间谍去搜集重要情报,然后便可根据这些情报做出明智的决策。

第 五 节

【原文】

必索敌人之间来间我者,因而利之,导而舍之,故反间可得而用也。因是而知之,故乡间、内间可得而使也。因是而知之,故死间为诳事,可使告敌。因是而知之,故生间可使如期。五间之事,主必知之,知之必在于反间,故反间不可不厚也。

【翻译】

一定要找出在我方搞间谍活动的敌方间谍,然后用重金收买他,开导并稽留他,这样就可以使之成为我方的反间并为我所用。依靠从反间获得的情报,可以得到乡间、内间并加以使用。依靠从反间获得的情报,死间掌握的假情报,就可以顺利传给敌方。依靠从反间获得的情报,可以使生间按期返回。对于五种间谍的运用,君主一定要清楚相关的情况,而弄清楚的关键在于反间,因此反间不可以不厚待。

【解读】

这一节大师父论述了用间的关键。这里所说的乡间其实就是前面论述的因间。想要使用乡间与内间,首先得了解敌方百姓、官员的相关情况,比如哪些百姓对某个地区比较了解,哪些官员自私、贪财,哪些官员了解某些机密;想要使用死间,首先得了解什么样的假情报敌人会相信,如何让敌人发现死间;想要使用生间,首先得了解出入敌国的道路、获得信息的途径等相关情况。敌方人员对敌人最为了解,因此了解这些情况最好的途径莫过于送上门来的敌方间谍。同时,通过反间还可以了解我方是否有间谍叛变,其他在我方活动的敌方间谍等信息,所以用间的关键在于反间。

那么如何策反敌人派过来的间谍使之成为我方的反间呢?"因而利之,导而舍之"。这个舍是稽留的意思,说得好听点是好吃好喝招待他,与他聊聊天谈谈心,说得难听点是把他软禁起来逼其提供情报。至于策反之后是留着他作为我方的情报顾问,还是放他回去帮助我方刺探情报,那就要根据具体情况而定了。

反间的厉害恰恰体现了用间的潜在危害,用之不慎不仅获得不了敌方的情报,相反还会给敌方提供一个极好的情报提供者。从这里我们也可以看出机密对用间的重要性,哪怕是间谍也不可以告诉他其他间谍的存在,否则一旦其中一个间谍被策反,那么整个间谍系统就会遭到重创。

第 六 节

【原文】

昔殷之兴也,伊挚在夏;周之兴也,吕牙在殷。故惟明君贤将,能以上智为间者,必成大功。此兵之要,三军之所恃而动也。

【翻译】

从前商朝的兴起,在于重用了来自夏朝的伊尹;周朝的兴起,在于重用了来自商朝的姜子牙。因此只要圣明的君主、贤良的将领能够任用智慧超群的人作间谍,那么一定能够成就伟大的功业。这是用兵作战的关键所在,因为三军要依恃间谍的情报而行动。

【解读】

伊尹和姜子牙是古代两位非常出色的兵家,他们以过人的智慧为中国历史的发展做出了非常重要的贡献。伊尹本是夏朝属国有莘国的一名奴隶,而姜子牙则是居住于商朝行都(在首都之外另设的一个都城)朝哥的一位郁郁不得志的普通百姓,另一种说法说他是一名小官,因此他们是因间或者内间。虽然大师父以他们作为用间的例子,但其实相比于他们获得的关于夏朝与商朝的信息,他们卓越的智慧在辅助君主建立商朝与周朝的过程中起到了更重要的作用。最后大师父以用间是"兵之要"总结全文。

本篇论述了知的一种具体手段,该手段本身是属于战术层面的,但运用该手段获得的信息却是战略谋划的前提。可见大师父把《用间篇》放在最后一篇是很巧妙的:一是作为战术层次的最后一篇,阐述了用间这一获取敌军情报的战术手段;二是作为《始计篇》的前提篇,使整部《孙子兵法》形成一个前后相继的环。大师父通过这一环形结构告诉我们一个道理:战略和战术是相辅相成的,战略问题的解决需要战术的支持，战术的制定需要基于战略。至此，整部孙子兵法的大结构已经完整地呈现出来了，我会在后面做一个完整的论述。

对本篇的解读只剩下最后一个问题了：为什么大师父在本篇没有安排附加主题？想要找到这个问题的答案，我们可以反过来进行分析：如果要安排附加主题，那么这个附加主题应该是由用间引出的，用间的目的是知，知而后计，显然计作为这一篇的附加主题最为合适。而《孙子兵法》的第一篇《始计篇》的主题恰好是计，若在这里讨论一个附加主题计，那么结构上就形成了首尾呼应的格局，若这里不讨论，而由《始计篇》来填补这个空缺，那么结构上就形成了首尾相连的格局。显然，后一种选择更好，它使整部书的结构由前到后，再从后回到前，形成一个无穷无尽的环。兵家修炼也正是一个从头到尾，再从尾回到头的过程，当然了这不是简单的重复，因为当我们再次站在起点的时候，我们已经比上一次的自己更加强大了，同样的内容我们可以获得更深的理解，所以在这个循环往复的过程中，兵家的功力会越来越深。

修 炼 启 示

随着社会的进步，人们做事的手段变了，但是做事的基本指导思想依然没有变，这是《孙子兵法》历经二千五百余年仍然具有极高现实指导价值的原因所在。依靠科技的进步，我们拥有了更先进、更快捷的信息获取手段，比如卫星、计算机网络，但是"知而后谋，谋而后动"的基本指导思想依然闪耀着智慧的光芒，依然是我们做事的不二准则。作为兵家，我们在研读《孙子兵法》时，不必深究于各种军事手段的具体细节，而应将更多的精力用于感悟手段背后的兵家思想，并将之运用于自己的生活中。

当我们对社会抱有畏惧时，当我们不知道该如何融入社会时，当我们想创立一番事业却倍感迷茫时，一定要记住我们缺少的不是资源，不是胆量，更不是才华，缺少的仅仅是对社会的了解。当我们充分了解了社会后，我们就会发现自己完全有能力在这个社会中游刃有余。"故明君贤将，所以动而胜人，成功出于众者，先知也"，以现代人的视角，我们可以这样理解这句话：成功人士之所以能够成功，成就的事业超越一般人，是因为对社会的了解。对社会的了解可小到大众的生活需求，可大到国家的政策、世界的经济趋势，可深到各种社会潜规则。如果把社会看作是我们的对手，那么因间就是这个社会中的普通人，内间就是这个社会中的成功者，我们可以通过与他们聊天、向他们请教等方式获得很多关于这个社会的信息。当然了，了解这个社会的最好方式就是把自己当作生间，勇敢地融入进去，细心地观察，用心地体验，大胆地尝试。

知不仅会影响一个人做事，也会影响一个人做人。比如当一个人因为阅历的增长而了解了越来越多的人与事时，他可能会变得更加从容，更加大度。

本篇有一句话非常值得我们细细品味："非仁义不能使间。"所谓"小胜靠智，大胜靠德"，凭借个人能力取得一点小成功是没有问题的，但若想要创建大事业，那么就必须要善于用人。用人是一门大学问，但归根结底其实就是如何使下属忠心耿耿、尽心尽力。仁的含义是体谅人、善待人、包容人，它可以笼络人心，义的含义是道义，它可以使人从工作中获得成就感，从而激发工作的积极性，真正贤良的人才是不愿意做违背道义之事的，所以用人的关键在于用人者的仁义。作为兵家我们一定要注意，不要为了达到目的而不择手段，逾越了仁义的底线身边的贤良之士会离我们远去！

《孙子兵法》大结构

一日,问师父:"我现在修炼到什么程度了?"

师父道:"兵家修为可分为五层。你现在对兵法结构有了粗略的认识,对兵家思想有了一定的理解,已经到达兵家一层境界了。"

师父启诫第二十二

兵法是无穷的,也是灵活的,更会随着时代的发展而发展,如果一本兵书企图将兵法写得面面俱到、无所不包,那么反而容易过时,也容易束缚读者。而兵法中最核心、最精髓的部分,往往能够经受住时间的考验,甚至历久弥新。大师父在撰写《孙子兵法》时,采取了"在一个完整的兵法结构的基础上,论述兵法各部分最经典内容"的方法,这使得《孙子兵法》字数虽少但却字字珠玑,篇幅虽小但却博大精深,这是这本书能够流传两千多年而仍然为人们津津乐道的原因之一。大师父的这种只阐述兵法最核心部分的书写方式,有利于我们抓住关键快速领悟兵法,有利于我们放开手脚、举一反三,将兵法运用到现代生活中,也有利于我们在他的兵法大框架上,结合现代生活,融入新的兵法内容。

《孙子兵法》的伟大在于两个方面:一是它所阐述的兵法内容,二是它所蕴含的兵法结构。很多研读《孙子兵法》的人往往会被每一篇中精彩绝伦的内容所吸引,而忽略了整部兵法的大结构,然而缺少了对兵法结构的掌握很难真正深刻理解何谓兵法。完美的兵法结构加上精妙的兵法内容是《孙子兵法》流传千古、闻名中外的内在原因,因此大师父的兵法思想应该包括兵法结构与兵法内容两个方面。兵法内容已经在前面各篇进行了详细的解读,下面我来完整地分析一下《孙子兵法》的大结构。

大师父将兵法分为战略、策略、战术三个部分，整部《孙子兵法》就是按这个结构展开的。

《孙子兵法》的战略部分由前三篇构成，依次讨论了战争中最核心的三个战略问题，并提出了分析战略问题，解决战略问题的方法。《始计篇》以敌我实力为主题，讨论了有没有实力打这个战略问题，提出了评估敌我实力的方法。《作战篇》以作战成本为主题，讨论了值不值得打这个战略问题，提出了降低作战成本的方法。《谋攻篇》以进攻战略为主题，讨论了如何打这个战略问题，提出了谋划进攻战略的方法。当然了，战略问题不仅仅只有这三个，其他还有很多，比如如何发展实力，如何防御敌人进攻，但是大师父提出的这三个问题绝对是最核心的战略问题——这是大师父撰写《孙子兵法》的风格，以最精练的语句阐述兵法中最核心的部分。

《孙子兵法》的策略部分由中间三篇构成。《军形篇》的形指的是我方内在的实力，这一篇大师父提出了以形胜的策略。这种策略以"胜可知而不可"为理念，从军事实力的角度客观分析胜败：我方能否取得胜利的基础条件是是否有足够的实力；当敌人有不被我方战胜的实力基础时，我方不可强求取胜。以形胜的主要手段有："胜于易胜者"，"立于不败之地而不失敌之败也"，"修道而保法"。《兵势篇》的势指的是我方外在的战斗力，这一篇大师父提出了以势胜的策略。这种策略以"求之于势，不责于人"为理念，通过将领排兵布阵、调兵遣将的才能发挥出军队的战斗力。以势胜的主要手段有："以正合，以奇胜"，"择人而任势"。《虚实篇》的虚实指的是敌军的虚实，这一篇大师父提出了避实击虚的策略。这种策略以"胜可为也"为理念，避开敌人坚实之处，攻打敌人虚弱之处，同时要获得战场主动权以使敌人由实变虚。避实击虚的主要手段有："出其所不趋，趋其所不意"，"因敌制胜"，"致人而不致于人"，"形人而我无形"。

从《军形篇》"以待敌之可胜"的被动到《虚实篇》"敌虽众，可使无斗"的主动，从《军形篇》"胜可知而不可为"的客观到《虚实篇》"胜可为也"的主观，《军形篇》《兵势篇》《虚实篇》这三篇循序渐进地阐述了一个完美的三级攻守策略框架,阐述时以攻为主,兼顾守。根据这个攻守策略框架,兵家在作战时首先应该评估下敌我实力,根据评估的结果做出最基本的军事决策:攻还是守。如果选择了攻,我们就要运用"以正合,以奇胜"的手段,把我军的战斗力有效地发挥出来,以营造出强大的攻势。有了强大的攻击力后,我们就要运用避实击虚的策略,避开敌人坚实之处,攻击敌人薄弱之处。试想,我军有一定的实力基础,同时充分发挥出了战斗力,最后又击中了敌人的虚弱处,哪有战无不胜、攻无不克的道理呢!

《孙子兵法》的战术部分由后七篇构成,不仅讨论了战争中最基本、最经典的六个战术问题,而且还讨论了应变这一最重要的战术素质,同时前六篇的每一篇还额外讨论了一个附加主题。《军争篇》讨论了如何争夺战争资源这一战术问题,军争战术是战争中综合性最强、实施难度最大的战术,这一篇还讨论了由争引出的附加主题战。《九变篇》讨论了应变这一最重要的战术素质,它是将领战术水平高低的主要决定因素,同时这一篇还讨论了由用兵之变引出的附加主题性格之变。《行军篇》讨论了行军这一战术问题,行军战术的好坏决定了一个军队机动能力的高低,同时这一篇还讨论了附加主题军法,它是有序行军的基本保证。《地形篇》讨论了如何利用地形这一战术问题,提出了各种地形下的作战战术,地形是用兵作战最重要的外在辅助条件,因此利用地形是将领的基本能力,这一篇还讨论了由利用地形引出的为将之道。《九地篇》讨论了各种地域下的作战战术,地域的含义比地形更广泛,对于征战四方的军队而言,九地战术至关重要,因此本篇还讨论了霸王之兵这一附加主题。《火攻篇》讨论了以火辅助进攻的战术,借助各种外部力量是兵家的一项重要能力,这一篇还讨论了由火引出的附加主题安国全军之道。最后一篇《用间篇》讨论了运用间谍获取情报的战术,准确而充分的情报是制定战略、谋划战术最重要的前提条件,因此用间战术至关重要。将这些战术问题与前面的战略问题稍加对比,我们便可清楚地看出两者之间的不同。战术部分虽然只有短短七篇,但这经过大师父精心提炼、用心阐述的七篇足以让我们明白何谓战术,足以让我们懂得如何设计战术。

战术体系篇章中的附加主题有些属于战术层面，是对某个战术问题的系统论述，而有些则属于战略层面，是对《始计篇》《作战篇》《谋攻篇》的补充。从战略到战术，最后又从战术回到战略，这犹如大师父在《兵势篇》中所说的"如循环之无端"，个中意味值得深思。一些研读《孙子兵法》的人会觉得战术体系中的这些篇章所论述的内容太过军事化，而且针对的是古代的战争形态，因此缺乏现实指导意义，但是不得不说由于这些附加主题的存在，使得战术体系的这些篇章非常值得我们深入研究。

我们只有掌握了兵法大结构，理解了何谓战略、策略、战术，熟悉了基本的兵法，感悟了精妙的兵家思想，才称得上真正的兵家，而这一切大师父的《孙子兵法》足矣！

兵家做事

战争是这个世界上最难的事情,它涉及物资的筹集、运输、使用,涉及人员的征调、组织、指挥,涉及天时地利等外部条件的利用,涉及政治、经济、外交等社会其他方面,发动一场战争就相当于启动了一台非常复杂的机器,指挥者要保证各部分正常运行,各部分之间协调运作。战争也是这个世界上风险最大的事情,成功了可以获得无限的荣誉与利益,失败了则可能会身败名裂、国破家亡,所以每个参与战争的人都会极尽自己之所能。因此,凝结了古代兵家无数战争智慧的《孙子兵法》,它的每一篇、每一段、每一句都值得我们仔细品读,深入思考,用心感悟,从中我们可以获得很多做人、做事的启迪。本篇我们先来阐述兵家做事之道。

兵家做事之道就是由知、计、谋、动这四项兵家基本功以及《火攻篇》"修其功"的"修"组合而成的"知而后计,计而后谋,谋而后动,动而后修",由于知、计、谋、动在上山入门部分已经阐述过了,这里就不再具体展开了。需要说明的是这四步缺一不可:缺少了知,做事就会变得盲目,后面的计与谋再怎么精准、精巧也都只是闭门造车而已;缺少了计与谋,做事就会变得草率、鲁莽;而如果缺少了动,那么一切都只是空谈而已。修就是做完事情后,反思得失、总结经验、改正错误、巩固成果。我们的积累与成长很大部分在这一步完成。这一步最容易被我们忽视,然而它却决定了我们在事业上能够走多远。正如木桶效应所说的,一个木桶能够盛多少水并不取决于它最长的那块木板,而取决于它最短的那块木板,兵家在做事的时候,能够达到什么程度,也要看知、计、谋、动、修这五步中做得最差的那步。

在浮躁的社会,很多人都是盲目而动、鲁莽而动、跟风而动,不愿收集信息,不能独立分析,不会自主谋划,不知巩固成果。兵家应汲取兵法智慧,养成良好的做事习惯。

兵家做事的功力可分为三层:第一层懂得优化流程,减少重复消耗;第二层能够设计策略,提高做事效率;第三层善于整合资源,发挥系统优势。话说一座庙里有三个小和尚,他们负责做菜。每道菜经过他们的洗、切、烧后被送到餐桌上。一天,其中一个小和尚提议先把所有菜洗完,再全部切完,最后再烧可以避免来回跑动。这是减少重复劳动,到了这一层兵家在做事上就算入门了。后来他又提议每天切菜前把菜刀磨一下可以省时省力。这是提高效率,想要达到这一层兵家得深谙事理,懂得变通,善于借力。再后来他发现由于只有一个锅,每次到了烧菜时,总会有人闲着。于是他提议分下工,手快的切菜,烹饪技术好的烧菜,剩下的人洗菜,三个人同时进行,相互配合。这是发挥系统优势,在军事中就是排兵布阵,各兵种、各部队相互呼应,形成强大的战斗力,在企业管理中就是建设团队,发挥每个人所长,相互协作,形成强大的团队合力。

当我们真正掌握了兵法时,就会发现兵法的真谛是在尊重事物规律的基础上,以最优的策略去实现目标。这个最优策略兼顾了眼前利益与长远利益,局部利益与全局利益,它不一定是最巧妙的方式,有时甚至是最笨的方式。兵家在做事时应判明形势,进退自如,不可争强好胜,为不可为之事,也不可贪慕虚荣,为不该为之事,更不可违背道义,为不能之事。

兵家做人

有些人深谙做事之道但却做不好事情,究其原因大都是不懂得做人之道。比如知道要理智分析问题,但因为内心烦躁,结果还是感情用事,又比如计划制定好了,但因为害怕失败的风险,迟迟不敢实施,结果错失了良机。一个在做人上有大缺陷的人,哪怕有完美的谋划也很难把事情做好,只有优秀的人,才能做出优秀的事,因此做事之前要先学会做人。兵家做人之道可分为心态、理念、性格三个方面。

心　　态

心态是一个人的心境状态,它对人的影响很大。心态好的人遇到事情能够保持平静淡定之心,因而能够从容、理智地处理事情,而心态不好的人一遇到事情就慌了神或者怒气生,往往会因感情用事而把事情搞砸。

《九地篇》中有一句话说得非常好,叫做"静以幽",意思是沉着冷静而深不可测。通常我们说一个人心态好,就是说他能够保持静的心境而不易受外界的影响,哪怕心境有了波动也能够较快地恢复平静。好的心态非常重要,它是兵家能够智慧谋划的重要保障。

最常出现的三种不良心态是急躁、浮躁、暴躁。当一个人急躁的时候,他的思维会混乱,决策时容易抱着侥幸心理冒进,而且脑子往往转不过弯来,容易钻牛角尖一条道走到黑;当一个人浮躁的时候,思考问题会比较肤浅,容易忽略一些深远的东西,做事情往往投机取巧;当一个人暴躁的时候,他的思维会停滞,极易失去理智而做出一些错误的决策,容易暴躁的人往往也容易被人利用。与急躁相对的是稳静,与浮躁相对的是沉静,与暴躁相对的是冷静。

当然了,人是感情动物,想要做到不管发生什么事情都能保持静的心境是不可能的,有的时候愤怒、暴躁一下也无可厚非,只是在愤怒的时候一定要用大师父的话告诫自己"主不可以怒而兴师,将不可以愠而致战",这句话翻译一下就是:不要在愤怒的时候做决定。

幽不算是一种心态,但心态对幽的影响却很大。如果一碰到事情心里面马上波涛起伏,那么喜怒哀乐就会溢于言表,这样就做不到幽了,因此要做到幽必须先做到静。

兵家修炼最重要的就是修心,要修炼成一颗面对潮起潮落依然静若止水之心。我比较欣赏那种能够安安静静看一整天书的人,这种人心态比较好;而那些时不时检查后面还剩几页没看的人就比较急躁;那些沉不下心,看起书来走马观花、不做思考的人就比较浮躁。一种比较简单的心态修炼方法就是拿本书安安静静地看,当急躁的时候把心稳下来,当浮躁的时候把心沉下来,久而久之心态就会越来越好。

理　念

理念是基于事物基本规律的具有普遍指导意义的观念,它是策略的灵魂。我们每个人都会通过学习、思考、实践构建起一套自己的理念,这套理念决定了我们在做事的时候会选择什么样的策略,因此也决定了我们在做事的时候会制定什么样的战略与战术。刚接受某个理念时,我们还需要有意识地用它指导自己做事,当经过无数次的运用越来越接受它之后,这个理念就会慢慢地与我们融为一体,成为我们的一部分,这样即便在无意识之下,它也会影响我们做事。我们把从开始接受某个理念到最终成为自己一部分的这个过程称为内化。《孙子兵法》中蕴含了很多非常出色的理念,下面我例举一些以作说明。

大师父在《作战篇》中告诫我们斗争的消耗是很大的,这之中蕴含的理念是慎战。做任何事情都要消耗一定的时间、精力、物力等资源,因此当我们打算做一件事情的时候,一定要慎重地考虑一下值不值得做。我们不应该执着于一些无关痛痒的鸡毛小事而浪费自己太多的时间,也不应该太计较那些蝇头小利而浪费自己太多的精力,正所谓"好钢用在刀刃上",我们若想有所作为就应该把自己手中宝贵的资源用在最重要的事情上。兵家做人要豁达,该放手时放手,要大度,该退步时退步。有个词叫做"大智若愚",这是很有道理的,具有大智慧的人是不会用自己宝贵的精力来计较小利益的,这样就会给别人留下不精明、经常吃亏的愚笨印象。所以看上去糊涂的人,或许他们内心的算盘打得很清楚,看上去聪明的人,或许他们内心的算盘打得很迷糊,这人世间的是非曲直没有一点功力确实难以看穿。

《九变篇》中有句话叫做"必生,可俘也",蕴含的理念是不要害怕失败。生活中我们要勇于尝试,前怕狼后怕虎是做不了大事的,有太多的人因为害怕失败而成了生活的俘虏,一生碌碌无为。所谓"失败乃成功之母",如果我们能够从失败中获得经验与成长,那么这样的失败也是很有利的,这便是大师父的"以患为利"理念。年轻人里面流行一句话叫做"趁着年轻疯狂一把",我们可以把它改写成"趁着年轻失败一把"以激励自己勇往直前。

《用间篇》中大师父说道"而爱爵禄百金,不知敌之情者,不仁之至也,非人之将也,非主之佐也,非胜之主也",这句话蕴含的理念是要舍得投入。如果在需要投入的地方吝惜投入,那么不仅会错过机会,甚至还会坏了事情。

我们在研读《孙子兵法》时应该汲取其中的卓越理念并将之内化,使自己成为一个智慧的人。理念影响着一个人做事,因而也影响着这个人打造出来的事业,比如企业家的理念就决定了一个企业的企业文化。

性　　格

性格是一个人最根本的个性特征,它对人的影响是决定性的,包括前面所说的心态也被性格极大地影响着,因此"性格决定命运"这句话一点都不夸张。

《孙子兵法》中关于性格最精彩的阐述当属《九变篇》中的将之五危，这五种危害都是由将领的极端性格造成的。"必死"是鲁莽，"必生"是胆小，"忿速"是暴躁，"廉洁"是过分清高以至爱慕虚荣，"爱民"是过分仁慈以至妇人之仁。

我在上面的理念部分已经举了"必生，可俘也"的例子，那是从"可俘也"的严重后果感悟出要勇于尝试的理念，而这里要阐述的是"必生"这种胆小的性格。那么当一个胆小的人接受了要勇于尝试的理念又会怎么样呢？这就要看他对这个理念的接受程度（或者说内化程度）以及他的自我控制能力了。如果这个人的自控能力很强，而且勇于尝试的理念已经在他的脑子里根深蒂固了，那么他即便心里很害怕也会壮着胆子去尝试；相反，如果这个人的自控能力不是很强，或者他还没有将这个理念内化，那么他就不太会大胆尝试了。当然了这只是一个简单的分析，还有很多其他的因素能够影响一个人的行为，比如是否有人在后面鼓励。

需要说明的是，人的很多性格没有好坏优劣之分，关键要看这个人所处的环境、所做的事情，比如谨慎这种性格在防守时比较有利，但在进攻时就不是很有利了。作为企业的管理者，一定要根据下属的性格为其分配合理的岗位，把优秀的人才放在错误的岗位上是对人力资源的极大浪费。

有句非常有道理的话"人生最大的对手是自己"，修炼性格的过程就是一个与自己不断较量的过程。有的人战胜了自己，克服了自己性格中的缺陷，变得越来越坚强、勇敢、自信、大气，于是成就了一番事业；而有的人没有决心与毅力改变自己、突破自己、完善自己，这样性格中的缺陷将伴随他们一生，无时无刻不阻挡着他们成功的步伐，比如克服不了自己内向的性格，那么上学的时候不善于与老师、同学交流，工作了不善于与上司、同事交流。每个人都需要修炼自己的性格，因为我们都是"被上帝咬过一口的苹果"，都会带着这样或者那样的缺陷来到这个世界上。

最后我们来探究一下心态、理念、性格这三者之间的关系。首先，性格是心态的根本决定因素,比如宽容、知足、乐观的人心态往往比较好,而自私自利、脾气暴躁、缺乏耐心的人心态往往比较差。其次,理念会影响一个人的心态,比如一个不计较小事的人,他的心态往往不易受到小事的影响。再次,心态会影响一个人对社会的认识,因此也会影响一个人的理念,比如一个整天唉声叹气的人,他的理念往往比较悲观,一个整天愤世嫉俗的人,他的理念往往比较激进。最后,心态、理念会影响一个人的性格,比如一个鲁莽的人在接受了"做事要三思而后行"的理念后,他在做事时就会努力克制自己不莽撞,那么久而久之就会变得越来越沉稳。可见心态、理念、性格这三者相互影响,它们从根本上决定了一个人做事。

一种比较好的修炼途径是:先通过学习掌握一些比较优秀的理念,然后用这些理念指导自己做事,在做事的过程中反思自己的心态是否足够好,自己的性格是否存在缺陷。如果自己的心态不够好,那么要通过自我调节努力使自己的心境平和下来;如果自己的性格存在一些缺陷,那么要通过自我控制努力克制这些缺陷对自己的影响。

兵家一定要记住:一个追求卓越的人,他会越来越优秀;一个不思进取的人,他会一直平庸下去;一个自甘堕落的人,他会越来越拙劣。

第三章
《三十六计》修炼

修炼指引

"用兵之道，以计为首"，策略在兵法中的地位非同一般。闻名遐迩的《三十六计》正是一个策略库或者说计谋库，里面收集了二师父精心整理的六套共三十六个计谋，非常值得我们静下心来研读一番。

"用兵如孙子，策略三十六"，《孙子兵法》是一本兵法奇书，而《三十六计》则是一本策略奇书。先通过《孙子兵法》悟通何谓兵法，理解核心兵家思想，掌握经典兵法理论，然后再通过《三十六计》深化对策略的理解，扩展对策略的认识，是一条非常好的兵家修炼途径。我们在研读《三十六计》的时候，应该将它融入《孙子兵法》提出的兵法大结构中。为了帮助读者达到这个目的，本书在解读每个计谋的时候都会尽量从《孙子兵法》中找出与之相对应的理论。因此本书对《三十六计》的解读是基于《孙子兵法》的。我想当读者读完本书的时候，一定能够将《孙子兵法》与《三十六计》融会贯通。到那个时候，兵法理论的修炼就基本完成了。

历来人们对《三十六计》的误解比较大，对计谋的误解往往源自计名。以连环计为例，有些人看到它名字中的"连环"，就以为它是一个把多个计谋像环一样连起来使用的计谋。但实际上，它是一个利用敌人牵制敌人的计谋，就像春秋末期越王勾践利用伯嚭牵制伍子胥、南宋时期金国利用秦桧牵制岳飞，可见该计谋的本意更高明也更实用。正是因为这些误解的存在，导致一些人认为《三十六计》只是一本介绍雕虫小技的阴谋书，不足挂齿。这里将尊重二师父的原意，给出每个计谋的正解。

《三十六计》中的每一篇都由计名、原文、按语三部分组成。计名是计谋的名字,这些名字或源自经典战例,或源自神话典故,或者是计谋的一个形象类比。原文阐述了计谋的内在机理,本书我们把计谋的内在机理简称为计理。按语是对原文的解释说明,通常会列举一两个战例。原文引用了《易经》中的一些语句,这些语句一方面太过深奥,另一方面不会影响对计理的理解,因此本书不作过多解释,有些甚至略过。

本书中我们将运用"内外前后四维分析法"全面分析一个计谋。"内"是计谋的内在机理,它是一个计谋的核心,是计谋能够成功的内在基础。通过它我们可以明白为什么可以设计这样的计谋,这个计谋符合什么样的人情事理,所以只有掌握了计理,才算真正掌握了一个计谋。"外"是计谋的外在手段。手段是一个计谋的外在运用形式,它是计理的外在表象,通过它我们可以知道如何实施一个计谋。"前"是用计前提。计谋不是随随便便就可以使用的,用得合适可以四两拨千斤,有效解决问题,而若用得不合适反而会适得其反,引发灾难性的后果。"后"是用计目的。计谋不是万能的,每一个计谋都只能帮助我们达成特定的目的,如果我们不清楚一个计谋有什么作用,那么用计的时候就会南辕北辙,浪费资源,或者贻误战机。

通常,最吸引人的是计谋的"外",最容易被人忽视的是计谋的"内"。然而,我们若只知道计谋的"外"而不知道计谋的"内",那么三十六计就只是三十六种手段而已,我们将停留在计谋世界的一个小角落里,发现计谋远远不够用,我们也将只会机械地套用计谋,发现计谋往往达不到预期的目的,于是就会错误地认为《三十六计》只是雕虫小技而已。而我们若知道了计谋的"内",那么就掌握了计谋的精髓,就可以将它们灵活而恰当地运用到自己的生活中,做到招由心生,甚至无招胜有招,我们也将成为一名真正的兵家。

现在让我们开始《三十六计》修炼吧。

总　说

本篇是《三十六计》的总起篇,也是整部《三十六计》的核心篇,可以说缺少了这一篇,《三十六计》将大为逊色,因为它揭示了计谋的根源——人情事理。

【原文】

六六三十六,数①中有术②,术中有数。阴阳燮③理,机在其中。机不可设,设则不中。

【注释】

① 数:规律、法则。② 术:权术、计谋。③ 燮(xiè):谐和、调和。

【翻译】

六六三十六个计谋,看似符合客观规律的事物背后可能隐藏着计谋,计谋之中必然蕴含着客观规律。一切计谋都不能脱离阴阳对立统一、相辅相成的客观规律。因此计谋不可以脱离客观规律而凭空设计,若如此则必然毫无用处。

【解读】

计谋就是一个运用一定的人力、物力资源,从某处着手,采用某种手段,经过数个步骤,达成预期目标的方法。它的运用必然涉及人、事、物,因此一个脱离了客观规律的计谋必然无法达成预期的目标,所以说客观规律是一个计谋的基础,即原文所说的"术中有数"。古人认为阴阳对立统一是最基本的客观规律,因此说"阴阳燮理,机在其中"。

正是因为计谋遵循了客观规律,以至于看似符合规律、顺其自然发展的事物背后可能隐藏着某种计谋。比如敌人内部君臣之间产生了分歧，君主狠狠地惩罚了臣子，臣子心中不服气，背叛君主投奔我方而来了，这件事从表面上看起来似乎合情合理，但其背后可能隐藏着苦肉计，因此说"数中有术"。

"设"是设计的意思，计谋的设计一定要遵循客观规律。比如美人计这个计谋是基于人性的欲望而设计的，假如人性是理智而清心寡欲的，那么这个计谋就没有用处了，即二师父说的"设则不中"。

看完原文，我们可能还不能够充分理解其中的深意，下面我们来看按语。

【按语】

解语①重数不重理②。盖理，术语自明；而数，则在言外。若徒知术之为术，而不知术中有数，则术多不应。且诡谋权术，原在事理之中，人情之内。倘事出不经，则诡异立见，诧世惑俗，而机谋泄矣。或曰，在三十六计中，每六计成为一套，第一套为胜战计，第二套为敌战计，第三套为攻战计，第四套为混战计，第五套为并战计，第六套为败战计。

【注释】

① 解语：即为原文。② 理：如何用计之理，即计谋的外在手段，我们称之为术理。它与计谋的内在机理——"数"相对。

【翻译】

原文强调客观规律而不重视术理。术理可以用语言表达清楚，但客观规律却在言外。若只知道计谋就是计谋，而不知道计谋中所蕴含的客观规律，那么计谋通常发挥不了作用。更何况诡诈之谋、权变之术，本来就应该遵循事理与人情。倘若运用计谋不符合常理，那么就会显得奇怪异常，以至于一般人都会感到诧异迷惑，那么计谋就会泄露。有的人说，在三十六计中，每六个计谋为一套，依次是胜战计、敌战计、攻战计、混战计、并战计、败战计。

【解读】

按语中二师父对原文作了进一步阐述。计谋包含了数和理内外两个层次，以抛砖引玉为例，这个计谋的理就是用利益引诱对手这种手段,而数则是贪利的人性弱点。我们若只懂得理而不懂得数,那么计谋学得再多也只会机械地使用它们,而不能根据具体情况灵活运用,于是"术多不应"。这可以很好地解释为什么战争中有些熟读兵书的将领却打不过那些半路出家的将领。以武术为例,理相当于招式,数相当于心法;以商业为例,理相当于商业模式,数相当于商业理念。

  兵家必须牢记:"且诡谋权术,原在事理之中,人情之内。倘事出不经,则诡异立见,诧世惑俗,而机谋泄矣。"这句话是运用计谋的精髓所在,是我们跨入兵家大门的万能钥匙;甚至可以说如果不懂得这句话,那么计谋学得再多也无济于事。而若懂得这句话,那么即便没有正式学过计谋,也能无师自通地运用一些计谋。从这句话中我们可以看出,规律、法则是包括事理和人情的,一切计谋的内在机理归根到底只有"人情事理"四个字而已。运用计谋务必要做到顺其自然、不露痕迹。若计谋用得有违常理,就会引起对手的警觉,那样容易被看穿。而计谋一旦被看穿,对手来个将计就计,我方就危险了。能够把不露痕迹做到什么程度,体现了兵家人情事理的功底。

  正如按语所说的"盖理,术语自明;而数,则在言外",计谋的外在手段可以很清晰地用文字表达出来,我们能够方便地从书本上学到;而计谋所蕴含的内在机理却不是三言两语能够阐述清楚的,想要悟通计谋的"数",光靠书本是不够的,需要兵家善于观察生活,勇于实践,懂得反思,积累丰富的人生阅历。如果兵家不能做到对事理的深刻把握,对人情的细致洞察,那么就很难用好计谋。

  概括而言,总说论述了四点:一是"术中有数"的用计理念,再精妙的策略如果脱离了人情事理那也只是花拳绣腿而已;二是计谋主要由数和理内外两层构成,数包含了人情和事理;三是计谋要用得顺其自然、不露痕迹,比如一个精于计算、一毛不拔的人使用抛砖引玉之计,就显得有些怪异了;四是"数中有术",高人用计一般不露痕迹,我们不能因为没有发现什么异样而放松对敌人的警惕。

第一套　胜战计

第一计　瞒天过海

> 人有很强的适应能力,这是人的优点,但也正是这种适应能力,使人容易对熟悉的环境麻木,因此这也是人的缺点。
>
> 　　　　　　　　　　　师父启诫第二十三

二师父在总说中说道:"且诡谋权术,原在事理之中,人情之内。倘事出不经,则诡异立见,诧世惑俗,而机谋泄矣。"二师父用这句话告诫兵家运用计谋务必做到不露痕迹,否则就会引起别人的怀疑而导致计谋泄露。那么如何做到不露痕迹呢?瞒天过海这一计很好地回答了这个问题。

【原文】

备周则意怠,常见则不疑。阴在阳之内,不在阳之对。太阳,太阴。

【翻译】

如果防备周全那么戒备的意识就会懈怠,对于经常看见的事物人们往往不会对其产生怀疑。阴谋通常在阳谋之内,而不在阳谋的对立面。最公开的谋划内有可能隐藏着最隐蔽的谋划。

【解读】

"阴谋"这个词往往被解释成阴险狡诈之谋,因而被看作是贬义的。

其实在兵法中,阴谋指的是被谋划人刻意隐藏而不为外人所知的谋划,它未必是阴险狡诈的,也有可能是善意的。与之相对的阳谋指的是被人有意公开而为别人所知的谋划,它未必是正义的,也有可能是险恶的。有时候,为了联合其他力量,我们需要把自己的谋划公开出来;而有时候,为了保证谋划能够顺利实施,我们需要把自己的谋划隐藏起来。因此在兵法中,阴谋、阳谋这两个词本身没有道德上的褒贬,善恶的关键在于用它们实现什么样的目标。

瞒天过海之计的外在手段就是把阴谋隐藏在阳谋之内,用阳谋掩饰阴谋以迷惑对手。对手根据我方的阳谋作出周全的防备以致戒心懈怠,对我方的阳谋习以为常以致失去警惕。简单而言就是,表面上按照公开的谋划一丝不苟地执行,暗地里却在实施隐秘的谋划,最后通过阴谋实现自己的目标。这其实就是《兵势篇》所说的"以正合,以奇胜",该计中阳谋为正,阴谋为奇,奇在正内。

瞒天过海之计的计理是"备周则意怠,常见则不疑"这一人之常情,因此若对手是一个观察力过人、疑心很重、做事非常谨慎而又比较聪明的人,那么就要慎用此计了。之所以说要慎用是因为若此计被对手看穿,那么他们很容易反用瞒天过海来对付我们,即表面上装作中了我们的计,暗地里却在给我们下套,那我方就危险了。

从防范此计的角度看,兵家不可无防人之心,我们要谨记二师父的教诲:"阴在阳之内,不在阳之对。"

为了进一步阐述这个计谋,二师父在按语中举了一个很有意思的例子,下面我们来看按语。

【按语】

阴谋作为,不能于背时秘处行之。夜半行窃,僻巷杀人,愚俗之行,非谋士之所为也。昔孔融被围,太史慈将突围求救,乃带鞭弯弓,将两骑自从,各作一的持之,开门出,围内外观者并骇。慈竟引马至城下堑内,植所持的射之。射毕,还。明日复然,围下之人或起或卧。如是者再,乃无复起者。慈遂严行蓐食,鞭马直突其围,比敌觉,则驰去数里矣。

【翻译】

　　隐秘的谋划，不可在没人的时候、隐蔽的地方施行。在半夜里行窃或者在僻静的巷子里杀人，都是非常愚蠢与粗俗的行为，智谋之士是不会这样做的。昔日孔融被围困，部将太史慈准备突围求援，于是他带上马鞭弯弓，领着两名骑兵，各带一个箭靶，打开城门而出，城内城外的士兵见了都大吃一惊。太史慈竟牵着马到了城下的壕沟里，把箭靶竖起来练习射箭。练完后，便回去。第二天还是这样，围城的敌军有的站起来察看情况，有的继续躺着漠不关心。太史慈的这种奇怪行为持续了好几天后，就没有站起来查看情况的敌军士兵了。于是太史慈整好行装，吃饱饭，扬鞭策马直接冲向敌人的防线，等到敌人发觉，已经驰马飞奔好几里了。

【解读】

　　阵前练箭本来是一件诧世惑俗的事情，但太史慈每天重复做这件事，以至于敌人渐渐习以为常。正所谓"常见则不疑"，敌军士兵习以为常后，便不再对他出来练箭的行为产生疑惑了，也不再有所戒备了。然而突然有一天，在这平常的练箭阳谋中却隐藏着突围求援的大阴谋，敌军自然来不及阻拦了。这个例子最有意思的地方是：主动地把一件诧世惑俗的事变得稀松平常，然后用来掩护阴谋。

用 计 启 示

　　计名"瞒天过海"说的是唐太宗亲征高丽时，到了辽东被大海拦住了去路，心生退缩之意。于是他向张士贵询问过海的办法，张士贵也无计可施，只好说回去想想。回去后张士贵又问计于薛仁贵，薛仁贵提出了一条妙计。于是张士贵禀告太宗说附近海上住着一位富豪老人，他愿意为太宗的三十万兵马提供粮草。然后，由薛仁贵假扮的富豪老人觐见太宗并邀请太宗去他家里。于是太宗领着百官来到海边，只见上万户人家都用彩色帐幕遮围着。老人把太宗一行人带入到一间挂着彩幕的房间里，大家入座饮酒，热闹非凡。过了一段时间，突然风声大作、涛声如雷，太宗叫人揭开彩幕，只见一片茫茫海水，原来这房子就是大船,太宗不知不觉间已经乘船快到对岸了。

可能有人会说这个案例真是无稽之谈,过海当然是乘船了,何必搞得如此拐弯抹角。其实不然。唐太宗畏惧大海,他心里不希望乘船过海,这才向部下征询过海的办法。如果张士贵回答"皇上,我们可以乘船过海",这岂不是在说太宗连乘船过海的常识都不知道?更严重的是,这么一回答便使太宗陷入窘境了:不接受这个提议,岂不是在向部下表明自己害怕乘船过海,有损天子威严;而接受了这个提议,心里又是一百个不情愿。可见这样的回答后果很严重,左右为难之下张士贵只好说回去想想了。

既然太宗害怕乘船但又没有其他的办法,薛仁贵只能采取瞒着天子使其不知不觉过大海的办法了。这个案例里老人献粮邀天子是阳谋,引君入屋过大海是阴谋。太宗毫不怀疑地来到了老人家里,等到发现是个阴谋的时候一切已成定局。显然张士贵和薛仁贵已经犯了欺君之罪,但也正是有这欺君之罪的保护使得太宗毫不怀疑张士贵的话,这便是"备周则意怠"。

相比于一般的欺瞒策略,瞒天过海之计的高明之处就在于用阳谋掩饰阴谋,而且阳谋越符合常理就越能掩护隐藏在其中的阴谋。仅仅只是一个口头上符合常理的阳谋还不够,还得正儿八经地把它实施起来,这样别人才会深信不疑。就像张士贵骗唐太宗乘船过海,不仅让薛仁贵假扮富翁,还把大船装扮成房子的样子。普通的瞒天过海之计,它的阳谋可能仅仅只是为了掩护阴谋,没有多大的实施价值。如此不仅阳谋的掩饰作用不强,而且增加了用计成本。最上乘的瞒天过海之计是,阳谋也具有很大的实施价值,不仅充分保证了阳谋的合理性,使之具有最佳的掩饰效果,而且还可从阳谋的实施上获得额外的收益,系一箭双雕。

第二计　围魏救赵

> 一日，我正在研读围魏救赵之计。
> 师父问我："此计的厉害之处在哪里？"
> 我回答道："迂回之妙法也。"
> 师父道："你只知其术，而未知其道也。还需多多感悟。"
>
> 师父启诫第二十四

计名"围魏救赵"指的是战国时期的一个经典历史战例：当时魏国派重兵攻打赵国，生死关头的赵国向齐国求援，聪明的齐国没有直接奔赴赵国救援，而是直捣兵力空虚的魏国都城，首都告急，魏军只得回军救援，赵国之危顺利化解。

从本计的外在手段看，围困魏国以救援赵国是一种迂回手段。这种手段很精妙，然而如果对围魏救赵之计的认识仅仅停留在"它是一种迂回策略"就未免有点肤浅了。那么该计的内在机理是什么呢？下面通过对两个问题的分析来引出这个问题的答案。

第一个问题：为什么选择围魏？魏国大军铺天盖地攻向赵国，因此在赵国的魏军实力很强大，而魏国国都的兵力却很空虚。如果直接奔赴赵国救援，势必会与实力强大的魏军正面交锋，战争成本会很大；而去兵力空虚的魏国国都，则战争成本可以降到最低。由此可见，选择围魏正是运用了《虚实篇》所说的"避实而击虚"策略。

第二个问题：为什么能够救赵？道理很简单，齐国围攻的是空虚的魏国国都，而国都是一个国家的政治中心，是万万不能被敌人攻陷的，所以魏军不得不撤军救援。这便是《虚实篇》所说的"攻其所必救也"。

从上述分析我们可以看出,围困魏国以救援赵国这一迂回手段背后的深层机理是击中敌人必救的虚弱处。所以我们若从内外两个层次完整地来看待这个计谋,那么该计的外在手段是迂回,内在机理是避实击虚。

【原文】
共敌不如分敌,敌阳不如敌阴。

【翻译】
攻打兵力集中的敌人不如攻打兵力分散的敌人,攻打敌人坚实处不如攻打敌人虚弱处。

【解读】
原文的意思很好理解,用《虚实篇》中的一句话来解释便是"避实而击虚"。因此计名中的"围魏"——围攻虚弱的魏国都城,是本计的精髓所在,"救赵"只是本计要实现的目标而已。

兵家有个重要品质是深,无论是研读兵法还是分析历史战例,我们都应该懂得透过表面的手段看到深层次的机理。如果我们只看到兵法的表面与枝节而无法抓住其本质与核心,那么就只会机械地运用计谋,而无法达到"运用之妙存乎一心"的境界。就像围魏救赵这一计谋,如果我们只看到围攻魏国以救援赵国这一表面的迂回手段,而看不到其背后深层次的避实击虚,那么我们将该计谋运用到生活、工作中的时候,就会陷入围了魏却救不了赵的尴尬境地。

【按语】
治兵如治水:锐者避其锋,如导疏;弱者塞其虚,如筑堰。故当齐救赵时,孙子谓田忌曰:"夫解杂乱纠纷者不控拳,救斗者不搏击,批亢捣虚,形格势禁,则自为解耳。"

【翻译】
治理军队就像治理水患:碰到精锐的敌军要避开它的锋芒,就像碰到凶猛的水势要用河渠疏导它;碰到疲弱的敌军要攻打它的虚弱处,就像碰到弱小的水势可以筑起堤坝把它围堵起来。当齐国去救援赵国时,孙膑对田忌说:"想要解开杂乱地缠绕在一起的绳子不能用拳头砸,想要阻止正在打架的人不应该用打斗的方式。如果我们能够击中魏国的要害，打中魏国的弱点，魏国受制于形势，那么赵国之围自然就能解除。"

【解读】

《虚实篇》中的"兵形象水"是从水的流动规律中探求用兵之法，而这里的"治兵如治水"则是从治水之法中探求用兵之道，虽然两者立足的视角不同，但却有异曲同工之妙。文中的"塞其虚"用得非常形象，军队的人数很多，当其行动的时候整个大军看起来就像一股流动的水，攻打敌人就相当于是用自己的兵力去堵塞敌人的那股人流。

按语的后半部分是齐国救援赵国时孙膑对田忌说的一番话，这番话再次印证了围魏救赵之计的精髓是内在的避实击虚计理，而不是外在的迂回手段。

用 计 启 示

会用一个计谋只需要掌握它的外在手段即可，但想要用好甚至用神一个计谋就必须懂得它的内在机理。一个计谋是否巧妙取决于它所采取的外在手段，然而一个计谋能够发挥出多大的作用却取决于它的内在的机理。所以兵家在研读《三十六计》的时候，务必要重视每个计谋的内在机理。

兵家在用计的时候应该遵循"先计理后手段"的准则：首先观察用计的环境，比如对手的心理、性格特点，我方有哪些优势，有哪些劣势；然后根据这些信息，以人情事理为依据找到一个合适的计谋，即该计谋的计理符合这个用计环境；最后根据计谋的外在手段实施计谋。那些不顾计理而只会套用计谋外在手段的用计者，不能算作真正的兵家。

兵家到达一定境界之后便不再拘泥于《三十六计》了，他们能够根据人情事理创造新的计谋。

用好围魏救赵这一计的前提在于《虚实篇》所说的"形人而我无形"。"形人"能够使我方掌握敌人的虚实，"无形"能够使敌人不知我方的虚实，知道了敌人的虚处就可通过攻击它来牵制敌人。

第三计　借刀杀人

人与人之间会因意气相投、利益相合而成为亲密的盟友。然而,社会的残酷在于,随着了解深入、合作加深、形势变化,亲密的盟友也会因意见相左、利益冲突而闹翻,甚至于刀剑相向。这与阴谋无关,也与道德无关,这就是人性,这就是社会！在亲密的时候,能够想到并提防未来可能产生的矛盾,这是成熟;在亲密的时候,能够预见并化解未来可能产生的矛盾,这是智慧。

师父启诫第二十五

计名"借刀杀人"听起来非常的血腥与阴险,正是因为有这类计名的存在,使得很多人对《三十六计》的印象非常差,总觉得这是一部缺乏道德与人性,充满阴险与狡诈的兵书。但是我们应该清楚,在残酷的战争中这些都不算什么。

可是这样有人会说,我们学习兵法的目的是要把它们运用到生活中去,这么凶狠的计谋没法用啊——绝非如此。我们学习计谋最重要的是学习计谋背后蕴含的兵家思想、内在机理,掌握了这些精髓我们就可以灵活地将它们运用出来,而这种运用未必是凶狠的。

【原文】
敌已明,友未定,引友杀敌,不自出力。以《损》推演。

【翻译】
谁是我方的敌人已经很明确了,但盟友却尚在观望、犹豫之中,我方要设法诱使盟友去消灭敌人,这样自己就不用出力了。

【解读】

理解这一计的关键在于"友未定"这三个字。一般而言,一场战争中会存在三方势力:我方、敌方、第三方。我方除了包含我们自己的军队外,还包括与我军唇齿相依、同生共死的盟军。敌方就是与我方有重大利益冲突、已经到了你死我活境地的对立势力。第三方是与我方和敌方都无多大利益冲突的中间势力,他们往往会为了从战争中获得巨大的利益选择站在我方或者敌方一边,而且立场非常不稳定,会随着战争形势的变化而变化,典型的"墙头草,两边倒"。从"友未定"这三个字来看,文中的友指的是第三方潜在盟友。

第三方势力与敌我双方并无多大的利益纠葛,他们参与战争的目的一般是为了获取利益,他们可以成为我方的盟友,也可以成为敌方的盟友。同时,第三方势力又是一股不可小觑的力量,他们的立场选择很大程度上影响了战局的发展,因此我方应极力拉拢使之成为我方的盟友。但是由于这部分势力立场很不稳定,因此不可与之进行深度合作,最好的方式就是引诱这部分力量为了独吞胜利的果实单独去与敌人交战。借刀杀人之计正是基于这样的考虑而设计的。

《作战篇》已经非常明确地指出打仗是一件消耗很大的事情,打得不好"虽有智者,不能善其后矣",故而最好能够如《谋攻篇》中所说的"不战而屈人之兵"。引诱友军前去和敌人交战而自己却不出手,这也是一种"不战而屈人之兵"。

这个计谋背后的兵家思想是发掘资源、运用资源。无论是战争还是竞争,战场还是社会,我们身边潜在的可用资源总是比我们想象的要多,如果我们能够尽可能多地发掘出这些资源并为自己所用,那么无论是军队还是个人都将变得更加强大。那些网上商家没有实体店铺,没有多少启动资金,但能够利用电子交易平台建立自己的网络店铺,能够利用网络为自己营销,能够利用网友为自己造势,照样把生意做得红红火火。相反,有些人在外面找不到路了却羞于向路人开口,宁愿自己多走些冤枉路。一句话,你目之所及之人与物,都有可能是你潜在的资源,若能发掘并加以运用,你就会发现自己比自己想象的要强大得多。别人是你的资源,你也是别人的资源,相互帮助才能互利共赢、共同发展。当然了,我们得防范那些居心不良的人把我们当作他们手中作恶的棋子。

【按语】

敌象已露,而另一势力更张,将有所为,便应借此力以毁敌人。如郑桓公将欲袭郐①,先问郐之豪杰、良臣、辩智、果敢之士,尽书姓名,择郐之良田赂之,为官爵之名而书之,因为设坛场郭门之外而埋之,衅之以鸡豭②,若盟状。郐君以为内难也,而尽杀其良臣。桓公袭郐,遂取之。诸葛亮之和吴拒魏,及关羽围樊、襄,曹欲徙都,懿及蒋济说曹曰:"刘备、孙权外亲内疏,关羽得志,权必不愿也。可遣人劝蹑其后,许割江南以封权,则樊围自释。"曹从之,羽遂见擒。

【注释】

① 郐(kuài):周代诸侯国名。② 豭(jiā):公猪。

【翻译】

谁是我方的敌人已经显露出来了,而另一方势力又在不断地扩张,未来将有所作为,我方应该借助这方势利消灭敌人。比如,郑桓公准备攻打郐国,先打听了郐国的英雄豪杰,贤良大臣,聪明善辩、果断勇敢的精英人士。然后把他们的姓名书写下来,假装挑选郐国的良田赠予他们,假意封以官爵,并立书为证。接着在外城门外设立祭坛,并把写好的名单埋在地下,用鸡和猪祭祀,装作盟誓的样子。郐国的国君以为国内的这些人要谋反了,就把他们全都杀掉了。最后郑桓公攻打郐国,成功地将之吞并。诸葛亮与吴国结盟联合抗拒曹操,当关羽围攻樊城、襄阳时,曹操想要迁都,司马懿和蒋济游说曹操道:"刘备和孙权表面上看起来很亲密,但其实是疏远的,关羽攻打我们获得了很大的成功,孙权一定不希望看到这样。我们可以派人劝说孙权攻打关羽的后方,并许诺把江南之地封给他,那么樊城之围自然会化解。"曹操接受了这个建议,最后关羽就被孙权擒获了。

【解读】

按语第一句指出了一种非常适合运用本计的场景。比如一个新兴行业发展起来后,谁是这个行业的老大和老二就会慢慢浮现出来,同时这两者的竞争也会越来越白热化。这个时候老大欲把老二打下去以巩固自己的龙头地位,老二想把老大打下去以求得更大的发展,可谓是"敌象已露"。而这两方的后面往往还跟着一些正在飞速发展的后起之秀,就像二师父所说的"另一势力更张,将有所为"。从老大老二的角度看,在这种既有当前对手又有未来对手的复杂环境下,最明智的策略便是借未来对手之力对付当前对手,就像二师父说的"便应借此力以毁敌人"。

桓公灭郯的战例非常经典,借刀杀人之计通常是借第三方力量打击敌人,而桓公却借敌人之手杀敌人,可谓精妙。由此给我们的启示是:只要善于发掘,敌人内部也有我们可以利用的资源。

本来孙刘是盟友,而曹操是他们共同的敌人,结果孙权却被曹操说服反而成了曹操的盟友。孙权偷袭荆州,擒杀关羽,帮助曹操解了樊城、襄阳之围。这个案例给我们的启示是:敌人也可能是潜在的盟友。

用 计 启 示

当曹操气势汹汹南下时,孙权和刘备结成了生死盟友。他们齐心协力同生共死,赤壁一战竟然以少胜多打败了强大的曹操。然而随着他们各自实力的逐渐增强,这种盟友关系变得越来越脆弱了。等到吴军擒杀了关羽,刘备更是发动了对吴战争,两方势力如同水火。可见,在战场上,"盟友"这个词非常微妙,从类别上来说有唇亡齿寒的生死盟友,有志同道合的亲密盟友,有若即若离的利益盟友,等等。而且随着形势的发展,生死盟友说不定哪天就变成势不两立的敌人了,而势不两立的敌人说不定哪天就变成无话不谈的亲密盟友。

在战场上处理好与盟友之间的关系非常重要。首先得分清楚哪些是生死盟友,哪些是亲密盟友,哪些是利益盟友,哪些是临时盟友。其次得掌控好与他们的合作深度,比如:对于生死盟友要坦诚相待,深度合作,不可为了自己的私利而损害他们,要把他们的利益当成自己的利益;对于利益盟友在合作中要加以提防。最后得把握形势,认清盟友关系的变化,不要因为自己的大意而被昔日的生死盟友给陷害了。

借刀杀人之计用得好可以不费一兵一卒达到目的,而若用得不好就会有相当大的副作用。因此,当我们在使用该计时应该想清楚一些问题,比如战场上的各方势力哪些可以借,该如何去借;哪些不可以借;哪些借了虽可解近忧,但却有远患。由于盟友关系非常微妙,再加上战场形势瞬息万变,所以兵家在使用该计时务必要以人情事理为准则,根据具体情况而用,万不可滥用。

《始计篇》大师父说到"势者,因利而制权也",一个军队想要发挥出强大的战斗力,就得权变地运用一切可以利用的资源。军队如此,个人、企业也是如此。我们说某个人能量很大,其实就是说他能够发动的资源多,比如人脉广、财力雄厚、信息渠道多、话语权大,等等。除了看得见的资源,我们也要重视看不见的资源,比如信誉,经常听到有人说"我用我的信誉作担保",这其实就是在运用他自己的信誉资源。我们除了要懂得发掘、整合、运用资源外,更要懂得积累、维护资源。

最后,兵家一定要记住:相比于借助外力,更重要的是要运用好那些直接掌握在我们手中的资源,尤其是我们自己本身,一个人最大的敌人是他自己,最大的盟友也是他自己,兵家修炼就是要让自己变成自己最坚固、最强大的盟友。

第四计　以逸待劳

一日，一只野兔突然跑进了院子。我连忙关上门，准备来个瓮中捉鳖。没追几步它竟然找了个洞钻了进去。

师父看着守在洞口不肯放弃的我说道："别跟它耗着了，你耗不过它。耗得起也是一种大本事。"

师父启诚第二十六

以逸待劳这一计是《三十六计》中被误解得比较严重的一个计谋。通常人们根据计名把该计理解成：以休整之师等待远道而来的疲惫敌军，然后予以迎头痛击。这样的理解活生生把一个精妙的计谋简单化了，实在对不起二师父的智慧。

引起这种误解的根本原因是把计名中的"待"字错误地理解成了等待。其实这个"待"字应该理解成对峙、相持，说白了就是不与敌军交战。

【原文】
困敌之势，不以战。损刚益柔。
【翻译】
使敌人陷于困窘，不一定要用交战的方式。
【解读】
"不以战"很容易让我们联想到"不战而屈人之兵"，事实上以逸待劳之计正是"不战而屈人之兵"这种兵家思想的运用。那么如何不战而使敌人陷于困顿呢？计名很好地回答了这个问题，把计名翻译一下便是：安逸的我方与劳顿的敌方对峙。说白了就是主动与敌人对峙，且在对峙过程中我方的消耗比较小，敌方的消耗比较大。比如敌人远道来攻，我方坚守不战，由于敌人需要远距离运送物资，对峙成本比较大，而我方靠近战场补给方便，对峙成本比较小，长此以往，敌人的实力必然被大大地消耗掉。通俗地讲就是把敌人活活耗死。这种方式似乎与《作战篇》中的"故兵贵胜，不贵久"相悖，其实不然，因为"不贵久"说的是在能够取胜的情况下，不要为了胜得巧妙而拖延，而以逸待劳是在我方处于弱势无法取胜的情况下，为了扭转局面而拖延，是不得已而为之。

这个计谋可谓精妙！常规的兵法思想是用战的手段把敌人打弱乃至打败，而守是在无法与敌人抗衡时采取的被动之举，然而以逸待劳之计却主动地运用"守"来达到削弱敌人实力的目的。这一点给我们一个很重要的启示：手段本身没有优劣、积极消极、主动被动之分，关键要看用在什么情况下以及如何用。用得好退也是积极的，比如主动收缩战线以拉长敌人的战线，从而使敌人兵力分散，最后便可各个击破。用得不好进也是消极的，历史上有很多将领盲目冒进，最后陷入进不能、退不得的绝境，导致大败。所以我们不能一心只想着进，更不能不顾一切地进，而应根据实际情况合理地选择，该进时进，该退时退，该守时守，最后的胜利永远属于那些懂得进退之道的人，兵家务必要明白这一点。

【按语】

此即致敌之法也。兵书云："凡先处战地而待敌者佚，后处战地而趋战者劳。故善战者，致人而不致于人。"兵书论敌，此为论势，则其旨非择地以待敌，而在以简驭繁，以不变应变，以小变应大变，以不动应动，以小动应大动，以枢应环也。如管仲寓军令于内政，实而备之；孙膑于马陵道伏击庞涓；李牧守雁门，久而不战，而实备之，战而大破匈奴。

【翻译】

以逸待劳之计是一个获得战场主动权的计谋。《孙子兵法》上说道：" 先进入交战阵地等待敌军过来的军队，从容；前去赴战后进入交战阵地的军队，疲劳。因而善于作战的将领，能调动敌人而不被敌人所调动。"兵书讨论的是如何作战，而这里讨论的是敌我力量的消长。本计的主旨不是选择有利的阵地然后等待敌人前来，而是以简单牵制繁杂，以不变应对多变，以小变应对大变；以不动应对多动，以小动应对大动。抓住事物核心以应对周围各种情况。比如管仲把军事组织融入行政组织中，积蓄实力加强战备；孙膑在马陵道伏击庞涓；李牧驻守雁门关，久不与敌人交战，其实是在积累实力，暗中备战，结果一出战便大破匈奴。

【解读】

二师父的这个按语写得很有水准，也较难理解。

首先要弄清楚"致敌"和以逸待劳之计的关系。想要顺利实施以逸待劳之计得有调动敌人的主动权，如此方能"敌佚能劳之，饱能饥之，安能动之"，从而消耗敌人的实力。另一方面，我方可运用以逸待劳之计使敌人由强变弱，从而扭转劣势，化被动为主动。这两者的微妙关系值得兵家深思。

二师父引用《孙子兵法》中的这段话很有意思。引用的目的是后一句"故善战者，致人而不致于人"，以告诉我们获得战场主动权的重要性。但若不带上前面那一句话，这个引用显得有点不完整，可是带上又容易引起误解，"凡先处战地而待敌者佚，后处战地而趋战者劳"很容易让人联想到以休整之师等待远道而来的疲劳敌军。为了不引起误解，二师父在后面特地指出"其旨非择地以待敌"，也就是说本计的关键不是选择有利地形然后等待敌人到来。

那么关键是什么呢？二师父提出了六个要点："以简驭繁，以不变应变，以小变应大变，以不动应动，以小动应大动，以枢应环。"通俗地讲就是把我方的军务简化，行动最小化，以降低用兵成本，同时通过掌握主动权增加敌军的行动，以提高敌军的用兵成本。低成本的我方与高成本的敌方对峙，那么时间越久对我方越有利。接下来二师父举了三个例子，我来详细分析一下。

"寓军令于内政"指的是管仲实施的一项治国方针，其基本特征是寓兵于农，老百姓平时拿起农具生产，战时拿起武器作战。这种制度的好处是养兵成本低，能够更快地增强国家实力，这是以逸待劳之计在战略上的运用。

围魏救赵是孙膑在桂陵之战中使用的计谋，此处的"孙膑于马陵道伏击庞涓"指的是马陵之战。当时魏国攻打韩国，韩国向齐国求援，齐军再次采用孙膑的围魏救赵之计攻打魏国都城大梁，魏军迫于形势只得从韩国撤军转而扑向齐军。接着孙膑用减灶计引诱魏军日夜追赶并在马陵设伏，最后魏军中计惨遭重创，主将庞涓自杀。齐军缓缓撤退，魏军急急追赶，两方的力量消耗差别非常巨大，等到魏军因长途追赶而劳累时齐军将之伏击，可谓精妙哉！值得注意的是，孙膑以减灶计引诱庞涓正是《兵势篇》"故善动敌者，形之，敌必从之；予之，敌必取之。以利动之，以卒待之"的运用。

李牧守雁门关时，兵力强盛的匈奴屡次进犯，他都闭门不战，暗中养精蓄锐，这便是二师父所说的"以不动应动，以小动应大动"。最后当时机成熟时，李牧率军打得匈奴溃不成军。

用 计 启 示

这个计谋给我们一个很重要的启示，即强弱是相对的，要使自己变得比敌人强大，除了养精蓄锐增加自己的绝对实力外，还可以通过削弱敌人的实力来达到目的。

实施以逸待劳之计的前提是获得主动权。这个主动权包含两部分：第一是对敌主动权，即能够牵着敌人的鼻子走而不被敌人牵着鼻子，这样才能使敌人多消耗自己少消耗；第二是对内主动权，这个计谋在别人看来可能显得过于消极，甚至会被人认为胆小，以至于受到内部的干扰而无法顺利实施下去，因此在用此计时一定要得到上级的信任与支持，获得下级的理解与拥戴。这一计用得好有三个作用：积蓄实力、消耗敌人实力、麻痹敌人。最经典的案例当属夷陵之战，当时吴军的陆逊就是运用此计大破蜀军的。

从防范此计的角度而言，如果发现敌人故意与我军拖延以消耗我军的实力,那么我军应速战速决,或者如《作战篇》中所说的"因粮于敌",如《九地篇》中所说的"掠于饶野,三军足食;谨养而勿劳,并气积力"。如果这两者都无法做到,那么应果断撤退。

最后需要注意的是,可以消耗的除了力之外,更有心与气。《曹刿论战》一文中所说的"一鼓作气,再而衰,三而竭"就是要在对峙中消耗敌人的士气,是以逸待劳之计的典型运用。

第五计　趁火打劫

对敌人的仁慈就是对自己的残忍。

师父启诫第二十七

本计比较容易理解也比较实用，试想哪个人不会有脆弱的时候，哪个企业不会有遇到危机的时候，哪个国家不会有遭遇灾难的时候。下面我们来看原文。

【原文】
敌之害大，就势取利。刚决柔也。

【翻译】
当敌人遇到大灾祸时，我方应趁势谋取利益。

【解读】
当敌人遭遇天灾人祸时，往往是他们最虚弱的时候，这时我方应抓住机会消灭他们，即便消灭不了也应该趁机予以重创，或者从敌人处攫取些利益。因此，这个计谋的内在机理其实就是大师父所说的击虚。

然而需要注意的是，这里的击虚与前面提到的击虚有点不一样。之前的击虚是攻打敌人虚弱的地方，是从空间上而言的；而这里的击虚是在敌人虚弱的时候出手，是从时间上而言的。概言之，避实击虚有两类：第一类是空间上的，避开敌人坚实处，攻打敌人虚弱处，比如围魏救赵之计；第二类是时间上的，当敌人强盛的时候避免与之交战，当敌人虚弱的时候趁机攻打他们，比如本计。

前面的借刀杀人之计是利用空间上的资源，而本计则是利用时间上的机会。对资源的利用与对时机的把握直接决定了兵家的用兵能力。

【按语】

敌害在内,则劫其地;敌害在外,则劫其民;内外交害,则劫其国。如越王乘吴国内蟹稻不遗种而谋攻之,后卒乘吴北会诸侯于黄池之际,国内空虚,因而捣之,大获全胜。

【翻译】

如果敌人的灾祸来自国内(比如有人谋反),那么我方可趁机掠夺他们的土地;如果敌人的灾祸来自国外(比如敌国入侵),那么我方可趁机掠夺他们的百姓;如果敌人内外交害,那么我方可趁机掠夺他们的国家。比如越王勾践乘吴国国内发生连螃蟹苗、水稻种子都没留下的大旱灾的机会,谋划攻打它,后来终于乘吴王夫差率精锐北上到黄池与各诸侯国会盟,国内空虚的时机,发动进攻大获全胜。

【解读】

源自敌人内部的灾祸会导致敌人的实力大大削弱,因此可以夺其地;而源自敌人外部的灾祸会导致敌国的百姓人心不稳,因此可以夺其民。二师父的这句话告诉我们一个道理,即要根据什么火打什么劫,这正是《虚实篇》"兵因敌而制胜"思想的体现。

按语的战例中,吴国先是大旱,而后吴王又为了霸主之名带兵去会盟,可谓是天灾人祸,而对于越王来说则是天赐良机,有如此良机怎能不趁火打劫一把?

这段按语中可能有人会对"劫其民"感到费解,要知道在古代由于生产力水平低下,一个国家的人口数量是决定一个国家实力的关键因素之一,这是因为人口多劳动力就多,这样可以维持的兵力数量也就多了。在"知识就是生产力"的现代社会,"劫其民"应该改为"劫其精英"。

用 计 启 示

运用趁火打劫之计要注意两点:最重要的一点是要做到《火攻篇》

中所说的"可从而从之,不可从而止",不要一看到敌人遭遇灾祸就盲目运用此计。有些时候灾祸反而会激发民众的爱国心,激励将士的士气,获得其他国家的同情与援助,我方若在这个时候进攻,效果可能适得其反。第二点是静待"敌之害大"太过于被动,我方要懂得主动点火,再趁火打劫。比如袁绍为了夺取冀州先怂恿公孙瓒去偷袭它,然后趁冀州牧韩馥战败之际,派说客劝他把冀州让给自己,结果袁绍竟然兵不血刃地取得了兵多粮广的冀州。

想要避免敌人对我方使用趁火打劫之计,就要做到防患于未然:第一种防患于未然是在出现问题之前把问题解决掉,避免问题爆发出来,这需要兵家考虑问题周全,做到《九变篇》中所说的"是故智者之虑必杂于利害,杂于利而务可信也,杂于害而患可解也";第二种防患于未然是建立危机处理预案,事先谋划好各种危机的化解方案。前者把灾祸扼杀在摇篮里,主要针对内部灾祸;后者可以保证在出现灾祸时能及时有效地处理,避免因慌乱而导致局势失控损失扩大,主要针对外部灾祸。

第六计　声东击西

一日，师父一位在外闯荡的朋友前来拜访。

等师父送走朋友后，我问师父："在外闯荡需要具备什么？"

师父道："成熟的心智，不会因形势不利而慌乱，不会因慌乱而失去主张，不会因失去主张而被别人牵着鼻子走。"

师父启诫第二十八

声东击西这个计谋知名度很高，想必大家都耳熟能详：不就是声称攻打东面而实际却攻打西面嘛。但是这样的认识仅仅停留在计谋的外在手段上，而没有深入到计谋的内在机理，因此还不能算是真正懂得该计。

【原文】

敌志乱萃，不虞，坤下兑上之象，利其不自主而取之。

【翻译】

敌人神志迷乱，失去了基本的预判能力，我方应充分利用敌人失去主张的时机攻取他。

【解读】

"不虞"就是不能正确地"料敌"，即失去了预判能力；"不自主"就是无法自主分析敌情，不能果断作出决策，即失去了主张。当一个人处于这种状态下时就很容易被别人牵着鼻子走了，因而也最容易被骗。

原文向我们揭示了使用声东击西之计的前提，即要在敌人神志混乱的时候使用该计。此时敌人"不虞""不自主",我方声东,他们便跑到东面去防御。如此西面的力量就薄弱了,击西便可成功。相反,若敌人神志没有混乱,那么我方声东,敌人就不会盲目调兵。碰到高明的敌人,他们甚至能够判断出我方会击西,于是提前做好防御,说不定还会设下埋伏等着我方自投罗网。现在我们应该能够明白,为什么有些将领用声东击西之计成功了,而有些将领用声东击西之计却失败了,甚至反而被对手算计了。

我方声东,神志混乱的敌人就会在东面加强防备,就如《虚实篇》所说的"备左则右寡,备右则左寡",那么敌人在西面的力量就空虚了,我方击西便可成功。由此可见,声东击西是一个主动调动敌人使之出现空虚,然后再击虚的计谋。那么声东击西之计的内在机理是什么呢?当一个人神志混乱的时候,会失去预测、判断的能力,会不知所措失去主张,这个时候最容易被人牵着鼻子走。这正是此计能够调动敌人的原因所在,也正是此计的内在机理。

若我们用"内外前后四维分析法"来分析声东击西之计,那么此计的内在机理是利用敌人失去预判能力与主张的时机;计谋的外在手段是声称攻打东面以调动敌人,而实际却攻打敌人空虚的西面,这正是《始计篇》"近而示之远,远而示之近"的诡道;用计前提是敌人神志混乱;用计目的是进攻敌人。

【按语】

西汉,七国反,周亚夫坚壁不战。吴兵奔壁之东南陬[①],亚夫便备西北;已而吴王精兵果攻西北,遂不得入。此敌志不乱,能自主也。汉末,朱儁[②]围黄巾于宛,张围结垒,起土山以临城内,鸣鼓攻其西南,黄巾悉众赴之。儁自将精兵五千,掩其东北,遂乘虚而入。此敌志乱萃,不虞也。然则声东击西之策,须视敌志乱否为定。乱,则胜;不乱,将自取败亡,险策也。

【注释】

① 陬(zōu):角落。② 朱儁(jùn):东汉末年名将。

【翻译】

　　西汉景帝时期,吴、楚等七个诸侯国叛乱,汉军将领周亚夫加固营垒拒不出战。吴军奔赴汉军军营的东南角,周亚夫便在军营西北角加强防备;不久,吴王的精兵果然去攻打西北角,因此无法攻入。这是因为周亚夫神志没有混乱,能够自主分析敌情的缘故。东汉末年,朱儁包围了宛城的黄巾军,但由于他兵力不足,只得分散包围扎下营垒,堆起土山观察城内的情况。接着朱儁鸣鼓呐喊假装要攻打宛城的西南角,黄巾军见状纠集全部人马赶到了西南角。结果朱儁亲自率领五千精兵,突袭东北角,成功乘虚而入。这是因为敌人神志混乱,无法预测朱儁作战意图的缘故。因此能不能用声东击西之计,一定要根据敌人的神志是否混乱而定。如果敌人神志混乱,那么使用声东击西之计便可取胜;如果敌人神志不乱,那么使用声东击西之计反而可能会自取败亡,所以这是一个有风险的计谋。

【解读】

　　二师父在按语中先举了一个用计失败的例子,然后又举了一个用计成功的例子,最后根据这两个例子得出一个结论,从而向我们揭示了运用声东击西之计的前提条件。

　　按语最后的三个字"险策也",告诫我们用计是有风险的,因此兵家要铭记两点:第一不可滥用计谋,不要不顾具体情况随意使用计谋;第二不可对计谋一知半解,要么不学要么深入地学。就像声东击西之计,如果一个人只知道表面的"假装攻打敌人东面,实际却攻打敌人西面",而不知道要在敌人神志混乱时才可使用该计,那么对他而言这便是一个险策,还不如不学呢。

用 计 启 示

　　从"乱,则胜;不乱,将自取败亡"一句,我们可以看出声东击西之计是一个前提性很强的计谋,同样运用该计有可能会导致完全不同的结局。因此兵家应铭记:当敌人神志混乱时,我们应抓住机会运用此计;当敌人神志清晰时,我们应慎用此计。

防范此计就要做到如《兵势篇》所说的"纷纷纭纭,斗乱而不可乱也;浑浑沌沌,形圆而不可败也",即处乱不乱。成败在智,更在于心,兵家修炼的重要目的之一就是要达到进退从容、得失淡定的境界,这样才不会因为神智混乱而被对手所乘。

第二套　敌战计

第七计　无中生有

当外界的变化速度超过了一个人的认知速度,那么这个人就会变得越来越无知。因此,若我方的变化速度能够超越对手获取信息的速度,就可真正达到"无形"的境界。

师父启诚第二十九

对计谋的误解可分为三类:第一类是浅解,即对计谋的理解不够深入,比如对于围魏救赵之计,只知道它外在的迂回手段而不知道它内在的避实击虚机理;第二类是错解,即对计谋的理解存在谬误,比如对于本计,有些人被它的计名误导,把该计理解成是一个捏造事实以中伤或迷惑对手的计谋,这样的误解把无中生有之计贬低得简直像是把天蓬元帅贬为猪八戒一样;第三类是残解,即对计谋的理解不够全面,比如对于声东击西之计,知道它外在的手段也知道它内在的计理,但却不知道运用该计的前提条件。

编造的谎言、捏造的事实终究是虚假的,而虚假的东西终究会留下破绽,一不小心就会被别人识破,危及自身。因此,若无中生有之计只是一个凭空捏造事实的计谋,那么它就不能算是一个高明的计谋,充其量只能算作市井小伎俩。那么无中生有之计的真正含义是什么呢?下面我们来看原文。

【原文】

诳也，非诳也，实其所诳也。少阴、太阴、太阳。

【翻译】

本来是欺骗，最后却又不是欺骗，这是因为把谎言变成了事实。

【解读】

原文说得很抽象，但说白了其实很简单：我方迫于形势先用谎言欺骗敌人，然后将谎言变成事实。该计可攻可守。当我方实力虚弱但却遭遇强敌时，可先虚张声势假装实力很强，敌人被迷惑而犹豫不决时我方暗中调兵支援。等到敌人识破我方的谎言后，我方的实力已经由虚变实了，这个时候敌人发起进攻就会遭到我军强大的反击而损失惨重。当敌人防御充实我方无法攻破时，可先把自己军中较弱的部队浩浩荡荡开过去，并且整肃军容、多树旗帜、击鼓呐喊假装成一副锐不可当的样子。一开始敌军必然会以十二分的精力抵挡我方的一次次进攻，但几个回合下来后，敌军就会发现我方是以弱装强根本不需要花费多大力气防御，这样敌人便会懈怠下来。最后我方用精锐部队替换掉原来的疲弱部队，趁敌军防守松懈一举攻克。

所以，计名"无中生有"的"无"表示没有、虚假、空虚，"有"表示具备、真实、充实，"生"表示无变成有、假变成真、虚变成实的过程。"无中生有"就是将没有变成有，将假的变成真的，或者将空虚变成充实。该计的高明之处在于"变"，真真假假、虚虚实实使敌人防不胜防。如此我方便可做到如《虚实篇》所说的"无形"境界。

概言之，无中生有之计的外在手段是无变有的诡道。它的内在机理是利用人的认识滞后性，通常人们对某种事物获得了一种认识后不会及时地再去重新认识它。尤其当人们识破了一个谎言后，很少会意识到，当自己还在为自己的洞察力沾沾自喜时，这个谎言已经变成真实的了。记得小时候跟伙伴们玩捉迷藏，轮到我躲起来的时候，我会先躲在一个地方暗中观察捉人者的行踪，然后趁他不注意转移到他已经找过了的地方，这样他就找不到我了。

按语中举了一个比较经典的例子，下面我们来看按语。

【按语】

无而示有,诳也。诳不可久而易觉,故无不可以终无。无中生有,则由诳而真,由虚而实矣。无不可以败敌,生有则败敌矣。如令狐潮围雍丘,张巡缚蒿为人千余,披黑衣,夜缒①城下,潮兵争射之,得箭数十万。其后复夜缒人,潮兵笑,不设备,乃以死士五百斫②潮营,焚垒幕,追奔十余里。

【注释】

① 缒(zhuì):用绳索拴住人或物从上往下放。② 斫(zhuó):用刀、斧等砍。

【翻译】

无但却假装成有的样子,这是欺骗。欺骗不能持续得太久,太久了容易被敌人发觉,因此假装无不可以真的一直无。无中生有,就是由假变成真,由虚变成实。无不能用来打败敌人,变成有就可以打败敌人了。比如,唐朝叛将令狐潮围攻雍丘城时,守城将领张巡命令士兵用草扎了一千多个假人,披上黑色的衣服,在黑夜里用绳子把它们放下城去,令狐潮的部队争相用箭射这些草人,张巡的部队一夜之间得到了几十万支箭。之后,张巡继续命人在夜晚把草人放下城去,令狐潮的部队看到后感到非常可笑,不作防备,于是张巡命人用绳子将身穿黑衣的五百敢死之士放下城去,他们偷袭令狐潮的军营,烧毁潮军营帐,追杀潮军十余里。

【解读】

按语开头二师父便指出了欺骗策略存在的问题:一方面是破绽大,时间久了容易被发觉;另一方面是缺陷大,虽然可以把虚和无伪装成实和有,但由于本质没有变化,因此只能用来威慑、迷惑敌人,想要用来打败敌人是不太可能的。所以,欺骗策略只能当作权宜之计,绝非长久之策。而无中生有不是简单的欺骗策略,它是一种无变有、虚变实的高明"诡道"。

按语举的战例非常经典。两军对垒必然是高度戒备的,任何风吹草动都会引起敌人的警觉。一开始张巡夜放草人受到潮军几十万支箭的攻击,足见潮军戒备森严。潮军识破了张巡放假人的骗局后,便想当然地认为后面几天放下城来的依然是假人,这只是可笑骗局的简单重复,因而放松了戒备。因此当张巡将假人变成真人后,潮军被打得措手不及,溃败而逃。从这个例子我们可以看出,张巡深谙无中生有之计。

用 计 启 示

运用无中生有之计的关键在于两点。第一是"无而示有",有些情况下要伪装得好一点,不能让对手发现我方在伪装,而有些情况下却要故意让对手发现我方在伪装。第二是"无变有",首先一定要保证无变有的机密性,不能让对手发现情况已经发生了变化;其次要把握好无变有的时机,有时要尽早地无变有,而有时却不能太早也不能太迟。总之,一定要根据对手,根据战情,灵活运用无中生有之计。

防范此计就要牢记《虚实篇》所说的"故五行无常胜,四时无常位,日有短长,月有死生"。事物总是在不断发展变化的,切不可用静止的观点去看待变化的事物。

第八计　暗度陈仓

一日,师父在书房聚精会神地画菊。

画毕,师父审视了一番后说道:"用心全在花朵上,其他地方不尽人意啊。专注虽是好品质,然过于专注一处,却容易忽视大局。此画就叫《艳花败局图》吧。"

师父启诫第三十

计名"暗度陈仓"大有来历。秦王朝灭亡后,刘邦被项羽封为汉王,治理偏远的巴蜀、汉中地区。在前往封地的路上,刘邦听从谋士张良的建议烧毁了栈道,此举一方面向项羽表明自己无意于对外扩张,以减轻项羽的戒心;另一方面可防备他人偷袭,以安心积蓄实力。

在积累了一定的实力后,刘邦采纳大将韩信的建议,一方面派兵大张旗鼓地重修百里栈道,另一方面却派兵抄小路偷袭陈仓。当敌人虎视眈眈地关注着刘邦的栈道修复工程时,却在陈仓遭到了他的突袭。此役刘邦攻占陈仓,突破了项羽布置的封锁圈,由此拉开了他逐鹿中原的大幕。

韩信的这个建议就是著名的"明修栈道,暗度陈仓"。本计的计名"暗度陈仓"便源自此。"明修栈道"就像是"声东","暗度陈仓"就像是"击西",因此本计与声东击西之计非常相似,以至于很多人无法区分它们。那么这两计之间到底有什么差异呢?下面我们来看原文。

【原文】

示之以动,利其静而有主。益动而巽。

【翻译】

把我方的行动展现给敌人看,从而利用敌人做好谋划,并静待有利机会。

【解读】

在实施暗度陈仓之计时,我军一方面用公开的军事行动吸引敌人的注意力,即原文的"示之以动"。敌人根据我方的公开行动制定好相应的作战计划,并静待时机成熟准备给我方以痛击,即原文的"静而有主"。另一方面,当敌人全神贯注于我军的公开行动时,我方却从敌人毫无防备的地方暗中出兵,出奇制胜。可见原文的"示之以动"其实就是"以正合",而"静而有主"正是"以奇胜"的有利时机。

因此,实施暗度陈仓之计往往把兵力分为两部分,一部分用于"明修栈道",以稳住敌人,另一部分用于"暗度陈仓",以出奇制胜。这正是《兵势篇》"以正合,以奇胜"的用兵之道。所以暗度陈仓之计包含了正与奇两部分,然而由于计名只体现了其中的一半,有些人被误导而以为该计只是暗中用兵而已,却不知道它还需要正兵掩护,这是对本计的残解。

这一计与瞒天过海之计运用的都是奇正相生的策略思想,但是这两个计谋对这种思想的运用是有区别的:瞒天过海之计是奇在正之内,外面的正掩护里面的奇;而本计是奇正并列,一边的正掩护另一边的奇。

那么一明一暗的暗度陈仓之计与一东一西的声东击西之计到底有什么区别呢?首先,从计谋的外在手段而言,声东击西之计调动敌人使之出现空虚处然后击虚,而本计则牵制敌人使之无暇顾及虚弱处,然后出其不意击虚。其次,从用计前提而言,声东击西之计是在敌人神志混乱时使用的,因此只需声张一下便可,而本计是在敌人神志清晰时使用的,因此得花点力气把正兵用到位。最后从内在机理而言,声东击西之计利用了人在神志混乱时容易失去主张的特点,而本计则利用了人专注于一件事情后,容易忽略其他事情的特点。

【按语】

奇出于正,无正则不能出奇。不明修栈道,则不能暗度陈仓。昔邓艾屯白水之北,姜维遣廖化屯白水之南而结营焉。艾谓诸将曰:"维令卒还,吾军少,法当来渡,而不作桥,此维使化持我,令不得还,必自东袭取洮城①矣。"艾即夜潜军,径到洮城。维果来渡,而艾先至,据城,得以不破。此则是姜维不善用暗度陈仓之计,而邓艾察知其声东击西之谋也。

【注释】

① 洮(táo)城:今甘肃临潭西南。

【翻译】

出奇要基于正,没有正就无法出奇。如果不明修栈道,那么就不能暗度陈仓。三国时期,有一回邓艾屯兵于白水的北面,姜维派廖化屯兵于白水的南面并扎下营寨。邓艾对手下的将领说:"姜维命令他的部队开了回来,我军兵力少,按理当渡过河向我方发动进攻,但他们却没有架桥,这必定是姜维想用廖化牵制我军,好使我军不敢撤退,他自己一定带兵去攻打东边的洮城了。"邓艾随即趁夜色偷偷率军抄小路到洮城。姜维果然前来渡河偷袭,但由于邓艾抢先到达并据守城池,因此洮城没有被姜维攻破。这是姜维不善于运用暗度陈仓之计,而邓艾却识破了他的声东击西之计的结果。

【解读】

"奇出于正,无正则不能出奇",也就是说想要出奇就得有正作为基础,这是因为缺少了正的掩护奇容易被敌人发现,也容易被敌人阻击。

按语举的战例非常经典,我先来说下背景。当时姜维率兵攻打魏国的雍州,结果差点被魏军截断了归路,无奈之下只得撤军。然而撤军之后他又派廖化折返回去并命他在白水南面屯兵扎营,这是典型的回马枪,因此邓艾说"维令卒还"。洮城在白水的北面,邓艾屯兵处的东面,因此姜维要攻打洮城就得渡河,故而按语说"维果来渡"。

姜维的计划是派廖化屯兵白水南面以牵制敌军,而自己领兵突袭洮城以出奇制胜。可惜廖化伪装的正面进攻露出了破绽,即要进攻就得架桥但廖化却没有架桥。而这邓艾可不是吃素的,一眼就看穿了姜维的意图并果断进行了调兵。可见若不把正兵用到位就达不到迷惑敌人的目的,出奇兵就会失败。与之形成对比的是,刘邦在实施韩信的

"明修栈道，暗度陈仓"之计时，命樊哙率领一万士兵并限令一个月内修好，给敌人的感觉是刘邦急着想要修好栈道并由此出兵，因此迷惑性比较大。

廖化的部队只是驻扎在白水南岸而无实质性的军事行动，因此只能算是虚张声势的"声东"，而不能算是实实在在的"明修栈道"，所以达不到牵制邓艾的目的。即如二师父所言："此则是姜维不善用暗度陈仓之计。"显然，姜维低估了邓艾，把他看成了容易神志混乱的人，因此姜维的这一计只能算作声东击西。但由于邓艾不是糊涂人，一眼就看出了姜维的意图，他不仅没把洮城的兵力调过来，反而调兵去了洮城，因此姜维用计失败，所以二师父说"而邓艾察知其声东击西之谋也"。

用 计 启 示

《虚实篇》中大师父在论述战场主动权时说到"能使敌人自至者，利之也；能使敌人不得至者，害之也"，"自至"就是调动敌人，"不得至"就是牵制敌人。因此声东击西之计与暗度陈仓之计均是获得战场主动权的良策。

暗度陈仓之计虽精妙，但却不是那么容易使用的。首先，使用此计得把正兵的掩护做到位，这样才能使神志清晰的敌人深信不疑而把注意力都集中在这里。然而想要做到位就得有投入，就像刘邦"明修栈道"那是实实在在投入了兵力、物力、财力的，而不是嘴上说说、装装样子那么简单的。其次，既然要在用于掩护的正兵上有实实在在的投入，那么必然会导致我军兵力分散，甚至导致出奇制胜的兵力不足。因此若计谋被敌人识破，那么我方在正兵上的投入打了水漂不说，还会将兵力减弱的奇兵置于险境。

想要防范此计，首先得牢记"兵以诈立"的师训，不要看到敌人在那儿郑重其事地调兵布阵就信以为真；其次要铭记《用间篇》所说的"故明君贤将，所以动而胜人，成功出于众者，先知也"，兵家要懂得收集敌军的情报，通常收集的情报越多就越能看破敌军真正的作战意图。

第九计　隔岸观火

内斗与封闭是一个团队最严重的问题。优秀的团队懂得对内凝聚人心,对外开放合作。

师父启诫第三十一

前面有一计叫做趁火打劫,本计叫做隔岸观火,两计的计名都含有火字,而且这两个计名都较为形象,不易引起误解。从计名我们可以看出这两个计谋都是在敌人陷入灾祸时使用的,但一个是"打劫",一个是"观火",反应却截然不同,这是为什么呢?下面我们先来看原文,再对之作分析。

【原文】

阳乖序乱,阴以待逆。暴戾恣睢①,其势自毙。顺以动,《豫》,豫顺以动。

【注释】

① 恣睢(zì suī):放纵、放任,任意做坏事,形容凶残横暴。

【翻译】

敌人表现出内部不合、秩序混乱的迹象,我方应暗中静观其变等待他们内斗。凶狠残酷、肆意妄为地内斗,必然导致敌人自取灭亡。

【解读】

从原文我们可以看出,隔岸观火的"火"是内斗之火。内斗是一件非常危险的事情:首先,内斗的各方大家都相互了解,知道对方弱点在哪里,可以从何处下手,因此不斗则已,一斗招招致命,无比阴险;其次,内斗不像对外战争那样有地理上的阻隔,往往是面对面赤裸裸地搏杀,不是你死就是我亡,无比残酷;最后,所谓"杀敌一千,自损八百",在对外战争中哪怕我方处于弱势,敌人的实力也会因战事而消耗掉,因此敌我实力的差距不会一下子拉大,而内斗就不一样了,它只会导致我方实力消耗,因此与敌人的实力差距会一下子拉大,无比凶险。

内斗的发生、程度往往与外患紧密相关。当敌人受到外部势力的威胁时,他们内部可能会化干戈为玉帛,同仇敌忾一致对外。因此,为了利用内斗的巨大破坏力,当敌人出现内斗的苗头时我方万不可轻举妄动,原文用一个"阴"字告诉我们应该暗中静待敌人内部矛盾激化,进而自相残杀,甚至为了消除敌人内斗时的顾虑,我方应"隔岸"远观。等到敌人内部斗得精疲力竭时,我方便可坐收渔翁之利,或者趁势出手来个趁火打劫。可见,本计的内在机理是内斗的双方会因外患而握手言和,外在手段是暗中远观敌人内斗,用计目的是等待敌人实力消耗。

在某些情况下,外患反而会激化团队内斗,加速团队分裂,比如新组建的团队由于凝聚力不强,成员之间缺乏感情积淀,在外力的压迫下很容易瓦解,这种情况下若运用隔岸观火之计就会错失良机,所以兵家务必要懂得计谋的计理,否则用计就会适得其反。

【按语】

乖气浮张,逼则受击,退而远之,则乱自起。昔袁尚、袁熙奔辽东,尚有数千骑。初,辽东太守公孙康,恃远不服。及曹操破乌丸,或说曹遂征之,尚兄弟可擒也。操曰:"吾方使康斩送尚、熙首来,不烦兵矣。"九月,操引兵自柳城还,康即斩尚、熙,传其首。诸将问其故,操曰:"彼素畏尚等,吾急之,则并力;缓之,则相图。其势然也。"或曰:此兵书火攻之道也。按[①]:兵书《火攻篇》,前段言火攻之法,后段言慎动之理,与隔岸观火之意亦相吻合。

【注释】

① 按:(编者、作者等)在正文之外所加的说明或论断。

【翻译】

敌人内部的矛盾逐渐浮现并有激化之势,这时如果我方进逼就会受到他们的合力反击,而若撤退并远离他们,那么他们就会出现内乱。三国时,袁尚、袁熙被曹操打败后投奔到辽东,此时他们还拥有数千骑兵。起初,辽东太守公孙康倚仗自己远离曹操的有利条件,不肯归顺曹操。等到曹操大破乌丸后,有人游说曹操乘胜征讨公孙康,以擒拿袁尚、袁熙两兄弟。曹操说:"我已经让公孙康斩二袁首级并送过来,不用劳烦我们用兵了。"九月,曹操率兵从柳城返回,公孙康随即杀了袁尚、袁熙两兄弟,并把他们的首级送于曹操。诸将问曹操其中的缘由,曹操说:"公孙康一向害怕袁氏两兄弟,我方若急于攻打他们,那么他们便会联合起来;而若先缓缓,那么他们就会自相残杀。当时的形势就是这样的。"有的人说:这是《孙子兵法》火攻之道。《火攻篇》前面部分讲火攻战术,后面部分讲谨慎用兵之道,这与隔岸观火之计的用意相吻合。

【解读】

按语举了一个非常经典的例子。当时袁尚、袁熙投奔公孙康后,公孙康心里的算盘就噼里啪啦打响了:二袁野心很大,绝非屈居人下之辈,留着他们是个可怕的后患,但现在曹操正虎视眈眈地盯着辽东,二袁是不得不联合的力量。然而当曹军一撤,公孙康便认定曹操无意于吞并辽东,这下对他而言唯一的威胁就是身边的二袁,于是设伏将他们擒杀了,并将他们的首级送于曹操以向曹操示好。曹操正是看透了公孙康的心里,兵不血刃地消灭了二袁。

从这个例子中我们似乎看到了借刀杀人之计的影子,但只需仔细分析一下就会发现,这绝非借刀杀人之计。首先,借刀杀人之计需要主动借力,而这个例子中曹操只是撤退远观而已;其次,借刀杀人之计利用的是第三方力量,而这个例子中曹操利用的是公孙康与二袁之间的内在矛盾。因此,这个例子中曹操虽然借了公孙康之手杀了二袁,但用的绝非借刀杀人之计。兵家在研究战例时一定要从计理、手段、用计条件、用计目的这四个方面全面深入分析,切不可想当然盲目判断,那样很容易将计谋张冠李戴。

曹操所说的"吾急之,则并力;缓之,则相图"一句,言简意赅地阐明了隔岸观火之计的内在机理。原文"阳乖序乱"的"阳"字和按语"乖气浮张"的"浮"字都表明敌人的内部矛盾已经开始显露出来了，而曹操在公孙康与二袁之间的矛盾还没有浮于表面的时候却已经洞察出来了，并以撤军激化他们之间"一山不容二虎"的内在矛盾。从中足见曹操对人情的把握，对世事的洞明，堪称高明的兵家。这也告诉我们，想要用好隔岸观火之计得有一定的洞察力和一定的人情事理功底。

按语最后阐述了此计与《火攻篇》之间的联系，虽然《火攻篇》前面部分论述的火与隔岸观火的火是两种完全不同的火，但后面部分论述的"安国全军"之道与隔岸观火的"阴以待逆"均蕴含有慎动的兵家思想。

用 计 启 示

任何一个体系，只要涉及权力与利益的分配总会出现这样或那样的矛盾，即便现在没有也很难保证将来没有，这是人性所决定的。然而两个人即便因为分蛋糕而打得头破血流，但若发现有外人正准备夺走这块蛋糕时，他们也会握手言和并一致对外，这便是隔岸观火之计的人情基础。可见，"隔岸观火"的"观"是一种积极主动的"观"，在"观"的过程中敌人的实力不断地消耗掉。

运用隔岸观火之计要注意两点：一是不要引起对手的警觉，千万不要被对手发现我方正张着大嘴，虎视眈眈地等待着；二是应避免观火不成引火烧身，尤其是将该计运用到现代生活中时。概言之，应暗观、远观。当然了，我们除了要能抓住敌人内斗的时机，更要能创造敌人内斗的机会，比如运用离间计主动激化敌人内部的矛盾。

运用隔岸观火之计还要把握好结束时机。第一，不要在敌人内斗已经结束、实力正在快速恢复时，我方还傻乎乎地远观灰烬，而应及早结束使用隔岸观火之计，并采用其他计谋，比如趁火打劫。第二，不要在敌人斗得正酣实力还未充分消耗时，我方就急不可耐地结束使用隔岸观火之计并出兵攻打他们。我方的进逼可能会导致内斗双方握手言和、同仇敌忾。把握结束时机需要的不仅仅是智商，更需要情商。

从防范此计的角度而言，我方应平衡各方利益，从源头消除内部矛盾。而且兵家应铭记，利益的分配应该在一开始就平衡好，想要打破既定的利益分配格局重新分配利益是很难的，稍不慎就会引发严重的冲突。我方应严明法纪、完善制度，避免因规则不明而引发利益矛盾，进而引发冲突。当出现矛盾时，我方应及时有效地化解，而不应消极回避或者暴力打压。

最后需要说明的是，隔岸观火之计是在敌人内部出现矛盾时运用的，而若敌人与敌人之间出现矛盾并相互攻伐时，我们可以运用更好的计谋，比如后面的假道伐虢之计。

第十计　笑里藏刀

一日,师父拿出一个笑脸瓷娃娃送给我。这个娃娃的正面写着"微笑待人",背面写着"提防对你微笑的人"。

师父启诚第三十二

这一计的知名度很高,而且计理较为简明,不易引起误解。下面我们来看原文。

【原文】

信而安之,阴以图之;备而后动,勿使有变。刚中柔外也。

【翻译】

我方表现得诚恳守信以使对手安心而失去戒备,而暗地里却图谋消灭他;我方先要做好充分准备,然后再采取行动,千万不要引起对手的警觉而发生变故。这是一个内在刚猛、表面柔和的计谋。

【解读】

"信而安之"的信不应该理解成信任,因为想要做到使对手信任我们是很困难的,很多情况下甚至是不可能的,而且为了实施"阴以图之"我们没有必要花大力气使对手信任我们,只需要使对手对我们放松戒备即可,而这是相对容易的。所以把信字理解成我方在对手面前表现得诚恳守信更为确切。当然了,如果能够做到使对手信任我们,这对计谋的实施将更为有利。

《始计篇》的诡道说道"用而示之不用",我方准备向敌人用兵但却表现得好像不会攻打他们一样。此计更加诡,不仅假装不会出兵,而且还向敌人示以善意与友好。用我方的友善、诚恳消除敌人的戒备,那么当我方出击时便可"攻其无备,出其不意"。兵法有云"攻而必胜者,攻其所不守也",笑里藏刀之计的目的就是要使敌人由守变为不守,以利于我方取胜。

可见,本计正是利用了人们对友善、诚恳、守信的人容易放松警惕的人情特点。然而当人们识破了对方的伪善后,对其的戒备将变得非常苛刻,想要再次消除他们的戒备几乎不可能了。所以在使用此计时一定要注意"备而后动,勿使有变",一旦因为准备不足而用计失败,那么就没有第二次使用笑里藏刀之计的机会了,除非你的对手太单纯稚嫩。

【按语】

兵书云:"辞卑而益备者,进也;……无约而请和者,谋也。"故凡敌人之巧言令色,皆杀机之外露也。宋曹玮知渭州,号令明肃,西夏人惮之。一日玮方对客弈棋,会有叛卒数千,亡奔夏境。堠①骑报至,诸将相顾失色,公言笑如平时,徐谓骑曰:"吾命也,汝勿显言。"西夏人闻之,以为袭己,尽杀之。此临机应变之用也。若勾践之事夫差,则竟使其久而安之矣。

【注释】

① 堠(hòu):古代瞭望敌情的土堡。

【翻译】

《孙子兵法》说道:"敌军的使者言辞谦卑但敌军却加紧备战的,是想要进攻我军了;……敌军没有陷入困境但却主动前来讲和的,其中必定有阴谋。"因此敌人的花言巧语、和善面目,都是他们内在杀机的表露。北宋曹玮掌管渭州时,号令严明,西夏人比较怕他。一日曹玮正与朋友下棋,突然有数千叛兵逃亡到西夏去了。当边境的骑兵侦察员将这个消息报告给曹玮时,诸将听后面面相觑、大惊失色,而曹玮却谈笑自如就像平时一样,不急不慢地对前来报告的骑兵说:"这是我命令的,你不要声张。"西夏人得知后,以为这些人是假装叛变来偷袭自己的,就把他们都杀死了。这是将笑里藏刀之计用于随机应变。又比如越王勾践通过服侍吴王夫差,竟使夫差长期被蒙蔽而失去戒备。

【解读】

按语一开始引用了《行军篇》中的一段话以告诫我们要谨防敌人使用笑里藏刀之计。兵家一定要谨记二师父的教诲:"故凡敌人之巧言令色,皆杀机之外露也。"

越王勾践到吴国侍奉夫差是非常经典的笑里藏刀之计。表面上勾践对夫差温顺诚恳、恭恭敬敬,这消除了夫差的戒心;而暗地里勾践却忍辱负重、养精蓄锐,时刻准备着报仇雪耻,消灭夫差。

二师父在按语中花大笔墨讲述了曹玮骗西夏人杀叛军的战例,但这个战例用作笑里藏刀之计的例子却不太妥当。首先,曹玮的笑不是笑给叛军看的,而是笑给西夏人看的;其次,曹玮的笑不是为了使叛军失去戒备,而是为了利用西夏人;最后,曹玮杀叛军用的不是自己的刀,而是借了西夏人的刀。因此这个例子中曹玮是"笑里借刀杀人",其笑不是为了麻痹叛军而是为了借刀。所以把这个战例看作借刀杀人之计更为妥当。

用 计 启 示

笑里藏刀这个计谋比较简单,它的外在手段是用友善的外表掩饰恶意的企图,但这个计谋的具体运用形式却是多种多样的。由于对它的运用形式了解不够充分,很多时候它悄悄地出现在我们身边,我们却没有发现它,下面我来深入地阐述一下:

第一点,计名中的"笑"含义非常宽泛,它并不仅仅只是笑脸对人。其实只要是友善的、诚恳的,能够使对手对我放下心来的言行举止都可以看作是"笑",比如奉承对方、支持对方、帮助对方。

第二点,"图之"的刀除了硬刀还有软刀。硬刀就是那些比较强硬的手段,比如武力攻击、经济战。软刀就是那些比较温和的手段,比如捧杀、怂恿误导、舆论打击、心理威慑等等。

第三点,"刀"不一定是用来杀人的。"刀"也可以用来消磨人的斗志,杀的是精神;也可以用来给人洗脑,杀的是思想;还可以用来把人引向错误的道路使之浪费时间、精力、财力,杀的是资源。当然还有其他。

所以不是每个夸你厉害,怂恿你往前冲的都是你的朋友,因为他们有可能正在把你推向弯路;不是每个给你赚钱机会,教你如何投资的人都是你的贵人,因为他们有可能在有意消耗甚至恶意掠夺你的资源。

运用形式的多样化再加上善意的表象,使得此计的隐蔽性非常高,有时甚至我们中了计却还在感谢对方,所以防范此计是比较困难的。最好的防范办法就是从根本上入手:分清楚谁是真正的朋友,谁是真正的敌人;谁是真正的好人,谁是真正的坏人。把敌人当成朋友,把坏人当成好人,难免会中笑里藏刀之计。

最后需要提醒兵家的是,所谓防人之心不可无,但却也不能戒心太重,太重的戒心会导致自己无法靠近别人,别人也无法靠近我们,这样我们的人脉就少了。为了不被骗而失去很多更重要的东西是很不值得的,而且整天提防这提防那会活得很累。其实我们只需要在关键点上把握住即可,大可把生活想得简单一点,哪怕真被小骗了几下又有何妨呢?这便是兵家的进退得失之道。

第十一计　李代桃僵

一日，师父正在观赏鱼缸中的小鱼。

我问师父："鱼儿一圈一圈地游着，它们知道自己正在原地打转吗？"

师父道："一个人如果格局小，那么他的眼界就小，考虑问题容易有局限性，就会导致判断失误、决策失误、行动失误。所以，做人一定要有格局，否则就会像这鱼儿，一个劲地往前游，却不知道自己只是在原地转圈而已。"

师父启诚第三十三

此计的计名出自南宋郭茂倩《乐府诗集·鸡鸣》："桃生露井上，李树生桃旁，虫来啮桃根，李树代桃僵。树木身相代，兄弟还相忘？"这首诗讲述了这样一个故事：露天的井边长了一棵桃树，桃树旁边长了一棵李树，蛀虫来咬桃树的根，李树阻止虫子让它来咬自己，结果李树枯死了。诗的原意是用这个故事来告诫世人兄弟之间应该互相帮助、同甘共苦，但兵家在看这个故事的时候却看出了另一番韵味，并用它作为一个计谋的名字。下面我们来看原文。

【原文】

势必有损，损阴以益阳。

【翻译】

形势所迫损失已经不可避免时，要通过舍弃小利益来获得大利益。

【解读】

原文看似简单其实非常不简单,不简单在那个"益"字。李代桃僵之计通常被人理解成:通过损失小利益保全大利益,从而把损失降到最低。但若仅仅只是如此,那么原文中就不应该用"益"字而应该用"保"字。益的含义不仅仅是要保全大利益,更是要通过损失小利益获得大利益。"势必有损"的危机之下却要达到"损阴以益阳"的目的,这不就是化危机为机会吗?所以李代桃僵之计的内在机理是用小损失保全甚至获得大利益,外在手段是主动自我损失。

勇于主动损失是一种成熟,能够最小化损失是一种智慧,而能够化危机为机会则是一种大智慧。

化危为机其实就是《军争篇》所说的"以患为利"。在损失已经不可避免的情况下,我们要积极谋划如何减少损失,甚至要通过主动损失来获得大利益。那么在什么样的情况下损失是不可避免的呢?最常见的情况是我方总体实力弱于敌方,这个时候想要在交战中不遭受损失是不可能的了,因此问题的关键不在于如何避免损失,而在于如何通过局部的小损失换取全局的大优势。然而,人性最忌讳的就是损失,当人们看到眼前的小损失时,往往会本能地去挽救,一不小心就会坏了大事。按语写得非常精妙,它或许能够点醒盲目的我们。

【按语】

我敌之情,各有长短。战争之事,难得全胜。而胜负之决,即在长短之相较。而长短之相较,乃有以短胜长之秘诀。如以下驷敌上驷,以上驷敌中驷,以中驷敌下驷之类,则诚兵家独具之诡谋,非常理之可测也。

【翻译】

敌我双方的情势,往往是各有各的优势与劣势。在战争中很难做到各方面都占优势。决定胜负的关键在于敌我双方的优势与劣势如何相互较量。正是这优势与劣势的相互较量,才有了劣势一方战胜优势一方的秘诀。比如用下等马对付上等马,用上等马对付中等马,用中等马对付下等马这种策略,真乃兵家独有的奇谋诡计,一般的常理推测不出来。

【解读】

按语中"全胜"的意思是各方面都占优势,这与《谋攻篇》中的"全胜"(完全的胜利)意义不一样。既然敌我双方各有优劣,谁也不能够做到各方面都占优势,那么交战之中必然会涉及优劣之间的较量,也就是说整个战场上有些地方我军占优势,即我长对敌短,而有些地方敌军占优势,即我短对敌长,这就是二师父所说的"长短之相较"。而最终决定谁是赢家的关键就在于这个"长短之相较",也就是说战场上敌我双方的优势、劣势的组合分布决定了最后的胜负。

决定胜败的奥秘分析清楚后,二师父说"乃有以短胜长之秘诀",既然有以弱胜强的秘诀,那么秘诀是什么呢?为了形象阐述这个秘诀,二师父举了田忌赛马这个非常著名的战例。田忌的马匹总体上稍逊于齐威王的马匹,但他听从孙膑的建议以一场惨败的局部损失获得了两场胜利的全局优势,从而赢得了比赛。由此可见这个秘诀是:通过巧妙的部署,用局部的损失换取全局的胜利,即李代桃僵之计。

立足全局,根据敌我的实力情况合理部署与敌军的"长短之相较",巧妙地用我方之"短"与敌方之"长"相较量,以获得全局的优势。这决定了李代桃僵之计是一个"诡谋",它的运用"非常理之可测也"。

用 计 启 示

按语一开始的"我敌之情,各有长短。战争之事,难得全胜。而胜负之决,即在长短之相较。而长短之相较,乃有以短胜长之秘诀",是二师父对战场情势精辟而深刻的论述,值得我们细细品味。无论是战争还是竞争,往往不是点与点的对抗,而是面与面的对抗。由于面上的点太多,因此任何一方都难以做到整个面上的各点都比对手强。这个时候如何巧妙地把自己的力量部署到各个点上从而获得整体上的优势,成了兵家最需要思考的问题。李代桃僵之计提出了一种通过损失局部点从而获得整个面上优势的策略。

运用和防范李代桃僵之计的基础在于全局观。兵家应站在全局的高度谋划,这样才不会因小失大,才知道如何以小换大。有时候我们会看到一些高明的兵家在处理某些事情上显得非常笨,其实他们是为了整体利益的最大化而主动"笨"的,大智若愚就是这么来的。

运用该计的关键在于懂得主动自损,以小的损失换取大的利益。这说起来容易但做起来却比较难:一方面人都有保全利益的本能,不愿意看到自己的利益受到损失,更何况亲手去损害自己的利益呢;另一方面自损是一个比较痛苦的过程,比如有个成语叫做壮士断腕,说的是一位勇士的手腕被毒蛇咬了,为了不使蛇毒扩散到全身,他就把自己的手腕给砍断了。

第十二计　顺手牵羊

一日,师父从山中闲逛归来。他取出刚采的草药,将其放入药篮中。

看着药房琳琅满目的草药,师父说道:"微小的机会就像这山中偶遇的草药,错过了说不定就没了,抓住了积累下来,日子久了也会变得非常可观。"

师父启诫第三十四

顺手牵羊,顾名思义就是顺手牵走别人的羊,看这计谋的名字似乎是鸡鸣狗盗之低劣伎俩。其实不然,计名只体现了该计的外在手段,却没有体现该计的内在机理。下面我们来深入探究一番。

【原文】
微隙在所必乘,微利在所必得。少阴,少阳。

【翻译】
即便是微小的漏洞也务必要加以利用,即便是微小的利益也务必要积极争取。敌人的小疏忽、小过失,可以转化成我方的小利益、小成功。

【解读】
《虚实篇》中大师父说过"无所不备,则无所不寡",想要把防御做得铁桶般密不透风几乎是不可能的,唯一能做的就是搞好要害处的防备。所以,不论是我方还是敌方,总会存在微小的漏洞,而且体系越庞大小漏洞会越多。

敌人的小破绽就是我方的小机会,顺手牵羊之计就是要利用这种小机会获得小收益、小成功。小收益可以慢慢积累成大收益,小成功也可以慢慢积累成大成功,在积累的过程中我方逐渐变强,敌人逐渐变弱。在对付强大的对手时,这种缓慢图谋的策略较为有用,因为它不易引起对手的反击,可以使对手的实力在不痛不痒中被慢慢削弱。

所以该计的内在机理是利用无所不在的小漏洞,积小利为大利,积小胜为大胜。

该计与趁火打劫之计有点相似,但两者又有很大的不同。趁火打劫之计抓住的是"敌之害大"的时机,利用的是大机会,只是这种机会非常少;而顺手牵羊之计是在敌人没有陷入任何危机,甚至形势非常好的时候抓住他们的"微隙",利用的是小机会,这种机会非常多。

【按语】

大军动处,其隙甚多,乘间取利,不必以战。胜固可用,败亦可用。

【翻译】

大军调动的过程中,会出现很多漏洞,利用敌人的漏洞获取利益,就不用交战了。该计在形势有利时可以使用,在形势不利时也可以使用。

【解读】

军队在驻守的时候会出现漏洞,在调动的时候则会出现更多的漏洞,比如小股部队落伍了,军用物资遗落了,阵型混乱了。其实指挥者不是不知道"其隙甚多",只是弥补的成本太大了,要花太多的时间、精力、人力、物力,不值得去弥补。比如行军时会有小部队落下,为了不落下这些部队就得降低整个军队的行军速度,这样就会失去先机。

顺手牵羊之计的厉害之处首先在于"败亦可用",即可以四两拨千斤,再强大的敌人也会存在小漏洞,因此只要我方用兵有道,便可抓住一个个小机会削弱敌人,壮大自己。其次在于"不必以战",即用计成本比较低。此计最经典的运用形式当属游击战,以其灵活性乘间取利,速进速退。

根据按语所述,此计的外在手段就是"乘间取利,不必以战"。

用 计 启 示

顺手牵羊之计虽厉害,但须用得谨慎。有些可乘之破绽可能是敌人故意露出来的;有些唾手可得之小利可能是敌人故意放置的,用之不慎就会中了敌人的圈套而因小失大。兵家切忌贪得无厌,务必在诱惑面前保持理智。

那么如何防范敌人对我方使用该计呢?正如前面所论述的,想要把防御做得无懈可击几乎是不可能的,即便真的做到了,成本也将是巨大的,因此只能做好关键处的防御。既然漏洞是无法避免的,那么就只能使敌人看不清我方的漏洞,即做到《虚实篇》中所说的"无形",比如故意露些破绽诱惑敌人,当敌人前来时予以痛击,这样敌人就分不清哪些是漏洞、哪些是陷阱了。

用好顺手牵羊之计的前提是能够发现敌人的破绽,因此务必要"知彼"。我们经常说要获取情报,那么如何获取呢?下一计打草惊蛇便是一个获取敌军情报的策略。

第三套　攻战计

第十三计　打草惊蛇

我们在做事的时候，各种各样的痕迹总会通过各种各样的媒介留下来。我们很难将这些痕迹抹除，而且在抹除旧痕迹的同时会产生新痕迹。所以，若要人不知，除非己莫为。

师父启诫第三十五

"打草惊蛇"这个成语出自宋代郑文宝的《南唐近事》。话说南唐时有个叫王鲁的县官，他为官不正，经常做些贪污受贿的事情。有一天老百姓联名状告他的下属营私舞弊、贪污受贿等不法行径，王鲁看了状子不由得联想到自己，顿时心惊肉跳，不由自主地在状子上批了八个字："汝虽打草，吾已蛇惊"。单从这个故事看，打草惊蛇的意思似乎是敲山震虎式的间接警告或者令对手心神不宁的间接惊扰。而在现代生活中，这个成语通常被用来比喻因做事不密而惊动了对方，致使其有所戒备。然而，这些都不是打草惊蛇之计的真正含义，相反它们还会误导我们对该计的正确理解。下面我们来看原文。

【原文】

疑以叩实，察而后动。复者，阴之媒也。

【翻译】

可疑情况务必要查实，了解清楚之后才可行动。敌人周围的一切，都是侦察敌人隐秘情况的媒介。

【解读】

原文中的"复"字通"覆",是覆盖的意思。阳覆盖在阴上,通过阳我们可以间接地考察阴,因此"复"字可以理解为:敌人的外表以及他们周围的一切事物。在战场上,交战的各方都会努力做好保密工作,因此很难直接获取情报。然而保密工作做得再好,信息也会以间接的方式不经意地传播出来,就像一个人用笑容极力掩饰自己的悲伤,但忧伤的眼神却出卖了他。

所以计名"打草惊蛇"应该这样理解:一个人在草地上行走,他害怕踩到蛇,就想知道草丛中是否有蛇,但由于视线被草挡着直接看不到蛇,于是他拿了根棍子打草,这样如果草丛中有蛇,蛇就会受到惊吓而爬出来。草丛中的蛇为"阴",蛇周围的草是探测它的媒介。由此可见,打草惊蛇之计是一个通过扰动对手或其周围的人、事、物间接获取隐秘信息的策略。该计的内在机理是事物的联系性以及信息的传递性,外在手段是主动扰动间接获取。

【按语】

敌力不露,阴谋深沉,未可轻进,应遍探其锋。兵书云:"军行有险阻、潢井、葭苇、山林、翳荟者,必谨复索之,此伏奸之所处也。"

【翻译】

敌人的实力还没有显露出来,他们的隐秘谋划深藏而不为人所知,此时我方不可轻敌冒进,而应从各个方面探明其兵力部署。《孙子兵法》说道:"行军中遇到山势险峻江河纵横之地、沼泽低洼之地、水草丛生之地、草木茂盛之地,一定要仔细地反复搜索,因为这里往往是伏兵、奸细藏身的地方。"

【解读】

关于"遍探其锋",在《虚实篇》中有一段非常精妙的话:"故策之而知得失之计,作之而知动静之理,形之而知死生之地,角之而知有余不足之处。"策、作、形、角这四种方式中,策是分析信息,形是直接获取信息,而作与角则是主动扰动间接获取隐秘信息。这与打草惊蛇之计的含义相符,可以将它们看作是该计的两种运用形式。

《行军篇》中的相敌之法大多是通过观察间接事物来获取情报的，比如"众树动者，来也"，"鸟起者，伏也；兽骇者，覆也"。然而，这些通过被动观察敌人外部情况侦察敌情的方式，还不足以完全体现打草惊蛇的含义，因为它们缺少了主动的"打草"。举个简单的例子，敌人前来进攻，我方想搞清楚敌人是准备速战速决还是想打一场持久战，但这无法通过静观敌军的外部情况来获知。这时我方可派出一队人马去断敌人的水源，如果敌人派重兵前来保护，那么说明敌人是想打持久战的；而如果敌人不太在意，那么说明敌人是想速战速决的。在这个简单的例子中，我方断水源的行动是"打草"；敌人保护水源的态度是获知敌人隐蔽作战计划的媒介。

用 计 启 示

在解读原文的时候我曾说："打草惊蛇之计是一个通过扰动对手或其周围的人、事、物间接获取隐秘信息的策略。"这句话中有两个关键词，第一个是扰动，第二个是间接。人懂得通过伪装来掩饰实情就像蚕懂得通过吐丝作茧来保护自己一样，然而编织得再严密的保护网，一旦受到外部的扰动也会因信息的膨胀而出现缝隙，隐秘的实情就会间接地传递出去。这是因为受到扰动的时候人们需要作出各种响应，这个时候就会产生大量的信息，超过了人的掩饰能力，隐秘的实情就会流露出来，这正是打草惊蛇之计的精髓所在。

能够参悟出其中的道理是一个层次，能够将之灵活运用到实践中则是另外一个层次，下面我来阐述一下如何运用此计。以人为例，"草"是一个人所处的外部环境，"蛇"是他的内在品质、能力，当外部环境出现某些情况时人就会作出一些反应，而这些反应会暴露这个人的内在品质。有一个很经典的招聘故事，说的是一家大公司准备招聘一位高级管理人员，消息一出各路英才纷至沓来。经过高难度的笔试后，由公司高层面试剩下的应聘者。其中一位应聘者走进面试房间后，看到地上有一个废纸团就弯腰把它捡了起来准备扔到纸篓里，这时面试官发话了："您好，请打开纸团看看上面的字吧。"应聘者打开一看，只见上面写着:"欢迎加入我们公司。"有人说这个故事告诉我们"细节决定成败",我们应该做好细节,那么我想问的是"什么决定了细节",显然是一个人的内在素质与他的做事理念。人的内在就像蛰伏在草丛中的蛇,一受到惊扰就会爬出来,因此若缺乏一个优秀的内在,企图通过刻意做好细节来掩饰是行不通的。兵家修炼的核心正是要修炼一个人的内在,而不是外在。

　　因此,我们可以故意制造一些小事件,然后观察一个人的反应以深入了解这个人,这比看看简历听听应聘者自述要有效多了,这是打草惊蛇之计在识人上的运用。识人如此,考察一家企业亦是如此,比如我们可以故意制造一些情况,然后观察这个企业的反应以了解这个企业的经营能力、公关能力等等。

　　想要用好此计得有敏锐的观察力与较强的推测能力,如此方能从无关痛痒的小事中获得重要的信息。而防范此计的有效办法就是静,话说太多总有说漏嘴的,事做太多总有露马脚的,因此在对手的扰动面前我们要尽量保持静,不该说的不说,不该做的不做。当然,如果是要充分展示自己,比如面试,就该另当别论了。

第十四计　借尸还魂

一日，师父唤我欣赏一幅画。

我看了一会儿说道："这画本身似乎没有多大的意思，倒是师父题的这段文字给这幅画增添了几分韵味。莫非这是借尸还魂？"

师父听完微微一笑，不置可否。

师父启诫第三十六

借尸还魂之计的知名度不是很高，但它却是一个非常实用的计谋，从古至今被各路英雄所使用。计名源自一个神话故事：相传李玄遇太上老君而得道，一次他的魂魄离开躯体随太上老君去仙界云游，临行前他关照徒弟好好守护他的肉身，他将在七天内返回，如果过了七天还没有回来说明他已经成仙了，届时可将他的肉身焚化。不料六天后李玄的徒弟收到母亲病危的消息，他觉得师父六天未归应该已经得道成仙了，就擅自将李玄的肉身焚化了，然后回家照顾母亲去了。到了第七天李玄回来了，但他却找不到自己的肉身，无奈之下只得将自己的魂魄附到了一具刚刚饿死的瘸腿乞丐的尸体上，就成了后来家喻户晓的铁拐李。那么铁拐李借尸还魂的故事背后蕴含着怎样的兵家智慧呢？下面我们来看原文。

【原文】

有用者，不可借；不能用者，求借。借不能用者而用之，匪我求童蒙，童蒙求我。

【翻译】

有所用处的,不可轻易借用;无所用处的,则可谋求借用。借无所用处的而为我所用,往往不是我去求蒙昧之人,而是蒙昧之人来求我。

【解读】

"有用者"就是魂,"无用者"就是尸。魂是一个人的理想、理念,它给人指明方向,驱使人前进;是一个团队的文化、目标,它凝聚人心,催人奋进;是一个政权的威信、控制力,它使百姓拥戴,国家稳定。尸则是一个人的智慧、能力、知识、脑力、体力;是一个团队的名称、组成人员、物质财产、规章制度;是一个政权的国号、机构、官员、军队。

一个有魂的人,如果交给他的事业不能实现他的理想,他会拒绝;如果团队的做事方式不符合他的理念,他会抗拒。这导致了这类人很难被驾驭,尤其当团队的理想、理念与他们的理想、理念有很大差异时,他们甚至会成为团队的潜在隐患。相反,无魂的人非常希望有人在前面给他指路,带领他建立事业,这样的人听从指挥容易驾驭,而且有时无须"求借"自会前来投靠。

同样的,一个有魂的团队也是很难收编的,因为它有自己的文化,外人很难将之打散吸纳。它有自己的抱负,不甘心屈居人下。有时收编不当,这些外来团队反而会成为祸害。比如刘备接纳了前来投靠的吕布团队,本想借助他们的力量壮大自己,结果反被他们夺了地盘。

那些领导者向下属描绘宏伟蓝图,并鼓励他们为理想而奋斗,其实就是在把自己的魂注入下属心中,说白了就是借用那些无魂但有才的人来实现自己的理想,这是借尸还魂之计在用人上的运用;借用无魂的团队实现自己的目标,这是借尸还魂之计在兼并上的运用;借用无魂的旧政权建立有魂的新政权,这是借尸还魂之计在政治上的运用。由此可见,此计的内在机理是无魂的资源更容易驾驭与使用,外在手段是借他人之尸,还自己之魂。

此计与借刀杀人之计都含有"借"字,但两者的"借"形式是不一样的。"借刀杀人"的"借"是借助,借他人之力攻打他人;而"借尸还魂"的"借"是借用,借过来为我所用。

【按语】

换代之际,纷立亡国之后者,固借尸还魂之意也。凡一切寄兵权于人,而代其攻守者,皆此用也。

【翻译】

在改朝换代的动乱时期,那些纷纷拥立灭亡王朝的皇室后裔为君主的做法,其用意就是借尸还魂。凡是将兵权寄托在别人的名下,并装作是替别人进行攻伐防守的,用的都是借尸还魂之计。

【解读】

按语论述了借尸还魂之计的经典用法,即借本朝或者前朝皇室后裔的名义夺取天下。古人大都有效忠君主之情,报效国家之志,一个政权即便到了分崩离析的地步,也仍然会有一大批能人志士希望辅助君主复兴国家,甚至当一个政权已经灭亡了也还会有人希望光复它。同时,古人很看重用兵的合法性,如果一个君主不是残暴到民不聊生,那么起兵造反就是大逆不道,人人可得而诛之,如果一个造反者说不出一个令天下人信服的起兵理由,那么就会被人认为是窃取天下,必遭天下人所唾弃。"亡国之后"可能没有多大的才能与抱负,也没有多少可用之兵,但他们却是正统王朝的后人,以他们的名义起兵,一方面可笼络人心,另一方面可使起兵变得名正言顺,可谓一举多得。历史上,项羽立流落民间牧羊的楚怀王熊心,曹操迎毫无实权的汉献帝,都是这个道理。

所以原文中的"不能用者"并非无价值者,他们只是因为缺乏魂而无法激活自己的价值独立成就事业。比如一个很有才华的人,他毫无野心一直无大作为,有一天被一个企业家赏识并重用,在新的舞台上发挥出了过人的能力。又比如一家很有实力的大企业,由于缺乏凝聚人心的文化,激发员工干劲的战略,整个企业毫无生气。有一天来了个很有作为的 CEO,为企业注入了魂,顿时整个企业就变得朝气蓬勃了。懂得运作的人善于网罗无魂的人才,善于吸纳无魂的团队,然后进行一番同化与融合,最后释放他们的价值。

在现代社会中,该计被有意识或无意识地广泛运用着,比如企业的买壳上市、北京 798 艺术区的诞生,等等。

用 计 启 示

　　研读此计应注意，计名中的尸不是指那些一无是处的人或者毫无用处的物，而是指那些缺乏理想与理念的有才华之人、缺乏文化与目标的有实力团队、缺乏威信与控制力的正统政权，它们都只是因为缺少了魂而无法充分发挥价值而已。所以运用此计的关键在于发现那些有潜质的"不能用者"，然后将自己的魂灌注进去，激发他们的价值，从而利用他们实现自己的抱负。这些"不能用者"易于借用同时又无风险，这正是此计的厉害之处。

　　所以，一流的用人之道是发现那些无魂但有才的人，然后把自己的魂灌输到他们心中；最佳的兼并之道是将别人团队的"尸"吸纳过来，然后将自己团队的"魂"注入进去。

　　那么如何防范此计呢？其实被借者与借者是互利共赢的关系，对于那些被借者而言，有人替他们树立理想指明方向，从而能够实现自己的价值、收获成功的果实，是非常有利的，所以不是要防范被别人借用，而是要让自己变得更有借用的价值。其实，历史上的大部分兵家都是被借用者，以他们的卓越智慧辅助君主实现抱负，然而他们中的一些人最后因为与君主的理念有差异而受到冷落甚至迫害，比如项羽的谋士范增。可见魂是一个珍贵的东西，但它有时也会给自己带来麻烦，这值得兵家深思。

　　最后需要提醒兵家的是，千万不要让"计较"占据自己的灵魂，那样终将碌碌无为；千万不要让"好逸恶劳"占据自己的灵魂，那样终将平庸无能；千万不要让"贪婪"占据自己的灵魂，那样终将自我毁灭；千万不要让"邪恶"占据自己的灵魂，那样终将害人害己。

第十五计　调虎离山

一日，下山买完东西回来。

我问师父："山上修炼有诸多不便，师父为何选在这里？"

师父道："你若适应环境，就能从环境中获得好处。你若排斥环境，就会被环境排斥。兵家一定要有强大的适应能力。"

师父启诚第三十七

有句很经典的话叫做"虎落平阳被犬欺"，意思是老虎离开了山林到了平原上反而会被狗欺负。老虎的爆发力非常出色，但耐力却不太行，因此它适合在山林环境中生存，这样就可以利用草木来隐蔽自己，从而利用自身的爆发力对猎物发起突然袭击。而猎狗耐力出色，但爆发力却比较弱，因此它适合在平原上生存，这样就可以利用自己的耐力对猎物进行长距离追击。所以一旦老虎到了一望无际的平原上，缺少了丛林的掩护，它的爆发力优势荡然无存，就会沦落到"被犬欺"的地步。可见，离开了有利的环境，即便强如森林之王，战斗力也会大大削弱。调虎离山之计就是要把敌人调出有利的环境，以削弱他们的战斗力，然后消灭他们，然而这还不是该计的全部含义。下面我们来看原文。

【原文】

待天以困之，用人以诱之。往蹇来返。

【翻译】

要使敌人受制于不利的天时地理等自然条件，就需要用人为的手段诱惑他们。

【解读】

正如大师父在《地形篇》中所说的"夫地形者,兵之助也",地形是军队的重要辅助,有利的地形能够极大地增强一个军队的战斗力。反之,不利的地形会严重抑制一个军队的战斗力,比如大师父在《九地篇》中所说的:"所由入者隘,所从归者迂,彼寡可以击吾之众者,为围地。"

"待天以困之"的困有两种含义:第一种是困于不利环境,即前面所说的把敌人引诱到不利的环境中,从而抑制他们的战斗力;第二种是困于空间阻隔,即引诱敌人离开某个地方,当我方攻击该地方时,由于空间阻隔、时间不足,敌人无法及时赶回来救援。因此完整而言,调虎离山之计有两种含义:调虎离山以灭虎和调虎离山以夺山。

虎借山势而愈猛,山借虎势而愈威,虎离开了山就会被欺负,山缺少了虎就会被侵占,两者相互依存,谁也离不开谁。调虎离山之计就是要把虎与山分隔开来,这样便可灭虎、夺山。所以本计的内在机理是破坏敌军与有利地形的依存关系,从而降低敌军的战斗力,降低地形的防御力,外在手段是引诱敌人离开所在地形。

【按语】

兵书曰:"下政攻城。"若攻坚,则自取败亡矣。敌既得地利,则不可争其地。且敌有主而势大:有主,则非利不来趋;势大,则非天人合用,不能胜。汉末,羌率众数千,遮虞诩①于陈仓崤谷。诩即停军不进,而宣言上书请兵,须到乃发。羌闻之,乃分抄旁县。诩因其兵散,日夜进道,兼行百余里,令军士各作两灶,日倍增之。羌不敢逼,遂大破之。兵到乃发者,利诱之也;日夜兼进者,用天时以困之也;倍增其灶者,惑之以人事也。

【注释】

① 虞诩(xǔ):东汉时期名将。

【翻译】

兵书中说道:"最下策是攻打敌人的城池。"如果强行攻打坚固的城池,那么就有可能自取败亡。敌人已经占据了有利地形,那么我方就不应该与他们争夺这块地盘了。更何况敌人有主见且力量强大：敌人有主见，那么不是有利可图他们是不会离开有利地形前来迎战的；敌人力量强大，那么我方不得天时、地利、人和就不能取胜。东汉末期，西羌首领率数千人马，在陈仓崤山山谷凭险设防，阻拦虞诩的部队。虞诩立即命部队停止前进，并宣称要向朝廷请求援兵，等援兵到了再继续前进。羌人听到这个消息后，认为援兵一时到不了便分头去邻近的县城劫掠了。虞诩趁羌军兵力分散的时机，日夜行军，每天以两倍的速度行百余里，同时命令士兵每人各挖两个灶坑，而且以后每天增挖一倍。外出劫掠的羌军以为虞诩的援军已经陆续达到了，便不敢追击，最终虞诩大破羌军。宣称要援军到达后再继续前进，是用利益诱惑敌人；日夜兼程，是用天时困住敌人；加倍挖灶，是用人为的假象迷惑敌人。

【解读】

按语中的"下政攻城"其实就是《谋攻篇》中的"其下攻城"。攻城时，敌人在城上居高临下且又有城墙掩护，战斗力得到了极大的增强；而我军在城下，需要爬梯而上且又暴露在敌军的刀箭之下，战斗力被极大地削弱。这一增一减的后果非常严重，故而二师父说"若攻坚，则自取败亡矣"。

既然"敌既得地利，则不可争其地"，那么该如何应对呢？很简单，来个调虎离山之计。

按语最后举了一个非常经典的战例。当时羌军攻打武都城，危在旦夕之际朝廷派虞诩前去救援。为了阻击虞诩的部队，羌军派重兵在崤山山谷利用有利地形设下防线。这时如果虞诩命令部队前去强攻，那么即便能够突破防线也将损失惨重，于是虞诩来了个调虎离山之计。此战例的亮点在调的手段上：虞诩停止行军同时宣称要等到援兵到来后再前进，羌军听闻这个非常符合情理的消息后，便想趁这段时间出去劫掠一番，于是分头出动，只留部分兵力驻守，这样羌军便被调出了防线。可见，虞诩并没有直接抛出诱饵而是假装给敌人充分的时间去劫掠，是一种间接诱惑。等到敌人的大部队远离了防线，虞诩便率军日夜急行奔赴武都城救援，当敌人发觉虞诩的行动后，受制于空间阻隔、时间不足已经来不及阻截了。

为了防止那些出去劫掠的羌军从后面追击，虞诩又来了个"增灶计"制造援军已经陆续到达的假象，威慑敌人使其不敢进逼。最终，虞诩顺利到达武都城，并成功击退羌军。历史上还有个"减灶计"，是孙膑用来诱惑庞涓的，当时庞涓看到孙膑的部队用来做饭的灶坑越来越少，以为对方因畏惧而出现了大量逃兵，于是丢下大部队只率精锐前去追击，结果被孙膑伏击而大败。

这个战例中还有一点值得探讨，即虞诩诱使羌军离开防线去劫掠必然会使附近的百姓遭殃，这一点虞诩肯定能够预见到，但为了保全大局，他还是执行了调虎离山之计。在《九变篇》的将之五危中大师父说道"爱民，可烦也"，告诫兵家不可有妇人之仁，狭隘的小仁可能就是大不仁。

用 计 启 示

《始计篇》中大师父指出评估敌我实力要看"道、天、地、将、法"，其中的"天"与"地"便是敌我双方所处的外部环境，所以说环境的影响是很大的，想要用好此计必须得深刻明白这一点。

用调虎离山之计首先得有调动敌人的主动权。在《孙子兵法》中有很多关于获得主动权的妙语，比如《虚实篇》中的"能使敌人自至者，利之也；能使敌人不得至者，害之也"，《九变篇》中的"趋诸侯者以利"。其实，获得主动权的关键就在于用好利与害。

想要防范对手使用调虎离山之计，其一要谨记不可轻易离开有利环境，如果真要离开就得好好盘算下，比如自己是否会有危险，有利环境是否会被别人抢走；其二得有一定的判断能力，比如像《行军篇》中大师父所说的"半进半退者，诱也"，想要有这种能力就得深谙人情事理，就得有敏锐的观察力与丰富的实践经验，所以兵家一定要多学、多悟、多看、多做；其三不可贪得无厌，见利眼红、见钱眼开的人是很难避免自己中计的。

当然了，从修炼自身的角度而言，人不应该一直待在自己的安乐窝中，尤其对于那些家庭条件优渥的年轻人，应该大胆离开自己的地盘。

这或许会让自己黯然失色,但却能够让自己看清自己;或许会让自己遭遇挫折与痛苦,但却能够让自己获得成长,这对以后漫长的人生路而言是非常有价值的。

研读完此计,我们应该明白一个道理:更好的环境能够促成更好的发挥与发展。因此,我们要懂得为自己寻找志同道合的团队,这样大家可以相互学习、鼓励,互相帮助、扶持,共同谋划、实施,那样个人的能力必会如虎添翼,个人的成长也将有如神助。

第十六计　欲擒故纵

一日,风和日丽,我拿着钓竿去湖边钓鱼。不一会儿就有一条大鱼上钩了,不料这条大鱼拼死挣扎,我险些被它拉下水。

正当我与大鱼较劲的时候,师父走了过来说道:"如果你想把这条鱼钓上来的话,就不要用蛮力了,先耐着性子与鱼周旋一下,等到鱼的力气耗尽了再把它拉上来。"

师父启诚第三十八

欲擒故纵之计颇能体现兵家对人情的深刻把握,是一个非常有深度的计谋。然而此计的计名很容易让人产生误解,以至于有些人把该计理解成:想要抓住敌人,就要先放了敌人。这样的理解是有问题的,一旦把敌人放了,死里逃生的敌人必然会夺路狂奔逃得无影无踪,日后也会变得非常谨慎,想再抓住他们就会变得更加困难了。其实误解源自把计名中的"纵"字理解成了放,那么这个"纵"到底是什么意思呢,为什么纵敌反而能擒敌呢?下面我们来看原文。

【原文】

逼则反兵,走则减势。紧随勿迫,累其气力,消其斗志,散而后擒,兵不血刃。需,有孚,光。

【翻译】

如果敌人被追逼得太紧迫了,他们可能会绝地反扑,而若敌人有逃跑的机会,他们的反抗斗志就会大大降低。因此在追击敌人的时候,应该紧紧跟随而不能逼迫得太紧,先消耗他们的士气与体力,瓦解他们的斗志,等到敌人精神涣散时再擒杀他们,这样便可兵不血刃地消灭他们。

【解读】

原文的含义与《军争篇》中的"穷寇勿迫"是一致的。当敌人被紧紧追逼,感受到死亡的严重威胁时,求生的欲望会使他们的神经高度绷紧,时刻准备着作殊死搏斗,这种状态下的敌人战斗力非常强悍,我方若与这样的敌人交锋必然会损失惨重。而当敌人看到逃跑的希望,死亡的威胁不那么严重时,求生的欲望会使他们专注于逃跑,在逃跑的过程中他们的力气逐渐耗尽,斗志逐渐减弱,战斗力逐渐降低。基于这样的人情特性,我军在追击敌人的时候不应逼之太甚,以免敌人产生只有拼死一战才有逃生可能的心理,而应紧紧尾随使敌人觉得只要跑得快还有逃生的希望。当敌人跑得精疲力竭时却发现我军依然不紧不迫地尾随着,在这种先看到希望,然后努力拼搏,最后极度失望的情况下,疲倦的敌人就会产生放弃的想法。当敌人斗志瓦解而放弃反抗时,我军便可兵不血刃将其擒杀。

因此纵的含义是紧追但不逼迫,其目的是"累其气力,消其斗志",所以欲擒故纵之计应该这样理解:追捕逃跑的敌人时,应该紧跟而不逼迫,利用敌人的逃跑来耗尽他们的体力、士气、斗志,等到敌人逃得精疲力竭时再擒杀之。由此可见,该计的内在机理是"逼则反兵,走则减势"这一人情特点,外在手段是先纵敌消耗敌人,再擒敌消灭敌人。

除了能够消耗敌人外,纵敌还可以使敌人的队伍因为急着逃跑而溃散,这样我军便可各个击破。当然了,运用此计得拿捏好"纵"的度,不要太大,一纵有可能敌人就跑没影了;也不要太小,一纵有可能把敌人给逼急了。

本计与隔岸观火之计有一个相似点,它们都要等到时机成熟时再出手。只是隔岸观火是静观,在观的过程中等待敌人实力降低;而欲擒故纵是纵敌,在追击敌人的过程中消耗敌人的实力。

第三章 《三十六计》修炼◎第三套 攻战计·第十六计 欲擒故纵

【按语】

所谓纵者,非放之也,随之,而稍松之耳。"穷寇勿追",亦即此意。盖不追者,非不随也,不迫之而已。武侯之七纵七擒,即纵而蹑之,故展转推进,至于不毛之地。武侯之七纵,其意在拓地,在借孟获以服诸蛮,非兵法也。故论战,则擒者不可复纵。

【翻译】

所谓的纵,不是放了敌人,而是跟随敌人,追击得稍微松些而已。"穷寇勿追"也是这个意思。所谓的不追,不是不跟随,而是不逼迫敌人。诸葛亮七擒七纵孟获,是放了孟获后紧紧跟随他,因而能够率领部队辗转推进,到达偏远的不毛之地。诸葛亮的七纵,其用意在于开拓疆土,是在借孟获收服南部各少数民族,这不能算是用兵作战之法。从作战的角度而言,擒住的敌人是不能放了的。

【解读】

按语开头二师父明确指出纵的含义不是放,而是追击得稍微松一些,它与迫相对。为了避免我们被误导,二师父在最后特地强调"则擒者不可复纵",抓住了的敌人是不能放了的,放虎归山后患无穷。

按语中二师父举了诸葛亮七擒孟获这个战例,但需要注意的是这个例子中诸葛亮用的并不是欲擒故纵之计,二师父把它放到这里加以说明是为了避免我们被这个经典战例误导。诸葛亮的"七纵"是真的在擒住孟获后把他放了,因此他的纵与本计的纵含义不一样。抓住对手再把对手放了,这"非兵法也",而是收服人心的政治手段。当然了,"非兵法也"的兵法是纯粹的用于两军交战的兵法,如果将兵法用于政治则另当别论。值得注意的是,诸葛亮的这个"七纵"用的虽然不是欲擒故纵之计,但却也同样精妙。一方面,放了孟获可以让他给自己带路,以深入到各族领地,同时让各族人看到蜀军的厉害;另一方面,大度地放了孟获可以收服各族人的心。这是一种典型的大棒加胡萝卜策略。

用 计 启 示

运用欲擒故纵之计会经历一个敌逃我追的过程,因此我军的机动能力与耐力一定要比敌人好,否则要么把敌人给追丢了,要么把自己给拖垮了,那么纵敌就真的变成放敌了。

本计的计理是"逼则反兵,走则减势"这一人情特点,但我们需要明白的是,敌人敢于"逼则反兵"是因为我军的实力只稍强于他们,并没有占绝对优势,敌人觉得只要拼死一战还有获胜的希望。假如我军的实力占绝对优势,那就没有必要花大力气运用欲擒故纵之计了,直接封死敌人的退路团团围住,不给他们留一丝希望即可。敌人看到这种情势必然绝望而放弃反抗,这便是后面的关门捉贼之计。就比如两三个人抓捕一个持刀歹徒,应该运用欲擒故纵之计,而如果是七八个人抓捕一个持刀歹徒就应该用关门捉贼之计。

所以在运用此计之前务必要搞清楚敌我的机动能力、行军耐力、军事实力等情况,千万不要盲目运用,否则必将适得其反。

人在失去希望或者疲惫的时候最容易放弃抵抗,而在看到希望或者精力旺盛的时候最容易奋起反抗。所以若想要"不战而屈人之兵",我方要么以绝对的优势实力使敌人走投无路而绝望,要么通过消耗敌人使敌人精疲力竭而斗志瓦解。作战中最惨烈的情况就是把尚具一定实力的敌人给逼急了,于是敌人以死相拼,我军浴血奋战,最后一方惨死,一方重伤。

那么如何防范敌人对我方使用该计呢?如果我方的机动能力与耐力比敌人强,那么自然是利用这个优势逃出敌人的追击。反之,如果无法甩掉尾随的敌人,那么就该找个有利的地形与敌人决一死战,以必死之心激发全军将士的斗志击败敌人,当然最好是吓退敌人,这就是大师父所说的"置之死地而后生"。从这里我们可以看出,平时的训练很重要,把军队的机动能力、耐力训练好了,关键时刻就能发挥大作用,临时抱佛脚是不可取的。除了各项能力的训练,更重要的是性格的修炼,要养成积极乐观的心态,培养坚持不懈的毅力,这样才能遭遇挫折而不灰心,面对败局而不放弃,遭受失败而不消沉。所以防范欲擒故纵之计最关键的是机动能力与耐力,最核心的是整个军队的心态,若我方把机动能力训练好了,把军队的心态调整好了,敌人的计谋就很难得逞了。

很多时候我们都遭遇着生活的欲擒故纵,它会先给我们一丝希望,于是我们铆足了劲往前冲,然而当我们准备停下来休息一下时,一回头却猛然发现困难、挫折、失败一直尾随着,只要我们稍作停留就会被它们包围,而成功却依然如此的遥远。于是疲惫的我们萌生出了放弃的想法,最后就成了生活的俘虏。我们兵家一定要用自己的毅力、能力、策略与生活周旋,战胜生活,成就事业!

第十七计　抛砖引玉

在贪心和侥幸心理的作用下,轻易相信对手,被对手牵着鼻子走,失去了分析与判断的能力。一旦时机成熟,对手迅速出手,等到自己反应过来,大势已去,损失已不可避免。这就是稚嫩不够老练的后果!

师父启诫第三十九

此计想必大家都有所耳闻,抛砖引玉,顾名思义就是抛出自己廉价的砖头引来别人珍贵的美玉,是一个利诱之计。关于本计的计名有一个非常有趣的典故。相传唐朝有个叫常建的诗人,有一次听说赵嘏要来苏州的灵岩寺游玩,他很想趁这个机会让对方留下些诗句,就在庙壁上先题写了半首诗。赵嘏来到灵岩寺后,看到那半首诗一时技痒难耐,就续上了后半首,就这样常建顺利地达成了目的。因此,抛砖引玉这个成语常用来自谦地表达用自己粗陋的意见或作品,引出别人更好的意见或作品。当然了,作为计谋的抛砖引玉可没有这么文绉绉,而是暗藏杀机。当人看到有利可图时总会产生逐利的冲动,但同时人具有观察、分析、判断的能力,逐利的冲动会被理智所抑制,所以当我们抛出诱饵时对方未必会傻乎乎前来。那么如何才能使对方受引诱而前来呢?下面我们来看原文。

【原文】
类以诱之,击蒙也。

【翻译】
用类同的事物引诱敌人,然后打击前来逐利的蒙昧之敌。

【解读】

诱敌之计的关键在于抛出去的诱饵。把真实的利益放在敌人面前,敌人自然会相信有利可图,但使用这种诱饵是有风险的,用之不慎可能会落得"偷鸡不成蚀把米"。而用无实质利益的假诱饵引诱敌人就没什么风险了,但要使敌人认为有利可图就比较难了:一方面我方的伪装得做得足够好,另一方面敌人的洞察力得不是很强。

二师父把诱饵分为两类:第一类是类同的诱饵,即用真实的利益或者伪装得相当好的假利益做的诱饵;第二类是疑似的诱饵,即用伪装得比较差的假利益做的诱饵,这种诱饵很容易使敌人产生怀疑,因此也很容易被敌人看破。显然,类同的诱饵比疑似的诱饵更吸引人,更具诱惑性。

原文中二师父说要用类同的诱饵引诱敌人,然后予以痛击,这与《兵势篇》的"以利动之,以卒待之"是同一个意思。一般而言,引诱比较聪明的敌人时,我们得花点成本下去,拿点真利益出来,有时甚至先要故意让敌人得逞几次;而引诱比较愚笨的敌人时,我们可以用伪装的假利益做诱饵诱惑他们,比如往袋子里装沙土伪装成粮食引诱敌人来劫掠。

【按语】

诱敌之法甚多,最妙之法,不在疑似之间,而在类同,以固其惑。以旌旗金鼓诱敌者,疑似也;以老弱粮草诱敌者,则类同也。如楚伐绞,军其南门,莫敖屈瑕曰:"绞小而轻,轻则寡谋,请无捍采樵者以诱之。"从之。绞人获三十。明日绞人争出,驱楚役徒于山中。楚人坐守其北门,而覆诸山下,大败之,为城下之盟而还。又如孙膑减灶而诱杀庞涓。

【翻译】

引诱敌人的方法非常多,最精妙的方法,不是用似是而非的利益去诱惑敌人,而是用看着很真,甚至真实的利益去诱惑敌人,如此便可使敌人深信不疑。用旌旗金鼓引诱敌人,只是疑似;而用老弱粮草引诱敌人,则是类同。比如春秋时期楚国出兵讨伐绞国,大军驻扎在绞国都城的南门外,大臣莫敖屈瑕向楚王建议道:"绞国小而轻率,轻率就会缺少谋略，请不要派兵保护我们的樵夫以引诱他们。"楚王接受了这个建议。第一天绞国的士兵抓住了三十个樵夫。第二天绞国的士兵争相出城，在山中追捕楚国的樵夫。楚军一方面派兵驻守北门以截断绞军归路，另一方面派兵在山下埋伏以偷袭绞军，最终楚军大败绞国，在迫使绞国签订了城下之盟后凯旋。又比如孙膑使用减灶计诱杀庞涓。

【解读】

按语中二师父明确指出诱敌之计的关键"不在疑似之间，而在类同"。少树旌旗，少鸣锣击鼓，制造我方很弱的假象去引诱敌人，只能算是疑似，因为偃旗息鼓很难掩盖我方真正的实力。旌旗虽少，鼓声虽弱，但士兵却整整齐齐地排列在阵地上，敌人一看自然是三分冲动七分疑惑，就未必会前来了。而用老弱残兵去引诱敌人就不一样了，这可是实打实的弱兵，敌人自然是愿意相信的，警惕性稍微弱点的敌人看到这种情况便会认为机会来了，于是就冲过来捡便宜了。

按语举了两个战例。第一个战例中，楚军用樵夫引诱敌人。这个诱饵是真真实实的诱饵，对于被围城而缺少柴薪的绞国人来说诱惑力确实不小；再加上绞国人的轻率，一部分兵力便被楚军诱出城了。第二个例子中，孙膑以减灶伪装兵力逐渐减弱的假象来诱惑庞涓。虽然是伪装的，但在多少人吃多少饭、用多少灶的经验判断诱导下，迷惑性非常强。骄傲轻敌、急于求战的庞涓一时不察就中计了。

从这两个战例中我们也可以看出，用什么样的诱饵引诱敌人，一方面要根据敌人的喜好、需求投其所好；另一方面要根据敌人的性格、能力对症下药。比如对于那些急于求成、轻率冒失的敌人可以少花点成本，用表象伪装一下；而对于那些冷静睿智、稳重谨慎的敌人则要多花点成本与心思。这便是《虚实篇》中大师父所说的"故兵无常势，水无常形。能因敌变化而取胜者，谓之神"。

用 计 启 示

抛砖引玉之计是一个获得战场主动权的计谋，在实施其他计谋时往往需要它的辅助，因此非常有用。比如调虎离山之计要把虎调离山，那么如何调呢？一种有效的办法就是运用抛砖引玉之计。其实，在战场上很多战术的顺利实施关键在于使敌人进入我方布置的局中，比如精心布置了一个埋伏圈，如果敌人不过来那就没什么用，这使得抛砖引玉之计成为一个非常重要的计谋。

那么当看到有利可图时，我方是顺手牵羊把它取了呢，还是为了防范敌人的抛砖引玉之计视若无睹抵制诱惑呢？其实征战于战场之上，再聪明的兵家也会中了敌人的抛砖引玉之计，再愚笨的将领也能成功顺手牵羊几回。因此问题的关键不在于是否会中计，而在于怎么去取利：如果是盲目而轻率地去取，那么整体而言自然是中计的损失大于取得的利益；而如果是理智而冷静地去取，那么整体而言自然是取得的利益大于中计的损失。在面对利益时，兵家一定要收集信息，冷静分析，理智决策。如果分析出来是利大于害，那就勇敢去取，不要畏首畏尾；反之则一定要克制自己，切忌轻率与贪利。

人除了贪利，还会贪面子、贪虚荣心、贪口舌之快，这些都是成功运用此计的秘诀所在，也是中此计的祸源所在，因此兵家一要洞察对手，二要克己自省。生活中，有些人为了一点功与利不惜损害自己的身体健康，不惜冷落亲情与友情，甚至以人身自由为代价，可以说是中了生活的抛砖引玉之计。

第十八计　擒贼擒王

一日，帮师父去菜园除草。

我正割得起劲，师父道："斩草必除根，否则过几天又会长出来。"

师父启诫第四十

计名浅显易懂，意思是在与敌人交战时要擒杀敌军首领，消灭敌军主力，即要摧毁敌人的核心。然而，问题的关键在于敌人的核心往往是敌人最强大的部分，或者是敌人保护得最好的部分，从这里下手似乎违背了避实击虚的用兵之道。那么在什么样的情况下才适合运用擒贼擒王之计呢？下面我们来看原文。

【原文】

摧其坚，夺其魁，以解其体。龙战于野，其道穷也。

【翻译】

消灭敌军主力，擒杀敌军首领，从而瓦解敌军。就像群龙战于郊野，因为缺少首领而陷入穷途末路。

【解读】

原文揭示了擒贼擒王之计的内在机理：摧毁敌军核心，敌人就会失去将他们凝聚在一起的组织力量，就会失去激发他们战斗意志的精神支柱，就会失去稳定军心的坚实基石，这样敌人便会成为一盘毫无生气的散沙任人宰割。

现代战争中提出的"斩首战"，即先利用间谍、卫星等侦察手段获得敌军首脑及其指挥中心的所在，然后用导弹、飞机等现代武器进行精准打击,从而使敌人失去指挥而不战自乱。其实就是擒贼擒王之计,只不过取了一个新名字而已。很多所谓现代战术只不过是古代计谋结合现代技术产生的新运用形式而已。

此计虽有一招制敌的威力,但却不是那么容易使用的,下面我们来看按语。

【按语】

攻胜则利不胜取。取小遗大,卒之利、将之累、帅之害、功之亏也。全胜而不摧坚擒王,是纵虎归山也。擒王之法,不可图辨旌旗,而当察其阵中之首动。昔张巡与尹子奇战,直冲敌营,至子奇麾下,营中大乱,斩贼将五十余人,杀士卒五千余人。巡欲射子奇而不识,剡[①]蒿为矢,中者喜,谓巡矢尽,走白子奇。乃得其状,使霁云射之,中其左目,几获之,子奇乃收军退还。

【注释】

① 剡(yǎn):削、刮。

【翻译】

打了胜仗会有取不尽的利益。如果贪取小利而遗忘大利,那么虽然可以让士卒获得一些利益,但却会拖累将领,妨害主帅,甚至导致功亏一篑。取得了全面的胜利,但却不消灭敌军主力,不擒杀敌军首领,无异于放虎归山。在擒杀敌军首领时,不应该根据帅旗的位置来定位,而应该观察敌人的行动命令是从军阵中的哪个地方首先执行的。当年张巡与尹子奇交战,他率军直冲敌军军营,一直杀到尹子奇的帅旗处,敌军军营顿时大乱,共斩杀敌将五十多人,杀死士卒五千余人。张巡想要射杀尹子奇但却不认识他,于是他命人削草秆为箭射向敌人,被射中的敌军将士发现后欣喜万分,以为张巡部队的箭用光了,纷纷跑到尹子奇那里汇报。于是张巡知道了尹子奇的长相,命令部将南霁云用箭射他,射中了他的左眼,几乎快要把他抓住了,尹子奇不得不收兵撤退。

【解读】

进攻取得胜利后可以获得很多利益,比如敌军来不及运走的粮草,敌人丢弃的武器、马匹,也会碰到很多有利时机,比如敌军陷入混乱而丧失战斗力,敌军部队溃散而无法集结。取胜后,如果我军上下忙于收集粮草、武器等小的战利品,那么只会让士卒得些小利,却不利于巩固与扩大战果。我军花时间收集战利品就会给敌人宝贵的喘息时间,那么他们就可以重整部队,调整策略,鼓舞士气,筹集物资,做好防御准备,甚至做好反击准备,这样我军想获得进一步的胜利就会变得比较困难了。这其实就是大师父在《火攻篇》中所说的"夫战胜攻取,而不修其功者凶,命曰'费留'"。

按语提出了一种巩固与扩大战果的方法,即乘胜消灭敌人的主力与首领,使敌人在短时间内无法恢复实力,这样我军就有机会彻底消灭他们了。现在我们已经能够回答本篇一开始提出的问题了:当敌人实力强大、组织有序、士气高涨时,我方应使用避实击虚策略对付他们;当敌人被我方击溃,士气低落、部队散乱时,我方应使用擒贼擒王之计趁机瓦解他们。由此可见,应该选择主力混乱、"王"失去保护的时机运用擒贼擒王之计,因而此计并不与避实击虚策略相违背,相反两者可结合使用,即先用避实击虚击溃敌人,再用擒贼擒王一剑封喉。

想要擒杀敌人的首领首先得找到他,然而当敌人陷入混乱的时候,根据帅旗的位置来寻找是不可靠的,因为敌军的帅旗有可能已经在交战中被冲离了主帅的位置。按语中二师父提出了一种定位敌军首领的方法,即"察其阵中之首动","首动"这个词非常形象,由于作战命令是由首领发出的,那么离他近的士卒必然先收到命令先执行,而离他远的士卒必然后收到命令后执行,因此可以根据命令从哪里开始执行的来确定敌军首领的位置。这就像往水中扔一颗石子,水波纹一圈一圈地荡漾开来,水面上最先晃动起来的地方就是石子的落水点。

按语举的例子源自张巡指挥的睢阳保卫战。当时叛军将领尹子奇率领十三余万兵马杀向睢阳城,可谓兵多将广、粮草充足。虽然尹子奇的几次进攻均被张巡击退,但他却毫不气馁,不断补充兵力,大有不攻下睢阳城誓不罢休之势。而张巡率领的守城部队不到一万,外无援军内缺粮草,既耗不过敌人也打不过敌人,危在旦夕。面对如此危急的形势,张巡想到了擒贼擒王之计。他趁敌人不备,率精锐出其不意直攻敌军核心。为了找到尹子奇,他又来了个"剡蒿为矢",可谓巧妙。可惜张巡的运气不太好，只射瞎了尹子奇一只眼睛，只是暂时击退了他。

后来，由于敌我实力实在过于悬殊，而睢阳城又是一座孤城，张巡终究无法抵御尹子奇接二连三的进攻，城破被俘，最后因不肯投降而被杀害。真乃可歌可泣！可能有人会问了，张巡为何不撤退啊，这是因为睢阳城是江淮地区的屏障。此城一旦失守，叛军便可长驱南下，国家也将失去重要的物资基地。这也是尹子奇不惜一切代价想要攻下此城的原因所在。值得一提的是，睢阳城虽然被攻破了，但张巡守城十个月，杀敌数万，牵制了大量叛军，为国家组织反攻赢得了宝贵的时间。睢阳城沦陷后仅七天便被夺回。韩愈在《〈张中丞传〉后叙》中给了张巡极高的评价："守一城，捍天下！"

从张巡的戎马生涯我们可以看出，他以天下兴亡为己任，既有战略远见又有战术能力，善于治军懂得进退，可谓是一流的兵家。只可惜时运不济，无力回天！前文所举无中生有之计中的战例亦出自张巡之手。

用 计 启 示

此计可一招制敌，非常厉害，但由于用计目标是保卫措施非常严密的敌军首领，战斗力非常强悍的敌军主力部队，因此不是随随便便就可以使用的，用之不慎很有可能会遭受巨大的损失。通常，在具备如下三个条件之一时才可考虑使用此计：

第一是机会。比如敌军被我方打败而陷入混乱，导致主力部队丧失战斗力，首领缺乏保护。又比如敌人一时大意，首领离开了他的护卫，就像小霸王孙策，骑着骏马去打猎把他的侍卫远远地甩在了身后，结果中了刺客的埋伏而被射杀。我方可运用其他计谋主动创造这种机会，比如笑里藏刀、声东击西。

第二是人才。派有勇有谋的间谍打入敌人内部，接近敌方首领伺机行刺，比如要离刺杀庆忌。

第三是技术。先利用高效的信息技术定位敌军首领或主力的位置，然后利用远程精确打击技术消灭目标，这是现代战争中运用此计的绝佳方式。可以说，随着信息技术以及高科技武器的发展，擒贼擒王之计变得越来越有用了。

  概言之,此计的运用要点是:抓住或创造机会,出其不意摧毁敌人的核心;网罗或培养人才,打入敌人内部擒杀敌人首领;发展或改进技术,精确定位远程打击敌人首脑机构。

  当我军取得胜利时,运用擒贼擒王之计擒杀敌军首领、消灭敌军主力,是巩固与扩大战果的有效方式;当我军陷入进退不得的死地时,运用擒贼擒王之计集中兵力,出其不意擒杀敌军将领,是绝处逢生的有效方式。由此可见,此计既可用于胜局也可用于败局。

  一个军队失去了首领就像一个人丢掉了灵魂,将失去生机,因此我军一定要防范敌人的擒贼擒王之计。当形势有利时不可掉以轻心,要知道若被敌人击中了要害,再强大的体系都有可能瞬间崩溃;当形势不利时,务必保持整个军队的行动有序而不乱,正所谓"纷纷纭纭,斗乱而不可乱也";当形势危急时应懂得撤退,保护首领、保全主力。

第四套　混战计

第十九计　釜底抽薪

做人一定要能稳定心神，平静心境，如此才能成为一个智慧的人，一个能够掌控自己的人。

师父启诫第四十一

要想使锅中的水停止沸腾有两种办法：第一种是加入冷水，第二种是抽去锅下燃烧的木柴。前一种方法效果立竿见影，只要冷水加得足够多，不管水沸腾得多么厉害都将立刻冷却下来，但这种方法只是临时性的，过一段时间水还会沸腾起来。后一种方法见效比较慢，但它却从根本上解决了问题，一旦水停止了沸腾那么再也不会重新沸腾起来了。计名中的"釜"指的是古代的一种锅，显然本计要讨论的是第二种方法，这种方法非比寻常，是深谋远虑的战略型兵家的必杀技。

【原文】
不敌其力，而消其势。兑下乾上之象。

【翻译】
不能抵御敌人的力量时，可削弱敌人的能量。

【解读】
理解原文的关键在于理解"力"和"势"这两个字。"力"是力量的意思，"势"在古文中是个多义词，在不同的上下文中有不同的含义，在这里"势"是"能量"的意思。势产生力，就像水势产生水力，木柴燃烧产生火力,势多则力强,势少则力弱。

对于有思想的人而言,能量包括两个部分:第一是物质能量,源自吃饱喝好、穿暖睡足、武器精良、技能过硬;第二是精神能量,源自对胜利的渴望、对敌人的愤慨、对国家的忠诚。对于整个军队而言,物质能量源自充足的粮草、强壮的兵马、训练有素的将士;精神能量源自稳固的军心、饱满的士气、昂扬的斗志。因此在军事中,势(与《兵势篇》的势含义不一样,这里的势含义更广)是军队的物资、兵马、士气、斗志;力是军队的攻击力。

与敌人交战,我军直接面对的是敌军发出的力。当敌人的攻击力很强时,我军与之硬碰硬会带来惨重的损失,甚至根本无力抵抗,这时我军应避其力,通过削弱其势来消解其力,这便是釜底抽薪之计的内在机理。在长勺之战中,鲁国面对强大的齐国的挑战没有立即迎战,而是通过对峙消耗对方的士气,等到齐军击鼓三次、士气衰竭后,鲁国才吹响了迎战的号角,最终创造了以弱胜强的佳话。

本计可与擒贼擒王之计看作一组,擒贼擒王之计是从敌人的力量核心下手,而本计则是从敌人的力量源头下手。又可与调虎离山之计看成一组,调虎离山之计是从敌人力量的外在辅助下手,而本计则是从敌人力量的内在源头下手。值得指出的是,避实击虚的用兵之道是从敌人的攻击面上横向找到敌人的弱点,然后下手,而本计则透过敌人的攻击面,纵向找到敌人的弱点,然后下手。所以此计的运用形式往往是烧毁敌人的粮仓,截断敌人的粮道,消解敌人的士气,瓦解敌人的斗志,等等。

【按语】

水沸者,力也,火之力也,阳中之阳也,锐不可当;薪者,火之魄也,即力之势也,阴中之阴也,近而无害。故力不可当而势犹可消。《尉缭子》曰:"气实则斗,气夺则走。"而夺气之法,则在攻心。昔吴汉为大司马,有寇夜攻汉营,军中惊扰,汉坚卧不动。军中闻汉不动,有顷乃定。乃选精兵反击,大破之。此即不直当其力而扑消其势也。宋薛长儒为汉、湖、滑三州通判,驻汉州。州兵数百叛,开营门,谋杀知州、兵马监押,烧营以为乱。有来告者,知州、监押皆不敢出。长儒挺身徒步,自坏垣入其营中,以福祸语乱卒曰:"汝辈皆有父母妻子,何故作此?叛者立于左,胁从者立于右!"于是,不与谋者数百人立于右,独主谋者十三人突门而出,散于诸村野,寻捕获。时谓非长儒,则一城涂炭矣!此即攻心夺气之用也。或曰:敌与敌对,捣强敌之虚,以败其将成之功也。

【翻译】

水的沸腾靠的是力,也就是火力,它是强中之强者,锐不可当;柴薪是火的魂魄,也就是产生火力的势,它是弱中之弱者,靠近它不会受到伤害。因此当我们无法抵挡敌人的力时,可以削弱他们的势。《尉缭子》说:"部队士气饱满就会力战,士气低落就会溃逃。"瓦解敌军士气的方法,就在于攻心。东汉初年,吴汉担任大司马一职时,有敌寇乘夜攻打汉军军营,营中因而陷入惊慌混乱,而吴汉却安静地躺在床上一动不动。军中将士听说吴汉如此沉着,片刻之后便镇定了下来。于是吴汉挑选精兵反击,大败敌军。这就是不直接抵挡敌人的锋芒,而先削弱敌人气势的策略。北宋时期,薛长儒担任汉、湖、滑三个州的通判时,驻扎在汉州。数百名驻守州城的士兵突然叛变,他们打开军营大门,企图杀死知州、兵马监押,并焚烧军营以制造混乱。有人前来报告险情,知州、监押都因害怕而不敢出去。薛长儒挺身步行而出,从营墙破损处进入军营中,对参与叛乱的士兵晓以利害:"你们都有父母妻儿,为什么要做这样的事情呢?凡谋划叛变的站到左边,凡被迫胁从的站到右边!"于是,没有参与谋划的数百士兵站到了右边,主谋的十三个人独自冲出营门,分散逃到村庄、郊野,不久就被抓了回来。当时的人们说,要不是薛长儒,满城将陷于灾难了!这就是攻心夺气计谋的运用。有的人说:两军对垒,攻打强敌的虚弱处以使之功败垂成。

【解读】

按语前两句简单明了地揭示出了釜底抽薪之计的精髓所在。力是阳刚之物,没有一定的实力很难抵挡住它。而力的源泉——势却是阴柔之物,它不具有攻击性,很容易对付,所以当我们无法直接抵御刚猛的力时,可以从力背后柔弱的势着手。正如按语最后一句所说的,这其实也是一种避实击虚策略。概言之,此计的精髓是通过瓦解力背后的势消解力,它的外在手段是迂回。就像曹操夜袭乌巢,烧毁袁绍的粮草物资,极大地打击了袁绍军队的士气,袁军因而崩溃,最终曹操以弱胜强,取得官渡之战的胜利,为日后消灭袁绍集团统一北方奠定了基础。

按语用《尉缭子·战威第四》中的经典语句"气实则斗,气夺则走"引出了本计的一种运用形式——攻心夺气,并举了两个战例。

第一个例子中,汉军军营受到敌军突袭时,吴汉并没有着急慌忙地组织力量反击,而是从容自若地安卧在床上,以此稳定了军心。对于突袭的一方来说,最希望看到的是对方的惊慌混乱,这样他们就会愈战愈勇,而若看到对方镇定自若,那么他们反而会慌了神。吴汉用自己的从容稳定了军心,用己方的镇定打击了对方的士气,最后组织力量反击,一举击溃敌人,可谓深谙将士心理。

第二个战例讲的是薛长儒平定叛乱。士兵叛乱往往由两部分人员组成:第一部分是别有用心的策动者,他们是叛乱的核心人员;第二部分是缺乏主见的胁从者,包括被怂恿的冲动者、被欺骗的愚昧者、被胁迫的胆小者,还有随波逐流的盲从者,他们是叛乱的主要力量。第一部分人员往往是经过深思熟虑、精心策划后才发动叛乱的,他们自知罪不可恕,已无退路,因此气势汹汹;而第二部分人员往往是感情用事、一时冲动才参与叛乱的,他们既充满期待,又有点不安与害怕,因此立场不够坚定,气势不够坚实。所以当薛长儒以其从容镇静威慑住叛兵后,晓以利害,给予退路,第二部分人员的造反气势顿时被瓦解了,从而兵不血刃平定了叛乱。从这个例子中我们可以看出,釜底抽薪之计用得好,可不战而屈人之兵。

《孙子兵法》中也有很多关于攻心夺气的论述,其中《军争篇》中有一段非常经典的话:"三军可夺气,将军可夺心。是故朝气锐,昼气惰,暮气归。故善用兵者,避其锐气,击其惰归,此治气者也。以治待乱,以静待哗,此治心者也。"

用 计 启 示

想要用好此计得具备"深"这一兵家品质,能够透过事物的外在看到背后的决定性因素,懂得纵向寻找对手的弱点。用得好,此计可从根本上重创对手,甚至可不战而屈人之兵,是战略型兵家的必备计谋。

在历史战例中此计被使用得比较多,只是很多时候我们没有意识到而已。最常见的运用形式是按语中所说的攻心夺气,比如有的将领手上只有两万人马,却声称自己调集了五万人马,以此从心理上威慑敌人。此计一种非常厉害的运用形式是"后院点火",比如当难以抵御敌军将领的进攻时,可派出间谍,散布该将领功高震主,对朝廷不满的谣言,或者可或明或暗地挑拨敌方的某位重臣,告诉他该将领功绩显赫必将威胁他在朝中的地位。缺乏了君主的信任和朝中大臣的支持,那么在外征战的敌军将领纵然有不世之才,也将难以有所作为,我方的危机便可化解。有句话叫做"每个成功男人的背后都有一个伟大的女人",这大概是因为伟大的女人懂得为男人稳定后方,这样男人才能够专心地在前方打拼。

此计从根本上下手解决问题,可谓厉害,然而这也导致了该计见效比较慢,因此在使用该计时,兵家务必要有耐心与毅力。

防范此计的关键,一要心态稳定、乐观自信,不要敌人一虚张声势就慌了神,自乱阵脚,也不要敌人一挑衅就失去理智,丧失智力;二要保护好后方,不要被敌人乘虚而入,导致前方不稳。

此计给我们在做事上启示是:解决问题的最有效办法是从根源上阻止问题发生。道路上出现了一个坑,如果只是放一块警示牌提醒路人,那么肯定会有疏忽大意的路人掉进去。哪怕是两个诚信的人合作,如果只是口头上订立契约,那么也难免会因为误解、遗忘闹出矛盾来。所以,我们不要依靠容易犯错的人来保证事情不做错。据说德国的制造业不相信人,整个制造流程的设计都极力避免人犯错,方才成就了德国制造的高品质。

第二十计　混水摸鱼

> 面对混乱的局面，一定要保持内心平静清明，如此才能拨开迷雾看清乱局背后的大势，才能在乱局中游刃有余发展壮大。
>
> 　　　　　　　　　　　师父启诫第四十二

计名"混水摸鱼"说的是鱼在混浊的水中辨别不清方向，只会晕头乱窜，在这种情况下摸鱼比较容易得手。这个世界上的道理是相通的，智慧的兵家总能从简单的事物中悟出深刻的道理，鱼塘就像战场，池中摸鱼就像战场逐利，那么从混水摸鱼的简单道理中能够悟出怎样的兵家奇谋呢？下面我们来看原文。

【原文】

乘其阴乱，利其弱而无主。《随》，以向晦入宴息。

【翻译】

乘局势不明朗和混乱时，利用敌人实力弱小又无主见的时机，攻取他们。

【解读】

原文中的第一个"其"指的是战场大局，这个大局有两个特点：一是阴，即形势不明朗，不知道谁会成为最后的赢家；二是乱，即各方势力相互攻伐，混战不止。第二个"其"指的是在乱局中无所适从的弱小势力。

大局的阴导致很多弱小势力看不清形势，不知道下一步该怎么走，不知道投靠谁才可以保全身家性命；大局的乱导致强者只关注于那些会威胁到他们自身的其他强者,而无暇顾及那些弱小势力。这种阴乱的局面给聪明者提供了攻取这些弱小势力的绝佳机会,而且这些势力实力弱小又缺少靠山,攻取他们的成本非常低,有时甚至可以凭诚意说服他们前来投靠。很多乱世枭雄就是运用该计快速扩张的。

由此可见,此计的内在机理是利用弱小势力无所适从、无人关注的有利时机攻取他们,是一种立足整个大局的避实击虚,运用此计的前提是大局的形势不明朗而又混乱。在乱局中,中等实力者不应该参与到激烈的强者混战中,而应避开强敌运用混水摸鱼之计攻取弱小势力壮大自己,这是他们在乱局中趁势崛起的明智策略。

本计与前面的声东击西之计有些相似,它们都涉及"乱",只是两者的层次不一样,声东击西之计是趁敌人神志混乱而取之,是从个体的角度考虑的,而本计则是趁大局乱而取弱敌,是从全局的角度考虑的。

【按语】

动荡之际,数力冲撞,弱者依违无主,敌蔽而不察,我随而取之。《六韬》曰:"三军数惊,士卒不齐,相恐以敌强,相语以不利,耳目相属,妖言不止,众口相惑,不畏法令,不重其将,此弱征也。"是鱼,混战之际,择此而取之。如刘备之得荆州、取西川,皆此计也。

【翻译】

局势动荡之际,多方势力相互角逐,那些弱小势力不知道该投靠谁、该反对谁,敌人被混乱的局面蒙蔽而没能发现这些弱小势力,我方应顺势攻取他们。兵书《六韬》中说:"三军多次表现出惊慌,士卒军心不齐,用敌人的强大相互吓唬,互相讨论己方的不利,互相说悄悄话使眼色,谣言不止,相互蛊惑,不畏惧法令,不尊重将领,这些都是军队孱弱的征兆。"这样的势力就是鱼,在多方势力相互混战的乱局中,我方应选择攻取这些势力。例如刘备得荆州、取西川,用的都是这个计谋。

【解读】

按语一开始简明扼要地阐述了混水摸鱼之计:局势动荡,强者角逐,弱者不知所措,我方应乘此良机吞并那些无人顾及的弱者以壮大自己。所以此计的外在手段是择弱而取。

按语引用《六韬》中的一段话阐述了弱势力的特点，为我们在乱局中寻找"鱼"提供了启示。这段话非常精妙深刻，我们通过它来仔细探究一下乱局中的弱势力：从心态上而言，往往如惊弓之鸟，稍有风吹草动便会引起一阵骚动；从组织上而言，往往如一盘散沙，人心涣散凝聚力不高，甚至有很多逃兵；从信心上而言，总认为形势对自己非常不利，敌人非常强大，导致谣言满天飞，毫无斗志；从纪律上而言，将领威信不高，士卒不把军令当回事。从这段话我们可以看出，强弱的判断不在于兵力多少、地盘大小等硬实力，而在于心态、组织、信心、纪律等软实力。就像三国初期，刘备没有地盘，兵力也很少，但他胸怀大志腹有良谋，因此不能算是弱势力。相反，荆州的刘表、西川的刘璋都占据了非常有利的地盘，地广粮丰、兵多将广，可惜胸无大志缺少远见，又无防御城池的军事才能，倒是实实在在的弱势力。因此，刘备在汉末乱局中夺取荆州、攻取西川用的便是混水摸鱼之计。

如果你所在的公司，员工人心涣散，缺少干劲（"士卒不齐"）；一说到竞争公司就觉得对手很强大很有优势，自己公司缺陷太多实力太弱（"相恐以敌强，相语以不利"）；员工窃窃私语埋怨公司如何糟糕，私底下互相怂恿对方跳槽（"耳目相属，妖言不止，众口相惑"）；公司制度模糊形同虚设，员工不把制度当回事，领导做事有失公允，缺少规划，员工不把领导放在眼里（"不畏法令，不重其将"）：那么无论这家公司规模多么庞大，也只能算是一家弱公司，你应早作打算。

用 计 启 示

计谋既可用于制定战术又可用于制定战略，但对于某个具体计谋而言，它可能更适用于战略或者更适用于战术，当然也不缺乏两者都适用的计谋。混水摸鱼之计着眼全局，更适用于制定战略。而与之相似的声东击西之计则着眼于某个敌人，更适用于制定战术。这两个计谋可以这样组合运用：在乱局中运用混水摸鱼战略，找到合适的目标后，抓住敌人神志混乱的时机，采用声东击西战术攻取他们。

想要用好此计，我方得在乱局中处乱不乱，立足全局，判明局势。

有些人在形势安稳时能够玩转得很好,一副器宇轩昂、指挥若定的样子,但若形势一乱便会六神无主,失去掌控能力。而另外一些人在形势安稳时苦于没有施展才华的舞台,一副碌碌无为的样子,比如泗水亭长刘邦,但他们却能够在乱局中游刃有余,或耐心等待机会,或果断抓住机会,或主动创造机会,最终兼并各方势力成就霸业,乱世出英雄就是这么来的。

　　想要防范此计就得保持清醒的头脑,制定有效的战略,或联合其他弱小势力建立互保联盟,或投靠强者寻求庇护,或避开纷争积蓄实力。当然了,最佳的防范办法还是使自己变得更加强大。有些家长把子女保护得很好,不让他们受一点苦,同时铆足了劲赚钱希望给他们留下丰厚的家产,可问题是这些在温室里长大的孩子缺乏守业的能力,一旦行业竞争加剧或者经济形势变差,他们继承的家业就会成为别人眼中的肥鱼。

第二十一计　金蝉脱壳

一日，师父在书房给我讲解历史战例，一不小心我却走了神。

等我回过神来，师父道："身体坐得倒挺端正，可心却走远了。学习的时候可不能金蝉脱壳。"

师父启诫第四十三

计名"金蝉脱壳"源自蝉的蜕变过程，当幼蝉从地底爬到树上后，它的身体会从坚硬的外壳中脱离出来，然后留下外壳变成成虫飞走，这就像部队抛下营寨、城池偷偷逃走一样。因此人们往往将该计理解成一种逃脱计谋，然而这样的理解还不够全面，只能算是残解。下面我来完整地分析一下这个计谋。

【原文】
存其形，完其势；友不疑，敌不动。巽而止蛊。

【翻译】
保存阵地外形，维持作战态势；使盟友毫不怀疑，使敌人不敢进犯。

【解读】
原文揭示了金蝉脱壳之计的外在手段：保持我方的阵地外形和作战态势不变，以稳住友军、迷惑敌人，然后将我方的部队抽调出来。外形和态势犹如蝉的壳，从中抽调出来的部队犹如蝉的身体，由此可见此计的内在机理是形体分离。

《军争篇》说到"故兵以诈立，以利动，以分合为变者也"，本计就是一个很经典的从合变为分的计谋。我们需要注意的是，即便两个同样都是从合变为分的计谋，它们的变法也有可能是不一样的，像暗度陈仓之计把部队分成奇与正两个部分"以正合，以奇胜"，而本计则是把部队分成形与体两个部分，用形稳住敌友，用体实现某种作战目的。

那么这个作战目的到底是什么呢？很多人会毫不犹豫地回答说，当然是脱身了，即运用本计使自己脱离险境。只能说这个回答是一知半解下的回答，不能完全体现该计的本意，下面我们来看按语。

【按语】

共友击敌，坐观其势。倘另有一敌，则须去而存势。则金蝉脱壳者，非徒走也，盖为分身之法也。故大军转动，而旌旗金鼓，俨然原阵，使敌不敢动，友不生疑。待已摧他敌而返，而友敌始知，或犹且不知。然则金蝉脱壳者，在对敌之际，而抽精锐以袭别阵也。如诸葛亮卒于军，司马懿追焉。姜维令仪反旗鸣鼓，若向懿者，懿退，于是仪结营而去。檀道济被围，乃命军士悉甲，身白服，乘舆徐出外围，魏惧有伏，不敢逼，乃归。

【翻译】

联合友军一起攻打敌人，敌我双方都按兵不动坐观局势发展。此时倘若出现另一个敌人，那么我方在调兵前去消灭他的时候，应保持原来的阵地作战态势不变。金蝉脱壳之计不仅仅只是用来脱身的，它其实是一个分身之法。当大军调动的时候，阵地上的旗帜、锣鼓依然和原来一样，使敌人不敢轻举妄动，使友军不会产生怀疑。等到我方把另一个敌人消灭后返回，友军和敌军方才知晓，甚至仍然不知道。因此金蝉脱壳之计，是一个在与敌人对峙时，抽调精锐部队去攻打别处敌人的计谋。比如，当诸葛亮北伐曹魏逝于军中的时候，魏军主帅司马懿立刻领兵追击。姜维命令杨仪调转旗帜方向，擂起战鼓，摆出一副好像要攻向司马懿的样子。司马懿见此阵势立即命令部队后退。于是杨仪在扎下营寨后迅速率领部队撤退。南朝宋代将领檀道济被北魏军队围困后，他命令将士戴盔披甲全副武装，而他自己则身穿便装乘坐车子，率领部队缓缓走出敌军的包围圈。北魏军队害怕有埋伏，不敢追逼，于是檀道济全军得以安全返回。

【解读】

当敌我双方势均力敌正在对峙的时候，突然出现了另一方敌人，这就使我方陷入了绝境：如果调兵去攻打新出现的敌人，就会破坏原来的实力平衡，那么原来的敌人就会趁机发动进攻，我军就会陷入两线作战的困境；而若不去攻打，那么新出现的敌人就会扰乱我军后方，或者前来进攻导致我军被前后夹击。这可谓是动则找死，不动则等死。本计正是化解这种危机的一种策略，即保持原来的阵地外形与作战态势不变以稳住原先的敌人，然后暗中抽调兵力消灭新出现的敌人，等到新出现的敌人被消灭后，再回来与原先的敌人对峙，这便是金蝉脱壳之计的完整含义。因此它是一种分身策略，而脱身——保持阵地外形与作战态势不变以稳住敌人然后暗中率领部队撤退，只是它的一个简化运用而已。按语中所说的"友不生疑"是想稳住友军，以免他们看到局势不利而萌生退意，使得我军的境况更加危险。

这种分身策略可谓高明，用留下的"形"守，用抽离的"体"攻，仅用一军却发挥出了两军的效果，然而它的缺点是不易使用。首先，运用时机少。我军正与敌人对峙的时候突然冒出一个新的敌人，而且这个新出现的敌人没有与我军原来的敌人联络以进行协同作战，同时我军原来的敌人也不知道出现了这么一位潜在的盟友。其次，实施难度大。我军抽调出一部分兵力甚至大部分兵力而敌人却不知道，抽调出的这部分兵力还要神不知鬼不觉地把新出现的敌人消灭掉。正因为分身策略运用时机少，实施难度大，所以此计很少被用于分身；然而这并不会降低此计的价值，因为它的简化用法——脱身依然令人拍手称奇。

虽然，按语强调"金蝉脱壳者，非徒走也，盖为分身之法也"，但其列举的两个战例却是典型的脱身而非分身，这大概是因为将金蝉脱壳之计用于分身的战例非常少吧。

第一个战例的历史背景是诸葛亮北伐中原积劳成疾在五丈原病逝，蜀军撤退途中遭到魏军的追击。为了摆脱魏军，姜维命令杨仪摆出一副反攻魏军的态势，以这种态势为壳掩护蜀军撤退。这个例子中比较有争议的是"于是仪结营而去"一句，《三国志·诸葛亮传》中的记录是"于是仪结阵而去"。"结营而去"的意思是扎下营寨后撤退，这是杨仪布下空营摆出一副欲驻兵战斗的样子以迷惑魏军,是"存其形";"结阵而去"的意思是结成阵势撤退,这是杨仪摆出一副欲调兵战斗的姿态以迷惑魏军,是"完其势"。因此,这两者的形式虽然不太一样,但本质却是相同的,我们无须纠结于此。

第二个例子源自《南史·檀道济传》。当时檀道济兵力不足实力非常弱,撤军途中遭到北魏军队的围剿。为了突破包围圈,檀道济命令将士全副武装缓缓行军,摆出一副胸有成竹随时准备战斗的样子。北魏军队一看这架势不像是撤退倒像是调兵,就不敢贸然行动了。其实,这威风凛凛的战斗态势只是一个壳而已,它包裹的是焦急如焚、归心似箭的南朝宋军队这只蝉。虽然依稀还能闻到南朝宋军将士铠甲上散发出来的杀气,但北魏军队就这么一迟疑,南朝宋军一溜烟早已跑得没影了。值得指出的是,有些学者认为《三十六计》乃檀道济所著,依据是《南齐书·王敬则传》中有这么一句话:"檀公三十六策,走是上计。"

从这两个案例我们可以看出,将金蝉脱壳之计用于脱身的这种用法实施起来简单而效果奇佳,可谓妙计哉。历史上此计更经典的运用是南宋将领毕再遇悬羊击鼓撤退的例子,我们会在最后一计——"走为上"中看到该战例。

用 计 启 示

正如《用间篇》所说的:"故明君贤将,所以动而胜人,成功出于众者,先知也。"如果我们能够及时获得敌人的信息,那么就不会被他们的表象所迷惑而被他们成功分身或者逃脱,所以防范敌人使用该计的关键是获取信息。反之,若我军的信息被敌人侦察走,那么我军的真实意图就会被敌人发觉,壳也就无法掩护体脱离,运用此计就会失败,所以用好该计的关键是信息保密。从中足见信息的重要性。

从手段而言,防范对手使用该计的方法是用《虚实篇》中所说的"角之而知有余不足之处",即时不时地与敌人来个试探性较量,使之无法遁形。

虽然此计分身的用法在古代战争中很少被使用,但在现代生活中它却找到了大展身手的舞台。举个简单的例子，一家公司正在有条不紊地完成某个大项目，这时突然遇到了一个高盈利的小项目，公司自然不肯错过它，可是人手又不够，该怎么办呢？那就来个金蝉脱壳，从大项目中抽调一部分人去完成新项目，等到新项目完成后再回去继续做原来的大项目。

　　壳是一个军队的外在，分为有形的壳与无形的壳。有形的壳是指那些看得见、摸得着、听得到的实体，比如军营、粮草、鼓声，无形的壳是指一个军队表现出来的无形的东西，比如自信、威望、声势。壳能掩盖一个军队的实情，也会透露一个军队的实情，交战双方通常会通过伪装自己的壳迷惑对手，通过观察对手的壳摸清对手。壳可以用来增大声势威慑敌人、伪装假象迷惑敌人，它在战争中非常重要。一流的兵家深谙人情事理，都是天生的演员甚至是天生的导演，都非常善于造壳，他们能够将呈现给外界的表象与内在的真实情况独立开来，比如面露微笑而心却在流血，表面从容而内心却惊慌焦急，所以外人很难看穿他们，因而也很难对付他们。

第二十二计　关门捉贼

一日，师父准备闭关，嘱咐我打理好兵圣谷。

我趁机问师父："闭关修炼有什么好处？"

师父道："阻断与外界的联系，使自己的心灵无处可逃，这样才能牢牢抓住被喧闹的世俗拨动得躁动不安的内心。心沉静下来了，智慧才能绽放光芒。"

师父启诫第四十四

计名"关门捉贼"的意思是关起门来抓贼，使贼无法遁逃。这个计谋看起来简单，但要仔细分析一下的话就会发现也不简单。如果只有一个人在家的时候碰到贼，要没有点功夫想必是不敢关起门来抓贼的，因为断了贼的归路，而贼看到只有一个人在家肯定是不甘心束手就擒的，因此很可能会作困兽之斗。而若家里有好几个青壮年在，那么把门一关这贼就成了瓮中之鳖，只能束手就擒。由此可见，不是什么情况下都可以关门捉贼的。下面我们来探究一下这关门捉贼到底是一个什么样的计谋。

【原文】

小敌困之。《剥》，不利有攸往。

【翻译】

对付弱小的敌人就要围而歼之。

【解读】

原文蕴含的兵家思想与《谋攻篇》中的"故用兵之法，十则围之"一致,都是要把敌人团团围住,截断他们的归路,使他们毫无逃脱的机会。在这种情况下,敌人已然成了我军的囊中之物,他们只有两条路可走,要么作困兽之斗壮烈牺牲,要么缴械投降苟且偷生。

理解原文其实只要搞清楚两个关键字即可。第一个是"小"字,只有当敌人的实力相对于我方来说只能用小来形容时,才可运用关门捉贼之计,否则就该采用《军争篇》中所说的"围师必阙"战术。这是因为当我方的实力占绝对优势时,即便敌人作困兽之斗也可将其轻易制服,不存在得不偿失的风险;而若我方的实力相比于敌人不占优势,那么敌人一旦作殊死搏斗,我方将其制服的代价就会非常大,甚至付出惨重的代价后仍然被他们突围逃走。所以此计的内在机理是弱小的敌人容易消灭,应彻底消灭之。第二个是"困"字,即困住敌人使之无法逃脱,这样敌人就在我方的掌控之中了,消灭他们也就只是个时间问题。所以此计的外在手段是围而歼之。

【按语】

捉贼而必关门,非恐其逸也,恐其逸而为他人所得也。且逸者不可复追,恐其诱也。贼者,奇兵也,游兵也,所以劳我者也。《吴子》曰:"今使一死贼伏于旷野,千人追之,莫不枭视狼顾。何者?恐其暴起而害己也。是以一人投命,足惧千夫。"追贼者,贼有脱逃之机,势必死斗;若断其去路,则成擒矣。故小敌必困之,不能,则放之可也。

【翻译】

捉贼的时候之所以必须要关门,不是怕他逃走,而是怕他逃走后被别人抓住而加以利用。更何况,逃走了的贼是不应该再去追杀的,怕他是故意来引诱我们的。军事中所谓的贼,是指非常规的、出没无常的敌军小股部队,他们通常用来消耗我军使我军疲惫。《吴子》说:"现在让一个亡命之徒隐匿在空旷的郊野里,哪怕派一千个人去追捕他,这么多人也没有不战战兢兢顾虑重重的。这是为什么呢?是怕他突然跳出来伤害自己。所以说一个不要命的人,足以使一千个人感到害怕。"去追贼,说明贼还有逃脱的机会,那么他一定会殊死搏斗;而若截断贼的归路,那么他只能束手就擒了。因此对付弱小的敌人务必围而歼之,如果不能，那就让他逃走吧。

【解读】

二师父在按语中指出了"贼"在军事中的含义，可谓一语道破天机。在军事中，"贼"其实就是一小股敌军部队，这种部队机动灵活、出没无常，善于运用出其不意策略，以骚扰、引诱、消耗对手为目的。若是与这样的部队较上劲，一不小心就会被他们搞得心烦意乱，或者被他们活活拖累死，又或者被他们引诱进包围圈。但是他们有一个致命的弱点，即兵力少，因此很容易将他们围困起来，而且一旦被围住，他们机动性强的优势就发挥不出来了，顿时成了一条死鱼。所以该计是对付这种难缠奇兵的最佳策略，这正是此计的价值所在。

追击敌人的风险是比较大的。第一，追着敌人跑可能会被他们诱入陷阱中；第二，就像《吴子》所分析的"一人投命，足惧千夫"，当逃跑者隐匿起来躲在暗处的时候，追击者在心理上就不占优势了；第三，敌人在逃跑的过程中可能会遇到有利地形，这样他们就可以利用地形进行反击。从本质上分析还是战争主动权的问题，去追击敌人，那么往哪里跑，是继续跑还是停下来战斗的主动权在敌人手上；而若困住敌人，那么主动权就牢牢地掌握在我方手上了。说到底，其实就是要做到"致人而不致于人"。所以二师父说游兵和奇兵是不可追的，要么围而歼之不要给他们逃走的机会，要么视而不见放任他们逃走。

运用此计有个前提，即需要有足够的兵力，如果兵力不足就无法布置包围圈，在这种情况下就索性让敌人逃走吧。什么？让嘴边的肉溜走，不是有欲擒故纵之计吗？可是我们应该明白，现在面对的是机动性非常强的奇兵，是专门用来骚扰或引诱我军的，要是真追了那便正中敌人下怀，所以追不得。

用 计 启 示

有时候要把敌人围得密不透风，不给他们一丁点机会，而另一些时候却要留个缺口，给他们一点脱身的希望；有时候要追着敌人跑以瓦解敌人的意志，而另一些时候却不可追，"放之可也"。这便是兵法运用的奇妙之处。兵家一定要记住：策略的选用一定要根据战场情况，一定要根据对手特点，选之不当，再精妙的策略也是拙劣的，用之合宜，再简单的策略也是高明的。一流的兵家用最合适的策略，二流的兵家用最精妙的策略，三流的兵家盲目使用策略。

关门捉贼之计的厉害之处在于，一旦我们把包围圈布置好了，除非对方有突破包围圈的能力，否则便成了瓮中之鳖。这个时候如果对方不肯投降，我们可以逐步缩小包围圈消灭之；也可以慢慢把对方饿死、渴死，总之我方已经掌握了对方的命运。该计的这种特点使得它非常适合用来对付机动性强、兵力少的奇兵、游兵。

若被敌人用关门捉贼之计包围了起来，那么我方一定要用最快的速度找到突破口，趁敌人的包围圈还存在漏洞或者薄弱环节的时候突围；而且不管代价多大都要果断突围，因为被围得越久对我方越不利。

第二十三计　远交近攻

人之所以会感到孤独是因为思念远方的亲友，却忽略了身边的朋友。

师父启诫第四十五

远交近攻这一计非常不简单，当年秦昭王准备越过韩、魏去攻打齐国，谋士范雎连忙阻拦并建议秦王采用该计。当秦王追问原因的时候，范雎给出的分析非常深刻：越过韩、魏去攻打齐国不仅作战成本大，而且即便取得了胜利也不能把占领的土地和秦国连成一片，最后有可能便宜了别的国家或者仍然被齐国夺了回去，而若攻打近邻韩、魏，那么攻占一寸是秦国的一寸，攻取一尺是秦国一尺，所以应该结交远处的国家，攻打邻近的国家。秦昭王听完范雎的分析后豁然开朗，便采用此计作为秦国逐鹿中原的战略，终于统一了天下。

【原文】

形禁势格，利从近取，害以远隔。上火下泽。

【翻译】

由于受到地形的禁锢和地势的阻碍，从邻近处谋取利益是有利的，而从远隔处谋取利益是有害的。

【解读】

《地形篇》中大师父说过"夫地形者，兵之助也"，然而从另一方面讲，地形也会成为用兵之累。攻打远处的敌人或者攻打中间隔了其他国家的敌人是非常不利的：一方面攻打的成本比较大，长途行军、远道运输都是比较消耗人力、物力、财力的事情；另一方面战果难以巩固，孤悬在外的一块土地既难以管理又很难守住，胜利的果实很容易被对手夺回去，或者被别人瓜分走。就像当年英国隔海占领了无数的殖民地，最后有些独立了，有些被别人夺走了，至今所剩无几。

攻打邻近的敌人就不一样了，离得近攻打成本低，而且攻下一城后可以将它与自己现有的国土连接起来，这样就比较容易巩固战果，就像俄国从中国夺取的大片土地至今还被俄罗斯占领着。同时，与远处的其他势力结盟可孤立近邻，这样更有利于我方攻打近邻。这便是远交近攻之计的内在机理，从中我们可以看出它是一个基于各方势力在地理上的分布格局而设计的计谋。

本计更适用于战略层面。在实际运用中往往以循环渐进的形式向外扩张地盘，即先结交远处的国家，攻打邻近的国家；等消灭了近邻后，再攻打新的近邻。而这个新的近邻有可能就是自己原先结交的国家。

【按语】

混战之局，纵横捭阖之中，各自取利。远不可攻，而可以利相结；近者交之，反使变生肘腋。范雎之谋，为地理之定则，其理甚明。

【翻译】

在各方势力相互攻伐的战局中，无论是相互联合还是分化瓦解，无论是用阳谋还是用阴谋，都是在为自己争夺利益。远处的势力不可以去攻打，而应该用利益与之结盟；如果与近处的势力结盟，反而会使变故发生在身边。范雎的谋略，是根据地理远近谋划战略的准则，其中的道理非常高明。

【解读】

"纵横捭阖"的思想源自战国时期的鬼谷子，并由其徒弟苏秦和张仪发扬光大。当时，苏秦游说齐、楚、燕、赵、韩、魏六国联合起来对抗强大的秦国。而张仪瓦解六国联盟，游说其中的一些国家联合强秦攻打其他弱国，因此纵横就是联合与分化。"捭之者，开也、言也、阳也；阖之者，闭也、默也、阴也"，说白了捭就是阳谋，阖就是阴谋，因此捭阖表示各种手段。所以，按语第一句话是二师父在告诫我们：战场之上各方势力不择手段地夺取利益，我们不要幼稚地认为真的会有其他势力真心与我们结盟，也不要固执地认为敌对势力就永远是敌人。

二师父在按语中讲了一句非常经典的话："近者交之，反使变生肘腋。"我方去攻打远处的国家困难，同样的远处的国家来攻打我们也困难，因此威胁往往不是来自远处而是近处。很多时候对我们发起突然袭击，使我们措手不及的往往是邻近的国家，所以不要以为近邻与我们结盟了就可以对他们放心了。就像当年的中越关系，在越南战争时期盟友中国不知道为其提供了多少援助，可是后来正如二师父所说的"变生肘腋"，反目成仇的越南竟然来攻打中国了。

"范雎之谋"就是本文一开始提到的范雎向秦昭王提的建议，其原话是："王不如远交而近攻，得寸则王之寸也，得尺亦王之尺也。"此计的计名便出自这句话。

有一个非常著名的现代理论叫做地缘政治学，这个理论把地理因素看作是影响甚至决定一个国家政治行为的基本因素之一，这与本篇根据地理因素制定策略的思想如出一辙。这一点足以说明中国古代的兵家思想是非常高明的，它不会因为历史的发展而过时，我们若能真正参透其中的道理，便可将其灵活地运用到现代生活的各个领域中。

用 计 启 示

此计是一个非常高明的计谋，然而用之不慎却可能招来灭顶之灾。如果我方的实力比较强，那么选择远交近攻作为扩张策略是非常明智的。但若我方属于弱势力，那就应该谨慎了，因为与远处的强国结盟消灭弱小的邻国后，我方就会变成那个强国下一个攻打的邻国了。所以作为弱小势力应该牢记唇亡齿寒的道理，选择近交远防，即联合近邻防御远处的强敌。更何况，远水救不了近火，结交远处的强国作为依靠是不太理想的，因为一旦有危险他们根本来不及救援，而近邻则可及时提供帮助。

我方可以运用远交近攻策略，其他国家也可以运用这个策略，因此当远处的国家来与我方结盟共同攻打夹在我们中间的国家时，我们应谨慎分析形势,弄明白对方攻打的目的是什么,正如《军争篇》中所说的"故不知诸侯之谋者,不能预交"。如果对方是野心驱动,是为了扩张地盘,那么我方就该小心了,因为打下中间这个国家后,他们的下一个进攻目标就是我们了。在这种情况下,如果我方的实力比他们强,则可与之联合趁机夺取些地盘,而若我方的实力比他们弱,那就不应该与之联合了,而应该与夹在中间的那个国家结盟,共同抵御这个强大的野心国家。

远交近攻这个策略可以很好地运用到现代商业竞争中,比如甲省的服装企业联合丙省的服装企业,共同抢占夹在中间的乙省服装市场。除了空间格局上的远交近攻外,还有行业格局上的远交近攻,比如甲企业生产服装,丙企业搞房地产,而有个乙企业既搞服装又搞房地产,那么甲可以联合丙共同对付乙。

第二十四计　假道伐虢

一日,师父指着一碗墨汁和一碗清水问我两者谁更厉害。

见我满脸疑惑,师父将一滴清水滴入墨汁中,然后又将一滴墨汁滴入清水中。

师父指着变混浊的清水说道:"一滴墨汁就能改变一碗清水的颜色,军队的渗透能力若能达到如此境界,则将无敌于天下。"

师父启诫第四十六

假道伐虢这一计的知名度不是很高,然而它却是一个极其厉害的计谋,它比趁火打劫更阴险,比笑里藏刀更高明,用得好可不战而屈人之兵,而且这个计谋在现代生活中应用得既广泛又频繁。计名源自一个历史典故,春秋时期虞国和虢国是两个唇齿相依的盟友,一方有难另一方就会出兵救援。晋国为了吞并这两个小国,先送给虞君名贵的良马和稀世的美玉以示友好,同时挑起事端离间他们,然后以帮助虞国惩罚虢国的名义向虞国借道。在晋国第二次取道虞国并成功消灭了虢国后,回师途中顺手消灭了虞国。因此该计通常被理解为:假装借对方的道路行军,等到我军进入他们的境内后出其不意消灭之——这样的理解是有问题的。下面我们来看原文。

【原文】

两大之间,敌胁以从,我假以势。困,有言不信。

【翻译】

夹在敌我两个大国中间的小国,当敌人胁迫他归顺时,我方应出兵援助他。

【解读】

在危急关头出现的援助力量就像救命稻草,受难者一定会拼命地抓住。虽然有些较聪明的受难者会怀疑这些援助者的用心,从而提防他们,可是在困境的压迫下,他们往往经不住援助者的花言巧语,抱着一丝侥幸心理接受援助者的帮助。这便是设计此计的人情基础。举个简单的例子,当甲公司的资金链快断裂时,乙公司表示愿意提供资金援助,但前提条件是出让股权并安排他们的人员到关键岗位。这样的条件甲公司自然很难答应下来,但如果乙公司表示等到公司运行正常之后,他们会撤股撤人完全退出公司,那么甲公司在破产的压力下就很难拒绝这个诱人的援助了。这个例子看起来像是趁火打劫,实则不然,趁火打劫之计会更直接地利用对方的危机,如果乙公司采用这个计谋的话,就会趁机廉价收购甲公司的资产。

从原文我们可以看出,此计利用对手处于困境之中的机会,以援助的名义将我方的力量渗透进去,最终达到控制、吞并、消灭对手的目的。因此,此计的用计前提是对方处于危难,外在手段是援助对方,内在机理是利用对手陷入危机的时机渗透势力。

本计与笑里藏刀之计有点相似,两者都是表面友善但却暗藏杀机。笑里藏刀之计先稳住对方,然后出其不意攻击之,因此需要与对手短兵相接。而本计以援助的名义将势力渗透进去,可从对手内部兵不血刃地将其制服,因此比笑里藏刀之计更为高明。下面我们来看按语,以作进一步分析。

【按语】

假地用兵之举,非巧言可诳,必其势不受一方之胁从,则将受双方之夹击。如此境况之际,敌必迫之以威,我则诳之以不害,利其幸存之心,速得全势。彼将不能自阵,故不战而灭之矣。如晋侯假道于虞以伐虢,晋灭虢,虢公丑奔京师,师还,袭虞灭之。

【翻译】

借用他国国境来给我方行军打仗的举措,仅靠花言巧语是难以欺骗成功的,这个国家必须处在这样的形势下:不屈服于一方的胁迫,就会受到两方的夹击。在这种境况下,敌人用兵威逼其屈服,而我方却谎称不加害于他,利用他侥幸求生的心理,迅速向他渗透势力并控制他的局势。这样他将失去调兵布阵的主动权,我方可不战而消灭他。比如,春秋时期晋献公向虞国借道攻打虢国,晋军成功消灭了虢国,虢国的国君丑不得不逃奔到东周国都,在晋军得胜回师的时候,顺道偷袭了虞国并将之消灭。

【解读】

正如按语一开始所说的,把自己的兵力渗透到另一方势力中不是那么简单的,仅仅依靠几句天花乱坠的谎言是不够的,一定得有良好的时机。最好的时机就是对方处于生死存亡的危急关头,外部强敌虎视眈眈,而他却不甘心被吞并。在这种情况下,当我方表示愿意提供援助时,他就会在侥幸心理的驱动下铤而走险、饮鸩止渴。我方以援助的名义将势力渗透进去后,就要逐步控制对方的局面,使其失去主动权,这样我方就可不战而吞并他了。

按语最后举了晋国吞并虞国和虢国的例子,但是这个例子中虞国并没有受到虢国的威胁,相反这两个小国还是要好的盟友,只因虞国国君接受了晋献公的好处便借道给晋军去攻打虢国。因此,这个例子中晋国能够借道成功的关键是虞国国君的愚昧、媚强与薄情寡义!晋国利用军队在虞国国内的有利时机顺道将虞国消灭了,虞国国君可谓自作自受。从中我们可以看出,虽然计名出自这个战例,但本计的计理却比这个战例所蕴含的思想要高明多了,或许二师父正是受这个战例的启发,经过分析、归纳、抽象、升华才研究出这个计谋的,故而以此命名。刘备取西川是此计更经典的运用,读者可以查阅一下。

在解读隔岸观火之计的时候我曾说过,若是敌人与敌人之间出现了矛盾,则可运用更好的计谋,比如假道伐虢之计。这是因为吞并弱的一方后再去攻打强的一方,比等到强的一方把弱的一方打得兵尽粮绝后再去攻打更有优势,因为前者我方可以对弱一方的军事资源进行有效整合,并发挥出最大的作用。所以,当强弱两方剑拔弩张的时候,我方可以用援助的名义把势力渗透到弱的一方,将其完全控制住后吞并他,如此便可做到《谋攻篇》中所说的"全胜"。

用 计 启 示

毕竟进入的是对方的势力范围,我方不占有主场优势,因此在运用本计时要谨防被对手反吞并。如果我方用计不慎,动机被对方发觉,那么渗透进去的力量就有可能被对方消灭。

此计在现代生活中运用得比较多,大到国家政治,小到个人生活,都可以见到此计的踪影。比如,某个国家遭遇了经济危机处于崩溃的边缘,另一个国家表示愿意提供援助,美其名曰"维护经济稳定"、"防止危机扩散",而其实就是为了渗透经济势力。又比如,男孩喜欢一个女孩,不管这个女孩遇到什么样的困难,男孩都想尽办法、用尽全力帮助她解决。逐渐地,这个男孩就融入女孩的生活中了,而女孩也由依靠他变成了依赖他。当然了,这个例子中男孩未必是有意运用这个计谋的,有时候一个举动符合某个计谋,而这个举动的发出者有可能并没有意识到自己运用了这个计谋。因此我们不可随意根据手段与结果揣测别人的用心。

此计利用对手处于困境之中的机会,以援助的名义将我方的力量渗透进去。然而,利用机会还不够主动,如果能够将之改进为创造机会,那么此计将变得更加厉害。比如可以先怂恿小国旁边的大国去攻打这个小国,然后以援助者的姿态去帮助这个小国。

有句老话说得好:"请神容易送神难。"因此,不可轻易让其他势力进入我方的势力范围,哪怕是自己最亲密的盟友。如果形势实在过于危急而不得不接受外部援助时,一定要谨慎选择援助者与援助方式。

第五套　并战计

第二十五计　偷梁换柱

一日，在书房。

我看着书架上包罗万象的书问道："师父研读这么多种类的书就不怕学杂学乱吗？"

师父道："你把知识看成士兵，不同的知识看成不同的兵种，那么学习知识就像战场布阵，只要主次有序，各种知识组合合理，就不会乱。"

师父启诚第四十七

房屋是由横着的梁和竖着的柱子支撑起来的，缺少了梁和柱房屋就会倒塌，这个道理很简单。如果我们能够意识到这个世界上的很多事物就像房子一样，是最主要的几个部分支撑起了整体，缺少了这几个部分或者这几个部分出了问题，整体就会出大问题，那就不简单了。就像一个军队，它在作战时会布成一个军阵。这个军阵的稳固程度和战斗力往往取决于处于关键位置的精锐部队。所以说，兵家要有能力从简单中看出不简单，从不简单中看出简单。

战场上没有永远的朋友，今天的友军就是明天的敌军，那么如何抢先下手制服友军以除后患呢？友军和敌军不同，不能简单地拿对付敌军的那一套来对付友军。下面我们来研究一下如何运用此计对付友军。

【原文】

频更其阵，抽其劲旅，待其自败，而后乘之。曳其轮也。

【翻译】

频繁地变更友军的军阵，暗中抽换他的精锐部队，等到他自我衰败后，乘机兼并他。

【解读】

原文的核心在"抽其劲旅"这四个字，劲旅是友军的梁柱，把友军的劲旅调走了，那么他就成了人人可捏的软柿子，或者把友军的劲旅换成我方的，那么他就会丧失掌控力，成为我方手中的提线玩偶。然而，友军往往视他的劲旅为珍宝，因此不是那么容易摆布的，为了达到"抽其劲旅"的目的，二师父提出了"频更其阵"的障眼法，也就是不断地变更友军的军阵使友军将领看花眼，然后趁他们不留意偷偷地将其精锐调离或者替换掉。

由此可见，偷梁换柱之计是一个利用与友军联合作战的有利时机兼并友军的计谋，它的外在手段是偷换，内在机理是从最核心的部分下手兼并友军，运用此计的前提是我方有调动友军的主动权。此计可与前面的假道伐虢之计联合使用，即先用假道伐虢之计将我方的力量渗透进对方的系统内，然后以帮助对方抵御敌军的名义成立由我方领导的联军，接着运用偷梁换柱之计控制友军，最后兼并对方。

与友军组建由我方主导的联军，共同抵御或攻打敌人。在这种情况下，我方拥有调兵布阵的主动权，同时友军对我方的防备很少甚至没有，可谓是兼并他们的最佳时机。然而，这个计谋一定要慎用：首先，在联合友军对付敌人的时候实施该计谋，若被友军发觉就会导致联盟破裂，最终有利于敌军；其次，运用这种手段对付友军，传扬开去，以后愿意与我们结盟的势力会越来越少，从长远看未必有利。兵家务必要注意，计谋的运用一定要考虑到大局与长远，若只关注眼前之利可能会贻害无穷。

下面我们来看按语，以作进一步分析。

【按语】

阵有纵横，天衡为梁，地轴为柱。梁柱以精兵为之，故观其阵，则知精兵之所在。共战他敌时，频更其阵，暗中抽换其精兵，或竟代其为梁柱；势成阵塌，遂兼其兵。并此敌以击他敌之首策也。

【翻译】

军阵的排列有纵有横，天衡方位是军阵的梁，地轴方位是军阵的柱。布阵时常在梁、柱处布以精兵，因此只要观察友军的军阵，便可知道他的精兵在哪里。与友军共同对抗敌军时，可在频繁变更友军军阵的过程中，暗中将其精锐从天衡、地轴处抽换掉，或者用我方的部队取而代之；这样友军的军阵便成坍塌之势，我方可将之兼并。这个计谋是兼并这个敌人（指友军）攻打其他敌人这类计谋中的上策。

【解读】

作战时需要对士兵进行合理组织，如果士兵一窝蜂似地挤在一块儿或者一盘散沙似的散布着，肯定是毫无战斗力的，必然会招致失败。战场交锋，对士兵的组织叫做阵，好的阵可以增强军队的战斗力，反之差的阵会降低军队的战斗力。兵家在布阵时发现，每个阵都会有一个或几个关键位置，这些关键位置对整个军阵至关重要，最好布以精兵。基于此，二师父提出了一种根据军阵位置寻找友军精兵的手段。就像每个公司的组织架构中，总会有几个关键部门，每个部门中也会有几个关键岗位，这些部门或岗位上的人员往往是公司的核心员工，缺少了他们或者他们被能力较弱的人员替代了，那么公司的竞争力就会大大降低。

此计有三种运用形式，第一种是偷梁，即把友军的精锐从关键位置上调离，由于关键位置会出现空缺，这种方式很容易被友军发觉。第二种是换柱，即把友军的精锐从关键位置上调离，并用友军的弱兵替代，由于有了替代，隐蔽性变得非常高。第三种是代其为梁柱，即用我方的弱兵或者精兵替换友军的精兵，这种方式也容易被友军发觉，但有利于我方兼并他。

当友军的军阵被我方暗中破坏后，他们的阵型就不稳固了，很容易造成军队混乱，我方便可趁机吞并。最后一句很有意思，二师父用"敌"字来指代友军，可见在二师父眼里友军就是潜在的敌军。最后二师父用"首策"来评价此计，可见此计之厉害，这大概是因为此计能够抓住有利时机，以较低的成本兼并其他势力。

用 计 启 示

此计被二师父称为"并此敌以击他敌之首策也",然而有些人只注意到此计的外在手段——偷换,而忽略了此计的内在机理,以至于把偷鸡摸狗、调包坑人之类运用偷换手段的伎俩都看成了偷梁换柱之计,一下子就将这个计谋贬低了。我们在研读《三十六计》的时候一定不能忽略计谋的内在机理,否则就会误入歧途,导致理解肤浅化,甚至歪解原意。

此计在现代生活中运用得比较多,最常见的运用形式是挖走竞争公司的核心人员,然后待其势衰,最后将其并购,尤其是财大气粗的大公司对付蒸蒸日上的小公司时。

我们可以从三个方面防范此计:一是谨慎选择合作对手,把他们的背景、信誉、名声、做事风格调查清楚;二是掌握控制权,不管以什么样的形式合作,都不能失去对自己的控制权;三是保护核心,伤了皮毛无伤大体,动了筋骨可就很难站起来了。

第二十六计　指桑骂槐

一日，有一神秘客人上山求教。

他告诉师父，无论是严惩还是奖赏都无法立威服众。希望师父指点一二。

师父道："三十六计指桑骂槐可也。"

师父启诚第四十八

计名"指桑骂槐"的字面意思是指着桑树骂槐树，这个成语通常用来比喻表面上骂这个人，而实际上却在骂另一个人。看这计名，此计似乎是一种间接骂人的计谋，而有些人也确实是这么认为的，然而二师父的三十六计绝非如此简单，此计之"骂"颇有境界。等你掌握了此计的内在机理后，你就会明白将影射骂人看作此计是多么地可笑。

【原文】

大凌小者，警以诱之。刚中而应，行险而顺。

【翻译】

强大者在控制弱小者时，要用警示的方法进行诱导。

【解读】

治理军队是一件很有艺术性的事情，《行军篇》中说："卒未亲附而罚之，则不服，不服则难用也。"也就是说当士卒还没有亲近依附的时候，如果将领用军法严惩他们，那么往往会使他们心生怨恨而不服气，这样就会导致官兵关系紧张，从而影响军队的稳定与士气。既然罚不行，那就给点小利笼络他们，但是这样做问题会更大，因为士卒不听话将领却还给予小利,这样就会让士卒觉得这个将领很好说话,如此就更管不住他们了。惩罚不行,利诱也不行,那该如何是好?这就该本计闪亮登场了。

"警以诱之"是用警示来诱导士卒,既不惩罚他们也不利诱他们,而是通过杀鸡儆猴的方式,间接地让士卒明白不听话的后果很严重,这次没有被惩罚到只是他们运气好没有被发现而已,一旦被抓住必定严惩不贷。这种间接警告虽然没有直接惩罚到某些士卒,但也足以威慑他们令他们乖乖听话了,这既没有使他们心生怨恨,也没有娇惯他们,问题得到了很好的解决,可谓是深谙人情的妙计哉。

间接警告的具体形式有很多,最常见的形式是公开惩罚那些已经亲附但却犯了错的士卒,比较高明的形式是先私下与某人说好让他故意犯错,然后进行公开惩罚。在进行公开惩罚的时候,最好先重申下军纪,然后告诉士卒不管谁犯了错误必定严惩不贷,以立军威。将领在领兵出征的时候,通常会找一两个不听话的,虽然这些人可能罪不当诛,但也会将其斩首示众,其目的就是为了明军纪、立军威。

由此可见,此计不是一个骂人策略,而是一个管人策略。计名中的"桑"和"槐"皆指代我们要管的人,骂指代惩罚措施,通过骂槐树来警示桑树,告诉他们不听话的后果很严重,从而令其乖乖服从。因此,此计的外在手段是间接警告,内在机理是这样一种人情:人会把看到的事情联系到自身,从而做出有利于自己的反应,当看到别人不服管教受到了惩罚,就会约束自己的行为,避免自己受到惩罚。

"大凌小者"中的大与小,不仅指代军官与士卒,在多方势力进行联合作战的时候,还可以指代强势力与弱势力,即强的一方通过间接警告威慑弱的一方服从全局的作战安排。

此计对内可用于树立威信、严明军纪,对外还可用于不战而屈人之兵,即用不肯投降者的悲惨下场来警示其他敌人乖乖顺服。下面我们来看按语以作进一步了解。

【按语】
率数未服者以对敌,若策之不行,而利诱之,又反启其疑,于是故为自误,责他人之失,以暗警之。警之者,反诱之也。此盖以刚险驱之也。或曰:此遣将之法也。

【翻译】

率领一些还没有完全服从的士卒与敌人作战,如果管治不住他们,就用金钱、财物等利益引诱他们服从,那么反而会引起他们对军令的怀疑,于是自己故意制造一些失误,然后处罚造成这些过失的人,从而警示那些不服从者。警示是从反面来诱导士卒的。这是一种用严厉的处罚与凶险的后果来驱使士卒的手段。有的人说:这是调兵遣将之法。

【解读】

"率数未服者以对敌",这些没有完全服从的士卒可能是刚招募进来的新兵,也有可能是刚收编的俘虏,或者也有可能是盟友派过来的援兵。"而利诱之,又反启其疑"说的是士卒不服管教,将领用小利收买他们,反而会使他们产生疑惑,因为不服管教不仅没有受到惩罚,反而还有好处可得。那么士卒就会想了:是不是军令执行得不太严,是不是将领比较软弱。士卒一旦产生这种疑惑,就更难管教了。这给我们一个启示:做事情一定要看具体情况,哪怕是给对方利益也要三思,因为给得不合时宜,其结果可能是花钱不讨好。

"于是故为自误,责他人之失"这一句比较容易引起误解,会被人理解成故意犯错,然后嫁祸于人并严惩之。这样的理解肯定是不对的,嫁祸于人会引起别人的不满,一不小心弄巧成拙还会让士卒对将领失望,导致将领威信降低,失去军心。合理的理解应该是:下属做事犯了一些小失误,将领发现后不仅不指出来帮助他更正,反而顺着这些失误故意犯下更大的失误,出了问题后追查原因就查到这名下属了,最后便可趁机严惩这名下属以警示他人。

趋利避害是人的天性,利诱是告诉对方怎么做才可以得到好处,它是正面诱导,是一种比较友好温和的方式;警示是告诉对方怎么做才可以避开危害,它是反面诱导,通常用严厉的惩罚来警示对方。因此二师父说:"此盖以刚险驱之也。"兵家要根据情况灵活运用这两种手段。

用 计 启 示

  人情是一件很微妙的事情，尤其对于善于比较、好面子的中国人来说。就比如你送东西给两个人，如果其中一个人得到的多一点，那么另一个人的心里有可能会犯嘀咕了，为什么我比他少一点啊，是不是对我有意见啊，极端情况下说不定就得罪他了。又比如你经常帮助某个人做一件事，一开始他很感激，久而久之说不定他就觉得理所当然了，有一天当你不帮他了，他或许会认为你不友好了。领导在管理下属的时候，如果是严中带宽，那么下属肯定会很听话，也会觉得领导待人不错，而如果是宽中带严，那么下属就不太会把领导的话当回事，有时候领导严厉批评下，他们会觉得领导小题大做、不近人情。人情是门大学问，兵家在修炼的过程中要细心体察、用心感悟，人生路上无论是做人还是做事都少不了它。

  罚可以有效地惩戒下属，但若罚得不合适却会引发矛盾，甚至激化矛盾，而间接警示这一手段具有罚的效果，却又比罚温和。此计以间接警示为手段来管治别人，既不需要撕破脸皮严惩对方，也不需要放下面子讨好对方，可谓高明，显示出了兵家对人情事理的深刻把握。

第二十七计　假痴不癫

世界上有两种人最可怕：一种是聪明得可以骗过天的人，另一种是傻得可以感动天的人。这里的"傻"不是无知，而是天真无邪的善良，不顾一切的执着，先人后己的热心。

师父启诚第四十九

计名中的痴意思是痴呆，即大脑愚笨、反应迟钝、行动笨拙；癫是癫狂，即做事盲目草率、不顾形势、不计后果、近乎疯狂。因此，计名的意思是假装痴呆，不轻举妄动。显然这是一个韬晦型的计谋，它既可用于做事也可用于做人。

【原文】
宁伪作不知不为，不伪作假知妄为。静不露机，云雷屯也。

【翻译】
宁可装作愚笨而无所作为，不可装作聪明而轻举妄动。

【解读】
原文中的知通假智，是智慧、聪明的意思，"不知不为"就是假装愚笨，不采取任何行动。这种假痴不癫的外表具有三个好处：一是可以使别人轻视他而放松对他的警惕，因而当他发动进攻时往往令人猝不及防；二是别人不会把他当成潜在的威胁欲除之而后快，因此受到的攻击少；三是以"痴"的假象示人，不多说话也不多做事，因而别人对他的了解少。从这三点看，该计可攻可守，实乃良策也。

而与之相对的"假知妄为"是装作聪明，然后采取很多自以为非常高明的行动。然而,这种愚昧的草率不仅难以取得什么成果,还会把自己暴露在众人之下,成为众矢之的。那些年轻气盛、锋芒毕露者,在社会上碰得头破血流大都是因为这个原因。

因此,此计的外在手段是伪装愚笨,内在机理是人们容易对愚笨者放松戒备。假痴不癫之计在用于进攻时与笑里藏刀之计有几分相似,却又有很大的不同。相同点是两者都通过表象迷惑对手使其放松警惕,从而出其不意制服对方。不同点在于笑里藏刀之计以友好的姿态使对方觉得我们不会对他下手,即"用而示之不用";而假痴不癫之计以愚笨无能的表象使对方觉得我们没有能力对他下手,即"能而示之不能",它的隐蔽性更强。

【按语】

假作不知而实知,假作不为而实不可为,或将有所为。司马懿之假病昏以诛曹爽,受巾帼假请命以老蜀兵,所以成功;姜维九伐中原,明知不可为而妄为之,则似痴矣,所以破灭。兵书曰:"故善战者之胜也,无智名,无勇功。"当其机未发时,静屯似痴;若假癫,则不但露机,且乱动而群疑。故假痴者胜,假癫者败。或曰:假痴可以对敌,并可以用兵。宋代,南俗尚鬼。狄青征侬智高时,大兵始出桂林之南,因佯祝曰:"胜负无以为据。"乃取百钱自持,与神约:"果大捷,则投此钱尽钱面也。"左右谏止:"倘不如意,恐沮师。"青不听。万众方耸视,已而挥手一掷,百钱皆面。于是举兵欢呼,声震林野,青亦大喜;顾左右,取百钉来,即随钱疏密,布地而贴钉之,加以青纱笼,手自封焉。曰:"俟①凯旋,当酬神取钱。"其后平邕州②还师,如言取钱,幕府士大夫共视,乃两面钱也。

【注释】

① 俟(sì):等待。 ② 邕(yōng)州:今广西南宁市。

【翻译】

假装不聪明而实际上却非常聪明,假装不作为而实际上是因为形势所迫不可为,或者是正在暗中准备将要有所作为。当年司马懿假装病入膏肓、神志不清,成功地诛杀了曹爽;蒙受诸葛亮"赠送"妇女服饰的羞辱,却假装没有主见要奏请天子才可出兵,成功地安定了军心,疲劳了蜀军，"假作不知"正是司马懿能够成功的原因所在。姜维先后九次北伐中原，明知不可为而执意妄为，那真的是有点痴狂了，这是他失败的原因所在。《孙子兵法》中说道："善于作战的将领取得胜利后，没有智慧的名声，没有勇猛的战功。"当他们还没有实施机谋的时候，会安安静静地驻守，让人看起来似乎有点痴呆；而若他们假装聪明而轻举妄动，那么不仅会暴露机谋，还会因为乱动而引起别人的怀疑。所以说，假装痴呆而安静者能取胜，假装聪明而癫狂者会失败。有人说：假装痴呆不仅可以用来对付敌人，还可以用来调兵遣将。在宋代，南方的风俗崇尚鬼神。狄青率军征讨侬智高时，大军刚刚开出桂林南部，他便假装向天祈祷："胜负难以预料。"然后取出一百个钱币用手拿着，并与天神约定："如果此次出兵能够取胜，那么就让投出去的钱币落到地面后都正面朝上。"他的随从连忙劝阻："如果结果不合心意，恐怕会打击士气。"但狄青却不听劝说。于是众人都敬畏地注视着，随即狄青挥手一掷，只见一百个钱币竟然都是正面朝上。全军上下顿时欢呼雀跃，喊声震动林野，狄青也非常高兴；然后他回头命左右侍从取来一百枚钉子，按照钱币落在地上的疏密，把它们紧紧地钉在地上，再盖上青纱罩，并亲自将之封好。最后他说道："等到胜利归来，一定要酬谢天神并取回钱币。"后来，狄青率军平定了邕州，回师途中按约定去取钱币，军官与谋士们一起祷祝观看，却发现钱币的两面竟然都是正面。

【解读】

二师父的"假作不知而实知，假作不为而实不可为，或将有所为"一句，很好地阐述了什么叫做韬晦。韬晦是兵家非常重要的一项基本功。当年刘备忙着在菜园浇水施肥就是要"假作不为"，从而使曹操觉得他不关心天下大事，胸无大志。而其实刘备正与董承密谋除掉曹操，是"将有所为"。后来曹操请刘备去喝酒，席间曹操问刘备谁是当今英雄，刘备来了个"假作不知"，把袁术、袁绍、刘表之流逐个夸赞了一遍。刘备的韬晦使得曹操对他放松了警惕，最后顺利地从曹操手中逃脱了出来。

最擅长使用假痴不癫之计的当属司马懿了。在政治上，他运用此计"假作不知"迷惑曹爽，最后出其不意将其制服，从而掌控了朝政；在军事上,他运用此计"假作不为"拒不出战,通过漫长的对峙逐渐消耗蜀军的实力,成了笑到最后的人。最厉害的人往往是既有智慧又懂得韬晦的人,司马懿便是其中之一。只是有的时候智慧会被韬晦所掩盖,使得别人看不到他的智慧,就像司马懿很少有人赞誉他,但他却是三国最后的赢家。正所谓"人怕出名猪怕壮","无智名"又何尝不是一件好事呢?但从另一个角度而言,作为兵家我们应该要有能力透过表象辨别出谁才是真正的高人。

按语还举了姜维北伐曹魏的例子。诸葛亮病逝于五丈原之后,姜维继承了他的遗志,在"实不可为"的形势下屡屡出兵。姜维的军事才能是不可否认的,但他的这种穷兵黩武乃真真切切的癫也,导致蜀国的国力被极大地消耗掉,最终蜀国没能防御住魏国的进攻遭致亡国。

"静屯似痴",用个形象点的比喻来说就是老虎不发威被当成了病猫。被当成病猫的老虎容易使人对他掉以轻心,因而当其突然发力的时候往往能够一举制胜。"假癫",简单地说就是瞎折腾,比如有些人会说些惊世骇俗的话表现自己的深度,会做些出人意料的事表明自己的个性,殊不知这些言行恰恰把自己的幼稚展现给了世人。痴为静,癫为动,这动静之中的道理值得我们深思。

按语最后举了狄青征讨侬智高的战例来说明此计还可用于调兵遣将。当时由于之前的将领几次征讨均告失败,导致军队士气低落,因此如何提振士气成了狄青的当务之急。狄青没有按常规搞个激情昂扬的阵前演讲,而是利用南方将士迷信鬼神的风俗习惯来了个"掷币问胜负"。一个将领迷信鬼神之说,用投掷钱币的方式来预测胜负是非常不智慧的,可实际上狄青是"假作不知而实知",用的是特殊的钱币。这可真是面对什么样的人就要用什么样的方法,面对迷信的人就要用迷信的方法。兵家做事一定要灵活,不要给自己设定束缚手脚的条条框框,不要自认聪明而不肯装傻,自认懂科学而不肯碰迷信。

用 计 启 示

假痴不癫之计是一个在实力不济或者时机未成熟等情况下使用的

韬晦计谋。该计的外在手段是"伪作不知不为"。不知不为到什么程度要视具体情况而定。不要动不动就把自己往最痴傻的程度装,装得太过了可能会适得其反。然而,即便实力强大到可以傲视群雄,兵家也应该懂得低调不露锋芒。若成了众矢之的,再强大的实力也会被打得千疮百孔。

有时候能力、学识、志向也会成为一个人发展的绊脚石。比如一个人在公司工作,表现得志向很远大,立志要创立自己的公司,那么他的老板会觉得这个人留不住,就不会给他很好的锻炼机会。又比如,有句话叫做"能者多劳",能力强了分配到的事情自然也会多,整天忙得跟无头苍蝇似的就腾不出时间给自己充电,挤不出时间总结、反思、规划,是不利于长远发展的。所以在生活中,我们既要懂得展现自己的才华,也要懂得"伪作不知不为",这便是兵家的进退之道。

"伪作假知妄为"的情况在生活中也时有发生。比如上司交给一个人一项工作,这个人对这项工作不是很了解,但他为了表现自己很有能力很有经验,就凭自己的感觉瞎折腾,甚至死折腾,而不愿意向别人请教。又比如,求职者在求职的时候总想在面试官面前表现一下自己,但有些求职者却会表现过头,以至于接近癫态,最后反而给面试官留下了不靠谱的印象。

想要用好此计,用计者一定要有忍耐力,不要怕被别人笑话,否则很难将不知不为假装到底。兵家在修炼时,不仅要修学识与智慧,更要修心态与性格,如此方能把计谋用好。

从防御的角度讲,我们一定要铭记大师父在《行军篇》中所说的"夫惟无虑而易敌者,必擒于人"。不要轻视对手,每一个看起来愚笨的对手都有可能是大智若愚,是在假作不知不为。

第二十八计　上屋抽梯

气量小者必薄情寡义，不管你与他们的交情多么深厚，一件小事就会不知不觉得罪他们，然后在你还把他们当成挚友的时候，他们会抽你梯子断你后路，因此不可交。

师父启诫第五十

计名"上屋抽梯"源自一个历史典故。话说东汉末年，荆州刺史刘表的大儿子刘琦，为了避免遭到继母的陷害向诸葛亮求教对策。这种家族内斗，聪明的诸葛亮自然不想被平白无故地卷进去，因此刘琦几番苦求都未能得到他的帮助。无奈之下，刘琦告诉诸葛亮他的住处藏有一本古籍，并想请他去欣赏一番，诸葛亮一听便欣然前往。怎料，当诸葛亮跟着刘琦登上一间小楼后，刘琦又向他请教保命计谋，诸葛亮一听便欲下楼而去，却不想楼梯已经被抽走了。陷入如此境况，诸葛亮也无可奈何，便对刘琦指点了一二。随后刘琦向父亲刘表请求驻守江夏，终于避开了继母，保全了性命。下面我们来深入研读一下这个让诸葛亮也得乖乖就范的计谋。

【原文】

假之以便，唆之使前，断其援应，陷之死地。遇毒，位不当也。

【翻译】

首先给予对方一些便利，然后唆使他往前进，最后截断他的后援与接应，这样就可陷他于死地了。

【解读】

原文把上屋抽梯之计分解为前后相连的三个环节：第一环"假之以便"是放好梯子，即给予对方行动上的便利，比如帮他架好桥、修好路，给他提供车辆、马匹，等等；第二环"唆之使前"是唆使对方爬梯而上，如果唆的是友军，便是鼓动、怂恿，如果唆的是敌军，便是引诱、诱惑；第三环"断其援应"是抽去梯子，使对方前无接应后无援军，进不能退不得。如此三环便可"陷之死地"，使对方成为瓮中之鳖，任我摆布。这三环便是此计的外在手段，它的内在机理是布局利诱。诱之前"假之以便"，诱之后"断其援应"，以提高利诱的成功率与攻击性。

布上屋抽梯之局关键在于方便敌人的梯、引诱敌人的利、困住敌人的屋。屋是死地的形象类比，有的时候屋内有可取之利，我们引诱敌人进去取，而有的时候通向屋的道路上有可取之利，我们引诱敌人边前进边取，最后使其不知不觉入屋。屋可分为看得见的屋（比如被包围的城池）和看不见的屋（比如失去道义众叛亲离、违法乱纪受制于人）。梯是取利的条件与方式，有了它们远处的利益就变得唾手可得。

此计在君子手中是不战而屈人之兵的上乘计谋，但若到了小人手上却会变成陷害忠良、残害君子的阴险伎俩。兵家一定要对计谋有敬畏之心，不可把它用邪了，否则必将为其所累。

【按语】

唆者，利使之也。利使之而不先为之便，或犹且不行。故抽梯之局，须先置梯，或示之以梯。如慕容垂、姚苌诸人怂秦苻坚侵晋，以乘机自起。

【翻译】

唆就是用利益驱使别人。然而仅用利益驱使别人，而不先给对方提供行动上的便利，那么他有可能仍然不会前来取利。因此，在布抽梯之局时，一定要先放好梯子，或者让对方看到梯子。比如慕容垂、姚苌两人怂恿前秦苻坚攻打东晋，从而乘机崛起。

【解读】

《虚实篇》中有句话叫做"能使敌人自至者,利之也",想要使敌人主动前来就要用利益引诱。然而即便是有利可图,若某些取利条件不成熟,那么敌人仍然会犹豫不前。本计的高明之处就在于"假之以便",给敌人提供行动上的便利,方便他们取利,有了这些便利条件后再用利诱之,那么敌人十有八九会前来了。所以在使用上屋抽梯之计时,一定要先放好梯子,如果梯子已经存在了,但因敌人过于愚笨或者一时疏忽而没能发现,我们就要或明或暗地让敌人看到梯子。

按语最后举了慕容垂、姚苌怂恿前秦皇帝苻坚出兵攻打东晋的案例。我先来介绍一下该战例中的两个关键人物。慕容垂本是前燕皇室后裔,在前燕时屡立战功,然而因为被人嫉恨受到政治排挤而被迫投奔前秦。在他出走的次年,前燕被前秦消灭。姚苌本是羌族酋长的儿子,在他跟随哥哥与前秦交战失败后,率部归降前秦。概言之,这两个人都是贵族子弟且颇有军事才能,归顺前秦后都受到了苻坚的重用。

当时苻坚自恃兵力强盛欲亲征东晋,当他和群臣商议时,群臣大都极力反对,而慕容垂和姚苌却极力怂恿苻坚去攻打东晋,更是引经据典给出了冠冕堂皇的理由。最后苻坚调集九十多万兵力,浩浩荡荡开赴东晋,不料淝水一战前秦军队惨败而归。经此一役,前秦元气大伤,慕容垂和姚苌趁机自立门户,召集人马,对抗前秦。最后姚苌杀死苻坚建立了后秦,而慕容垂中兴燕室建立了后燕。

在这个战例中,慕容垂和姚苌这两个人都非等闲之辈。首先两人都智勇双全,具备建立一番事业的个人基础;其次两人都是贵族之后,有较强的号召力,具备建立一番事业的社会基础。这样的人只要有机会,便可拉起一支队伍逐鹿中原。因而当苻坚想去攻打气数未尽的东晋时,两人都极力怂恿,即"唆之使前",希望前秦的失败能够给他们带来机会。对苻坚来说,他拥有的九十多万兵力,以及慕容垂、姚苌等得力干将是他前去攻晋的"梯子"。当前秦惨败后,慕容垂和姚苌没有与对自己有恩的苻坚患难与共,而是抢夺前秦的兵源、地盘并与之对抗,可谓是"断其援应"。内外交困的苻坚最终英雄末路陷于死地,最后被姚苌杀害。

用 计 启 示

此计是一个应用性极强的计谋,在社会的各个层面、各个领域都被频繁地使用着。比如现代资本战争中,资本大鳄首先给予目标公司充分的资金支持,即"假之以便",然后鼓励它放开手脚大胆去干,即"唆之使前"。可是当目标公司因激进扩张一不小心资金紧张时,资本大鳄却以自身资金同样紧张为由,拒绝继续为其提供资金,即"断其援应"。最后当目标公司陷入死地时,资本大鳄就会提出廉价的收购方案。

其实,有些时候我们在不知不觉中也运用了这个计谋,比如父母对儿女的溺爱。有些父母为了儿女的前途真是想尽各种办法,用尽各种资源,为他们铺好路、架好桥、造好屋,然后鼓励儿女进入他们为其建好的美丽屋子中。可是有些儿女未必会喜欢父母为其建好的屋子,这个美丽的屋子或许会成为束缚他们手脚的枷锁。更严重的是,如果儿女没有能力经营好这个屋子,那么当父母年老力衰无力帮助他们时,这个屋子就会压垮他们。所以在教育子女时该放手时要放手,让他们自己多找找路,多开开路,这样他们才能得到锻炼,才能经营好房子。

用好此计除了方便敌人的梯、引诱敌人的利、困住敌人的屋外,还在于迷惑敌人的唆。如果能够唆得对方只看到利而看不到害,唆得对方激情澎湃、斗志昂扬,唆得对方摩拳擦掌急着想往前冲,那么就离成功不远了。在使用该计时一般会连续布局,即当对方陷入第一个屋后,再怂恿对方往第二个屋前进,使之越陷越深,到最后只能束手就擒。

那么如何防范此计呢?首先要明确自己的立场与规划,不要别人一怂恿就头脑发热往前冲。其次要修炼好自己的洞察力,既要能够嗅到利益,更要能够嗅到危险。最后要有壮士断腕的决心,当发现自己已经陷入对手的上屋抽梯之局后,一定不能抱有侥幸心理,更不能因为前期的投入而舍不得撤退,一定要果断退出来。

第二十九计　树上开花

一日,忽闻一股香味。闻香而去,原来是师父正在烹制菜肴。

师父见我过来,说道:"此乃绍兴名菜霉干菜扣肉。此菜,霉干菜吸取猪肉上的油变得爽口多汁,而猪肉去掉一部分油变得肥而不腻。两者相互借助,相辅相成。"

闻言,我暗暗心惊:"治大国如烹小鲜,兵法又何尝不是如此。"

师父启诚第五十一

计名"树上开花"的意思不是一棵树上真的开出了花朵,而是人为地往没有开花的树上粘上用彩纸剪出来的花朵,使树看起来像是开了花。树有了彩花的点缀显得愈加壮丽,而彩花有了大树的依托显得愈加生动,两者相得益彰。乍一看,这树上开花之计不就是虚张声势嘛,树本没有开花,粘上假花使得它看起来蔚为壮观。其实不然,下面我们来看原文。

【原文】

借局布势,力小势大。鸿渐于陆,其羽可用为仪也。

【翻译】

借他人阵局布我军阵势,这样可以使力量弱小的我军拥有强大的阵势。

【解读】

原文用"借局布势"这四个字点破了本计的内在机理。其中的"局"一般指友军的军阵。"借局布势"就是把自己的军队部署到友军中,从而联合友军对抗敌人。因此，本计是借友军的力量来增加自己的兵势，它的外在手段是联合，内在机理是借势。

虚张声势是通过表面的伪装来营造强盛兵势的。它既没有增强自己的实力，也没有为自己争取到外力的援助，因此能够调动的力量并没有增加。而本计则不同，它通过借助他人的力量来增强兵势，虽然没有增加自己的实力，但却实实在在地为自己争取到了其他力量的支持。虚张声势只能用来迷惑、吓唬对手，在对手的疑虑和犹豫中为自己争得喘息的时机，因此它只是一个权宜之计，不能用来直接攻击对手。要是碰到一个厉害点的对手其作用还要大打折扣。本计借势壮大自己，比虚张声势高明多了，只是计名"树上开花"，借用假花来装点大树的意思，很容易让人因假花而将之误解成是一个虚张声势的计谋。

这一计和前面的偷梁换柱之计形成了有趣的对比。偷梁换柱之计是实力较强者利用与实力较弱者联合作战的有利时机兼并弱者，而树上开花之计是实力较弱者主动联合实力较强者共同对抗敌人。由此看来，这树上开花之计不正是在为友军创造使用偷梁换柱之计的机会吗？这或许就是兵法奥妙之所在吧，看似高明的计谋却散发着危险的气息。可以说，兵法能够发挥出什么样的效能关键在于兵家如何用，用得好化腐朽为神奇，用得不好聪明反被聪明误，所以兵家不要天真地以为只要是兵书上的计谋用着准没错。

【按语】

此树本无花，而树则可以有花，剪彩粘之，不细察者不易觉，使花与树交相辉映，而成玲珑全局也。此盖布精兵于友军之阵，完其势以威敌也。

【翻译】

这棵大树上本来没有花，然而它也是可以有花的，剪一些彩花粘在它上面即可，不仔细观看不易觉察出来，如此便可使彩花与大树交相辉映，构成一个精巧的整体。这就是把自己的精兵部署到友军军阵中，完备阵势从而威慑敌人的道理所在。

【解读】

力量弱的我军是花,力量强的友军是树,两者联合相互借势便可构成一个强大的整体。虽然计名"树上开花"很容易让人认为此计的含义是树借花之势,但其实是花借树之势。

按语中二师父没有列举运用此计的历史战例,这大概是因为此计不太容易使用,其原因主要有两个:第一是效果不太好,两方势力组建联军,总会相互提防,甚至相互拖后腿,很难进行有效的合作;第二是危险系数大,把自己的精兵部署到友军之中很可能会被友军兼并,尤其当胜利快要来临的时候会更加危险。若不是因为形势所迫,任何一个明智的将领都不会把自己的精锐部队部署到友军中去,通常采用的合作形式是两军独立指挥,协同作战。

当然了,这样的战例也不是没有,最典型的当属赤壁之战。当曹操基本完成了统一北方的事业后,率水陆大军挥师南下,兵锋所指荆州集团不战而降。当时投靠荆州的刘备力量还非常弱小,根本不是曹操的对手,见此形势刘备不得不率军民仓促南撤,撤退途中更是大败于曹操。最后刘备势力不得不使出了树上开花之计,"借局布势"联合实力较强的东吴势力,组建了孙刘联军共同抵抗强大的曹操集团。

孙、刘联军最后以弱胜强取得了辉煌的胜利,但对东吴方面而言却不是完胜,因为诸葛亮故意派关羽去华容道阻击曹操,结果关羽因为曹操昔日的恩情而放了他。这当然是诸葛亮早就预料到了的,甚至还有可能是与关羽暗中约定好了的。其中的道理很简单,如果曹操死了,孙权就只剩下刘备这个强有力的竞争对手了。显然这个时候正是消灭刘备的最佳时机,孙权自然不会放过这个千载难逢的机会。而若曹操不死,刘备就是孙权对抗曹操的最佳盟友,两方唇齿相依,孙权断然不会对刘备下手。值得注意的是,让关羽放走曹操,一方面给了关羽一个还曹操昔日恩情的机会;另一方面将放走曹操的举动变得合乎情理,东吴方面也不好说什么,可谓是一箭双雕,着实高明。刘备集团的这招树上开花用得非常成功,不仅抵御住了曹操的进攻,而且在胜利后还防止了孙权势力下毒手,其中关羽放走曹操是点睛之笔。经此一役后,刘备势力取得了武陵、长沙等四郡,为日后的发展奠定了基础。

用 计 启 示

战场之上各方势力为了生存，有时不得不斗得你死我亡，而有时又不得不联合起来，经常会出现盟友变敌人、敌人变盟友的转变，因此斗争异常残酷而又异常微妙，这导致本计很难被运用。而我们生活中的竞争就相对温和一点了，这使得本计有了很大的发挥空间。

本计的核心是借势，势是一个很有含义的词，人们都很喜欢谈论它。从资源的角度来讲，发掘资源，获取资源，积累资源，叫做积势；自己缺少资源，借用他人的资源为自己所用，叫做借势；整合手中的可用资源，将它们充分而高效地运用起来，人尽其才，物尽其用，叫做造势；手中缺少可用的资源，却装出一副很充足的样子，叫做虚张声势；而浪费资源就叫做毁势；如果大家都在争取某种资源，你也跟着去取，那叫顺势；如果大家都在放弃某种资源，而你却去取，那叫逆势。积势才能造势，而造势又往往是为了积势，正是在积势与造势的不断循环中手中的资源越来越多，实力也越来越强。当因为缺少资源而造不出势的时候，可先用虚张声势稳住对手，然后暗中借势或积势，最后击败对手。兵家要善于积势与造势，这样才能立业，更要善于借势，这样才能立大业。由于顺势而行会遭遇激烈的竞争，因此它未必是一个好的选择，而逆势前进可以避开激烈的竞争，因此只要判断正确、操作得当，反而更容易获得利益。最后不得不提醒兵家的是，毁势者必败！

随着现代文明的发展，我们所处的社会变得越来越开放与公平了，各路人才能够更加容易地找到适合自己的舞台，发挥自己的才能，可谓是英雄辈出各显其能。这导致人们之间的竞争变得越来越激烈了，同时也使得寻找合作伙伴变得越来越容易了，因此兵家一定要有大格局，懂得与人合作，懂得分享成果，这样才能建立事业，立于不败之地。

第三十计　反客为主

积累是一件最缓慢但最有威力，最简单但最难做到的事情。

师父启诫第五十二

计名"反客为主"的意思是客人反过来变成了主人，从这计名我们便可隐隐觉察到此计的厉害。有句很有诗意的话叫做"每个人都是这个世界的匆匆过客"，这句话虽有意境但却未必现实。以过客的姿态生活在这个世界上，看着人家的脸色工作，为了生计而忙得焦头烂额，大不能使这个世界变得更加美好，小不能给自己的父母妻儿带来幸福，就会活得很累很无奈。相反，以主人的姿态生活在这个世界上，做自己想做的事情，过自己想过的生活，悠闲地享受这个世界的每一份美好，有能力让自己身边的每一个人过得幸福，那么生活将是另一番滋味。其实说白了，客与主的关键区别在于前者是被动的，而后者是主动的。计名的意思很简单，而且该计背后的计理也不难，然而这个计谋绝对算得上是一个一流的计谋，不仅高明而且实用，是一个非常之人使用的非常计谋，我个人认为"六六三十六计"无出其右者。

【原文】

乘隙插足，扼其主机，渐之进也。

【翻译】

乘着对方的空隙插足其中，逐渐掌控关键部门，这是一个循序渐进的过程。

【解读】

原文简明扼要地点出了本计的外在手段，即先以"客"的身份融入某个系统中，然后一步步掌控它的关键部门，最后成为这个系统的主人。就像三国时期的司马懿，进入曹魏集团后凭借其卓越的政治、军事才能一步步接近权力中心，最终掌控魏国军政大权，变客为主。

原文中最厉害的当属"渐之进也"这四个字。渐进是这个世界上最厉害的做事策略之一，它几乎无所不能。有句很励志的话："做爬到金字塔顶端的蜗牛。"它告诉我们一个道理：只要我们坚持不懈、不断进步，哪怕速度很慢，总有一天我们也能到达成功的顶端，领略不一样的风景。渐进之道虽然简单，却不是每个人都能用好的，它需要我们有非凡的毅力，几个月、几年甚至几十年如一日坚持做一件事。这个道理似乎印证了一句话：简单的招数用到极致就是绝招。

本计以"客"的身份插足，通过一个渐进的过程逐步成为主人，它的内在机理是通过积累化被动为主动。此计非常适用于制定人生战略，尤其对于那些缺乏背景的人来说。比如，一个年轻人踏入了社会的某个领域，一开始他既缺少知识又缺少资源，很被动。但是，通过努力学习与积累，他渐渐增加了对这个领域的了解，逐步掌握了这个领域的核心技术，慢慢积累了人脉与经验，最终化被动为主动，成为行业的翘楚。

本计与假道伐虢之计都属于力量渗透类计谋，两者的不同体现在本计以势单力薄的弱者姿态投靠对方，通过一个"渐之进也"的漫长过程获得主动权；而假道伐虢之计以仗义相助的强者姿态援助对方，通过一个"速得全势"的短暂过程获得主动权。这两个计谋的不同源自用计者的实力状况，因此我们在选用计谋时要对敌我双方的实力情况有清醒的认识，不可盲目用计。

【按语】

为人驱使者为奴，为人尊处者为客；不能立足者为暂客，能立足者为久客。客久而不能主事者为贱客，能主事则可渐握机要，而为主矣。故反客为主之局：第一步须争客位。第二步须乘隙。第三步须插足。第四步须握机。第五步乃成为主。为主，则并人之军矣。此渐进之阴谋也。如李渊书尊李密,密卒以败;汉高祖视势未敌项羽之先,卑事项羽,使其见信,而渐以侵其势,至垓下一役,一举亡之。

【翻译】

受人差遣使唤的是奴仆,受人尊敬相待的是客人,不能站稳脚跟的客人是暂客,能够站稳脚跟的客人是久客,长时间客居却不能够掌管事务的是地位低下的客人,客人若能够掌管事务就可逐渐掌握关键部门,最后便可转变为主人。实施反客为主之局:第一步要争取到客位;第二步要参与一些事务;第三步要掌管一些事务;第四步要掌控机要部门;第五步成为主人。成为主人后,就可以吞并旧主人的军队了。这是一个循序渐进的阴谋。比如李渊写信拥戴李密为反隋盟主,但最终李密却被李渊打败了;又比如汉高祖刘邦看到自己的实力还不足以与项羽抗衡,卑躬屈膝地事奉项羽,使他信任自己,从而得以逐渐侵夺项羽的势力,等到垓下一战,他一举消灭了项羽。

【解读】

按语中二师父把反客为主之计的外在手段细分为循序渐进的五个步骤。第一步"争客位",以客人的身份进入到对方的体系内。这个时候虽然已经进去了,但却还是个局外人。第二步"乘隙",融入对方的系统中,即参与对方的一些事务。第三步"插足",成为对方系统的重要组成部分,即主持、掌管一些事务。第四步"握机",进入到对方系统的核心,即掌控整个系统的关键部分。第五步"成为主",获得对方系统的控制权,成为整个系统的主人。这五步是一个从外到内,从边缘到核心,从被动到主动的渐进过程。

有一个例子能够很好地说明这五个步骤。隋朝末年,李密在参与杨玄感的反隋起义失败后投奔瓦岗军。瓦岗军的首领翟让收留了他,由此李密争得客位。李密擅长谋略,经常给翟让出谋划策,这是李密在"乘隙"。后来因为李密提的建议好,翟让命令他统领一军,由此李密成功"插足"。再后来李密获得翟让的准许,建立了蒲山公营,从此李密逐渐"握机"。最后翟让自知才能不及李密,推举他为魏公,最终李密成为瓦岗军的首领。当然了,一山不容二虎,翟让最终被李密杀害。

按语最后举了两个例子。李渊这个战例的背景是,隋朝末年群雄并起,李渊挥师向关东进军,一路之上攻城略地。他为了稳住强大的李密势力,写信给李密表示当今天下只有李密才有资格成为君主,自己愿意归顺于他,并希望取得胜利后李密能够封他为唐王。可结果呢,李密在前方血战隋朝大军,而李渊却躲在后方趁机攻取了长安等城池,战果累累。后来李密在攻打东都时遭到了重创,迫不得已投奔李渊,最后被李渊的部下杀死。在这个案例中"李渊书尊李密"是"争客位",有了这个名头后李渊大胆地在后方乘隙插足,逐渐扩大势力,最终由客变为主。李密用反客为主之计夺得了瓦岗军的领导权,最后却被李渊的反客为主之计钻了空子,战场的戏剧性莫过于此。

秦王朝灭亡后,项羽自封为西楚霸王,分封了十八路诸侯,可以说是当时的天下之主。而刘邦由于实力弱小受制于项羽,只能卑躬屈膝地求得生存,他被项羽分封在了巴蜀、汉中地区,也算是争得了客位。野心勃勃的刘邦以自己的封地为根据地,积蓄实力逐渐扩大势力,最终消灭项羽建立了汉王朝,成为天下之主。

用 计 启 示

对于大多数刚刚跨入社会的年轻人来说,他们既缺少资金与人脉,又缺少阅历与经验,尤其对那些离开家乡远赴外地的打拼者来说,更是举目无亲无所依靠,虽然心怀大志,才智过人,但也不得不低下头来听命于人。在实力过于弱小时,连深谙兵法的二师父也只能"渐之进也",因此对于那些缺乏事业根基的年轻人来讲,一定要铭记:立业勿急躁。立业一分靠力气,三分靠智慧,六分靠用心,用心的"心"包括耐心、毅力、忍让、胆量、包容、镇定等等。如果一个人心高气傲,总觉得别人不如自己,那么他就会失去从身边的人身上学到宝贵经验的机会;如果一个人眼高手低,总觉得事情太过细小而不愿意去做,那么他就会失去锻炼能力,磨砺心智的机会;如果一个人心浮气躁,总觉得积累的过程太慢,发展的进度太缓,那么他就容易盲目冒进,取巧弄险。耐着性子从无开始慢慢积累,沉下心来从小事开始慢慢做大,百折不挠从底层开始慢慢往上爬,等到手中掌握了足够的资源,那么也就掌握了生活的主动权,这就是生活中的反客为主。

  历史上发生过太多的"反客为主"事件,成功的如司马氏夺曹魏政权,赵匡胤黄袍加身,失败的如安禄山、史思明叛乱,吴三桂反清复明。客变主不宜太早,最佳的时机是新主年幼无力掌权,老臣权重众望所归时。如果下属得意忘形、不自量力而急于想变成主人,那么结局往往是功败垂成、身败名裂。既然大臣会萌生变成君主的野心,那么君主自然也会进行防范,所以历史上出现了很多杀功臣的事件,功高盖主也成了臣子最忌讳的事情。这君臣之间的关系可谓微妙,能看透此中利害的臣子大多可善终,而不能看透的臣子纵然有韩信之才亦不得善终。

  兵家不可将此计用于巧取豪夺,做人应有忠诚之心,应该懂得知恩图报。对方给你容身之地,而你却夺了对方的窝,那是非常不应该的,有违兵家戒律。闯荡于世,能够遇到了解你、欣赏你、信任你、重用你的伯乐是异常难得的,因此知遇之恩当衔环以报。如若暗中算计,反客为主,那可真是丧尽天良了。兵家须知,成就大业者必能凝聚人心,而能凝聚人心者必有品德,所以说"小胜靠智,大胜靠德"。想要防范此计就要提防品德低下的野心家,勿引狼入室,更不能委以重任。

第六套　败战计

第三十一计　美人计

几日前,从师父书房寻得一本小说,这几天看得近乎入迷。

师父发觉后,说道:"欲之厉害在于三个部分:欲火,它能破坏人的心境,扰乱人的心神,使人心浮气躁,失去耐心与理智;欲念,它会侵占人的大脑,使人抛却理想与抱负,不顾一切地去满足心中的欲;欲烬,欲得到短暂满足后的那种疲惫、空虚与悔恨,它能消磨人的斗志与意志。欲念不断便成欲瘾,到那时欲就会像一个无底洞,吞噬人的精力、体力、脑力以及其他的资源。"

师父启诫第五十三

美人计这个计谋为世人所熟知。此计的厉害之处我们可以从"英雄难过美人关"这句俗语看出一二。不过仅看计名,我们还不足以看出该计背后的内在机理,而若不知道计理就很容易误解这个计谋。有些人把所有涉及美色的策略都看作是美人计,但其实未必如此,比如王允用貂蝉铲除董卓就不能算作美人计,而应该看作离间计。

【原文】

兵强者,攻其将;将智者,伐其情。将弱兵颓,其势自萎。利用御寇,顺相保也。

【翻译】

对付士卒强悍的军队,就要攻击他们的将领;对付足智多谋的将领,就要攻击他们的性格弱点。将领意志不强,士卒就会变得颓废,那么他们的战斗力就会萎靡不振。

【解读】

《地形篇》中大师父在论述"败之道"时列举了六种败局,其中之一为"卒强吏弱,曰弛",意思是士卒勇猛但是军官怯弱,这种败局叫做弛。这给了我们一个启示,即碰到厉害的军队我们可以从其将领下手,如果将领不行了,那么士卒再勇猛也难免会败北。说到这里不免让人想起前面的擒贼擒王之计。但是我们应该清楚,从敌军中取敌将首级是一件成本大、难度大、风险大的事情,尤其当面对士卒强悍、将领聪明的军队,几乎难以成功。这时《军争篇》中的"三军可夺气,将军可夺心"给了我们另一个启示,即除了可以消灭对手的肉体力量外,我们还可以消灭对手的精神力量。精神力量指的是那些使人变得强大的无形因素,比如昂扬的斗志,坚韧的毅力,平静的心境。一旦敌军将领没了斗志,那么他率领的军队就会受其影响而变得萎靡不振,最终整个军队就会丧失战斗力,此时再去消灭他们就容易多了;一旦敌军将领心神不宁,那么他就没法专心分析战情,用心谋划对策,用兵水准就会大大降低。

那么如何消灭对手身上那些使他们变得强大的精神力量呢?原文的"伐其情"即可。这个情是对手的性格。"伐其情"就是攻击对手的性格弱点使之丧失斗志,心神不宁,失去理智。比如从对手薄弱的意志下手,使之陷入欲望而丧失斗志;从对手容易自满的弱点下手,使之骄傲自满而刚愎自用;从对手易怒的弱点下手,使之情绪失控而失去理智。

由此可见,美人计的内在机理是"伐其情",而它的外在手段是使对手沉迷美色而丧失斗志。男人大都好色,因此用美色来放纵男性对手的欲望几乎屡试不爽,使得这一手段成了最经典的伐情手段。从这个角度讲,王允用貂蝉铲除董卓就不能算作是美人计,因为其用计目的不是为了使董卓沉迷貂蝉的美色而荒废军务,而是为了使董卓和吕布为了争貂蝉而产生矛盾,因此应该看作是离间计。还有些案例用美人诱惑对手,等到对手入局后,截断他们的退路将他们控制住,用的也不是美人计,而是前面的上屋抽梯之计。所以说,有美人的不一定是美人计。

《谋攻篇》中大师父说过"故上兵伐谋,其次伐交,其次伐兵,其下攻城",除了谋、交、兵、城这四种攻击对象外,本计又提出了"情"这一个攻击对象,而且一个被击中了性格弱点的将领大都无谋,因此伐情可以看作比伐谋更高明的策略。美色伐情是非常好的手段,但绝不是唯一的手段,尤其在多姿多彩的现代社会,各种娱乐项目层出不穷,有太多的诱惑可以使人沉迷其中,因此只要我们能够理解该计背后的计理,便可举一反三设计出新的计谋。

【按语】

兵强将智,不可以敌,势必事之。事之以土地,以增其势,如六国之事秦,策之最下者也。事之以币帛,以增其富,如宋之事辽、金,策之下者也。惟事之以美人,以佚其志,以弱其体,以增其下之怨。如勾践以西施重宝取悦夫差,乃可转败为胜。

【翻译】

敌军士卒强悍、将领聪明,我军不可与之硬拼,而应事奉他们以保全自己。用土地事奉敌人,会增加敌人的实力,就像六国事奉秦国那样,是最下等的策略。用金钱财物事奉敌人,会增加敌人的财富,就像北宋、南宋事奉辽、金那样,是下等策略。用美人事奉敌人,既可以消磨敌军首领的斗志,又可以削弱敌军首领的体质,还可以增加下属对敌军首领的抱怨。就像勾践用西施和珍宝取悦夫差那样,才可以反败为胜。

【解读】

敌军士卒强悍、将领聪明,我军无法与之匹敌,在这种形势下如果我军拼死抵抗就会招致败亡,称得上勇但算不上智。明智的做法是低下头来臣服于敌人,但是这种低头绝不是苟且偷生、苟延残喘,而是为了争取时间积蓄实力,这就是所谓的"大丈夫能屈能伸"。明白了这一点,接下来的问题是如何向敌人表示诚意以稳住敌人。如果割让土地、赠送金钱财物给敌人,那么就会增强敌人的实力,削弱自己的实力,导致敌我差距越来越大,对我方非常不利。而如果采用美人计,送些美女、珍宝给敌方首领,使其沉迷于美色玩乐而不思进取,甚至当下属进谏的时候,因为扫了他们的兴致而对下属大发脾气乃至加以惩罚,那么这个国家就会陷入首领荒废军政大事、忠臣直言进谏受罚的局面中,它必然会走向衰落,也就为我方自己创造了反败为胜的机会。

按语末尾二师父举了勾践雪耻这个经典的历史案例。当时勾践率军攻打吴国企图先发制人,不料却遭遇大败被吴军围困在了绍兴的会稽山上。勾践走投无路之下只得向夫差求和,表示愿意臣服于他,同时送给他很多美女、珍宝。忍辱负重的勾践在吴国服完三年苦役回国后,奋发图强、励精图治,逐渐壮大了实力,而沉迷美色的夫差诛杀良臣,听信谗言,穷兵黩武。最终,勾践两次伐吴消灭了吴国。

用 计 启 示

在研读计谋时,兵家一定要掌握计谋的内在机理,这样才能融会贯通,灵活运用。以本计为例,该计的外在手段是用美色使对手丧志,内在机理是"伐其情"。如果我们对该计的理解仅仅停留在使用美色这一手段上,那么不仅会张冠李戴地将其他计谋看成美人计,而且当手上没有美人可用时,此计顿时就没了用武之地。而若我们掌握了此计的内在机理,那么眼界就豁然开朗了。首先,这个世界上能够使人沉迷而丧志的不仅仅只有美色,其他如赌博、游戏也可以;其次,除了可以从对手的意志下手外,我们还可以从对手的谦虚、乐观等其他性格因素下手,比如可以赞美对手使其盲目自大、刚愎自用。这样我们就能够基于"伐其情"的计理,仿照美人计举一反三设计出使用其他手段的类似计谋,比如美物计、美玩计、美言计。而且在现代社会的日常竞争中,用美色这种手段已不太合适,而各种娱乐活动发展得越来越丰富多彩,因此其他的手段反倒更具实用价值。需要指出的是计理相同,手段不同的计谋可以看作是同一类计谋。

美人计这一类计谋是利用对手的喜恶,从对手的性格弱点下手攻击对手,使其由强变弱。如果一个人非常好色,但他的意志力很强,那么用美人计是很难奏效的。同样的,如果一个人意志力很薄弱,但他不好色,那么用美人计也不会有多大的作用。如果一个人很容易悲观,且又害怕听到坏消息,那么我们可暗中传递一些假的坏消息给他,他必然会因悲观而产生放弃的想法。所以在运用此类计谋时,我们一方面要了解对手的性格弱点,另一方面要了解对手的好恶。人的好恶千奇百怪,就像明熹宗喜好做木工活、五代闽景宗王延曦嗜酒成性、后唐庄宗李存勖爱好看戏演戏。兵家若懂得投对手所好,击中他们的性格弱点,使其因丧志、自大、悲观而由强变弱,那就掌握这类计谋的精髓了。

  防范这类计谋的关键,首先要修炼好自己的性格,其中最重要的是能够克制自己的欲望。一个人如果克制不住自己的欲望,就会陷入欲望而不能自拔,喜好会慢慢变成嗜好,最终沉迷其中,导致酒色伤身,玩物丧志。其实除了要克制酒色玩乐的欲望,兵家还要能够克制其他形形色色的欲望,比如发泄情绪的欲望,逞口舌之快的欲望,争面子求名利的欲望,被认同与赞美的欲望。现代社会有太多的诱惑,有些人一不小心就会中了别人的计谋,成为他们手中的赚钱工具,比如沉迷于暴富的美梦加入传销,沉迷于网络游戏无心学业,沉迷于赌博无心工作。其次要与那些善于投机取巧、阿谀奉承的人保持距离,这些人表面上毕恭毕敬,其实用心非常险恶,为了达到自己的目的会不择手段,非常善于投人所好。经常与这些人在一起,你性格上的弱点就会被他们掌握,然后他们会利用你的喜好,腐化你使你走向堕落,误导你使你变得愚昧,最终被他们控制、利用。最后要警惕对手的糖衣炮弹,有些人虽然能够经受住真刀真枪的残酷斗争,但在面对糖衣炮弹的攻击时却容易麻痹大意,不知不觉被对手伐了情。就像夫差,他挡住了勾践的武力进攻,却没能挡住勾践的糖衣炮弹,被美色功名腐蚀了原本拥有的谦虚与谨慎,最后竟然把才智超群、忠心耿耿的伍子胥给杀了,昏庸到如此地步,岂能不亡国!

第三十二计　空城计

一日,路过兵圣谷悬崖,师父唤我去崖边眺望美景。

我战战兢兢道:"师父,我怕高。"

"站这里不会有危险,"师父转念一想又说道,"每个人的内心世界都有几座自己不敢面对、不愿踏足的空城。其中一些会成为成功路上最大的障碍。"

师父启诚第五十四

　　计名来自《三国演义》中诸葛亮抚琴退魏兵的典故。话说在马谡失了战略要地街亭后,诸葛亮的战略布局顿时被打乱了,他不得不做出撤退的决定。当诸葛亮率五千兵力先行退到西城搬运粮草时,司马懿竟然出其不意率领十五万大军径直朝他扑了过来,此时诸葛亮为了防备司马懿的进攻,已经将手下的大将部署到了各个要害处,身边并无人马,可谓是要兵没兵,要将没将。众人见此情形大为惊骇,而诸葛亮却指挥若定,命人将所有的旌旗藏匿起来,打开东南西北四处城门,每个城门派二十名士兵打扮成普通百姓扫街。而他自己则带上一把琴,领两名书童在城墙上安然弹琴。司马懿来到城下,见到这幅情景大为惊异。考虑到诸葛亮一生用兵谨慎、从不弄险,现在他摆出这么一副阵势,想必又是在使什么诡计,于是司马懿赶紧领兵撤退。诸葛亮如此退兵真是令人叹为观止,那么这神妙的空城计背后隐藏着什么样的机理呢?下面我们来看原文。

【原文】

　　虚者虚之,疑中生疑;刚柔之际,奇而复奇。

【翻译】

兵力空虚却故意向敌人表露自己的空虚,敌人本来怀疑我方空虚,但在看到我方的表现后反而怀疑我方的空虚是假象;在敌强我弱的情况下,此计的运用可谓奇妙至极。

【解读】

一般情况下,当自己兵力空虚时会通过虚张声势把自己伪装成实力很强的样子以唬住敌人,即虚者实之。但本计反其道而行,自己实力空虚却故意把自己的空虚展露出来。敌人本来怀疑我方的实力是空虚的,但在看到我方这副故意表露空虚的样子后,他们的心里就打鼓了,即"疑中生疑":这关系到生死存亡的事情,应该没有人会傻到把自己的空虚故意表露出来吧,即便有这么傻的也没这个胆啊,看来他们的虚弱是引诱我们的假象。因此当我方故意表露空虚的时候,敌人反而会认为我方的实力是强大的。由此可见,这"虚者虚之"也是一种虚张声势,而且可以毫不夸张地说这是最高境界的虚张声势。兵法上的虚虚实实真是微妙精深。

《虚实篇》说道:"故形兵之极,至于无形,无形则深间不能窥,智者不能谋。"这"虚者虚之"是非常巧妙的"形兵"之法,敌人一旦"疑中生疑",我方便达到了"无形",他们也就不敢轻举妄动了。因此,此计的外在手段是"虚者虚之",内在机理是:对抗的双方不会把自己的虚弱表露出来,故意示虚往往是在实力强大时用来诱惑对手的,因此示虚反而会使对手误认为我方的实力很强大。非深谙人情是很难设计出这样的计谋的,所以兵家一定要洞悉人情,这样才能更好地理解计谋,运用计谋,甚至设计计谋。

此计虽妙,但兵家须慎用,一旦被对手看破了,或者碰到一个鲁莽的敌人,后果将是毁灭性的。因此在使用此计时我们要注意如下四点:第一,此计是在那种打不过、守不住、逃不了的绝境之下才迫不得已使用的,其目的是为了唬住敌人为自己争得喘息时机;第二,使用此计的前提之一是敌人对我方的兵力情况存在疑虑,因此当我方示虚时敌人就懵了,如果敌人已经确信我方实力空虚,那么运用此计就是在给敌人大开方便之门;第三,我方的对手比较谨慎,不敢冒风险,最好对手也认为我方是比较谨慎的;第四,此计只是一个权宜之策,不能用来打败敌人,只能用来唬退敌人,因此当我方获得喘息之机后务必早作打算,或撤退,或调兵增援。总之,这是一个比较危险的权宜之策,非深谙人情事理者务必慎用!

此计与无中生有之计都是虚虚实实的计谋,两者都是在实力虚弱时使用的。无中生有之计先通过"虚者实之"的手段把对手唬住,等到对手发现我方的实力是空虚的并发动进攻时,我方已经暗中完成了调兵遣将化虚为实,它有一个虚变实的过程。而此计通过"虚者虚之"的手段把对手唬住,至于后续如何处理并不过多着墨。

【按语】

虚虚实实,兵无常势。虚而示虚,诸葛而后,不乏其人。如吐蕃陷瓜州,王君㚟[1]死,河西恼惧。以张守珪为瓜州刺史,领余众,方复筑州城。版幹[2]裁立,敌又暴至,略无守御之具,城中相顾失色,莫有斗志。守珪曰:"彼众我寡,又疮痍之后,不可以矢石相持,须以权道制之。"乃于城上,置酒作乐,以会将士。敌疑城中有备,不敢攻而退。又如齐祖珽为北徐州刺史,至州,会有陈寇,百姓多反。珽不关城门,守陴者,皆令下城,静坐街巷,禁断行人鸡犬。贼无所见闻,不测所以,或疑人走城空,不设警备。珽复令大叫,鼓噪聒天,贼大惊,登时走散。

【注释】

① 㚟:读作 chuò。② 幹(gàn):同"干",这里的意思是木桩。

【翻译】

虚虚实实,用兵没有固定的方式。兵力空虚却向敌人表露自己空虚的计谋,自从诸葛亮以来,不乏使用的人。比如唐玄宗时,瓜州城被吐蕃攻陷,随后河西陇右节度使王君㚟亦战死,这使得河西一带的官民非常害怕。朝廷任命张守珪为瓜州刺史,他上任后便带领战后余生的众人修复城墙。然而,才刚立好筑城墙用的夹板、木桩,吐蕃部队又突然杀到了,此时瓜州城中几乎没有守城器械,城中众人面面相觑,大惊失色,毫无斗志。张守珪对众人说道:"敌众我寡,而我方又是在遭受战争重创之后,因此我们不能用武力与敌人对抗,必须用权变之法对付敌人。"于是他在城墙上摆起酒桌奏起音乐,宴会众将士。敌人见此情形怀疑城中有防备,不敢进攻,撤退而去。又比如北齐的祖珽出任北徐州刺史,刚到任,便遇到南陈大军前来进攻,百姓纷纷逃走。祖珽下令不关城门,并命令守在城墙上的将士走下城墙静坐于街巷中,同时禁止百姓外出行走,阻止鸡犬鸣叫。敌军看不到什么也听不到什么,不明就里,不知所措,有的人怀疑这是座空城,因此不加戒备。祖珽突然命令士卒大声喊叫,鼓声喊声响彻天地,南陈军队被这突如其来的响声吓了一跳,顿时逃散。

【解读】

按语列举了两个战例。我们首先来简要介绍一下张守珪这个案例的背景。当时王君㚟为河西陇右节度使,统辖瓜州、凉州、肃州等州,田元献为瓜州刺史。吐蕃攻陷瓜州后,俘虏了刺史田元献以及在瓜州的王君㚟之父,烧杀抢掠了一番后离去。王君㚟是在截击吐蕃派往突厥的使者时,被回纥势力杀死的。可见当时的河西局势非常不乐观,张守珪上任瓜州刺史可谓临危受命。正当张守珪带领众人热火朝天地修复城墙时,吐蕃军队突然又兵临城下了,此时城墙还未修好,兵力也没多少,若用武力与敌人对抗,必败无疑,如此绝境之下,张守珪来了个空城计。这吐蕃军队本来是想趁瓜州城空虚之际顺手牵羊劫掠一番的,并不想打一场硬仗,一看到这阵势心里便没了谱,就领兵撤退了。

北齐的祖珽是一个著名的两面人物——他写得一手好文章,辞藻刚健飘逸,举世闻名;他又精通医术,是当时的名医;他还通晓音律、占卜、绘画;同时,他还是位干练的能臣,能谋善断,政绩卓越。然而也正是这位才华横溢的人,他贪财好色,骄纵淫逸;贪污受贿,善于钻营;盗窃成癖,为世人所不耻;勾结小人,陷害忠良,把北齐的"钢铁长城"大将军斛律光陷害致死。这位亦正亦邪的人,最后因为得罪了权臣穆提婆而被贬为北徐州刺史。当时穆提婆把他弄到北徐州其实是想借南陈军队之手消灭他,是典型的借刀杀人。对祖珽而言,不幸的是南陈军队来得很快,他刚到任,他们也到了,可谓猝不及防;万幸的是他有个聪明的大脑,深知援军指望不上,只得靠计谋保全自己。于是,他命人大开城门,禁止行人往来;并让守城士卒隐匿到街巷中。南陈军队来到城下一看,懵了,怎么看起来像是座空城啊,不是有位新刺史刚上任吗,难道城中已经设下埋伏想引诱我们上当吗?难道刺史已经带人逃跑了吗?南陈军队在重重疑虑之下不知所措。突然,祖珽命人大声喊叫,没有防备的南陈军队一听到这惊天动地的响声心想这下中计了,吓得夺路而逃。

用 计 启 示

掌握此计也许不难,但要用好此计却很不容易。首先得有洞察对手性格、心理的能力,如果碰到一个鲁莽冲动的对手,那就不能用此计了,而应该来个"虚者实之",如果碰到一个谨慎聪明的对手,那就可以考虑运用此计来个"虚者虚之"。其次得有良好的心理素质,如果用计者胆子很小,一用此计就心慌手抖不淡定,那就很容易被对手看破。所以此计的运用很考验兵家的功力。

当对手使用空城计时必是他最虚弱的时候,因此若能看破对手的计谋,便可轻而易举将其消灭,这种千载难逢的机会自然要努力抓住。那么如何防范这"奇而复奇"的空城计呢?最直接的手段是用《虚实篇》中提出的"角之而知有余不足之处",即发动小规模的试探性较量,这样我方即便中了对手的诱敌之计,损失也不会很大;但若试探出对手是真空虚,那么我方便可趁他大开城门之际,不费吹灰之力将其消灭。当敌人摆出一副空虚的样子时,我方也可以用打草惊蛇之计来间接侦测敌人是真空虚还是假空虚,比如可以侦察一下是否有其他地方的敌军急速前来救援,若有则说明此处的敌人是空虚的,而且前来救援的敌军越多越急就说明此处的敌人越空虚。又比如,我方可以去攻打附近的其他敌军,看看此处的敌军是否会派兵前去救援,若派兵了那就说明此处的敌军实力非常强,其空虚是假象。

第三十三计　反间计

当生活派挫折诱导你抛弃理想时,你却要利用挫折来认识生活、丰富阅历、磨砺自己的心智。

师父启诫第五十五

反间计就是使用反间的计谋,那么何为反间呢?《用间篇》中的"反间者,因其敌间而用之"很好地回答了这个问题,即反间是那些敌方派到我方来,却被我方策反而为我方所用的间谍。《用间篇》阐述了用间的方方面面,但它是围绕用间谍获敌军取情报而展开的,本计阐述的则是另一种用间策略,即用间谍离间敌人。

【原文】
疑中之疑。比之自内,不自失也。
【翻译】
疑局之中再布疑局。利用敌人的间谍,自己不会受到损失。
【解读】
第一个疑局是敌人布的,指的是敌方派间谍来离间我方的内部关系,即离间计。第二个疑局是我方布的,指的是我方利用敌方派过来的间谍去离间敌人的内部关系,即反间计。所以这"疑中之疑"也就是计中计。

此计的厉害之处在于利用敌人派过来的间谍去离间敌人。首先,反间来自敌方内部,因此对敌方比较了解,知道他们的内部矛盾在哪里,所以能够更好地离间敌人。其次,反间本来就是敌方的内部人员,因此隐蔽性比较高,而且敌人更容易相信他们的话。最后,反间对我方的情况了解不多,因此哪怕被敌人识破了,我方也不会有多大的损失。可以说来自敌方内部的反间是我方最佳的间谍人选。此计蕴含了利用敌方资源的兵家思想。一名优秀的将领不仅要用好自己的资源,而且还要创造性地利用好对手的资源。

由此可见,此计的外在手段是利用反间,用计目的是离间敌方内部关系,内在机理是来自敌方内部的反间可以更好地离间敌人。此计通常有两种运用形式:第一种是显式利用反间,即策反敌方间谍,然后去离间敌人;第二种是隐式利用反间,即把不利于敌方内部团结的假消息暗中透露给敌方间谍,通过他传给敌方,从而离间敌方内部关系。

当然了,此计不是这么容易使用的,首先要能够发现在我方活动的敌方间谍。其次要有识人用人的能力,能够洞悉反间的性格、理念、喜好,然后对症下药,选择合适的利用方式,比如对于立场摇摆不定的间谍可以显式利用;而对于立场坚定的间谍则要隐式利用。再次要有笼络人心的能力,让己方人员心甘情愿地做间谍还不是很难,但要让敌方人员心甘情愿地做我方间谍就难了。最后要谨慎使用此计,提防反间的假归顺。

【按语】

间者,使敌自相疑忌也;反间者,因敌之间而间之也。如燕昭王薨,惠王自为太子时,不快于乐毅。田单乃纵反间曰:"乐毅与燕王有隙,畏诛,欲连兵王齐。齐人未附,故且缓攻即墨,以待其事。齐人唯恐他将来,即墨残矣。"惠王闻之,即使骑劫代将,毅遂奔赵。又如周瑜利用曹操间谍,以间其将;陈平以金纵反间于楚军,间范增,楚王疑而去之。亦疑中之疑之局也。

【翻译】

间谍可以用来使敌人相互怀疑和猜忌;反间是利用敌方派过来的间谍去离间敌人。比如,燕昭王驾崩,继位的惠王从他当太子时,就对乐毅心存芥蒂。于是田单派反间到燕国散布谣言:"乐毅与燕王有矛盾,害怕被燕王杀死,因此他想要兼并齐军并在齐国称王。由于齐国的军民还不愿意归附于他，所以他暂缓攻打即墨，以等待称王的时机。现在齐国军民就怕燕王派别的将领来，那样即墨城定会被攻破。"惠王听到谣言后，便派骑劫代替乐毅为将，乐毅自知被惠王猜忌就投奔了赵国。又比如周瑜利用曹操派过来的间谍，离间曹操与其将领的关系；陈平用重金收买楚军间谍并派他们去楚军离间项羽与范增的关系，后来项羽怀疑范增并辞去了他。这些都是疑中之疑的谋局。

【解读】

按语举了三个非常经典的战例，下面我对这三个战例的背景作一些补充。第一个战例发生于战国时期，当时乐毅仅用半年时间连克齐国七十余城，打得齐国只剩下即墨、莒城两座城池。随后乐毅一方面在已攻占区实行减免税赋、废除苛政等收服人心的政策，以期巩固已有战果，另一方面缓攻即墨、莒城，企图争取民心，以彻底征服齐国。可惜燕惠王继位后中了齐国将领田单的反间计，用骑劫替换乐毅，乐毅深知不为惠王信任便投奔了赵国。最后，田单用火牛阵一举击溃燕军，收复失地。这个战例充分显示出了反间计的威力。任何一个庞大的体系，无论是一个国家还是一家公司，都需要一群人齐心协作才能把它运营好。如果这个体系的内部出现了矛盾，参与者之间不能相互容忍，无法协调一致，甚至互相斗争，那么这个体系的运行就会出大问题，严重的则会导致整个体系无法运行甚至崩溃。就比如一个人如果他的两只脚不能协同起来，那么他无论力气多大都无法往前走。兵家一定要记住：再强大的体系也经不起内斗的消耗，内斗会严重浪费资源，是最危险的毁势。

第二个战例取自赤壁之战，当时曹操利用蒋干与周瑜的交情，以访友为名派他去劝说周瑜投降自己，顺便刺探军情。周瑜得知蒋干来访，立即识破其来意。设宴款待一番后，周瑜假装喝醉酒拉着蒋干同床共寝。夜半，蒋干起床发现书桌上有一叠文书，其中一封是曹军的水军都督蔡瑁与张允写给周瑜的书信，他偷看了一番竟然发现是两人的降书。蒋干拿了这封信，在五更时分趁周瑜熟睡之际，急匆匆回到曹营交给了曹操。生性多疑的曹操看完此信，一怒之下便杀了精通水战的蔡瑁和张允，为周瑜铲除了心腹之患。曹操杀了这两人后，军中便没有精通水战的将领了,这是他赤壁之战惨败的原因之一。在这个战例中,周瑜并没有策反蒋干,但他利用蒋干给曹操传递了假消息,从而离间了曹操与蔡瑁、张允的关系,这便是隐式利用反间。

第三个战例取自楚汉之争,当时项羽把刘邦围困在了荥阳城中,并切断了刘邦的外援与粮草通道。危急之下,刘邦的谋士陈平使出了一招反间计,以离间项羽和范增的关系。多疑的项羽听信了反间传出的谣言,逐渐疏远了范增。无奈之下,范增向项羽请辞,没想到项羽竟然毫无挽留之意,同意了范增的辞呈。本来项羽的勇猛加上范增的智谋足以对付刘邦,现在范增一走,项羽岂是刘邦的对手,就被刘邦给逃走了。

用计启示

通常,存在权力与利益分配的地方就会出现矛盾。以封建王朝为例,如果君主手下没有能臣,他就会希望自己能够网罗天下英才,可要是手下真有了能臣,他又会害怕控制不住他们,皇权遭到威胁。大臣得不到君主的器重,就会觉得自己怀才不遇,要是气度小一点,在看到那些才能比自己低,地位比自己高的同僚时,还会心生妒忌愤愤不平。可要是得到了君主的器重,被委以重任,大臣又会觉得自己劳苦功高,应该比别人得到更多权力与利益,同时他也可能会因为害怕自己的地位被夺走,提防甚至打压那些潜在的竞争者。再加上那些善于钻营、不择手段的小人作祟,王朝内部的矛盾会更大。如果君主圣明,这些矛盾还能够被化解,可要是君主昏庸,这些矛盾就会被激化成内部斗争。用间谍离间对手就是要激化对手的内部矛盾,使之产生内斗,从而为我方创造可乘之机。其实,只要存在资源竞争就会产生矛盾,而且竞争越激烈矛盾会越大。正是因为内部矛盾的普遍存在性,离间计成了非常实用的策略,这样反间计也就有了用武之地。在使用反间计成功离间敌人后,接着可使用隔岸观火之计。

此计的实用性再加上它强大的威力,通常可以帮助我们在危急关头一招溃敌,反败为胜。那么如何防范此计呢?首先我们应该明白,反间计其实就是利用对方间谍的离间计。正所谓疏不间亲，防范此计的关键在于维护好自己的内部团结，作为团队中心的领导要制定公平的竞争规则，从源头上抑制矛盾，同时要洞悉各方诉求，平衡各方需求，化解各方矛盾，切忌偏听偏信，感情用事。其次要防止我方间谍被对手利用，这要从四个方面着手。第一，要慎用间谍，《用间篇》中大师父告诫我们"非圣智不能用间，非仁义不能使间，非微妙不能得间之实"，因此若没有很深的识人用人功力，没有很强的信息分析能力，万不可以使用间谍，否则用之不慎便成了给对手送间谍，后患无穷。第二，要选用聪明的人做间谍，即"能以上智为间"，不要用蒋干那种很容易被对手暗中利用的人做间谍。第三，要用好间谍，做到如《用间篇》中所说的"故三军之事，莫亲于间，赏莫厚于间，事莫密于间"，一方面要保证用间的机密性，防止我方用间的信息泄露出去而被敌人获知，"间事未发而先闻者，间与所告者皆死"就是这个道理，另一方面要笼络间谍，增加间谍的忠诚度，尽量降低被敌方策反的可能性。

第三十四计　苦肉计

一日，师父见我一脸疲态，问我最近研读兵书是否辛苦。

我趁机向师父大倒苦水，诉说自己如何劳心劳力，差点把自己也感动了。

师父听完后，平静地说道："怜悯自己付出了太多的心血，同情自己遭受了太多的挫折，那就中了自己的苦肉计，这样你的意志会松懈，斗志会懈怠，理想会默默离开你，成功会慢慢疏远你。如果累了就休息一下。"

师父启诫第五十六

苦肉计这个计谋因其在赤壁之战中发挥的巨大作用而为人们所熟知。当时吴军大都督周瑜实施了"以降曹为幌子，火攻曹营"的作战方案，老将黄盖临危请命，愿意先受重刑再向曹操诈降。于是在第二天的军事会议上，黄盖出言不逊顶撞周瑜，周瑜一气之下，下令将黄盖推出帐外斩首示众。在众人的苦苦求情之下，周瑜才勉强改为打黄盖一百军棍，还没打五十下黄盖已是皮开肉绽、鲜血直流，一连昏死好几回了。当黄盖的诈降书送到曹操手上的时候，曹军在东吴的间谍也传来了黄盖被打的密报，于是老谋深算的曹操接受了黄盖的投降。诈降那天黄盖准备了二十多条船并装满干柴，浇上鱼油，铺好引火之物，然后驶向曹军。等船快到曹军水寨时，黄盖命人点火，顿时火船如箭一般冲向曹军的战舰，战舰起火后，火势又蔓延到岸上的军营，烧得毫无防备的曹军溃不成军。孙刘联军趁机进攻，曹军大败，曹操本人也只得落荒而逃。此计竟然能够成功欺骗生性多疑的曹操，足见其不简单。

【原文】

人不自害,受害必真;假真真假,间以得行。童蒙之吉,顺以巽也。

【翻译】

人是不会自我伤害的,若受到了伤害那么一定是真实的。利用这种人之常情,可以使敌人把假的当作真的,把真的当作假的,这样就可施行离间计了。

【解读】

人都会极力保护自己免受伤害,至于自我伤害那是不可能的事,这是最基本的人之常情。因此当一个人受到伤害的时候,人们很难会想到这种伤害是他自己故意造成的,人们总是同情受害者,相信受害者,帮助受害者,这便是本计的人情基础,也是本计能够成功的根源所在。"人不自害"这一人情深入每个人的潜意识,使得此计的成功概率非常高,可谓屡试不爽。正因为如此,历史上运用苦肉计的案例比比皆是,周瑜打黄盖远不是最狠的。武则天为了陷害皇后,将自己的亲生女儿亲手掐死。要离为了刺杀庆忌,甘愿让吴王砍断他的手臂、杀死他的妻子,以获得庆忌的信任,从而能够接近庆忌。所以本计的内在机理是"人不自害,受害必真",外在手段是自害,即通过自我伤害迷惑对手,以博得对手的同情与信任。

从"假真真假,间以得行"可以看出,此计的其中一种运用形式是离间,即先通过自害获得对方的信任,然后进入对方内部开展离间活动。此计的精髓是通过自害迷惑对手,使其作出错误的判断,把假的当成真的,把真的当成假的,从而为我方实现某种目的创造有利条件。它的运用形式非常多,是一个非常实用的计谋,兵家在运用时务必要灵活。周瑜和黄盖的苦肉计迷惑了曹操,使得他把黄盖的假投降当成了真投降,放松了对黄盖的戒备,这为黄盖出其不意火攻曹营创造了有利的条件,是一种先使对手放松戒备再偷袭对手的运用形式。阖闾和要离的苦肉计迷惑了庆忌,使得他把要离的假投靠当成了真投靠,视要离为亲密战友,这为要离刺杀庆忌创造了有利的条件,是一种先获得对方信任,然后接近对方,再伺机暗算的运用形式。

【按语】

间者,使敌人相疑也;反间者,因敌人之疑,而实其疑也。苦肉计者,盖假作自间以间人也。凡遣与己有隙者以诱敌人,约为响应,或约为共力者,皆苦肉计之类也。如郑武公伐胡而先以女妻胡君,并戮关其思;韩信下齐而郦生遭烹。

【翻译】

间谍可以用来使敌人相互怀疑和猜忌;反间可以用来利用敌人的猜疑,使敌人错误地认为他的猜疑是正确的(反间计中阐述了何谓反间,这里阐述了反间的作用)。苦肉计是假装自己内部有矛盾,以离间敌人的计谋。但凡派遣与自己有矛盾的人引诱敌人,约好作为内应,或者约定共同行动,都属于苦肉计。比如,郑武公想要攻打胡国,却先把自己的女儿嫁给了胡国国君,同时杀死了主张攻打胡国的大臣关其思;韩信攻下齐国,齐王把前去游说的郦食其煮了。

【解读】

按语第一句说得很深刻。我方派过去的间谍由于是外来人员,很难获得敌人的信任,且对敌人的了解不够充分,难以实施高明的离间活动,一般也就散布些谣言,因此只能做到使敌人相互猜疑而已。但反间就不一样了,他们本来就是敌方的内部人员,敌人更容易相信他们,而且敌人通常会根据他们所获得的信息去印证心中的一些猜疑,因此反间可以使敌人确信自己的猜疑是正确的。所以我们在实施离间时,可先派间谍散布谣言使敌人内部相互猜疑,再派反间使敌人信以为真,这两种间谍联合使用,离间的成功概率就会非常高。

"自间"就是制造自己内部不和的假象,比如在议事过程中老臣黄盖倚仗自己战功卓著出言不逊顶撞周瑜,年轻气盛的周瑜一怒之下欲斩黄盖,众人求情之下才勉强改为杖责,黄盖因此对周瑜大为不满。这一切虽然是假的,但却合情合理。有了合情合理的"自间",敌人才会信任我方人员,"间人"才能水到渠成。"凡遣与己有隙者以诱敌人",这里的"有隙者"可不是真的与自己有矛盾的人,而是通过"自间"伪装出来的。简单地说,苦肉计的通常用法是,先通过痛苦的"自间"使我方人员获得敌人的信任,然后利用这种信任派他们对敌人发起突然袭击,或者打入敌人内部实施离间活动,或者潜伏于敌人内部作为我方的内应。

按语最后举了两个战例。第一个战例中,郑武公想要攻打胡国,却先把自己的女儿嫁给了胡国国君,然后又假惺惺地问群臣:"我想要用兵,可以攻打谁啊?"不明就里的关其思建议攻打胡国,结果郑武公大怒而把关其思给杀了,并说道:"胡国是我们的兄弟之国,你说要攻打它,是何居心!"郑武公的这一出苦肉计真可谓心狠手辣,为了博得胡国国君的信任,不惜牺牲女儿的幸福、大臣的性命。事情都做到这份上了,胡国国君自然是相信了郑武公,就对他放松了警惕,郑武公就趁胡国不备一举攻下了胡国。

第二个战例发生于楚汉战争时期。当时韩信率兵攻打齐国,不料半路上听说刘邦派去的说客郦食其已经说服齐国投降了。韩信本想停止进攻,但却听信了手下谋士的建议对齐国发起了进攻。这时齐国已经决意投降刘邦,对汉军的防备较为松懈,再加上韩信用兵如神,一路上势如破竹。齐王见状,认为郦食其出卖了他,就把他给煮了。在这件事上韩信无疑有贪功之嫌,他不顾郦食其的性命,无视齐国已经投降的事实,利用齐国放松戒备的时机,出其不意攻下齐国,取得了辉煌的战果,只可惜了为汉朝立下汗马功劳的郦食其。

用 计 启 示

苦肉计是一个比较无奈的计谋,通常在万不得已的情况下才会使用。使用该计的一方得遭受痛苦或者损失,而且他所遭受的痛苦或损失越大,用计成功的概率也会越大。使用苦肉计失败的原因大都是因为对自己不够狠。因此在运用该计时会有一个权衡:自害越小,用计的成本也越小,但成功的概率也会越小;自害越大,用计的成本也越大,但成功的概率也会越大。这个权衡要根据敌人的聪明程度、用计成功后的收益等战场具体因素进行。有些人在使用该计时舍不得付出,然后一把鼻涕一把泪捏造自己遭受的痛苦,装出一副很受伤的样子以博得别人的同情与信任。这种假受伤很容易被别人看穿，而且一旦被看穿就会失信于人，遭人不耻，后果很严重。

除了肉体上的苦肉计外，还有精神上的苦肉计。越王勾践被吴王夫差打败后，被迫屈膝投降并去吴国侍奉夫差，为夫差父亲守坟，给夫差喂马，服侍夫差如厕。有一回夫差生病了，勾践更是通过尝夫差的大便来给夫差查看病情。这一切，相比于精神上所受的刻骨铭心之痛，肉体上所受的痛苦显然不足挂齿了，内心强大的勾践竟然忍了下来。夫差看到勾践这副不怕脏苦、温顺忠心的样子，以为他已经彻底臣服于自己了，也就对他放下了心并准许他回到越国。后来勾践卧薪尝胆、励精图治，最终消灭了吴国。

使用苦肉计是要付出代价的，有些人会在别人不自愿的情况下牺牲他们的利益来成全自己，比如韩信为了攻下齐国牺牲了郦食其，武则天为了陷害皇后牺牲了自己的女儿，这种运用形式有违道义。此计可以有效地迷惑别人，从而获得他们的信任，有些人在生活中会运用此计欺骗、陷害那些老实善良的人们，这样的用计目的也有违道义。战术型兵家往往会犯一个错误，即为了达到目的不择手段，一不小心就会违背道义，最终因小失大，兵家应慎之！

前面的笑里藏刀之计是用友善来掩盖阴谋，而苦肉计是用痛苦来掩盖阴谋。人都有同情心，但兵家应该记住一句话："对敌人的仁慈，就是对自己的残忍。"我们不要被情感蒙蔽了双眼，忽视了痛苦背后的阴谋。

第三十五计　连环计

一棵树如果分叉太多就长不高,因为各分叉间会相互竞争,导致互相牵制。很多时候人无法达到更高的成就往往是因为自己把自己给牵制住了。

师父启诫第五十七

有些人看到计名中的"连环"两字,就以为这是一个多计连用,环环相扣的计谋,这样的理解是错误的。其实"连环计"这个名字源自赤壁之战。当时来自北方的曹军不习惯坐船,船在水上一颠簸就受不了,这导致曹军在水上的战斗力非常低。庞统被周瑜巧妙地派到曹营后,他建议曹操用大铁环把战舰连接起来,再铺上阔板使战舰连为一体,这样即便在风浪中也可平稳开动。这种方法可以使士兵站在船上像站在平地上一样,曹操一听便觉得这是个好主意,就欣然接受了。后来周瑜火攻曹营,由于曹军的战舰用铁环相互连着,一条烧着后无法把船散开,因此曹军只能眼睁睁地看着大火蔓延开来。把战舰用铁环连接起来,使其在大火中相互牵连,一条也跑不掉,这便是"连环"一词的由来。那么此计到底是一个什么样的计谋呢?下面我们来看原文。

【原文】

将多兵众,不可以敌,使其自累,以杀其势。在师中吉,承天宠也。

【翻译】

敌人兵多将广,我方不可与之硬拼,而要设法使之自相牵制,从而削弱他们的攻势。

【解读】

此计的外在手段就是原文所说的"使其自累",即利用敌人牵制敌人,这与太极拳借力打力的手法如出一辙。除了像战舰与战舰那样的物物相互牵制外,还有人与人、人与物的相互牵制。三国时期有个"讨董联盟",当时董卓控制朝政后,倒行逆施激起了很大的民愤,曹操发矫诏到各地号召各路英雄共同讨伐董卓。很快便有十八路诸侯响应,他们推举袁绍为盟主,组建起了联盟军。然而,联盟内部的这些势力大都是怀着分夺利益的心理过来的,一方面害怕自己吃亏不愿意主动攻打董卓,另一方面又害怕别人在战斗中建功立业,趁势坐大。因此,当曹操、孙坚出战后,其他势力不仅不加以援助,反倒担心起他们会因为取得胜利而增强实力,袁术甚至还克扣在前线奋勇冲杀的孙坚部队的粮草。最后盟军自动瓦解,乃至相互攻伐。当然了,这个案例中董卓并没有施行连环计,我举这个例子只是想说明人与人之间很容易因为利益而相互牵制,这是连环计能够成功的人情基础。

除了主观上的私心导致"自累"外,一些客观上的因素也会导致"自累",比如军队越庞大,管理、指挥、协调的难度就越高,一不小心各部分之间就会相互拖累。在《九地篇》中大师父曾反问道:"兵可使如率然乎?"确实,要把军队管理得井然有序、协调一致是很难的,因为即便是来自同一个军队的不同部队,他们的士气、作战能力、应变能力、机动能力也会不一样,这种"不一样"轻则导致部队间无法有效地协同作战,重则导致部队间相互拖累牵制。因此可以利用敌人管理上的漏洞使其自相牵制,这是连环计能够成功的事理基础。

因此,本计的内在机理是系统内部会因为管理不完善、协调不一致、组织不合理、导致自我牵制。此计的精髓就是借用敌人牵制敌人。借用是一种非常重要的兵家思想,采用这种思想的计谋还有:借友军之手消灭敌人的借刀杀人之计,借人之无用而为我所用的借尸还魂之计,借敌人间谍离间敌人的反间计。本计可以削弱敌人的攻势,但却不能打败敌人,因此通常不独立使用,这也是它容易被人理解成是一个多计连用计谋的原因之一。

【按语】

庞统使曹操战舰勾连,而后纵火焚之,使不得脱。则连环计者,其法在使敌自累,而后图之。盖一计累敌,一计攻敌,两计扣用,以摧强势也。如宋毕再遇,尝引敌与战,且前且却,至于数四。视日已晚,乃以香料煮黑豆,布地上,复前搏战,佯败走。敌乘胜追逐,其马已饥,闻豆香,乃就食,鞭之不前。遇率师反攻,遂大胜。皆连环之计也。

【翻译】

庞统使曹操用铁环把战舰相互勾连起来,后来当黄盖放火烧曹操的战舰时,战舰就无法逃脱了。因此,连环计的精髓在于使敌人自相牵制。敌人自相牵制后就可图谋消灭他们了。先用一计牵制敌人,再用一计攻击敌人,两计连用前后相扣,可以消灭实力强大的敌人。比如南宋名将毕再遇曾为了引诱金兵前来交战,一会儿前去挑战,一会儿又往后撤退,如此反复达四次。看天色已晚,他命人用香料煮黑豆,然后将豆子撒在地上。接着他再次前去挑战金兵,并假装战败往后撤退。金兵乘胜追击,这时由于他们的战马已经饥饿,闻到豆香后便只顾抢着吃豆子了,任凭金兵用鞭子怎么抽打,也都不肯奋力前进。于是毕再遇率军反攻,大获全胜。这两个战例用的都是连环计。

【解读】

二师父在按语中举了两个战例。第一个战例引出了一个结论,即连环计的精髓在于使敌人自相牵制。当敌人自相牵制后,虽然他们的实力没有被削弱,但战斗力却大大降低了,因此这个计谋不能用来打败敌人,但却可以为打败敌人创造有利的条件。所以在用完该计后,通常还需要再用一个攻击性的计谋消灭敌人。按语中的"一计累敌,一计攻敌"说的就是这个意思,前一个"一计"用的就是能"使敌自累"的连环计,而后一个"一计"用的就是一个能够消灭敌人的计谋,具体用什么计谋要根据战场情况而定。任何一个系统都由多个单元构成,如果这些单元之间组织有序、运行协调,那么这个系统就能够发挥出强大的力量,而若这些单元之间组织无序、相互牵制,那么这个系统就会僵死而发挥不出力量。因此再强大的敌人若被自己束缚住了手脚也会任人宰割,所以连环计是一个非常厉害的计谋。这个计谋可以很好地运用在战略和战术中。

第二个战例讲的是毕再遇撒豆制敌的历史典故。在冷兵器时代骑兵是非常厉害的。当时金人占据了优良的养马地,养出来的战马非常健壮;再加上彪悍的将士,金军的骑兵部队在战场上锐不可当。面对强悍的金军,聪明的毕再遇自然不会与之硬拼了。他先在道路上撒上香豆,然后引诱金兵前来,饥饿的金军战马闻到豆香后就只顾抢着吃豆子了,任凭将士用鞭子怎么抽打也都不愿往前走了。战马不肯走,那么骑在马上的金军将士就进退不得失去了行动能力,金军的战斗力一下子降到了最低,宋军一个回马枪杀得他们七零八落。本来是提高将士战斗力的战马反而成了将士的羁绊,这足见连环计的厉害。这个战例也告诉了我们不单独使用连环计的其中一个重要原因:有时候连环计的作用时间很短,若不及时攻打敌人,那么连环计的作用就会消失。就像该战例中,如果金军的战马吃饱了或者地上的豆子吃完了,那么战马就不会再牵制金军将士了。

用 计 启 示

连环计是一个利用敌人牵制敌人的计谋,它有两个弱点:其一是它只能抑制敌人的战斗力,不能直接打击敌人,因此无法重创敌军,更不要说打败敌人了;其二是当敌人发现自己把自己牵制住了后,他们可能会及时消除这种牵制,因此连环计的作用时间可能是短暂的。所以在成功使用该计后往往要及时地再用另一个计谋打败敌人,即"一计累敌,一计攻敌",但我们不要因此而将该计误解成是一个两计连用的计谋。连环计虽然不能直接打击敌人,但却可以有效地抑制敌人的战斗力,为打败敌人创造非常有利的条件,是一个非常厉害且非常实用的计谋。

用好连环计的关键在于能够找到那个"使敌自累"的环。这个环可能是利益分配引发的矛盾,也可能是组织不合理留下的漏洞,也可能是指挥不当造成的隐患,当然也可能是其他出人意料的东西。能不能找到这个环就要看用计者的人情事理功力深不深了。

至此，我们已经阐述完了赤壁之战中孙、刘联军使用的三个计谋。周瑜先用反间计离间曹操与蔡瑁、张允的关系，促使曹操杀了他们，使得曹军失去了两名优秀的水军将领；再用连环计诱使曹操用铁环把战舰连接起来；最后用苦肉计迷惑曹操，派黄盖出其不意火攻曹军。这三个计谋环环相扣，蔡瑁、张允不死，那么连环计就不能成功。连环计不能成功，火攻也就无法发挥出强大的威力。弱的一方想要以少胜多，就要用计谋抑制敌军的战斗力，用计谋为自己创造有利的条件，用计谋充分发挥出自己的战斗力，这便是计谋的价值所在。

其实，有些时候不需要对手使用连环计，我们自己也会不自觉地"自累"。比如做这件事情的时候想着另外一件事情；做另外一件事情的时候又想着这件事情，结果心不在焉，两件事情一件也做不好。有些企业家很喜欢搞多元化，结果因为布局不合理，管理不完善，搞得焦头烂额，导致企业崩溃。防范此计的关键在于提升自己的组织、协调、指挥能力，保证系统的各个单元有序运行、协调一致，使对手无从下手。

第三十六计　走为上

一日，师父找到我，严肃地问道："还在沉迷小说吗？"

我说："似乎还有点欲念。"

师父道："欲望是一个很可怕的对手，它静静地埋伏着，似有似无，一旦你入了它的局，就很难摆脱它的纠缠了。因此面对欲望的引诱，千万不能掉以轻心跨出那侥幸的一步，更不能相信自己可以轻易摆脱它，而应下定决心坚决退避。"

师父启诫第五十八

经常被人们提到的"三十六计，走为上计"说的就是本计。走是撤退、逃跑的意思，上是上等、上乘的意思，因此计名的意思是撤退乃上乘计谋。有些人不太喜欢这个计谋，总觉得逃跑者是胆小鬼，看不起那些选择"走"的人。但"上"字已经表明了二师父对此计的态度：上乘之计也。当实力弱小时，需要通过"走"来避免自己被消灭，以获得发展壮大的机会。然而，即便是实力最强大的势力，在战场上也难免有不如意时，因此也需要通过"走"来获得喘息之机，以重整旗鼓。

楚汉战争初期，刘邦的实力弱于项羽，好几次被项羽的大军围困，但是善于"走"的刘邦每次都能顺利逃脱，因此虽然一直败北，却没有被项羽消灭。而一向把刘邦打得落花流水的项羽，却不像刘邦那样会逃跑，结果只输了一战，竟被壮大起来的刘邦消灭了。从这个案例我们可以看出，本计作为《三十六计》的压轴之计，虽然看起来不武，但也不可小视。

【原文】

全师避敌。左次无咎，未失常也。

【翻译】

为了保全军队主动避开强大的敌人。

【解读】

《孙子兵法》中有很多语句都体现了"全师避敌"的兵家思想，比如《始计篇》的"强而避之"，《谋攻篇》的"少则能逃之，不若则能避之"，足见该思想在兵法中的重要性。

然而有些人不屑于"走"，甚至以"走"为耻，他们更崇拜项羽乌江自刎式的英雄气概。其实很多时候攻需要勇气，而退则需要更大的勇气。因为退可能会遭到旁人的误解与非议，遭受名誉上的损失与道德上的谴责；需要冲破心理障碍，承受巨大的精神压力。正如《谋攻篇》所说的"小敌之坚，大敌之擒也"，不顾一切地坚守只会送给敌人消灭我方的大好机会，只是匹夫之勇罢了。其实，人都有一股"不到黄河心不死"的固执劲，有时候明知前方险象环生，却也会不顾粉身碎骨抱着侥幸心理往前冲。能够及时停下脚步调转方向者，必有强大的自我控制能力。

进是为了攻城略地，消灭敌人，不懂进者最终会在自己的一亩三分地内被越来越强大的敌人消灭；而退则是为了保全自己，养精蓄锐，不懂退者很容易在残酷的战场上灰飞烟灭。因此进与退都很重要。一流的兵家善于进，也善于退，能够做到进退自如。

【按语】

敌势全胜，我不能战，则必降、必和、必走。降则全败，和则半败，走则未败。未败者，胜之转机也。如宋毕再遇与金人对垒，度金兵至者日众，难与争锋。一夕拔营去，留旗帜于营，豫缚生羊悬之，置其前二足于鼓上，羊不堪倒悬，则足击鼓有声。金人不觉为空营，相持数日，乃觉，欲追之，则已远矣。可谓善走者矣。

【翻译】

当敌人的实力占绝对优势，我方无法与之抗衡时，只有投降、求和、撤退三种选择。如果选择投降，那就彻底失败了；如果选择求和，那就失败一半了；而如果选择撤退，那么还未失败。没有失败就是胜利的转机。比如南宋名将毕再遇与金兵对战时，推断前来援助的金兵一天比一天多，难以与之匹敌。一天夜里，他就率军悄悄撤退了，走时把旗帜留在了军营中，并预先把活羊悬挂起来，将羊的两条前腿放在鼓上，羊难以忍受倒悬就拼命挣扎，于是它们的两条前腿就不断击鼓，便发出了战鼓声。一开始金人并没有察觉到自己面对的已经是座空营了，对峙了数天后才发觉，想要追击时，宋军已经跑远了。毕再遇真可谓是善于撤退的人。

【解读】

"降则全败，和则半败，走则未败"，二师父的这句话精妙之极，短短十二个字道出了这三种不同抉择背后的利害关系。如果选择向敌人投降，那么军队就会被敌人收编，物资就会被敌人收缴，城池就会被敌人占据，最终被敌人完全吞并而任人摆布，因此也就彻底失败了。如果选择向敌人求和，那么就得答应敌人提出来的各种要求，或质押人质，或割让土地，或送去钱财物资，导致行动受制于敌人，实力更加弱于敌人，因此也就失败一半了。而如果选择撤退，不仅实力得到了保全，而且敌人无利可图，我方有更好的机会养精蓄锐，发展壮大，因此还未失败。由此可见，此计的外在手段是撤退，内在机理是遭遇强敌时撤退比其他选择更有利。

荆州势力降曹这一事件很好地说明了投降的后果。当时曹操率大军南下，新任荆州刺史刘琮迫于曹操的兵威不战而降，从此之后荆州势力就再也没有以独立的姿态活动于三国舞台上了，先依附于曹操，后又听命于刘备，可谓全败。

苏洵在《六国论》中分析六国灭亡的原因时说道："六国破灭，非兵不利，战不善，弊在赂秦。赂秦而力亏，破灭之道也。"六国中的一些国家通过割让土地向秦国求和。可结果呢，今天割了一块地给秦国，获得了一夕安宁；明天秦国又率兵打过来了，还得割地求和。这导致秦国的实力越来越强，六国的实力越来越弱，最终六国被秦国消灭。

历史上有太多关于撤退的经典战例，我在这里举个大家熟悉的例子。曹操在基本统一北方后，南下攻打荆州和东吴。当时投靠荆州的刘备屯兵于樊城一线准备抵御曹操,不料刺史刘琮不战而降。在"敌势全胜"的形势下刘备果断弃城南逃。后来刘备重整旗鼓并与孙权建立联盟,终于在赤壁之战中大败曹操。

《军形篇》中大师父说过"先为不可胜,以待敌之可胜",简单地说就是,想要战胜敌人首先要做到不被敌人战胜,然后再去寻找战胜敌人的机会。这种兵家思想在本计中得到了运用,用以说明"走"的高明之处,即按语中所说的"未败者,胜之转机也",不失败就是胜利的转机。

按语最后举了毕再遇巧妙撤退的战例。在战略层面作出撤退的决定后,就要在战术层面谋划如何撤退了,谋划的好坏关系到撤退能否成功。毕再遇的撤退战术谋划得非常好,引用金蝉脱壳之计的原文来说就是"存其形,完其势"。"留旗帜于营"是从表象上使敌人错误地认为宋军还在军营中,这是"存其形";悬羊击鼓是从声势上使敌人错误地认为宋军正在紧锣密鼓地备战,这是"完其势"。这些布置使金人没有觉察到宋军的撤退,可谓精妙。在这个战例中,选择撤退是走为上计,而撤退的方式则是金蝉脱壳之计。

用 计 启 示

想要用好本计就得摆正对进退的认识。进退本身只是一种行动而已,它们没有好坏优劣之分。在不合适的时机选择了进,会导致灭顶之灾;在不合适的时机选择了退,则会丧失大好机会。兵家要根据具体情况选择进退。有些人会觉得走了就输了,但其实恰恰相反,走了还可以再回来,而硬抗着,耗光了资源,那就无力东山再起了。所以兵家不要对进退心存偏见,什么样的情况就要选择什么样的行动,做到进退自如。

还有一些退不是为了保全自己,而是为了更好地进攻。比如退到有利的地形以更好地攻击敌人,假装败退使敌人滋生骄傲情绪而松懈,拉长敌人的战线使敌人兵力分散。这就是所谓的以退为进,是一种更加积极的退。

可能有人会说,退作为一种计谋也未免太简单了。其实计谋的好坏不在于它是否复杂、是否精妙,而在于它是否符合人情事理。更何况,简单的计谋未必容易使用。以本计为例,很多时候情绪作怪,会使我们作出错误的判断,只需要撤退就可以顺利化解危机,可就是想不到。哪怕想到了,明知该撤退,可又碍于面子,为了争一口气,还是做出了错误的抉择,选择拼死抵抗。可以说,计谋的奥妙一分在它的外在手段上,三分在它蕴含的人情事理上,六分在使用它的人身上。

那么如何防范敌人逃走呢?如果敌人非常弱小,我方可使用关门捉贼之计;而若敌人具有一定的实力,我方可故意放他们一条生路,然后采用欲擒故纵之计。

跋　语

【原文】

夫战争之事,其道多端。强国、练兵、选将、择敌、战前、战后,一切施为,皆兵道也。惟比比者,大都有一定之规,有陈例可循,而其中变化万端、诙诡奇谲、光怪陆离、不可捉摸者,厥为对战之策。三十六计者,对战之策也,诚大将之要略也。闲尝论之:胜战、攻战、并战之计,优势之计也;敌战、混战、败战之计,劣势之计也。而每套之中,皆有首尾、次第。六套次序,亦可演以阴……(下缺)

【翻译】

战争是一件囊括多个方面的事情。强国、练兵、选将、择敌、战前、战后,所有的军事行动都蕴含了用兵之道。然而以上这些大都有一定的方法,也有旧例可循,而战争之中变化万端、诙诡奇谲、光怪陆离、不可捉摸的是对战之策。三十六计就是对战之策,它是大将的重要谋略。通俗地说,胜战、攻战、并战这三套计谋是处于优势时使用的计谋;敌战、混战、败战这三套计谋是处于劣势时使用的计谋。每套计谋都按一定属性排列。

【解读】

跋语是写在书籍后面的短文,与前面的总说相对应。它是二师父对整部《三十六计》的一个总结,只可惜缺失了一部分。

用兵之道包含了"有一定之规,有陈例可循"的强国、练兵、选将、择敌、战前、战后和"变化万端,诙诡奇谲、光怪陆离、不可捉摸"的对战。

作为兵法奇书的《孙子兵法》基本囊括了所有的方面,而作为策略奇书的《三十六计》讲的是对战之策。虽然《三十六计》只讲了对战之策,但由于它是战争中最变化多端、最激情澎湃、最能影响家国命运、最能体现将领才能的部分,所以《三十六计》很有分量,兵家务必要重视它。

二师父根据不同的应用场景,将三十六计分为六套。但我个人认为,策略是灵活的,我们没有必要限定太多的条条框框,因此本书不对计谋的分类进行分析与阐述。

三十六计总述

师父见我已经研读完《三十六计》,便说道:"兵法结构了然于胸,兵家思想深有体悟,便是兵家二层境界了。"

师父启诫第五十九

《三十六计》是一个经典的计谋集,但它绝不是计谋的全部。我们在研读《三十六计》的时候,要学会透过计谋的外在手段参悟它的内在机理,更要学会从抽象的机理演绎出具体的手段。这样《三十六计》就不仅仅是三十六个计谋,而是三十六个关于如何从手段抽象出机理,从机理演绎出手段的启示。掌握了这种从外到内,从内到外的能力,我们就打通了计谋的任督二脉,就会发现自己可以从生活的各个角落学习计谋。掌握了这种能力,当我们的人情事理功力达到一定程度后,就可超脱于《三十六计》,设计自己的计谋,于是就会有用不完的计谋;甚至可以达到不刻意运用计谋,但一举一动却无不是计谋的至高境界。倘如此,我们将潇洒地游走在这个无穷无尽、精彩纷呈、神妙莫测的计谋世界中,成为一名一流的兵家。

本书自始至终都努力给出每个计谋以正确理解,但其实误解也不一定是不好的理解,只是它与二师父的本意有所违背而已。当我们掌握了各个计谋的正解后,完全可以跳出所谓的正与误。事实上,很多误解是人们在一知半解的基础上,结合自己的生活阅历推想出来的。这些误解大都也是符合人情事理的,所以也具有一定的借鉴意义。我们完全可以根据这些"误解"设计出新的计谋。如果我们固执地坚持正解,而把这些具有一定价值的"误解"一棒子打死,那么恰恰违背了兵家的灵活性。

在解读连环计时,我说过"多计连用,环环相扣"是对这个计谋的误解,然而这种误解也具有很大的借鉴价值。赤壁之战中,周瑜先用反间计杀了曹军中极富水战经验的水军将领蔡瑁和张允,然后再用连环计诱使曹操用铁环把战舰连接起来,最后用苦肉计火烧曹营。如果没有用第一环的反间计杀了蔡瑁、张允,那么后面的连环计就有可能被看穿;如果没有用第二环的连环计将战舰用铁环连接起来,那么后面用苦肉计发起的火攻就发挥不出毁灭性的威力。可见多计相连的这种用计策略很有价值,用得好,计谋之间可以相互促进,从而发挥出更大的威力。我们可以给这种用计策略命个名字,比如"计连计",那就是一个新的计谋。

兵家修炼大体可分为两个阶段:第一个阶段是"修",即认认真真研读兵书,尽量做到不误解师父的原意,深刻理解何谓兵法,熟练掌握经典兵法,并能够从经典兵法中参悟出其中的人情事理;第二阶段是"炼",即通过人生历练,增加自己的人情事理功力,不仅能够熟练运用兵书上的经典兵法,更能跳出书本,设计出一套自己独有的适应时代变化的兵法。"修"与"炼"是两个相辅相成的过程,修得了一定的兵法理论,在实践中就可以少走弯路;而有了一定的实践基础,一些枯燥乏味、晦涩难懂的理论就会变得美妙而智慧。有些东西只有实践过了才会懂,所以兵家不可沉浸在兵书中而忽略实践,也不可忙碌于实践而忘记理论积累。

为了方便我们记住这三十六个计谋,有人从每个计谋中取一个字,组成了一首用来辅助记忆的诗:"金玉檀公策,借以擒劫贼,鱼蛇海间笑,羊虎桃桑隔,树暗走痴故,釜空苦远客,屋梁有美尸,击魏连伐虢。"诗中"檀公策"三字的意思是檀公的计策,有一种观点认为《三十六计》是<u>南朝宋</u>将领檀道济所写。除了这三个字外,诗中每个字都对应一个计谋,比如"金"对应金蝉脱壳,"玉"对应抛砖引玉。

第四章
下山实践

一　理想与现实

一日,随师父下山访友。巧遇一户人家结婚,正在撒喜糖。这等好事自然要"顺手牵羊"一把了。孰料,喜糖撒下三四回,而我却几乎没有收获,倒是一旁的大娘已经捡了满满一大把。这让我有点受挫又有点好奇,便索性站到一旁观察起来。原来,我每次都等到喜糖撒到地上后再弯腰去捡,而别人却一直弯着腰等着喜糖撒下来,速度自然比不过人家了。

回到师父旁边,师父道:"机会只留给有准备的人。"

师父启诫第六十

每个有抱负的人都有一个美好的理想,然而,他们中的大多数人又不得不面对惨淡的现实,尤其对于那些初出茅庐、白手起家的年轻人来说。

在理想与现实的夹缝中,一些人无奈地接受了现实,但却放弃了理想;另一些人执着地追求理想,但却不能很好地面对现实;也有一些人既勇敢地面对现实,又执着地追求理想。第一种人虽然活得安稳,但却缺少追求理想的激情;第二种人虽然有追求理想的激情,但却会付出惨重的代价,比如与家人闹翻、生活陷入窘迫,等等。显然,第三种人的选择比较智慧,兵家应该成为第三种人。

然而,想要游刃于现实与理想之间不是那么简单的。首先,我们得坦然接受自己所面对的现实。就像玩扑克,拿到什么样的牌不是我们所能控制的,虽然牌的好坏影响着胜败,但这不是决定胜败的唯一因素,更重要的因素是握着牌的人。好的玩牌者能把差牌打好,而差的玩牌者能把好牌打差。当一个人开始审视自己的时候,人生这副牌就在他的手上慢慢展开了。如果抱怨牌太差,放弃赢的欲望,那么他就会在愤愤不平中被动打完这副牌。如果不顾牌的好差,一心想赢,那么他往往会为了一丝赢的希望铤而走险,导致惨败。智慧的做法应该是仔细观察手中的牌,盘算清楚哪几张牌有用,哪几张牌没有用;正确判断整副牌胜算有几成,理智决策;如果会输怎么把损失降到最低,如果能赢如何使收益最大化。总之,只有坦然接受了手上的牌,才能打好牌。所以,当你回顾过去,审视眼前的时候,一定不能抱怨,因为当你抱怨的时候,说明你已经认为自己要输了,带着输的预期,又如何能保持昂扬的斗志呢?人生比牌局有更大的主动权,只要你有一颗不甘平庸的心,那么命运就掌握在自己的手上。一句话,过去无法改变,现实摆在眼前,未来握在手中。

其次,我们一定要为自己制定良好的人生方略。先要制定一个人生战略,这个战略的起点是自己当前面对的现实,目标是自己的理想。在谋划的时候要想清楚自己的优势在哪里,劣势是什么,哪些是无关紧要的事,哪些是无能为力的事,哪些是大有可为的事,自己手上有哪些资源,还需要积累哪些资源,主要障碍是什么,突破口在哪里,什么时候需要守,什么时候可以攻。战略的谋划切忌战线太长、局面太大,否则会因为精力不够、资源不足而陷入全面溃败的境地,尤其在实力弱小的初始阶段,应该集中力量从一点攻破。战略是一场长跑,在实施的时候切忌急躁冒进。有时候前面跑得太快了,到了后面有可能会跑不动,因此要谋划长远,不可急于求成。在战术上我们可以冒险,但在战略上务求稳健。这是因为战略上的失误会导致重大损失,甚至一蹶不振。有了战略后,就要根据战略制定各个阶段的战术。战术的制定与实施一定要懂得权变,勇于进退。其实说白了,制定方略就是谋划如何用好手中的资源,这种智慧可以通过研读兵法获得。我们每个人都有三样最重要、最有价值的资源——时间、脑力、体力,只要我们能够用好它们,那么一定可以创造自己的事业。

再次,要有坚强的意志。既要面对现实,又要追求理想,这个过程肯定很艰辛。对于那些白手起家的人来说,可能就是"白天求生存,晚上谋发展",即白天要上班赚钱,晚上要回家学习。而且,赚的钱既要养家糊口,又要留作发展资金。同时,在这个过程中难免会碰到困难、挫折、诱惑,因此没有坚强的意志是不行的。另外,在起步阶段积累可能很慢,发展可能很缓,还需要有足够的耐心。有时候还要面对血本无归的风险,故要有一定的胆量。

所以,在理想与现实之间,我们一定要摆正自己的人生态度,制定好自己的人生方略,以百折不挠的意志,勇往直前。

二　兵家处世

　　心态决定了一个人的生活态度,理念决定了一个人的生活策略。所谓心智,就是心性与智慧。一个心智成熟的人,不会看见利益就冲动而轻率冒进,不会遇到不利就悲观而情绪失控,不会遭遇不公就愤怒而失去理智。懂得运用智慧的策略解决问题,而不是抱怨、愤怒、逃避。

师父启诫第六十一

　　人的一生就像是一场与生活的持久战。有的人被生活打败了,失去了奋斗的勇气,消极处世,自甘堕落;有的人被生活围困了,想改变现状却又无力改变,得过且过,疲于应付各种琐事;有的人在生活的逼迫下,被迫向生活发起了挑战,最终冲破了生活的围困;有的人与生活和解了,以知足之心,开心享受生活中的每一天;也有的人不安于现状,以积极的处世方式,不断向生活发起挑战,并从挑战中获得人生乐趣,实现人生价值。兵家应该属于最后那种人。

　　生活是一个强大的对手,它有很多用来围困我们的障碍,这些障碍可能是旁人的流言蜚语,可能是亲戚朋友的误解,可能是学习新知识、新技术的困难,可能是扰乱我们心神的琐事,可能是安逸日子的诱惑,可能是创业的困难与艰辛,也可能是强大对手的阻拦。总之,那些看得见或看不见的,能够打击我们前进的信心,能够阻拦我们奋斗的脚步,能够迫使我们放弃自己理想的东西,都是生活用来围困我们的百万雄兵。

　　如果我们能够不断地从生活的围困中突围而出,那么我们就会变得越来越强大,同时也有机会领略更自主、更精彩、更快乐的人生。在与生活的这场持久战中,最重要的不是父母给了我们多少物质上的恩赐,也不是我们有多么丰富的人脉资源,而是我们自己本身,心态是否足够好,意志是否足够坚定,做事是否足够智慧,头脑中是否有足够的知识、经验等等,概言之就是做人、做事的功力是否足够深厚。将领在出兵前要把军队训练好,我们在奋斗的过程中也要把自己修炼好。

兵家应秉持低调的为人风格,不求名声,甚至努力避免自己出名。人一旦出了名,就会获得太多的赞美,容易骄傲而失去自我;就会收到太多的邀请,容易忙于应酬而静不下心来。人一旦出了名,就会成为众人的焦点,做什么事情大家都看着、谈论着,舆论压力会很大,进退就难以自如了;并且太多的目光汇聚,容易暴露弱点与重要信息,会给对手提供便利。而且,枪打出头鸟,名声容易引来更多的对手。兵家不应随意显露锋芒,绝招之所以称为绝招,是因为对手找不到破解的方法,但若绝招用多了,就会被对手看破而变成普通招数。

兵家必须在意志、耐性、眼界、智慧这四个方面做到卓越。坚韧的意志,可以使人在面对挫折时,不放弃计划,不停下脚步;在面对残酷的现实时,不失去信心,不抛弃理想。良好的耐性,可以使人在做事时稳扎稳打,不急功近利,事业想要有多高,基础就得有多厚,没有良好的耐性是很难打下深厚的事业基石的。眼界是否远大,决定了一个人作出的谋划是否远大;而谋划是否远大,则决定了一个人的事业能否远大。智慧决定了一个人能否很好地整合资源、利用资源、分配资源,即决定了一个人的造势能力。可以说意志、耐性、眼界、智慧是成就伟大事业的四项基本素质。

兵家在处世过程中一定要注意如下七点:

一、咽不下一口气。这口气指的是怨气、怒气、傲气等内心之气。有些人就是因为年轻气盛,咽不下一口气,说话冲动,做事鲁莽,结果就坏了事情,甚至遭受牢狱之灾。生活有太多的无奈,有时候我们不得不咽下这口气。这不代表我们软弱,恰恰体现了我们的坚强。如果咽不下这口气,那么冲动而不理智的念头就会冒出来;而若能够咽下这口气,留下的就是平静、坦荡之气,不仅气度脱凡超俗,而且智慧也会因理智而闪光。只有咽得下气者才争得了气,所以当内心的气腾腾升起时,我们一定要对自己说:"这算多大事","我有更大的事要做,不值得为这种小事费神","我可以用更好的方式解决这个问题"。

二、挂不下面子。碰到陌生人因为害羞而难以开口,怕被别人拒绝而难以启齿,怕被别人议论而缩手缩脚。在爱面子的中国社会,面子就像一个紧箍咒套在每个人的头上,约束着我们,甚至折磨着我们。其实很多时候,是我们自己想多了,为自己设定了太多的禁线。兵家应该要突破面子这个障碍,使自己成为一个灵活而果敢的人。

三、跨不出第一步。人在做事时有惯性,总喜欢做自己做顺手了的事情,而不愿意开始一件新的事情。有些事就是因为自己跨不出第一步而被自己一拖再拖,最终耽搁了。其实,很多事情并没有那么棘手,只需要自己勇敢地跨出那第一步。

四、克制不住欲望。人有欲望,它是我们前进的动力,但若我们克制不住欲望,就会被欲望奴役,那么理想会被欲望腐蚀,智慧会成为欲望的工具,做人的底线也会被欲望抹除。所以兵家一定要征服自己的欲望,使它成为自己前进的动力,而不是被它拖向堕落的深渊!

五、稳不住阵脚。看到形势不利就慌了神,遇到不顺心的事就心神不宁,碰到琐碎的事就烦躁不安,事情来不及处理就急躁难耐,遭受一点风险就担惊受怕,这些都是稳不住阵脚的表现。阵脚乱了,人的分析、判断、谋划、执行能力就会降低,是非常不利的。所以兵家在做事时一定要从容镇定。

六、藏不住情绪。人除了有欲望还有情绪,表露在脸上的坏情绪不仅会伤害别人,更会让对手看穿自己,所以兵家要有能力把情绪藏在心中,不让它流露出来。

七、静不下心。静能生慧,兵家一定要有能力使自己的心静下来。修心的重要内容之一,就是提升自己调整心态、安定心境的能力。

在与生活的这场战争中,需要防御,需要撤退,需要和解,更需要突围,最大的敌人是自己,最应该打败的也是自己,兵家修炼就是一个自己打败自己的过程。

三　生活处处皆修炼

> 能将兵法融会贯通,能够灵活运用兵法,懂得生活处处皆修炼,能够突破兵书的束缚,是谓兵家三层境界。
>
> 师父启诫第六十二

生活中我们会遇到形形色色的人,会面对各种各样的事。这些经历能够丰富我们的见识,磨炼我们的心智,能够让我们明白人情事理,让我们懂得进退屈伸,所以最好的修炼之地,莫过于看似平平淡淡,实则精彩纷呈的生活。

想要通过普普通通的生活进行修炼,我们首先得有修炼的意识,即脑子里有从生活中感悟人情事理的意识,做一个有心人,细心观察生活,用心体验生活。如果活得迷迷糊糊,那么即便经历了很多人、很多事,做人做事的功力还是不会有什么长进。其次得有修炼的心态,把生活的不如意当成是老天对我们的历练,正如孟子所说的"天将降大任于斯人也,必先苦其心志,劳其筋骨,饿其体肤,空乏其身,行拂乱其所为,所以动心忍性,曾益其所不能"。兵家应记住：人生最艰苦的那段时间,也是这辈子最难得、最有价值的修炼机会,千万不要在抱怨、回避中消极虚度了。最后得有野心与毅力,要有强烈的建功立业的欲望,这是一个人不断追求卓越的动力,没有了这个动力,人很容易被安逸打败。修炼是一件缓慢而不舒服的事情,没有耐心与毅力是很容易放弃的。

生活中遇到的形形色色的人,不论只是一面之缘,还是长期相处,都是生活赐予我们的修炼机缘。

与看不顺眼的人和睦相处,可以使自己的容人度量变大,而容人度量是否足够大是一个人能否成为优秀领导的关键因素;与斤斤计较的人友好相处,可以使自己的气度变大,而气度是否足够大是一个人能否建立伟大事业的关键因素。所以当我们遇到令自己不舒服的人时,不要一味抱怨"我怎么会碰到这么个人啊",而要把他当成难得的修炼机会。

与眼界开阔的人相处,自己的眼界也会变得开阔;与举止优雅的人相处,自己的举止也会变得优雅;与智慧的人相处,自己也会变得智慧;与意志坚定的人相处,自己的意志也会变得坚定。正所谓"读万卷书不如行万里路,行万里路不如阅人无数",与优秀的人相处必会受其影响而变得优秀,同时阅人无数能够增加一个人的人情功力。

生活中遇到的各种各样的事,不论大小都可以用来修炼。

在图书馆安安静静地看书,可以修炼人的心态;在红灯前心平气静地等一等,可以修炼人的耐心;勇敢地做一些事情,可以修炼人的胆量;坚强地面对一些失败,可以修炼人的承受力;好好做个人生规划,用心计划每件事,可以修炼人的运筹能力。记得小时候每次扫地,母亲都会提醒我"扫地不要只扫中间",于是我会仔仔细细地把每一个角落都扫干净,每次扫地都能修炼我的全局观。

有时候事情太多,有如面对百万大军,令人应接不暇。这个时候我们不能自乱阵脚:或用擒贼擒王之计,关键的事情先做;或用借刀杀人之计,找别人帮着做;或用避实击虚策略,简单的事情先做。

有时候事情太难,有如遭遇强劲的对手,令人束手无策。这个时候我们务必理智应对:如果事情是必须要解决的,那就来个破釜沉舟,置之死地而后生;如果是因为解决的条件还未成熟,那就按兵不动以待时机;如果事情不是必须要做的,且完成难度太大,那就"三十六计,走为上计",主动放弃。

有时候琐事太多,有如遭到敌人奇兵骚扰,令人不胜其烦。这个时候我们一定要保持平静的心态:或用顺手牵羊之计,不方便的时候置之不理,方便的时候顺手处理掉;或用釜底抽薪之计,把问题彻底解决,以免再次出现。

有些人对自己所处社会的认识非常主观,总觉得人情是冷漠险恶的,做事情是困难重重的,但其实真实的情况完全不是这样。社会中有阴险的小人,但更多的是善良的君子;有暗中阻碍你的恶人,但更多的是愿意帮助你的好人;有比你厉害的高人,但更多的是与你水平差不多的普通人。所以不要躲在家里臆想着社会怎么可怕,而应该多出去看看,多出去听听,多出去走走,这样才能认识真正的社会。

有句话叫做:"小隐隐于野,中隐隐于市,大隐隐于朝。"同样的,把自己与世隔绝起来闭门修炼,只能算是小修罢了。通过平平淡淡、实实在在的生活进行修炼则是中修。而在奋斗的过程中进行修炼则是大修。我们在修炼时,可先进行小修,在小修的基础上再进行中修,最后开创事业进行大修。

在生活这所大学中,我们会误解别人,也会被别人误解;会帮助别人,也会被别人帮助;会求人,也会被别人求;会坚持,也会放弃;会成功,也会失败;会做错误的决策,也会做正确的决策,这些生活经历,正是我们最好的修炼素材。在冲动的时候,克制自己,使自己变得理智;在失落的时候,鼓励自己,使自己变得乐观;在烦躁的时候,调整自己,使自己变得平静;在受到诱惑的时候,控制自己,使自己变得自律——这便是生活中的修炼,它无处不在!

四　兵法之剑

一日，天气颇为炎热，与师父去湖中游泳。

路上师父说道："兵法就像游泳，要么不学，学了一定要学好，如果学得马马虎虎的，却又敢下水，那就会很危险。"

师父启诫第六十三

有些兵家在掌握了兵法这把利剑后却并不能用好这把剑，甚至用之不慎伤及自身。用之不善主要表现在如下三个方面。

第一，条件上以少胜多，即在自身实力非常弱小的情况下，希望通过运用巧妙的兵法打败强大的敌人。不可否认，在历史上确实有很多以少胜多的精彩战例，但是我们应该清楚，在大部分情况下都是兵力强大的一方取胜，兵力弱小的一方失败。然而，以少胜多的历史战例所具有的传奇特性使得它们被广为传颂，史家更是不惜笔墨对之着重描述，以至于使一些人误以为只要策略用得好，以少胜多是一件很容易的事情。其实，以少胜多既要兵力少的一方善于用兵，又要兵力多的一方不会用兵，不是少的一方想赢就能赢的。

兵法教给我们的是量力而行，是智慧地为，是有所为有所不为，而不是教我们去做那些超越能力的事情。《孙子兵法》第一篇就告诉我们要掂量一下自己的实力。在现代社会中，有些企业利用资金杠杆盲目投资，结果经济形势稍有下降就会陷入资金链断裂的危机；也有些企业因为产品销量好，就激进扩张，甚至盲目多元化，结果管理、质量跟不上，导致破产。

第二，方式上投机取巧，即希望通过巧妙的策略，再加上一定的运气,或者冒一定的风险,以极低的成本获得极大的收益。喜欢投机取巧的人往往比较肤浅,看不到深层次的东西。比如投机的将领希望凭借对手的失误将其消灭,而不是招兵买马、积蓄军资、训练士卒,以强大的实力取胜。有些投机的企业家一味地希望通过广告来提升产品竞争力,而不是通过提高产品质量、技术含量以及降低产品生产成本来提升竞争力。投机者希望通过市场波动来获利,而不是通过将资金转化为生产力来获利。然而我们应该清楚,不是什么时候都有好运气的,不是什么时候都有漏洞可以利用的,也不是每一次冒风险都可以安然无恙的,投机这种肤浅的方式往往经不起真正的考验,可以创造一时的辉煌但却难以获得长久的成功。认真学习才是通过考试的不二法门,努力工作才是在这个社会立足的根本之道,为大众提供优质的产品才是真正的赚钱之道。投机的人聪明但不智慧,是典型的聪明反被聪明误。真正智慧的兵家清楚决定胜败的基础是什么,并会踏踏实实地把这个基础打扎实。当然了,投机取巧也不是绝对不好的,而是说不能以这种方式为主,用它作为辅助手段偶尔用之也是可以的。兵家应该记住,投机者一定不会笑到最后!

第三,目的上急功近利,即希望通过精妙的策略最大化眼前的利益,而不惜损害全局、长远的利益,形象点的说法就是杀鸡取卵、拔苗助长。急功近利的人缺少大局观,缺少远见,更缺少耐性,因此缺少谋划大战略的能力。急功近利的人往往能够快速出成果,但是当他们达到某个点后,就会遇到瓶颈而难以取得进一步的发展,甚至会迅速走下坡路。作家毕淑敏曾说过一句很有哲理的话:"树不可长得太快。一年生当柴,三年五年生的当桌椅,十年百年的才有可能成栋梁。故要养深积厚,等待时间。"兵家应该懂得在什么阶段做什么事,在什么阶段获得什么收益。一个人如果不好好学习,不花时间提升自己,而急着去赚钱,最后往往赚不到大钱。一个公司如果不懂得改善管理,提升产品质量,而只会偷工减料以次充好,必然会被淘汰。

如果一个人的做事风格中有上述三点中的任何一点,那么失败是迟早的事情。而且他越聪明,达到的事业高度越高,失败的时候也会越惨,也就是说越聪明的人给自己挖坑的能力也越强。不幸的是,一个人如果犯了其中的一点，那么也很容易犯另外两点，比如越是急功近利的人就越喜欢投机取巧，就越想做超越自己能力的事情，兵家应慎之。

　　兵家应明白两个道理。第一，过程比结果更重要。如果你的做事方式是成功的，那么失败就只是暂时的，成功必然会到来；而如果你的做事方式是失败的，那么成功就只是暂时的，失败必然会来临。第二，积累比完成更重要。完成一件事情，却没有为自己积累下任何资源，那么无论做多少事，自己都将停留在原来的水平上，这便是有些人一生碌碌无为的原因所在。而如果我们每做完一件事，都能为自己积累下经验、技术、资金，那么自己的实力将越来越强。比如，在一家效率很低、制度混乱的公司，有些人整天抱怨，消极做事，做完一件算一件，而另一些人却用心做事，积累经验，分析公司效率低下的原因，思考什么样的制度才能避免这种情况。显然假以时日，后者必将比前者取得更大的成就。

五　无为而无不为

一日,师父正在品菊花茶。

我问师父:"怎样才算到兵家四层境?"

师父道:"不管是兵法还是其他门道,都逃不过这个世界的规律。兵家到了四层,心中已无兵法,只剩下对这个世界的深刻认识,以及对规律的敬畏。心中多了一份沉稳,做事不再争强好胜,凡事无为而无不为。"

师父启诫第六十四

"无为而无不为"出自老子的《道德经》,意思是做事情如果能够顺其自然不强求,那么就没有什么是做不到的。正是因为没有那种令人热血沸腾的蚍蜉撼树、突飞猛进的壮举,以至于给人没怎么做的感觉,其实"无为"不是不为,而是不强求,不急于求成。我们研习兵法也是这个道理,要根据自己的知识水平、理解能力、生活阅历,平心静气、循序渐进地学,这样才能把兵法真正学好。反之,若心急火燎地学,等学完回过头来一看,往往会发现自己学得迷迷糊糊,似懂非懂。于是,心急如焚再重新学一遍,结果还是没有深刻掌握。所以不要强求自己在多少时间内学完,越是强求越学不好,越是心急越学不快。兵书上的很多话,一眼看过去感觉挺平常,但细细品味一下就会发现它颇为精妙,而若再进一步用心感悟一番,就会发现它极具智慧,说不定还能从中悟出一些人情事理来。就像大师父的《孙子兵法》,言简意赅、字字珠玑,其中的每一句话都值得我们细细品味用心感悟,我们一定要以"看过百句,不如看懂一句"的心态去研读。

学习兵法如此，兵法本身更是如此。很多人对兵法有误解，以为它是一种能够以少胜多、反败为胜的神妙方法，或者是一种可以做成任何难事的玄妙智慧，这样的理解是不确切的。兵法的精髓是斗争规律，用兵的关键在于遵守这些斗争规律，顺其自然地赢，企图违背规律去实现不可能实现的目标，那么一定会招致失败。兵家一定要清楚，罗马城不是一天就能建起来的，战争也不是说赢就能赢的，更不是想赢就能赢的。一个将领若不懂得凝聚人心，不懂得谋划大战略，不懂得积蓄实力，而只会投机取巧，耍耍阴险小伎俩，那么他虽然可以胜得一时，但终究会被残酷的战场所吞噬，化为历史的灰烬。很多强者的失败大都是因为违背了无为而无不为之道。当成功来得太容易，当赞美扑面而来时，一些人就开始飘飘然了，觉得自己可以掌控一切，觉得没有什么是自己做不到的，于是就敢于"明知山有虎，偏向虎山行"，那么离失败也就不远了。我们来看看威震华夏、勇冠三军的关云长，他看不起孙权，轻视吕蒙，不把曹操放在眼里，一意孤行北上伐魏，结果战死沙场。有个词说得非常好，叫做"捧杀"。就是夸奖、吹捧一个人，使之骄傲而盲目地去做一些不可为之事，结果当然是失败了。因此兵家一定要铭记"无为而无不为"，兵法是让我们更好地认识、遵守斗争规律，而不是突破、创造斗争规律的。实力不够的时候安心养精蓄锐，时机成熟的时候果断出手，形势不利的时候赶紧退守，兵法就这么简单。

其实掌握兵法不难，真正难的是运用，就像本篇所说的，要尊重规律，顺其自然，但是面对名与利的诱惑，有多少人能够以从容之心，踏踏实实地追求呢？从这个角度看，成为一名兵家最重要的是要有强大的内心——面对名利淡泊，面对挫折乐观，面对荣辱从容，面对失败勇敢，不骄傲不气馁，耐得住寂寞，经得住打击。内心足够强大，懂得从全局、长远看问题，能做基本判断，再加上会运用兵法，那么你就是一个具有实战能力的兵家了。可能有人会奇怪，上面提到的"能做基本判断"很难吗？我举几个例子你就明白了。我们经常会遇到一些街头骗术，上去一看，哇，这么容易就能赢钱，有些人就按捺不住了。可是我们来做个基本判断，人家站在这里是来干嘛的？当然是来赚钱养家糊口的了。既然是来赚钱的，而不是大发善心来给钱的，那么你觉得你能从他那里赢钱吗？还有现在为害不浅的传销,有些人被传销分子花言巧语游说一番,一看投入一点本钱就能赚回几百万上千万,脑子一热就进去了。可是我们来做个基本判断,要赚钱就得投资,那么具体项目在哪里？这个项目是如何赚钱的？如果只有一个虚无缥缈的概念,然后钱在投资者之间流来流去就能赚钱,这除了骗人还能是什么？不要惊奇,人一旦被利益诱惑了或者置身于利益的迷雾之中,很容易丧失基本判断能力,其实这个基本判断说得好听一点就是"战略分析"。

拔苗助长的故事想必大家都知道,话说宋国有个人嫌他地里的禾苗长得慢,就竭尽全力拔高禾苗以帮助它们长高,结果禾苗全枯萎了。这个故事非常形象地告诉我们做事要顺其自然,其实这个道理大家都懂,但是当真正做起来的时候却往往会因为利欲熏心而违背它。别的不说,看看我们的教育就知道了,各种早教班、速成班,课本上无数高深而又死板的公式、定理,这种急于求成的教育方式培养出来的孩子会做题目,但却无法领会到各个学科蕴含的智慧,更不要说体会到各个学科的美好了。他们能考满分,但绝对不会真心喜欢一门学科并将其作为自己毕生的研究对象。所以我们中国的学生在起跑线上赢得很精彩,各种竞赛独领风骚,但到了后半程却会输得很惨,"专家"满街跑,大师没几个。

我们社会中有很多人,总想着一夜暴富或者一夜成名,总想着一天就把企业的规模扩大一倍,总想着一年占领全国市场甚至全球市场。在这种急于求成思想的指引下,实业家一个个变成了资本家,资本家一个个变成了投机家,投机家一个个变成了阴谋家,我们会发现越来越多的企业瞬间崩盘、一败涂地,越来越多的社会精英铤而走险、身陷囹圄。人不能没有野心,但是当野心夹带着一口吃成胖子的急躁、不知天高地厚的无知,以及明知不可为而为之的"无畏"后,人就会变成扑火的飞蛾。

总之,"无为而无不为"不是不为,也不是放弃,而是顺其自然、循序渐进地为,就像大禹遵循水往低处流的自然规律,用疏导的办法把水患给治理好了。善于"无为而无不为"的人,一定是明事理、有耐心的人,一定是知人情、有毅力的人,一定是会做人、会做事的人。

六　用力用智用心

> 用智者想的是如何把事做"完",而用心者想的却是如何把事做"好",做完一件事容易,但要做好一件事就不容易了,因此两者虽然只有一字之差,但境界相去甚远。
>
> 师父启诫第六十五

用力就是用力量,用智就是用智慧,用心就是用心力。心力是每个人稳定情绪、调整心态、克制欲望的内心力量,它需要经过挫折磨砺、等待煎熬、失败击打、委屈侵蚀,才能变得越来越强大。

兵家立于世一定要肯用力。想要身体健康,就得多锻炼;想要知识丰富,就得多阅读;想要阅历深,就得多经历;想要经验足,就得多实践,因此,我们若想成为一个优秀的人,就得勤奋。事业不是凭空想象出来的,一定是用双脚一步步踏出来的,一定是用双手一把把搭建起来的,一个懒惰的人是不配谈理想与抱负的,所以兵家一定要勤于行动,及时行动。

然而,仅仅用力是不够的,我们还需要用智,因为脑子用得少,就会走弯路、走死路、走回头路,就得多花时间、多用力。用智慧分析问题,找到问题的根源,然后对症下药,这样就可以有效而彻底地解决问题,避免问题重复出现,重复解决,白白浪费劳力。用智慧谋划策略,设计方案,可以提高效率,减少重复劳动,这样我们就有时间与精力做更多的事情,从而实现更大的抱负。所以运用智慧可以减少用力,可以解决蛮力解决不了的问题。智者懂得支配好自己的每一分力量,把它们用在最需要的地方,懂得高效率地运用自己的每一分力量,发挥出它们最大的价值,因此他们在生活中通常潇洒自如、游刃有余。那种整天忙忙碌碌,而又做不了多少事情的人,大多缺乏用智。善用智慧者,还善于借力,比如雇佣别人为自己干活,用"借刀杀人"之计借力打力,因此他们往往更有力量。

然而,仅仅用智也还不够,我们还需要用心。人在利益的诱惑下,各种困难的打击下,会采取一些敷衍、走捷径、搞形式的措施来达成目标。然而前一步敷衍,后一步有可能会摔跤;前一步走捷径,后一步有可能会无路可走;前一步搞形式,后一步有可能会踩空——这就是所谓的聪明反被聪明误。只有那些用心者才能够耐着性子以极大的兴致与热情把事情做细、做深、做实,乃至做到极致。有些时候情势所迫,仅仅依靠聪明才智根本无法解决问题,而需要我们以极大的耐心等待时机,或者需要我们以极大的意志在惨淡的境况下坚持一段时间,或者需要我们以极大的勇气勇敢地拼搏一把,这就需要我们用心。

做成一件事容易,但要成就一份事业就不容易了。在时间上,我们需要持续地投入精力与资源,不断完成各种事务;在空间上,我们需要把各个部分完成好,组织好,协调好。所以,事业是一项累积性的系统工程,前面没有走好,后面有可能会跌倒,一个小小的疏忽,有可能会引发全局性的问题。因敷衍留下的漏洞、因走捷径留下的薄弱点、因搞形式留下的隐患、就像一块块拦路石,虽然每一块都不足为患,但总有一天,它们会越积越多,最终垒成一道难以逾越的城墙。到那个时候,你会发现每一个改变都牵一发而动全身,要解决一个问题就得解决无数个关联问题,曾经被自己放过的小问题已经变得无比棘手了。于是你再也难以前进一步了,事业的发展也就到尽头了。所以想要成就事业,仅靠聪明才智是不够的,还需要用心。只有用心,我们才会全身心地投入进去,才会细心、耐心地做事情,才会一步一个脚印执着地把事情做到最好,也只有用心,在面对困难与诱惑时,我们才会坚持不懈、锲而不舍。用心做事的人,做事情一定细心、主动、专注、周到、纰漏少,心中一定装着责任,装着使命,装着全局,装着未来。用心做事的公司,制造的产品一定质量上乘,用户用着舒心。

用心者得有强大的内心。有了强大的内心,人才会更有耐心,更有勇气，更有使命感，意志也会更坚定，信念也会更执着，因此兵家要修炼好自己的内心，使之变得越来越强大。人与人之间的智商差异是很小的，而且到了一定境界之后，同一领域内的两个人，他们之间的知识差距、阅历差距、经验差距、能力差距也会非常小，最后决定人与人之间差距的是人的内心。所以兵家应懂得用智慧支配力量，用内心驾驭智慧。

我们总是先学会用力，然后学会用智，最后才学会用心。在人生的征程中，我们若能用智慧支配力量，用内心驾驭才智，那么一定能够走出一条不平凡的道路。世界是用力者建造的、用智者设计的，但一定是用心者创造的。一个良好的社会，一定是用智者驾驭用力者，用心者支配用智者，而如果用力者在驾驭用智者，用智者在支配用心者，那么就有危险了。

七　胜败与积累

一日,与师父论胜败之道。

师父说:"胜败乃兵家常事,胜不必喜,败不必忧,比胜败更重要的是积累。胜利而有所积累,大喜;胜利而无所积累,忧;失败而有所积累,喜;失败而无所积累,大忧。"

我问为何。

师父道:"有积累,实力就会越来越强,终会胜利;无积累,实力不会增长,甚至会减弱,终会失败。"

师父启诚第六十六

就像一些武功高强的人难以容忍别人的挑衅一样,一些略有水准的兵家也难以接受失败。这种难以接受可能源于性格上的争强好胜,也可能源于对名声的维护——尤其在被别人冠了常胜将军的美誉后。然而,一个害怕失败的兵家是很难获得大成就的。

这其中最严重的问题是,害怕失败的心理会导致兵家无法大展身手,以至贻误了许多战机,丧失了很多机会。我们应该清楚,很多时候一次成功带来的收益完全可以弥补好几次失败带来的损失。因此从长远看,因为害怕小失败而失去大机会是很不明智的。《虚实篇》中有句话叫做"角之而知有余不足之处",即通过试探性较量来获知敌人的兵力部署哪里强、哪里弱,然而这种试探是很容易带来失败的,因此害怕失败的将领往往不太擅长"角"。但是当将领在作重大军事决策时,通过这种试探获得的信息却非常关键,它可以确保将领作出的抉择是明智的,所以这种试探很有必要,为了避免失败而不愿意实施很不明智。

兵家不应该让失败成为自己的桎梏！

其次，有些时候为了避免失败要付出巨大的代价，这个代价可能比失败带来的损失还要大。一个害怕失败的将领往往会不顾一切地挽救败局，因此很容易因小失大，结果虽然取得了局部的胜利，但却招致了全局的失败。以防御为例，《虚实篇》中大师父说过"无所不备，则无所不寡"，如果想要处处都防备周全，反而会导致每一处的防备都很薄弱。然而这正是害怕失败的将领最容易犯的错误，他们为了避免敌人乘虚而入，总是企图把防御做得无懈可击，结果兵力分散了，反而留下了巨大的隐患。所以，能够避免失败的智慧不一定是大智慧。明智的兵家应该放眼全局从整体谋划，以小败换取大胜。

最后，失败是有很多好处的，我们能够从中汲取很多有价值的东西。有句话叫做"小病不断，大病不犯"，意思是说一个人如果经常患些小病，那么他身体的自我修复能力就会得到增强，也就不会犯大病了。我们把这种思想借用到兵法中，那就是"小败不断，大败不犯"。经常经历小失败的人，面对失败会更加从容，处理失败的能力会越来越强，因此能够遏制小失败发展成大失败，甚至能够转败为胜。而很少遭遇失败的人，一次稍微大一点的失败就会击溃他们的信心、勇气与意志，使他们手忙脚乱而导致局面变得一发不可收拾。经历失败是一种很好的修炼，它能使一个人的经验更加丰富、心态更加平静、承压能力更加强大。失败有时可以使人清醒、催人奋进。失败也可以使体系中的缺陷暴露出来，从而推动人们去改进甚至改变体系的运行机制，使其更为完善。就像美国的华尔街，在一次次的金融危机中不断完善，最终成为世界的金融中心。相反，若苦苦支撑局面以避免失败，反而会掩盖缺陷积累问题，那么总有一天问题会大到无法弥补的地步，从而引发不可收拾的惨败。所以，能够利用失败的智慧才是大智慧！

说完失败，我们再来简单地说说胜利。胜利是一件令人喜悦的事情，然而正如大师父在《火攻篇》中所说的"夫战胜攻取，而不修其功者凶"，这种状态其实隐藏着很多凶险，是名副其实的笑里藏刀。当头一棒的失败总能促使人们反思，而如愿以偿的胜利却容易使人忘记总结经验、反思得失，甚至使人飘飘然而得意忘形。而且，胜利不等于得利，为胜利付出的代价有可能比胜利获得的利益还要大,这种得不偿失的胜利是非常危险的。有些公司,管理者为了完成更多的项目,催着员工赶进度,加班加点透支员工的精力。最后项目完成了,钱也赚到了,但积累下来的却是员工的怨气。而且,急着赶项目,员工没有时间学习、反思、总结经验,公司也没有时间完善制度、改进工作方式、积累经验文档。一个员工得不到成长,除了金钱之外没有其他积累的公司,是不会有前途的。在生活中我们不能过于争强好胜,不能为名所累。有些人总想处处胜人一筹,可结果不仅活得很累,而且缺乏核心竞争力,反倒碌碌无为。相反,那些清楚自己喜欢做什么、善于做什么,有所争也有所不争的人,反倒能做出一番成绩。

所以兵家务必要记住:从长远看,失败未必是毫无益处的,胜利也未必是毫无害处的,积累才是最重要的。当然了,失败有益的一个前提是一个人能够从失败中汲取教训,提升自我,即有发掘失败价值的能力,对于那些即便被淹一百回也不会想到去学游泳的人来说,失败毫无意义。其实,在人的一生中失败是不可避免的,关键要看我们面对失败的心态,处理失败的智慧。胜败乃兵家常事,在面对胜败时兵家应做到进退从容,得失淡定,不骄不躁,不弃不馁;无论是胜利还是失败,兵家一定要从中获得积累,从而使自己变得越来越强大。

八　资源运用与利益平衡

一日，与师父登山。

登到山顶后，师父望着眼前生机盎然的景色说道："自然界中的每个成员都从自然界汲取自己所需，同时也为自然界贡献自己所能；每个成员克制着其他一些成员，同时也被其他一些成员克制。正是这种互利共生的合作，彼此克制的平衡，才造就了自然界的丰富多彩。"

师父启诫第六十七

在事业的发展过程中，一直会伴随两个非常重要的问题：第一个问题是如何有效地运用手中的资源获取利益，第二个问题是如何合理地分配已经获得的利益。

人类的生存与发展必须依赖于各种资源，人类社会的运行都是紧紧围绕资源展开的。国家之间的战争归根结底是为了争夺自然资源，企业之间的竞争无非是为了抢占市场资源，个人的奋斗大多是为了获取生活资源。为了获得更多的资源，我们需要运用已有的资源。如果资源用得好，就可以用最少的资源消耗获得最多的资源，这样手中的资源就会越积越多；而若消耗的资源比获得的要多，那么手中的资源就会越用越少。所以，想要获得更多的资源，就得运用好手中的资源。

在建立事业的过程中，最重要的资源是人力资源。运用人力资源时，我们要从三个方面着手：第一是提高人的积极性，通过制定合理的制度，建立良好的工作环境，使员工有干劲，团队士气高涨；第二是最大化人的价值，设计合理的组织架构，把每一位员工都安排在最合适的岗位上，最大化发挥员工的才智，同时培训员工提高他们的工作能力；第三是提高人的效率,设计合理的工作流程,制定规范的工作方式,采用信息化、机械化等现代手段,降低工作的复杂度与强度,减少重复劳动,使员工在同样的时间内有更多的产出。如果一个公司员工怨声载道,做事虚与委蛇,或者贤能之人得不到重用,平庸之辈占据高位,一片瓦釜雷鸣之象,又或者整日加班加点、忙忙碌碌却做不出多少成绩,那么这个公司一定不会有前途。兵家在进行自我管理时,也可以从这三个方面考虑:自己的奋斗欲望是否强烈,选择的事业是否属自己力所能及且最有价值的,做事方式是否有效率。

在运用物力资源时,需要从两个方面考虑:第一是最大化物的价值,进行有效的资源整合与资源配置,把资源用在最有用的地方,以获得最大的利益;第二是提高利用效率,以合理的调度方式,减少资源的空闲时间,以有效的运用策略,用最少的资源消耗达到目的。

在运用资源获得利益后,就要进行分配了。这件事情做得好皆大欢喜,大家其乐融融,越干越有劲,做得不好就会激发矛盾,引发内斗,甚至导致团队破裂,大家各奔东西。人都有维护自己利益的天性,当自己的利益遭到威胁与损害时就会进行反抗。然而,给每个人分配足够的利益或许还不能解决问题,因为人会比较,也许一个人得到的并不少,但如果跟别人一比少了,那么他还是会觉得吃亏,这就是孔子所说的"不患寡而患不均"。所以利益分配是一件非常重要且又非常棘手的事情,善用人者必定是利益平衡的高手。

有句话叫做"创业容易守业难"。创业的时候公司没有多少利益可供分配,利益矛盾少,大家目标一致齐心协力,因此人好带、事好做。到了守业阶段,大家很容易陷入利益分配多寡的纠葛中,而人一旦陷入这种纠葛中就会寸步不让、寸利必争。然而想要做到利益分配绝对公平是不可能的,结果就是无休无止地内部争利,导致公司竞争力下降。

善于平衡利益的人,往往会提前把利益划分清楚,在利益这个大蛋糕还没有做出来之前,人会更多地把注意力放在能不能做出这个蛋糕上,只要能吃到蛋糕,别人多分那么一丁点,自己少分那么一丁点,几乎不会在意。也就是说,在没有看到蛋糕之前,人会更加大气,更加豁达。制定公平透明的规则可以从根本上化解利益分配的矛盾。人是非常感性的，心中的那杆秤很难做到公平，所以在分配利益时，我们要切忌以感情为尺度、以亲疏为标准，而应以公平的分配规则为依据，而且我们一定要记住：一个公平的规则一定是透明的。最后善于平衡利益的人，一定善于与人沟通，善于洞察别人的诉求，因为只有清楚了别人想要什么，才能更好地分配利益。

有些人锱铢必争，不懂得让步；贪得无厌，不懂得知足；背信弃义，不懂得守约；忘恩负义，不懂得感恩：这样的人不能用，用之后患无穷。

懂得了有效地运用资源，也懂得了巧妙地平衡利益，那么兵家在人生的征程中必定能够走得更远，走得更精彩。

九　小人君子之斗

> 一日,在厨房帮师父做饭,竟然发现一碗菜已经变质了。
> 师父看着菜说道:"小人就像这菜里面的细菌,他们无孔不入,一旦环境合适就会发展壮大,最终把一碗好端端的'菜'毁掉。"
>
> 师父启诚第六十八

纵观中国古代历史,各朝各代总避免不了小人与君子之间的斗争。当君子为了国家的发展,呕心沥血谋划出一套利国利民的新政策时,却往往会因为触犯了小人的利益而无法实施,甚至受到小人的排挤、打压。当君子为了国家的生死存亡,抛头颅洒热血时,小人为了防止自己的地位被君子超越,往往会暗中捣鬼,甚至陷害君子。

小人最大的特点是目光短浅,为了私利不惜损害国家利益,甚至与敌人相勾结。君子最大的特点是目光长远,以大局为重,为了国家利益不惜牺牲自己的一切。

小人善于伪装,懂得巴结;君子刚正不阿,容易得罪人。小人残暴,不择手段消除异己;君子仁义,以德感化人,以气度宽容人。小人相互勾结,善于培植亲信,精于以权谋利、以利谋权;君子与人相交淡如水,为官清正廉明,两袖清风。

小人以自己为重,危难时刻明哲保身;君子以国家为重,危难时刻挺身而出。小人擅长钻营取巧,为快速出政绩,不惜损害国家的长远利益;君子做事一丝不苟,从长远考虑,政绩出得慢,有时甚至看起来毫无作为。君子费尽心机谋划着如何对付敌人,苦心积虑筹划着如何发展国家;而小人挖空心思盘算着如何升官发财,处心积虑策划着如何对付君子。

君子虽然能够把敌人打得屁滚尿流，把国家治理得井井有条，却往往不是小人的对手；小人在君子面前耀武扬威，极尽打压迫害之能事，在敌人面前却像胆小温顺的绵羊，不敢反抗，甚至不敢多说一句话。中国古代的历史就近乎是一个君子建立政权，小人混入政权，小人把持政权，小人祸害政权，君子再建立新政权的循环。

在历史上，君子被小人残害的例子数不胜数，其中最令人痛心疾首的当属秦桧迫害岳飞了。岳飞是一个非常了不起的人物：他的精忠报国之志令人感动，一生以收复失地为己任，在《满江红》中他更是唱出了"待从头，收拾旧山河，朝天阙"的报国豪语；他的军事才能令人佩服，率领的岳家军所向披靡，杀得金人闻风丧胆，有"撼山易，撼岳家军难"的美誉。当时，岳家军进入中原后，势如破竹，接连收复十余座州郡，打得金人望风而逃，然而就在形势一片大好的时候，朝廷却接连下了十二道金牌，命令岳飞班师回朝。当岳飞回到都城临安后，便陷入了秦桧等人布置的罗网。这位赤诚的爱国者，这位一流的兵家，最后竟然因为"莫须有"的罪名被残忍地杀害了。

君子务必要提防小人，因为小人比敌人可怕多了。一方面，相对于敌人，小人是己方人员，他们很容易获知君子有哪些爱好、有哪些弱点、有哪些朋友、得罪过什么人等信息，因此比敌人更了解君子。另一方面，相对于敌人，小人更容易接近君子，因此也更容易对君子下手，尤其是暗中下手。因此，一旦发现小人，君子不能采取敬而远之的态度，也不要对小人抱有幻想，更不能因为小人假惺惺地认错放过他们，而应该及早、果断、无情地把小人清除出去，否则养虎为患，后果不堪设想。

判断一个人是不是小人，不能看他说了什么，因为小人最擅长的就是花言巧语，而要从他的所作所为观其德，其中最关键的是看他是否有一颗善良之心。君子应记住：对小人的仁慈就是对自己的残忍！

当然了，生活中小人只是少数，大部分人都是有点小缺陷的普通人，不要为了提防小人而活得战战兢兢或者失去结交朋友的机会，那样的话就更加不值得了。

十一　兵家风度

一日,师父对我说:"你已经修炼到兵家五层境了。"

我惊喜地问道:"如何才算到了五层?"

师父道:"兵家修炼到一定程度,对兵法的掌握已然足够,此时兵家之间的高下源自兵法运用能力的高下,而兵法运用能力的高下则源自做人功力的高下。因此,兵家是否达到了五层境,就看做人的功力是否足够。"

师父启诫第七十

兵家风度其实就是兵家的人格魅力,它是兵家内在品格的外在表露。正所谓"物以类聚,人以群分",你是什么样的人就会吸引什么样的人,所以兵家风度是兵家笼络人心的有力法宝。

兵家风度的核心是善良。一个缺乏善心的人,不管他说得多么动听,做得多么好看,也都是极其令人厌恶的,更不要说有风度了。所以,兵家一定要守住善良这条底线。在善良这个核心之外,兵家风度还包括如下六个方面。

一、气度宽广,格局远大。一个有气度的人,他懂得退步,懂得宽容,懂得帮助人,懂得与人分享,懂得吃亏是福,懂得难得糊涂。他不贪小便宜,不斤斤计较。这样的人不会在鸡毛蒜皮的小事上浪费时间,不会在毫无意义的争执上浪费精力,这样的人别人愿意接近他,愿意与他成为朋友,愿意与他共事。兵家应记住:有风度的人,不与亲友争;有风度的男人,不与女人争;有风度的强者,不与弱者争;有风度的合作者,不与自己人争。然而,仅有气度还不够,因为这只能让我们成为一个有好人缘,与世无争的人罢了,我们还需要有格局。以开阔的眼界、深远的谋划,为自己布大局、谋大业,把自己的资源用在最有价值的事情上,实现自己最大的人生价值。不争小局争大局,不争小利争大利,这才是一个有风度的兵家。

二、尊重规则,信守诺言。兵法的灵活变通、虚虚实实引导兵家突破成规,学会伪造伪装。然而兵家应记住,我们可以痛骂规则不合理,但却一定要尊重规则。规则是用来约束大家的行为,使大家行动有序,秩序井然的。如果有人依靠突破规则而获利,那么就会有越来越多的人违背规则,这样整个秩序就会陷入混乱,结果对大家都不利。诺言是我们对别人的一种承诺,它蕴含了我们的一份责任,也蕴含了别人的一份期许,抛弃诺言不仅会降低自己的信誉,更会伤害到别人。那种信口开河、言而无信的人非常令人厌恶,毫无风度可言。

三、从容淡定,自信乐观。从容一些,不过于计较得失,不过于计较成败,不沉迷于后悔,不消沉于惋惜。淡定一些,不喜怒无常,不怨天尤人,不杞人忧天,不急躁悲观。人会因为他的从容淡定而显得高深莫测、风度翩翩。一个有风度的人,他给人的感觉肯定是积极向上的,所以他必须要自信乐观。自信乐观的人浑身上下散发着一种胸有成竹的气势,因此他的气场往往很强大。

四、举止优雅,尊重他人。一个举止优雅的人,他不喧哗,不吵闹;他讲礼貌,懂礼仪,知礼节;他待人热情,懂得礼让;他微笑示人,不乱发脾气。一个尊重他人的人,他不造谣,不背后说别人闲话;他不歧视人,不无视他人的存在;他尊重别人的努力,珍惜别人的劳动;他懂得给别人面子,不伤害他人的自尊心。举止优雅的人是别人眼中的一道风景,人们欣赏他,接纳他。尊重别人的人,也会得到别人的尊重。

五、善解人意,不乱揣测。每个人都会有疏忽的时候、有疲惫的时候、有不开心的时候、有遇到困难的时候,所以我们要懂得站在对方的角度想一想问题,关心一下对方,体谅一下对方。正所谓家家有本难念的经,每个人都会有每个人的难处。懂得相互理解,人与人之间的关系就会变得非常美好。有句话叫做"人至察则无徒",对别人的要求太严格了,也就不会有什么朋友了。

破坏人际关系最大的因素是误解,而误解通常来自胡乱揣测。人的主观性是很强的,能够把事情放大,也能够把事情缩小;能够把真的看成假的,也能够把假的看成真的。因此如果你把一个好人当作坏人看,那么他在你眼里肯定不会好到哪里去;而如果你把一个坏人当作好人看,那么他在你眼里也不会差到哪里去。《列子·说符》中有一则寓言故事,话说有个人丢了把斧子,怀疑是被邻居的儿子偷走了。他观察邻居的儿子,觉得不论是一言一行,还是一举一动都像极了偷斧子的人。后来他找到了那把斧子,再去观察邻居的儿子,怎么看都不像是个偷斧子的人。一个有风度的人会客观地看待人与事,不会以小人之心度君子之腹。

六、果敢坚忍,有责任心。一个有风度的人,一定是一个有责任心的人。而一个有责任心的人,遇到事情一定不会犹犹豫豫、畏首畏尾,而会果断勇敢地担当起来;遇到困难一定不会退缩放弃,而会以坚毅不挠之心耐心地坚持下去。

兵家要有风度,但对敌人、小人、恶人这三种人不能讲风度,因为他们会利用你的风度对付你。

十二　兵家戒律

一日,师父拿出一块牌子送给我并说道:"你研习兵法已久,该下山闯荡去了。这块牌上刻着的是我们兵家的徽标,含兵家三戒七律之意,望你下山之后勿忘兵家戒律。有此牌者皆你同门,应团结一心,相互帮助。"

师父启诫第七十一

什么都敢做的不是智者,而是莽夫。智慧的人懂得有所为有所不为,会给自己划定一条底线。兵家需遵守三戒七律。

第一戒——为恶。一个人如果心中缺少良知,恃强凌弱,缺少仁义,心狠手辣,缺少信用,阴险狡诈,那么君子就会离他而去,小人就会聚拢过来。身边都是趋炎附势的小人,岂有不败的道理!更何况善恶有报,种下恶因,必结恶果。为恶越多,留下的把柄就越多,树敌也越多,在这个世界上没有人可以只手遮天为所欲为,为恶者必自食恶果。所以无论是从道义还是从功利的角度考虑,兵家都不应该为恶。

第二戒——背叛。一个人想要在社会上立足,就需要被别人接纳;想要在社会上发展,就需要与别人合作。轻易背叛别人者,没有人会真心接纳他,没有人会衷心拥戴他;轻易背叛信约者,没有人会用心帮助他,没有人会诚心与他合作。身边都是虚情假意之人,怎能成就事业!吕布何等勇猛,可惜是个毫无忠义之心的人。他起先认并州刺史丁原为干爹,然后杀了丁原而认董卓为干爹,后来又杀了董卓。最后他被曹操擒获,曹操本有惜才之心想要用他,但考虑到他之前的几次背叛而不敢用他,就把他给杀了。

第三戒——纵欲。一个人如果不克制自己的欲望,就会被欲望吞噬,这是因为纵欲不仅会消耗他的财力、精力,更会磨灭他的斗志,使之越陷越深。影响一个人事业的欲望主要有两种:对玩乐的欲望,即玩欲;对美色的欲望,即色欲。大学里有太多的学生因为玩游戏而荒废学业,社会上有太多的人因为赌博而耗尽家财。这些都是因为无法克制自己的玩欲。有句话叫做"红颜祸水",其实究其根源还是因为男人无法控制自己的色欲。纵观历史,我们就能够明白放纵色欲对事业的危害。当年曹操征讨张绣,张绣不战而降。曹操入驻后见张绣的婶娘颇有几分姿色,便色心大起把她给霸占了。张绣得知后自觉受到了奇耻大辱,难抑心中的怒火率领旧部对曹营发动了突袭。最后曹操虽然侥幸逃脱,但其长子曹昂、侄子曹安民以及猛将典韦均战死,可谓损失惨重。同时,纵欲的人往往会玩弄感情,而玩弄感情的人最终必定被感情所累。美人计的"伐其情"就是要使对方将领沉迷美色玩乐,从而使其丧失斗志,因此纵欲者是很容易中美人计的,兵家一定不能放纵自己的色欲。

七律分别为:躁、骄、贪、慌、怨、拖、赌。

躁分为三种:急躁、暴躁、浮躁。急躁的人做事没有耐性,不懂得静待时机,不善于放长线钓大鱼,只会急功近利,难以成就大事。暴躁的人容易愤怒而失去理智,从而做出一些非常幼稚但后果却很严重的事情,往往会亲手把自己的事业毁了。浮躁的人沉不下心来,学习、思考难以深入,因此比较肤浅。他们做事情不懂得稳扎稳打,因此事业的根基不稳,往往一遇风险就垮了。这些都是阻碍成功的重要因素。

人一旦骄傲就会自大,一旦自大就会轻视对手。《行军篇》中大师父说道:"夫惟无虑而易敌者,必擒于人。"因此兵家一定不能骄,骄者必败。而且人一旦自大,就会刚愎自用,听不进部下的建议,故步自封,不懂得虚心向别人学习,陷入这种状态是很难获得大成功的。更为关键的是,自大会使人变得鲁莽,以至于贸然做一些不自量力的事情,从而导致惨败。

贪有贪利、贪名、贪权、贪功等多种。一个人喜欢某样东西没有错,然而到了贪的程度就有问题了。人很容易因为贪心作祟走上邪路。费尽心机、不择手段获取自己所贪之物，不仅会活得很累，享受不到生活的快乐，而且还会因为利益冲突与太多的人结怨。更重要的是，不择手段、投机取巧获得的东西往往很快会失去，最后只会落得竹篮打水一场空的结局。

人一旦慌就会乱，思维乱了难以做出智慧的谋划，行动乱了难以把事情办好。而且慌张的样子，比如手颤抖了、声音紧张了，会降低气势，而团队领导者的慌乱甚至会导致整个团队士气锐减。因此遇事可以怕，但一定不能慌。兵家做事务必要从容，要从容得使人看不透。当然了从容不是慢，而是稳中求快，快而不乱。

愤愤不平地抱怨会影响自己的情绪，会影响自己的观察力、分析力、判断力，同时也会影响自己身边的人。很多时候，让我们不舒服的问题，恰恰是我们大展身手的机会。毫无用处的抱怨不仅不能解决问题，还会使自己变得不开心。所以，当遇到难以接受的事情时，兵家应静下心来理智地分析哪里不对，为什么不对，我可以改进它吗，我必须接受它吗，这样的应对方式才是积极的。

我们每个人都会时不时地给自己制定一些很好的计划，但不是每个人都能完美地执行这些计划。计划得不到执行的原因大都是因为拖延，一拖再拖，于是就被搁置起来了；或者执行计划的条件消失了。有拖延习惯的人，执行力大都很差，而执行力差的人大都干不成事。

局势不明，胜算不大，却敢于为了诱人的利益孤注一掷，这就是人的赌性。具有强烈赌性的人，容易在战略上铤而走险，以至一战溃败、万劫不复。躁急、贪利、赌性是最危险的三个人性弱点，兵家应慎之。

戒是一定不能犯的，犯戒重者将被逐出师门；而犯律说明一个人的做人做事功力还不够深厚，需要面壁思过，以求进步。当然了，兵家不是那种死守戒律的人，有时候为了打败对手会故意犯戒律，比如用愤怒来威慑对手，用慌张来迷惑对手。

跋

经过数年的研读、一年的整理、三年的书写、半年的修改,我的这本《兵家修炼》终于付梓问世。写作的过程本身就是一个自我修炼的过程。

对于一个笔头愚钝、白天尚需忙于工作的人来说,完成这样一本需要消耗大量精力的书,最缺的就是时间。我过去三年半的业余时间,基本上都投入这本书的撰写中了。有些时间段,由于工作需要加班,家庭事务需要处理,导致我抽不出时间写作,往往会使自己陷入焦躁之中。然而,这种焦躁恰恰是提高自我调整能力的绝佳机会。偶尔我也在想,如果把花在这本书上的时间用于工作,我是不是可以取得更大的成果?然而自己又很清楚,想要真正做好一件事情,必须用心、专心,必须沉得住气,耐得住寂寞。所以,我过去三年半的"战略规划"就是集中力量写这本书,其他方面都转为"防守"。值得自己骄傲的是,经过坚持不懈的努力,我终于完成了这本书。这是对自己思维能力的锻炼,也是对自己毅力的考验与磨炼,更是对自己克服困难、抵御诱惑能力的锤炼,是我人生中最重要的一场修炼。

高强度的用脑导致我经常会因为眼睛干涩、头昏脑涨、全身乏力而难受,也导致我容易犯困,写作的日子里,我基本上吃完午饭后会困,吃完晚饭后会困,到了半夜就更不用说了,因此一天要睡三觉,我的笔名"三困"也由此而来。我本以为可以不顾身体的感受,可身体还是给了我一个警告。一日,我的眼睛突发眼疾,左眼看东西扭曲。医生警告我说,不住院治疗双眼有可能会致盲。面对如此严重的情况,我只能放下所有的事情,住进了医院。在住院的过程中,我作了很多反思,深刻地明白了自己只关注于修心、修智,却忽视修身的做法是缺乏远见的。毕竟身体是一个人的立世基础,身体垮了,人在这个世界上的征程也就陷入停滞了。值得庆幸的是,经过上海市第六人民医院的悉心治疗,我的眼睛终于得到了恢复。在这里我非常感谢六院眼科的胡萍、贾丽丽、陈燕诸位医生。出院之后,我学会了放慢前进的脚步,重视了对身体的锻炼,也注意了休息,不再无视身体疲惫进行高强度的写作了。同时我也给自己制定了一条修身座右铭:忙里偷闲,或喝杯清茶,放松心情;或闭目养神,闹中取静;或漫步信走,极目远眺;或寻一好友,畅谈闲聊。

自己文笔简陋、才疏学浅、阅历不深,本书就给各位读者权作启发。其实,写作是一种修炼,阅读也是一种修炼,尤其是读我这本缺乏趣味性,有待细细品读、慢慢揣摩的书,一定需要读者有耐心,有恒心。